A INVENÇÃO DA ÁFRICA

Coleção África e os Africanos

Coordenadores:
Álvaro Pereira do Nascimento – Universidade Federal Rural do Rio de Janeiro (UFRRJ)
José Costa D'Assunção Barros – Universidade Federal Rural do Rio de Janeiro (UFRRJ)
José Jorge Siqueira – Universidade Federal do Maranhão (UFMA)

Conselho consultivo:
Alexsander Gebara – Universidade Federal Fluminense (UFF)
Kabengele Munanga – Universidade de São Paulo (USP)
Mariza Soares – Universidade Federal Fluminense (UFF)
Mônica Lima – Universidade Federal do Rio de Janeiro (UFRJ)
Nei Lopes – Universidade Federal Rural do Rio de Janeiro (UFRRJ)
Robert Wayne Slenes – Universidade Estadual de Campinas (Unicamp)
Selma Pantoja – Universidade de Brasília (UnB)

Dados Internacionais de Catalogação na Publicação (CIP)
(Câmara Brasileira do Livro, SP, Brasil)

Mudimbe, V.Y.
    A invenção da África : gnose, filosofia e a ordem do conhecimento / V.Y. Mudimbe ; tradução de Fábio Ribeiro. – Petrópolis, RJ : Vozes, 2019. – (Coleção África e os Africanos)

    Título original : The invention of Africa : gnosis, philosophy, and the order of knowledge
    Bibliografia.

    4ª reimpressão, 2025.

    ISBN 978-85-326-6176-0

    1. Filosofia Africana 2. Teoria do conhecimento I. Título. II. Série.

19-26750   CDD-199.6

Índices para catálogo sistemático:
1. Filosofia africana   199.6

Cibele Maria Dias – Bibliotecária – CRB-8/9427

A INVENÇÃO DA ÁFRICA

Gnose, filosofia e a ordem do conhecimento

V.Y. MUDIMBE

Tradução de Fábio Ribeiro

EDITORA VOZES

Petrópolis

© 1988 V.Y. Mudimbe.

Tradução do original em inglês intitulado *The Invention of Africa: Gnosis, Philosophy, and the Order of Knowledge*, by V.Y. Mudimbe.

Esta edição é autorizada pela editora original em inglês, Indiana University Press.

Direitos de publicação em língua portuguesa – Brasil:
2019, Editora Vozes Ltda.
Rua Frei Luís, 100
25689-900 Petrópolis, RJ
www.vozes.com.br
Brasil

Todos os direitos reservados. Nenhuma parte desta obra poderá ser reproduzida ou transmitida por qualquer forma e/ou quaisquer meios (eletrônico ou mecânico, incluindo fotocópia e gravação) ou arquivada em qualquer sistema ou banco de dados sem permissão escrita da editora.

Conselho editorial

Diretor
Volney J. Berkenbrock

Editores
Aline dos Santos Carneiro
Edrian Josué Pasini
Marilac Loraine Oleniki
Welder Lancieri Marchini

Conselheiros
Elói Dionísio Piva
Francisco Morás
Teobaldo Heidemann
Thiago Alexandre Hayakawa

Secretário executivo
Leonardo A.R.T. dos Santos

Produção editorial

Anna Catharina Miranda
Eric Parrot
Jailson Scota
Marcelo Telles
Mirela de Oliveira
Natália França
Priscilla A.F. Alves
Rafael de Oliveira
Samuel Rezende
Verônica M. Guedes

Editoração: Leonardo A.R.T. dos Santos
Diagramação: Sheilandre Desenv. Gráfico
Revisão gráfica: Nilton Braz da Rocha / Nivaldo S. Menezes
Capa: Editora Vozes
Ilustração de capa: © Creative-Touch | Shutterstock

ISBN 978-85-326-6176-0 (Brasil)
ISBN 978-0-253-33126-7 (Estados Unidos)

Este livro foi composto e impresso pela Editora Vozes Ltda.

À memória de James S. Coleman

Mors ipsa beatior inde est, quod per cruciamina leti via panditur ardua iustis, et ad astra doloribus itur.

PRUDÊNCIO. *Hymnus Circa Exequias Defuncti*[1].

---

1. "A própria morte recebe uma estranha alegria quando a agonia mortal abre o caminho que ascende e a dor é apenas a estrada para o Céu" (PRUDÊNCIO. *Hino para o enterro dos mortos*. Tradução da versão inglesa de R. Martin Pope) [N.T.].

Sumário

Introdução, 9

1 O discurso de poder e o conhecimento da alteridade, 17
   Estrutura colonizadora e marginalidade, 17
   Formações discursivas e alteridade, 24
   "Gênese africana", 41

2 Questões de método, 53
   A proposição de Foucault sobre o sujeito que desaparece, 53
   O reino do pensamento selvagem, 59
   Uma amplificação africana, 70

3 O poder da fala, 85
   O discurso do missionário e a conversão da África, 85
   A influência do antropólogo: a etnografia e a política da conversão, 115
   A panaceia da alteridade, 145
      J.-P. Sartre como um filósofo africano, 145
      Ideologias para a alteridade, 152
      Marx africanizado, 159

4 O legado e as questões de E.W. Blyden, 169

   As ambiguidades de uma alternativa ideológica, 169

   A "personalidade negra" como a posição comum, 200

   A "economia" de um discurso, 217

5 A paciência da filosofia, 227

   "Filosofias primitivas", 227

   Kagame e a escola etnofilosófica, 242

   Aspectos da filosofia africana, 255

   Uma crítica da etnofilosofia, 256

   Fundamentações, 267

   Horizontes de conhecimento, 289

Conclusão – A geografia de um discurso, 309

Apêndice – Fontes etíopes de conhecimento, 331

Referências, 335

Índice analítico, 387

Introdução

Este livro evoluiu acidentalmente como resultado de um convite para preparar um panorama da filosofia africana. Num sentido estrito, a noção de filosofia africana refere-se a contribuições de africanos que praticam a filosofia no quadro definido da disciplina e sua tradição histórica (HORTON, 1976; HOUNTONDJI, 1977). Poderíamos estender a noção de filosofia aos sistemas de pensamento tradicionais africanos apenas metaforicamente, ou, na melhor das hipóteses, numa perspectiva historicista, considerando-os como processos dinâmicos onde experiências concretas são integradas numa ordem de conceitos e discurso (LADRIÈRE, 1979: 14-15). Portanto, escolhi falar de *gnose* africana. J. Fabian utilizou a noção de gnose em sua análise de um movimento carismático (1969). Neste livro, esse registro mais amplo parece mais apropriado para o conjunto de problemas discutidos, todos baseados numa questão preliminar: até que ponto pode-se falar de um conhecimento africano, e em que sentido? Etimologicamente, "gnose" está relacionado a *gnosko*, que significa "conhecer" em grego antigo.

Especificamente, gnose significa buscar conhecer, pesquisar, métodos de conhecer, investigação e até conhecer outra pessoa. Com frequência a palavra é utilizada num sentido mais especializado de conhecimento superior ou esotérico, e assim se refere a um conhecimento estruturado, comum e convencional mas estritamente sob controle de procedimentos específicos para seu uso e transmissão. Consequentemente, a *gnose* é diferente da *doxa* ou opinião e por outro lado não pode ser confundida com *episteme*, entendida tanto como ciência quanto como configuração intelectual geral.

Portanto, o título é uma ferramenta metodológica: ele envolve a questão do que é e não é filosofia africana e também orienta o debate para outra direção ao enfocar as condições de possibilidade da filosofia como parte do corpo mais amplo de conhecimento sobre a África chamado de "africanismo". Eu utilizo essa noção central de condições de possibilidade de acordo com uma tradição recente onde Michel Foucault pôde, por exemplo, definir sua própria ambição intelectual em termos de sua dependência das alterações que Jean Hyppolite introduziu na filosofia hegeliana (FOUCAULT, 1982: 235-237). O que a noção de condições de possibilidade indica é que os discursos não apenas têm origens sócio-históricas mas também contextos epistemológicos. São esses últimos que os tornam possíveis e que também podem explicá-los de uma maneira essencial.

Eu tratarei os discursos sobre sociedades, culturas e povos africanos como signos de outra coisa. Eu pretendo interrogar suas modalidades, significância ou estratégias como um meio de entender o tipo de conhecimento sendo proposto. Com efeito, eu não discuto as questões clássicas da antropologia ou história africana cujos resultados podem ou não espelhar uma realidade africana objetiva. Em vez disso, olho *para além* dos resultados, olho precisamente aquilo que os torna possíveis, antes de aceitá-los como comentários sobre a revelação, ou restituição, de uma experiência africana.

O livro tenta, portanto, uma espécie de arqueologia da *gnose* africana como um sistema de conhecimento onde questões filosóficas fundamentais surgiram recentemente: primeiro sobre a forma, conteúdo e estilo do conhecimento "africanizante"; segundo sobre o estatuto dos sistemas de pensamento tradicional e sua relação possível com o gênero de conhecimento normativo. Desde os primeiros capítulos que analisam o poder de antropólogos, missionários e ideólogos até o último, sobre filosofia, preocupo-me diretamente com os processos de transformação de tipos de conhecimento.

Essa orientação tem duas consequências: por um lado, uma aparente atenuação da originalidade das contribuições africanas e, pelo outro, uma ênfase exagerada em procedimentos externos como influências antropológicas e religiosas. O fato é que até o momento tanto os intérpretes ocidentais quanto os analistas africanos utilizam categorias e sistemas conceituais que dependem de uma ordem epistemológica ocidental. Mesmo nas descrições mais explicitamente "afrocêntricas", os modelos de análise, explícita ou implicitamente, com ou sem consciência, referem-se à mesma ordem. Será que isso significa que as *Weltanschauungen* africanas e os sistemas de pensamento tradicional africano são impensáveis e não podem ser explicitados dentro do esquema de sua própria racionalidade? Eu afirmo que até agora as maneiras pelas quais eles foram avaliados e os meios usados para explicá-los estão relacionados a teorias e métodos cujas restrições, regras e sistemas de operação pressupõem um local epistemológico não africano. A partir desse ponto de vista, a afirmação de alguns filósofos africanos como O. Bimwenyi (1981a) e F. Eboussi-Boulaga (1981) de que eles representam um hiato epistemológico deve ser levada a sério. O que isso significa para o campo dos estudos africanos? Até que ponto suas perspectivas podem modificar o fato de uma dependência silenciosa de uma *episteme* ocidental? Seria então possível renovar a noção de tradição a partir de, digamos, uma *dispersão* radical das culturas africanas?

Essas são as questões mais importantes no debate sobre a filosofia africana. Elas me obrigam a esclarecer imediatamente minha posição sobre os representantes da gnose africana. Quem fala sobre ela? Quem tem o direito e as credenciais para produzi-la, descrevê-la, comentar sobre ela, ou pelo menos apresentar opiniões sobre ela? Ninguém se ofende se um antropólogo for questionado. Mas, estranhamente, os africanistas – e os antropólogos entre eles – decidiram separar o africano "real" do africano ocidentalizado e basear-se estritamente no primeiro. Rejeitando esse mito do "homem no arbusto", J. Jahn escolheu "voltar-se aos africanos que têm opinião própria e que determinarão o futuro da África: aqueles, em outras palavras, de quem diz-se que tentam reviver a tradição africana" (JAHN, 1961: 16). Mas a decisão de Jahn parece exagerada. Eu prefiro uma autoridade mais ampla: os discursos dos intelectuais como uma biblioteca crítica e, se possível, a experiência de formas de sabedoria rejeitadas que não fazem parte das estruturas do poder político nem do conhecimento científico.

Em suma, em vez de simplesmente aceitar a autoridade de representantes qualificados das culturas africanas, eu gostaria de estudar o tema das fundamentações do discurso sobre a África. É óbvio que numa obra tão subjetiva eu não posso pretender oferecer um relato exaustivo que analise todas as tendências atuais ou que incorpore tudo em seu quadro. Este livro é apenas uma síntese crítica das questões complexas sobre o conhecimento e o poder na África e sobre ela.

As pressuposições e hipóteses esboçadas acima indicam um conjunto de alternativas teóricas no qual venho trabalhando pelos últimos quinze anos. Se, desde *A outra face do reino* (1973) até *O odor do pai* (1982b) e esta contribuição minha posição geral de certa forma mudou, acredito que minha tese principal permaneceu a mesma em relação à forma analógica das ciências sociais e à história do discurso africanista. Essas disciplinas não oferecem uma compreensão real das *Weltanschauungen* estudadas. Mas também se pode dizer que é nesses próprios discursos que os mundos africanos foram estabelecidos como realidades para o conhecimento. E hoje os próprios africanos leem, desafiam, reescrevem esses discursos como uma maneira de explicar e definir sua cultura, história e ser. É óbvio que desde o seu começo o africanismo produz tanto seus motivos quanto seus objetos e comenta fundamentalmente sobre seu próprio ser enquanto promove sistematicamente uma gnose. Em última instância, surgiram dessa *gnose* tanto os discursos africanos sobre a diferença [*otherness*] quanto as ideologias da alteridade [*alterity*] – dos quais a negritude, a personalidade negra e a filosofia africana podem ser consideradas como as mais bem-estabelecidas na história intelectual da África hoje em dia.

Alguns de meus críticos (p. ex., MPOYI-BWATU, 1983; N'ZEMBELE, 1983; WILLAME, 1976) pediram agressivamente que eu retirasse implicações políticas de minhas conclusões. Outros, como Mouralis (1981, 1984a), em vez disso pensaram que meu projeto de lidar com temas tabus seria ambicioso demais. Eu espero apenas que algumas pessoas concordem que a tarefa de trazer a filosofia para perto de alguns de seus próprios limites e metáforas na ciência social e de questionar os contatos ambíguos da filosofia com discursos não filosóficos justifica meu compromisso não com a filosofia, nem com uma *África inventada*, mas com o que significa essencialmente ser um africano e um filósofo hoje em dia. Eu agradeço a L. Kaumba, cujo estudo fenomenológico da importância da identidade em minha obra literária (KAUMBA, 1986) forçou-me a reavaliar as implicações de minhas teses sobre o Mesmo e o Outro na antropologia filosófica. Mas a crítica dele satisfaz minhas crenças fundamentais: a identidade e a alteridade sempre são dadas a outros, assumidas por um sujeito-eu ou sujeito-nós, estruturadas em múltiplas histórias individuais e, de qualquer forma, expressas ou silenciadas de acordo com desejos pessoais diante de uma *episteme*.

Isso também implica que, de um ponto de vista metodológico, eu acredito, como disse Foucault, que "o discurso em geral e o discurso científico em particular é uma realidade tão complexa que não apenas podemos mas devemos abordá-lo em níveis diferentes e com métodos diferentes" (1973: xiv). Para este ensaio, escolhi uma perspectiva arqueológica que me permite tratar da questão da constituição progressiva de uma ordem de conhecimento africana. Entretanto, por razões que têm a ver com a natureza bizarra de algumas das fontes utilizadas – principalmente as antropológicas – eu preferi não distinguir o nível epistemológico do conhecimento do nível arqueológico do conhecimento.

Tenho uma grande dívida com a Comissão Mista de Estudos Africanos do Conselho de Pesquisa em Ciência Social em conjunção com o Conselho Americano de Sociedades Eruditas. Eles me convidaram a escrever este estudo e providenciaram as instalações necessárias. Uma versão mais breve e levemente diferente dos capítulos três e cinco foi publicada na *African Studies Review* em 1985.

A bibliografia no final revela minha dívida intelectual com muitas obras e acadêmicos. Nessa bibliografia, apresento livros que realmente utilizei. Não considerei importante incluir autores como Aristóteles, Descartes, Diderot, Rousseau ou Voltaire, a quem às vezes me refiro. Do mesmo modo, não me pareceu útil incluir várias narrativas e textos de exploradores, teóricos coloniais e papas. Eles expressam de modo geral uma *doxa* normativa e sua submissão a uma *episteme*. Enquanto tal, revelam o desenvolvimento de teorias antropológicas e filosóficas. Quanto aos livros que não estão em inglês que cito, eu muitas vezes – mas nem sempre – consultei os originais, mesmo quando as traduções existentes eram excelentes. Mas, tirando as exceções mencionadas, eu geralmente me refiro às edições em inglês, quando disponíveis. Se uma edição em inglês não é mencionada na bibliografia, a tradução é minha[2].

Devo expressar explicitamente minha gratidão a alguns amigos e colegas sem os quais este livro talvez não tivesse sido escrito ou certamente ainda não estaria finalizado: Elizabeth Boyi pelo encorajamento; Christie Agawu pela assistência editorial; Kofi Agawu, Paul Riesman e Ivan Karp por suas avaliações críticas. Sou particularmente grato a Arnd Bohm, Walter Michener, Da-

---

2. Sempre que a localização foi possível, esta tradução em português buscou os originais das obras em francês utilizadas no texto e traduziu as citações diretamente dessa língua [N.T.].

vid Newbury e Mildred Mortimer, cuja leitura paciente do manuscrito inteiro e comentários críticos me ajudaram a esclarecer muitos pontos e traduzir meu estilo gaulês para a língua inglesa. Estendo minha gratidão ao Haverford College e, em particular, a Robert Stevens, Robert Gavin Jr., Wyatt MacGaffey e Judy Young por seu apoio e generosidade. Por fim, preciso expressar minha gratidão especial a Shirley Averill por suas sugestões úteis, a datilografia de muitos rascunhos do manuscrito e sua paciência infalível. Roberta L. Diehl e Janet Rabinowitch, minhas editoras, merecem um reconhecimento agradecido por seus conselhos, apoio e eficiência. Não é preciso dizer que as ideias, hipóteses e interpretações propostas neste livro são de minha inteira responsabilidade.

1

O discurso de poder e o conhecimento da alteridade

Estrutura colonizadora e marginalidade

> – *Deus tenha piedade de nós...! A raça humana?* – *exclamou Phyllis, atordoada.*
> – *É o que está escrito* – *confirmou Jinn.* – *Não comece a me interromper.*
> BOULLE, P. *Planeta dos macacos.*

A corrida pela África e o período mais ativo de colonização duraram menos de um século. Esses eventos, que envolveram a maior parte do continente africano, ocorreram entre o final do século XIX e a primeira metade do século XX. Apesar de, na história africana, a experiência colonial representar apenas um momento breve na perspectiva de hoje em dia, esse momento ainda é carregado e controverso já que, para dizer o mínimo, ele significou uma nova forma histórica e a possibilidade de tipos radicalmente novos de discursos sobre as tradições e culturas africanas. Poderíamos pensar que essa nova forma histórica significou desde suas origens a negação de dois mitos contraditórios; a saber, o "retrato hobbesiano de uma África pré-europeia, onde não havia nenhuma explicação do Tempo; nenhuma Arte; nenhuma Letra; nenhuma Sociedade; e o pior de tudo, medo contínuo e o perigo da morte violenta"; e "o retrato rousseauniano de uma era africana dourada de liberdade, igualdade e fraternidade perfeitas" (HODGKIN, 1957: 174-175).

Embora generalizações sejam claramente perigosas, *colonialismo* e *colonização* significam basicamente organização, arranjo. As duas palavras derivam do termo latino *colĕre*, que significa cultivar ou projetar. De fato, a experiência colonial histórica não reflete e obviamente não pode refletir as conotações pacíficas dessas palavras. Mas pode-se admitir que os colonos (aqueles que se assentavam numa região) assim como os colonialistas (aqueles que exploravam um território através do domínio de uma maioria local) tenderam a organizar e transformar áreas não europeias em construtos fundamentalmente europeus.

Eu gostaria de sugerir que ao examinar esse processo é possível usar três chaves principais para explicar as modulações e métodos representativos da organização colonial: os procedimentos de aquisição, distribuição e exploração das terras nas colônias; as políticas de domesticação dos nativos; e o modo de administrar organizações antigas e de implementar novos modos de produção. Assim, surgem três hipóteses e ações complementares: a dominação do espaço público, a reforma das mentes dos *nativos* e a integração de histórias econômicas locais à perspectiva ocidental. Esses projetos complementares constituem o que poderíamos chamar de estrutura colonizadora, que engloba completamente os aspectos físicos, humanos e espirituais da experiência colonizadora (cf., p. ex., CHRISTOPHER, 1984: 27-87). Essa estrutura claramente também indica a metamorfose planejada vislumbrada, a um grande custo intelectual, por textos ideológicos e teóricos que desde o último quarto do século XIX até a década de 1950 propuseram programas para "regenerar" o espaço africano e seus habitantes.

A. Césaire pensa que

> o grande drama histórico da África foi menos entrar em contato tardio demais com o resto do mundo do que o modo como esse contato aconteceu: que foi no

momento onde a Europa caiu nas mãos dos financistas e capitães da indústria mais desprovidos de escrúpulos que ela se propagou" (CÉSAIRE, 1972: 23).

Ele se refere à segunda parte do século XIX, enfatizando a coexistência entre a ideologia "imperialista", processos econômicos e políticos para a extensão do controle sobre o espaço africano, e instituições capitalistas que acabou levando à dependência e ao subdesenvolvimento (cf. tb. MAZRUI, 1974). Num livro recente, D.K. Fieldhouse escreve que "apenas um dogmatista tentaria afirmar categoricamente que o colonialismo era ou totalmente inconsistente com o desenvolvimento econômico nas dependências ou, por outro lado, que era o melhor meio possível para estimular seu crescimento. O colonialismo não foi consistente o suficiente ao longo do tempo para justificar qualquer afirmação impetuosa como essas, e seus objetivos também não eram suficientemente coerentes para alcançar qualquer resultado em particular" (1981: 103). Assim, o colonialismo foi uma espécie de acidente histórico, uma "fase quase não planejada e, no final das contas, transitória na relação elaborada entre partes do mundo mais e menos desenvolvidas" (1981: 49). De acordo com essa posição, esse acidente, de modo geral, não foi a pior coisa que poderia ter acontecido com o continente negro.

Em sua essência, o argumento não é novo. Ele tem uma história que remete ao debate das primeiras décadas do século XX. Em seu livro *Imperialismo: um estudo*, J.A. Hobson ligou a corrida pela África ao capitalismo e a busca capitalista de lucros maiores com as conquistas coloniais. Para J.A. Schumpeter, em 1919, tanto o colonialismo quanto sua causa, o imperialismo, não obedeciam à lógica. Foram "inclinações puramente instintivas, não racionais e irracionais para a guerra e a conquista" que orientaram "tendências sem objeto na direção da expansão forçada, sem limites definidos e utilitários" (SCHUMPETER, 1951: 83). Contra o tema leninista de *O imperialismo, fase superior do capitalismo* (1917), ele afirmou que "um mundo puramente capitalista não oferece um solo fértil para impulsos imperialistas [...] o capitalismo é por natureza anti-imperialista" (1951: 96). E num documento volumoso e cheio de estatísticas, *O balancete do imperialismo* (1936), Grover Clark demonstrou que o colonialismo foi não apenas economicamente irracional mas também ruinoso para as potências coloniais.

Do lado oposto, sob o risco de serem chamados de dogmáticos, os intérpretes marxistas aceitam o essencial da tese de Lenin. A alegação de neomarxistas como Samir Amin, Paul Baran, André Gunder-Frank e Immanuel Wallerstein é que se o colonialismo era inconsistente com o desenvolvimento econômico, ele era pelo menos desde o começo bastante consistente com seus próprios interesses e objetivos econômicos.

Consequentemente, o colonialismo deveria produzir um corpo de conhecimento sobre os meios de explorar as dependências (RODNEY, 1981). Ele também deveria produzir um tipo de técnica empírica para implementação de distorções estruturais ao postular quatro proposições políticas principais: primeiro, dar prioridade à revolução industrial sobre a revolução agrária; segundo, a promoção simultânea de todos os ramos da indústria com uma abordagem preferencial para a indústria pesada; terceiro, a ênfase em atividades terciárias e de serviços; quarto, a preferência por exportações em detrimento do sistema econômico total (AMIN, 1973). O resultado dessas políticas foi o processo de subdesenvolvimento que começou em todos os lugares onde o colonialismo ocorreu. Esse processo pode ser resumido em três pontos: primeiro, o sistema-mundo capitalista funciona de modo que partes do sistema sempre se desenvolvem às custas de outras partes, ou através do comércio ou da transferência de excedentes. Segundo, o subdesenvolvimento das dependências é não apenas uma ausência de desenvolvimento, mas também uma estrutura organizacional criada sob o colonialismo ao trazer territórios não ocidentais para o mundo capitalista. Terceiro, apesar de seu potencial econômico, as dependências não têm a capacidade estrutural para a autonomia e o crescimento sustentado, já que seu destino econômico é determinado em grande parte pelos países desenvolvidos (AMIN, 1974; GUNDER-FRANK, 1969; WALLERSTEIN, 1979). A partir dessa última alegação, alguns teóricos rapidamente criaram a hipótese de que se o Japão escapou dos apuros do subdesenvolvimento, foi por ser o único país não ocidental a escapar do colonialismo (BIGO, 1974: 32, 60).

Parece impossível fazer qualquer afirmação sobre o colonialismo sem ser dogmático, particularmente quando se trata da organização e do crescimento econômico. Por mais diferentes que sejam em forma e intenção, as teorias marxista e periférica têm o mesmo foco: um território além-mar totalmente reorganizado e submetido a um modelo ocidental (MOMMSEN, 1983). A primeira teoria considera o imperialismo colonial como um ápice calculado e inevitável do capitalismo. Mesmo que a última não leve em conta o aspecto planejado do colonialismo, ela ainda pressupõe que o fenômeno seja uma consequência da industrialização e desenvolvimento europeus, de algum modo fadados a se expandir além-mar. Aceitando-se qualquer das teorias, a aplicação ainda é a mesma, levando inevitavelmente ao que chamei de estrutura colonizadora responsável por produzir sociedades, culturas e seres humanos marginais (EMMANUEL, 1969; BAIROCH, 1971). Portanto, com o propósito de esclarecer o que virá, quero deixar clara a dicotomia que essa estrutura cria e que é um sinal daquilo que I. Sachs chama de "europocentrismo". É um modelo que

> domina nosso pensamento e, tendo em vista sua projeção na escala mundial pela expansão do capitalismo e do fenômeno colonial, marca a cultura contemporânea ao se impor como um modelo fortemente condicionante para uns e uma desculturação forçada para outros (SACHS, 1971: 22, apud BIGO, 1974: 23, n. 3).

Por causa da estrutura colonizadora, surgiu um sistema dicotômico e com ele desenvolveu-se um grande número de oposições paradigmáticas atuais: tradicional *versus* moderno; oral *versus* escrito e impresso; comunidades agrárias e de costumes *versus* civilização urbana e industrializada; economias de subsistência *versus* economias altamente produtivas. Na África, geralmente se dá muita atenção à evolução sugerida e prometida pela passagem dos primeiros paradigmas aos segundos (MUDIMBE, 1980). Esse suposto salto de um extremo (subdesenvolvimento) a outro (desenvolvimento) é na verdade enganoso. Ao enfatizar a formulação de técnicas de mudança econômica o modelo tende a negligenciar um modo estrutural herdado do colonialismo. Entre os dois extremos existe um intermediário, um espaço difuso onde eventos sociais e econômicos definem a extensão da marginalidade (BIGO, 1974: 20; SHAW, 1985: 33-36). No nível econômico, por exemplo, se a produtividade relativamente baixa dos processos tradicionais de produção (antes adaptada aos mercados e conjuntos de comércio e transações preexistentes) foi perturbada por uma nova divisão de trabalho que depende dos mercados internacionais, então a transformação significou uma destruição progressiva dos domínios tradicionais da agricultura e artesanato (MEILLASSOUX, 1975: 115). Como um segundo exemplo, poderíamos analisar a desintegração social das sociedades africanas e o crescente proletariado urbano como resultados de uma desestabilização de organizações costumeiras pelo estabelecimento incoerente de novos arranjos e instituições sociais (TURNBULL, 1962; MEMMI, 1966; MAIR, 1975). Por fim, se nos níveis cultural e religioso, por meio de escolas, igrejas, imprensa e meios audiovisuais o empreendimento colonizador difundiu novas atitudes contraditórias e modelos ricamente complexos em termos de cultura, valores espirituais e sua transmissão, ele também rompeu o esquema culturalmente unificado e religiosamente integrado da maioria das tradições africanas (BIMWENYI, 1981a). Desse momento em diante as formas e formulações da cultura colonial e seus objetivos passaram a ser de algum modo o meio de trivializar todo o modo de vida tradicional e sua moldura espiritual. As transformações potenciais e necessárias significaram que a mera presença dessa cultura nova foi uma razão para a rejeição de pessoas não adaptadas e mentes confusas.

A marginalidade designa o espaço intermediário entre a assim chamada tradição africana e a modernidade projetada do colonialismo. Ela é aparentemente um espaço urbanizado no qual, como percebeu S. Amin, "vestígios do passado – especialmente a sobrevivência de certas estruturas (p. ex., as solidariedades étnicas) – muitas vezes ainda mascaram as estruturas novas (as solidariedades de classes ou de grupos definidos por sua posição no sistema capitalista)" (1974: 377). Esse espaço revela não novos imperativos que possam levar a um salto para a modernidade, e sim o fato de que o desespero dá a esse espaço intermediário sua pertinência precária e, ao mesmo tempo, sua importância perigosa. Como P. Bigo disse há pouco:

> As nações jovens corretamente temem ver seu mundo original engolido pelos redemoinhos da sociedade industrial e assim desaparecer para sempre, um pouco como as espécies animais que tentamos, com dificuldade e muitas vezes em vão, proteger contra a invasão do homem técnico (BIGO, 1974: 23).

> Não há dúvida de que o colonialismo direto ou indireto sempre provoca uma coerção cultural nos países que o experimentam, uma contaminação quanto mais escondida, mais profunda. Os estilos de vida e modos de pensar das nações dominantes tendem a se impor sobre as dominadas. Além do mais, eles são aceitos e até procurados. Surgem modelos, fatores alienantes para o povo que os adota (BIGO, 1974: 24).

De qualquer modo, esse espaço intermediário pode ser visto como o principal significante do subdesenvolvimento. Ele revela a forte tensão entre uma modernidade que muitas vezes é uma ilusão de desenvolvimento e uma tradição que às vezes reflete uma imagem pobre de um passado mítico. Ele também desvela a evidência empírica dessa tensão ao mostrar exemplos concretos de fracassos de desenvolvimento como o desequilíbrio demográfico, taxas de fertilidade extraordinariamente altas, a desintegração progressiva da estrutura clássica da família, o analfabetismo, disparidades sociais e econômicas severas, regimes ditatoriais funcionando sob o nome catártico de democracia, a ruptura de tradições religiosas, a constituição de igrejas sincréticas etc. (BAIROCH, 1971; BIGO, 1974).

De modo geral, perturbados por essa confusão, os cientistas sociais preferem pleitear uma reavaliação dos programas de modernização. Sem dúvida muitas teorias ainda serão propostas e muitos planos serão feitos. Mas já se pode entender que esse espaço marginal tem sido um grande problema desde o começo da experiência colonizadora; em vez de ser um passo no "processo evolutivo" imaginado, ele foi o local de paradoxos que questionaram as modalidades e as implicações da modernização na África.

Formações discursivas e alteridade

> Era certo que o sábio Antelle, ainda que não um misantropo, não se interessava muito pelos humanos. Ele declarava muitas vezes não mais esperar grande coisa deles...
> BOULLE, P. *Planeta dos macacos.*

A estrutura colonizadora, mesmo em suas manifestações mais extremas – como a crise da África do Sul (cf., p. ex., SEIDMAN, 1985) – talvez não seja a única explicação da marginalidade atual da África. Talvez essa marginalidade possa ser compreendida de modo mais essencial a partir da perspectiva de hipóteses mais amplas sobre a classificação de seres e de sociedades. Seria fácil demais afirmar que essa condição, pelo menos teoricamente, foi consequência de discursos antropológicos. Desde Turgot (que por volta de 1750 foi o primeiro a classificar linguagens e culturas com base nos "povos [serem] caçadores, pastores ou agricultores" [1913-1923, I: 172] e no final das contas definiu um caminho ascendente da selvageria às sociedades comerciais), a marginalidade não ocidental tem sido um sinal tanto de um começo absoluto possível quanto de uma fundamentação primitiva da história convencional. Em vez de retraçarmos uma alucinação evolucionista já muito bem conhecida (DUCHET, 1971; HODGEN, 1971), adotemos um ângulo diferente ao examinar tanto as questões derivadas de uma pintura do século XVI quanto a alocação de um "objeto africano" para a antropologia do século XIX.

Comentando *Las meninas* de Velásquez, M. Foucault escreve: "O pintor está ligeiramente atrás da tela. Ele olha sua modelo de relance; talvez se trate de adicionar um último toque, mas pode ser também que a primeira pincelada ainda não tenha sido pintada" (1973: 3). O pintor está em um lado da tela trabalhando ou meditando sobre como representar suas modelos. Quando a pintura está pronta, ela se torna tanto um dado quanto uma reflexão do que a fez possível. E Foucault pensa que a ordem de *Las meninas* parece ser um exemplo de uma representação que busca "se representar em todos os seus elementos, com suas imagens, os olhares a que se oferece, os rostos que ela torna visível, os gestos que a fizeram nascer". Mas na complexidade impressionante dessa pintura há uma ausência notável: "aquele a quem ela parece e aquele a cujos olhos ela é apenas uma semelhança" (FOUCAULT, 1973: 16).

Vejamos agora a pintura *Tribo exótica*, de Hans Burgkmair. Será que o pintor está sentado contemplando seus modelos exóticos? Quantos? Não é certo nem se existe um modelo presente na sala onde Burgkmair pensa sobre os modos de subsumir versões particulares de seres humanos. O ano é 1508. Dürer ainda está vivo. Burgkmair já é um mestre respeitado da nova escola de Augsburg que fundou. Ele quer agradar os Fuggers e os Welsers e concordou em ilustrar o livro de Bartolomäus Springer sobre suas viagens além-mar (KUNST, 1967). Leu cuidadosamente o diário de Springer, provavelmente estudou alguns esboços desajeitados a lápis ou tinta de pena, e decidiu desenhar seis retratos de "primitivos".

A primeira ilustração da série parece representar uma família. Imaginemos o pintor trabalhando. Ele acabou de ler a descrição da viagem de Springer e, possivelmente com base em alguns esboços, tenta criar uma imagem de negros em "Gennea" [Guiné]. Talvez ele tenha decidido usar um modelo, provavelmente branco mas de constituição forte. O pintor encara o corpo pálido, imaginando esquemas para transformá-lo numa entidade negra. O modelo tornou-se um espelho através do qual o pintor avalia como as normas da semelhança e sua própria criatividade poderiam conferir tanto uma identidade humana quanto uma diferença racial para sua tela. Talvez o artista já esteja trabalhando. Mas ele tem que parar regularmente, andar em volta do modelo, deixar o espaço luminoso diante da janela e retirar-se a um canto discreto. Seu olhar trata de um ponto que é uma pergunta: como sobrepor as características africanas descritas na narrativa de Springer às normas do *contrapposto* italiano? Se ele conseguir, a pintura deverá ser, em sua originalidade, uma celebração e uma lembrança do elo natural que conecta os seres humanos e, ao mesmo tempo, uma indicação de diferenças raciais ou culturais. Ela deve testemunhar a verdade das semelhanças, analogias e possivelmente até a violência da antipatia. De qualquer forma, Kunst nota que:

> o africano nu retratado de costas conforma-se à regra clássica do contraposto expressa no equilíbrio compensatório das partes simétricas do corpo em movimento: um ombro se apoia numa perna e o outro está erguido sobre a perna livre. Podemos apostar que esse homem nu foi copiado de um modelo clássico ao qual o artista deu características, joias e espadas de um povo exótico ainda fortemente ligado à natureza (KUNST, 1967: 19-20).

É fácil rejeitar minha preocupação com a semelhança neste processo criativo em particular. Não estaria eu projetando uma perspectiva do século XX sobre as técnicas pictóricas do início do século XVI? A estrutura das figuras está lá no primeiro pequeno quadro, tratada de modo típico. O estardalhaço sobre a semelhança poderia ser apenas, afinal, uma hipótese contemporânea sobre o processo de estabelecer elos entre seres e coisas de nosso ponto de vista atual. Entretanto, é possível buscar questões que surgem da representação de Burgkmair. Com efeito, podemos descrever sua filiação artística e sua dependência dos ideais clássicos do Renascimento (KUNST, 1967: 20). Podemos também comparar os princípios de sua técnica com aqueles aparentes em algumas obras contemporâneas que lidam direta ou indiretamente com figuras negras, como *Dançarinos mouros* de Erasmus Grasser (1480), o *Jardim das delícias* de Hieronymus Bosch (1500), *Catarina, a moura* (1521) de Albrecht Dürer e, no final do século, *Betsabé* (1594) de Cornelisz van Haarlem. Ao especular ou analisar os contrastes entre as figuras brancas e negras nesses quadros, poderíamos certamente buscar uma visão que se refira a explicações historicamente convencionais – por exemplo, o senso das características e "a ideia de *design*, quer dizer, de expressão através da disposição pura de contornos e massas e do aperfeiçoamento e ordenação do ritmo linear" (FRY, 1940: 165). O jogo complexo de cores em harmonia e oposição, a ordem de tons entre o branco e o preto, baseiam-se obviamente em tais referências intelectuais conscientes. Mas será que a nossa compreensão das economias cromáticas das telas não se refere, de maneira muito insistente, a traços invisíveis?

Os contrastes entre preto e branco contam uma história que provavelmente duplica uma configuração epistemológica silenciosa mas poderosa. *Ex hypothesi* ela pode ser simplesmente um jogo inter-relacionado de semelhanças: "*Convenientia, aemulatio, analogia* e *simpatia* nos dizem como o mundo deve se dobrar sobre si mesmo, se duplicar, se refletir ou se encadear para que as coisas possam se parecer. Elas nos contam os caminhos da semelhança e por onde passam; não onde ela está, nem como é vista, nem qual é a marca para reconhecê-la" (FOUCAULT, 1973: 23-24).

Voltemos ao quadro terminado de Burgkmair. As três figuras negras – um garoto, um homem, uma mulher sentada com um bebê apertado em seu seio – têm as proporções corretas tanto entre si quanto no contexto mais amplo. Todas estão nuas e têm ou braceletes nos braços ou um cordão no pescoço, sinais claros de que pertencem a um universo "selvagem" (KUNST, 1967: 20). O garotinho está dançando, sua cabeça grande demais virada para o céu. No centro da tela, o homem, apresentado em linhas claras e fortes, encara um horizonte distante, brandindo uma flecha com sua mão esquerda e segurando duas outras flechas com a direita. Ele encarna o poder não apenas por ocupar a posição central no quadro mas também porque é o significante mais bem definido nessa cena. Ele é o local que define a relação entre o menino à sua esquerda e a mulher à sua direita, retratado com um toque de sentido hierático e uma leve força instintiva. Na direita, a mulher com o bebê está sentada num tronco. Ela parece encarar pensativamente a área pélvica do homem. As curvas de seu corpo são executadas de forma canônica.

O quadro inteiro, em sua simplicidade e nos ritmos equilibrados de suas linhas, parece ser uma pintura verdadeiramente charmosa e decorativa. Mas o que ele realmente expressa é uma ordem discursiva. A estrutura das figuras, assim como o significado dos corpos nus, proclama as virtudes das semelhanças: para designar os negros de Springer, o pintor representou brancos enegrecidos. Isso não era raro nos séculos XVI e XVII, como revela um grande número dos desenhos do período. Esse é o caso, por exemplo, da quinta pintura na edição de 1591 de Filippo Pigafetta de seu *Relatione del reame di Congo*, que representa três mulheres africanas italianizadas e também do rei africano no frontispício do livro de 1670 de J. Ogliby sobre a África. O importante na pintura de Burgkmair, assim como em desenhos semelhantes, é sua representação dupla.

A primeira, cujo objetivo é assimilar corpos exóticos à metodologia de pintura italiana do século XVI, reduz e neutraliza todas as diferenças à mesmidade [*sameness*] significada pela norma *branca* que, não esqueçamos, é mais história religiosa do que uma simples tradição cultural. Na linguagem concreta essa referência significava uma "solução bíblica para o problema das diferenças culturais [que] era considerada pela maioria dos homens o melhor que a razão e a fé podiam propor" (HODGEN, 1971: 254); ou seja, a mesma origem para todos os seres humanos, seguida pela difusão geográfica e diversificação racial e cultural. E acreditava-se que a Bíblia estipulava que o africano só poderia ser o escravo de seus irmãos.

Há um outro nível, mais discreto. Ele estabelece uma segunda representação que une através da semelhança e acaba articulando distinções e separações, classificando assim tipos de identidades. Rapidamente, posso dizer que no quadro de Burgkmair existem duas atividades representacionais: por um lado, signos de uma ordem epistemológica que, silenciosa mas imperativamente, indica os processos de integração e diferenciação das figuras dentro da mesmidade normativa; por outro lado, a excelência de um quadro exótico que cria uma distância cultural graças à acumulação de diferenças acidentais, a saber, a nudez, a pele negra, o cabelo encaracolado, braceletes e colares de pérolas.

Em seus arranjos, essas diferenças são signos pertinentes. Devido à ordem fundamental que revelam e da qual são testemunha, as virtudes da semelhança apagam as variações físicas e culturais enquanto mantêm e propõem diferenças superficiais como significativas da complexidade humana. *Juan de Pareja* (1648) de Diego Velásquez ainda efetiva essa referência integradora, enquanto pinturas importantes como *Quatro estudos da cabeça de um negro* (1620) de Peter Paul Rubens, *Dois negros* (1661) de Rembrandt, e *Retrato de jovem negro com arco* (1697) de Hyacinthe Rigaud expressam e se relacionam explicitamente com outra ordem. Uma nova fundamentação epistemológica operava então no Ocidente. Teorias da diversificação dos seres, assim como tabelas classificatórias, explicam as origens da construção de taxonomias e seus objetivos (FOUCAULT, 1973: 125-165). O esquema de *Systema Naturæ* (1735) de Lineu é apenas uma das classificações paradigmáticas de espécies e variedades de *Homo sapiens* (*europæus, asiaticus, americanus, afer*) distinguidas de acordo com características físicas e temperamentais (COUNT, 1950: 355). Seria fácil demais ligá-lo, num nível *acima*, a formações discursivas sobre a grande corrente de seres e sua hierarquia e, num nível *abaixo*, primeiro à craniologia de Blumenbach e depois ao viés antiafricano geral da literatura filosófica e científica dos séculos XVIII e XIX (LYONS, 1975: 24-85).

Duas formações discursivas muito diferentes – a descoberta da arte africana e a constituição do objeto dos estudos africanos, ou seja, a "invenção" do africanismo como uma disciplina científica – podem ilustrar a eficiência diferenciadora de dispositivos classificatórios gerais como padrão de realidade, designação, arranjo, estrutura e caráter. Eu já sugeri que a semelhança foi afastada da percepção que Rubens, Rembrandt e Rigaud tinham dos negros. O que está lá, numa descrição detalhada, pode ser considerado a nomeação e análise de uma alteridade e refere-se a uma nova ordenação epistemológica: uma teoria da compreensão e da análise de signos em termos da "disposição em tabelas ordenadas das identidades e das diferenças" (FOUCAULT, 1973: 72).

Os marinheiros portugueses trouxeram para a Europa os primeiros *feitiços* [em português no original – N.T.], objetos africanos que supostamente teriam poderes misteriosos, no final do século XV. Eles quase sempre são encontrados em gabinetes de curiosidades bem organizados, ao lado de machadinhas ou flechas norte-americanas, artefatos egípcios e tambores siameses. Alguns intérpretes realmente os consideram sinais de um estado de barbarismo (HODGEN, 1971: 162-203). Mas é possível afirmar com segurança que, com maior frequência, eles são vistos como simples curiosidades trazidas de acordo com a décima tarefa do viajante-observador na tabela da *Geographia generalis* (1650) de Varenius: tratar de "homens, artífices e invenções famosas dos nativos de todos os países" (HODGEN, 1971: 167-168). De modo geral, esses objetos são culturalmente neutros. Por causa de suas formas e estilos, às vezes um pouco assustadores, eles explicam a diversidade misteriosa do Mesmo (BAL, 1963: 67). É só a partir do século XVIII que, como artefatos estranhos e "feiosos", eles realmente entram na moldura da arte africana.

Nos mapas, o continente negro ainda era uma *terra incognita*, mas seus povos e produções materiais eram mais familiares a viajantes, estudantes da espécie humana, comerciantes e estados europeus. Desde o começo do século XVIII, houve um aumento tremendo do tráfico de escravizados e de uma economia transatlântica lucrativa que envolvia a maioria dos países ocidentais. Na África Ocidental, Daomé[3] era um parceiro comercial poderoso dos negociantes europeus. O Império Axante se expandiu, dominando os acãs e o Reino de Oió ao leste, aumentando seu poder enquanto crescia. Ex-escravizados e africanos empobrecidos eram assentados por organizações patrocinadas por europeus na atual Serra Leoa. Na costa leste, em 1729 africanos expulsaram os portugueses de suas fortalezas na região norte de Moçambique; ao sul, em 1770, houve a primeira guerra entre imigrantes holandeses e bantos. Dois anos depois, James Bruce, viajando do norte da África para o centro, alcançou a nascente do Nilo Branco no mesmo ano que o *Chief Justice* Mansfield declarou na Inglaterra que a escravidão era contra a lei (VERGER, 1968).

Nessa atmosfera de trocas intensas e violentas, os *feitiços* tornaram-se símbolos da arte africana. Eles eram vistos como primitivos, simples, infantis e sem sentido. Mary H. Kingsley, no começo do século XX, os resumiu com uma avaliação axiomática: "os africanos jamais fizeram uma peça de tecido ou cerâmica [de primeira, de segunda,] nem de décima quarta [categoria]" (KINGSLEY,

---

3. A tradução de nomes étnicos e geográficos africanos para o português seguiu, em linhas gerais, o modelo proposto por Alberto da Costa e Silva em *A enxada e a lança* (Rio de Janeiro: Nova Fronteira, 2006) e *A manilha e o libambo* (Rio de Janeiro: Nova Fronteira, 2002) [N.T.].

1965: 669). Parece-me que "um processo de estetização" (BAUDRILLARD, 1972) ocorreu a partir do século XVIII. Aquilo que se chama arte selvagem ou primitiva engloba um conjunto amplo de objetos introduzidos pelo contato entre africanos e europeus durante o tráfico de escravizados intensificado no esquema classificatório do século XVIII. Esses objetos, que talvez não sejam artísticos de forma alguma em seu "contexto nativo", tornam-se arte ao receberem simultaneamente um caráter estético e uma potencialidade para produzir e reproduzir outras formas artísticas. Será que, tomados em sua função e significância iniciais, eles poderiam ter criado uma *mise en perspective* radical da cultura ocidental agarrada a classificações? (BAUDRILLARD, 1972). Isso é precisamente uma impossibilidade. As artes se baseiam em critérios e é difícil imaginar que esses padrões possam surgir de fora do campo de "poder-saber" de uma cultura dada, campo que estabelece sua bíblia artística num período histórico. Assim, é óbvio que os fetiches e outras peças de arte "primitiva" são maravilhosos porque sua estrutura, caráter e disposição exigem uma designação (LAUDE, 1979; WASSING, 1969). Eles são "selvagens" em termos da corrente evolutiva do ser e da cultura, que estabelece uma correspondência entre avanço do processo civilizador e da criatividade artística, assim como das realizações intelectuais.

Neste ponto, paradoxalmente, é uma celebração do artesanato africano que confirma minha análise. Admirando a beleza de uma "escultura negra", o falecido R. Fry estava confuso:

> É curioso que um povo que produziu artistas tão bons não tenha produzido também uma cultura em nosso sentido da palavra. Isso mostra que dois fatores são necessários para produzir as culturas que distinguem os povos civilizados. É preciso existir, obviamente, o artista criativo, mas também é preciso existir o poder da apreciação e comparação crítica consciente (FRY, 1940: 90-91).

Sinto dizer que Fry estava completamente errado. Os dois fatores não explicam nem podem explicar os tipos de culturas.

Eles constituem apenas uma base para a produção da arte e suas modificações possíveis no decorrer do tempo (cf. LAUDE, 1979; DELANGE, 1967). Eles não podem explicar completamente os padrões internos das culturas. De qualquer forma, é o "poder-saber" de um campo epistemológico que possibilita uma cultura dominadora ou submissa. Dessa perspectiva, a afirmação que Fry escreve imediatamente depois faz muito sentido: "é muito provável que o artista negro, apesar de capaz de [...] uma compreensão imaginativa profunda da forma, aceitaria nossa arte ilusionista mais vulgar com um entusiasmo humilde" (1940: 91).

Minha tese é confirmada, quase *ad absurdum*, pelo estudo de B. Jules-Rosette da arte turística africana contemporânea. Ela define essa arte como uma "arte produzida localmente para consumo de forasteiros" (1984: 9) e insiste enfaticamente na interação paradoxal entre sua origem e seu destino, ou seja, sua produção e seu consumo:

> Apesar de o conceito do sistema de arte turística enfatizar como os artistas e seus públicos percebem as imagens e as convertem em mercadorias econômicas, ele não negligencia os componentes expressivos da interação. Dentro do sistema, tanto as imagens quanto os objetos efetivos constituem fontes de troca entre produtores e consumidores. Apesar de os artistas terem uma impressão definida do público turista, os consumidores muitas vezes têm pouco contato direto com os artistas" (JULES-ROSETTE, 1984: 10).

Esse conceito de arte turística implica, em princípio, uma crítica da compreensão clássica da arte. Ele também significa explicitamente uma relativização do que a autora chama de "pressuposições sobre a maneira e qualidade das produções de arte turística"; a saber, seu caráter de produção em massa, a relativa inexperiência dos artesãos atuais, a coletivização da produção artística e o domínio da demanda dos consumidores sobre a criatividade artística.

Um argumento límpido sustenta a tese do estudo. A arte turística é uma troca simbólica e econômica. Isso pode ser entendido, de acordo com Jules-Rosette, com referência a três modelos: primeiro, as artes africanas tradicionais que têm significância cerimonial e social podem se tornar, e se tornam, objetos produzidos primariamente para o comércio externo. Segundo, existem no próprio ser da arte turística sinais de uma grande tensão entre a "cultura popular" e a *"haute culture"*. Ou, nas palavras de Jules-Rosette: "a cultura popular é contrastada implicitamente com outra coisa – a *haute culture* [...]. Há uma tensão e assimetria inerentes entre os ideais da alta cultura e as motivações de lucro e as novas tecnologias reprodutivas que sustentam o crescimento do mercado das culturas populares" (1984: 23). Quanto aos horizontes dessa produção artística, Jules-Rosette reafirma o fato da leitura ocidental da criatividade africana e suas proposições para inovações nas oficinas africanas:

> O mercado de arte turística internacional depende da demanda ocidental por lembranças "exóticas" e presentes e da pressuposição de que eles devem ser obtidos no estrangeiro. Os artistas e artesãos utilizam essa demanda como um estímulo para criar novas ideias e tecnologias para atender as necessidades do mercado em expansão (JULES-ROSETTE, 1984: 192).

A arte turística africana e suas contradições (Ela é uma arte? Em que sentido e de acordo com qual grade estética?) são apenas uma consequência *ad vallem* do processo que durante o período do tráfico de escravizados classificava os artefatos africanos de acordo com a grade do pensamento e imaginação ocidentais, onde a alteridade é uma categoria negativa do Mesmo. É significativo que um grande número de representações europeias de africanos, ou, de modo mais geral, do continente, demonstre essa ordenação da alteridade. Por exemplo, o quadro *África* (1700) de Andreas Schlüter é estruturado sobre uma relação complexa entre uma mulher negra nua e um leão assustador erguido de modo protetor por trás de seu corpo voluptuoso. A *Alegoria africana* (1765) da *Iconologia* de Cesare Ripa (t. IV, fol. 164) é um texto bíblico e científico. O nome do continente é ligado etimologicamente a Efa, neto de Abraão mas, em contraste, a peculiaridade do continente é apresentada com símbolos poderosos: a cor preta de uma mulher com chifres, um animal monstruoso com uma face humana envolta por serpentes e aves bizarras. O africano tornou-se não apenas o Outro que é todos os outros menos eu, mas também a chave que, em suas diferenças anormais, especifica a identidade do Mesmo. *África* (1750-1753) de G.B. Tiepolo, *Mulheres de Argel em seu apartamento* (1834) de Delacroix e inúmeros outros quadros podem ser lidos através de suas implicações: traços de alguma outra coisa sussurram, escorregadelas de cor revelam os significados e degraus de uma escada secreta indicam a magnitude de uma nova ordem.

Essas representações são contemporâneas às discussões iluministas sobre proposições axiomáticas como "os homens nascem desiguais" e questões como "o lugar do selvagem na corrente do ser" (DUCHET, 1971; HODGEN, 1971). Nos anos que se seguiram, as sagas de exploração começam com a expedição de J. Bruce à Etiópia em 1770 e a jornada de Mungo Park ao Rio Níger em 1795. O texto novo que surge dessas expedições não é fundamentalmente original (cf., p. ex., HAMMOND & JABLOW, 1977). Ele revela características já bem circunscritas e estabelecidas. A distinção entre "negro selvagem" e "maometano civilizado" e os comentários sobre a indolência dos africanos, suas paixões desenfreadas e sua crueldade ou retardamento mental já estavam lá. Eles faziam parte da série de oposições e dos níveis de classificação dos seres humanos exigidos pela lógica da cadeia do ser e dos estágios do progresso e do desenvolvimento social. Os exploradores apenas trouxeram novas provas que podiam explicar a "inferioridade africana". Já que os africanos não podiam produzir nada de valor, a técnica estatuária iorubá deve ter vindo dos egípcios; a arte do Benim deve ser uma criação portuguesa; as realizações arquitetônicas do Zimbábue foram criadas por técnicos árabes; e a arte de governar hauçá e buganda foram invenções dos invasores brancos (DAVIDSON, 1959; LUGARD, 1905; RANDALL-MACIVER, 1906; SANDERS, 1969; MALLOWS, 1984).

Essa tendência também aparece em outros campos. Dois botânicos franceses, A. Chevalier em 1938 e R. Portères na década de 1950, sugeriram que o continente africano poderia ter sido um local de domesticação muito antiga de plantas (cf., p. ex., PORTÈRES, 1950 e 1962). Com base em dados linguísticos, o antropólogo G.P. Murdock formulou uma proposição semelhante e postulou um "complexo de sementes sudânicas" (MURDOCK, 1959). Essas hipóteses foram rejeitadas, e hoje "a suposição mais popular das origens da agricultura de cereais na África subsaariana é que ela foi o produto da migração humana ou de alguma forma de difusão ou estímulo cultural derivado do Sudoeste da Ásia" (DESMOND, CLARK & BRANDT, 1984: 11; cf. tb. REED, 1977).

Eis uma última ilustração. O trabalho de M. Griaule e seus discípulos na região dogom demonstrou a complexidade do conhecimento astronômico dogom e seu simbolismo (p. ex., GRIAULE, 1948, 1952; GRIAULE & DIETERLEN, 1965, 1976; DIETERLEN, 1941; HEUSCH, 1985). Carl Sagan, professor de astronomia na Universidade Cornell, assumiu a tarefa de conferir a validade da cosmologia dogom. Sagan começa confessando sua surpresa: "Em contraste com quase todas as sociedades pré-científicas, os dogons afirmam que tanto os planetas quanto a Terra giram em seus eixos e revolvem ao redor do Sol [...]" (SAGAN, 1983: 81). Estranhamente, em vez de usar a documentação de Griaule e seus discípulos, Sagan utiliza um certo Temple, que resumiu as descobertas de Griaule: "Os dogons vão além. Eles afirmam que Júpiter tem quatro satélites e que Saturno é envolvido por um anel [...]. Diferente de qualquer astrônomo antes de Kepler, dizem que os dogons representam os planetas movendo-se corretamente em órbitas elípticas e não circulares" (1983: 82). O mais surpreendente para Sagan parece ser o seguinte:

> [Os dogons] afirmam que [Sirius] tem uma estrela companheira escura e invisível que orbita Sirius [...] uma vez a cada cinquenta anos. Eles dizem que a estrela companheira é muito pequena e muito pesada, feita de um metal especial chamado "sagala" que não é encontrado na Terra. O fato notável é que a estrela visível realmente tem uma companheira extraordinariamente escura, Sirius B, que a orbita numa órbita elíptica uma vez a cada 50,04 ± 0,09 anos. Sua matéria está num estado chamado "relativisticamente degenerado" que não existe na Terra, e como os elétrons não estão ligados aos núcleos nessa matéria degenerada, ela pode ser descrita apropriadamente como metálica (SAGAN, 1983: 83).

Como podemos explicar o conhecimento astronômico dogom? Sagan tem uma hipótese: "Eu visualizo um visitante gaulês ao povo dogom [...]. Ele pode ter sido um diplomata, explorador, aventureiro ou um dos primeiros antropólogos [...]" (1983: 87). Esse homem teria lido, ou talvez ainda possuísse, uma cópia de *A natureza do mundo físico* de Sir Arthur Stanley Eddington, publicado em 1928, onde se discute a densidade das estrelas anãs brancas:

> A conversa passa para o conhecimento astronômico. Sirius é a estrela mais brilhante no céu. Os dogons regalam o visitante com sua mitologia de Sirius. Então, sorrindo educadamente, eles perguntam para seu visitante qual seria o mito de Sirius *dele* [...]. Como a companheira anã branca de Sirius é uma sensação astronômica da época, o viajante troca um mito espetacular por um rotineiro. Depois de ele ir embora, sua explicação é lembrada, recontada e eventualmente incorporada ao *corpus* da mitologia dogom [...]. Quando Marcel Griaule realiza investigações mitológicas nas décadas de 1930 e 1940, ele ouve seu próprio mito europeu de Sirius recontado a ele (SAGAN, 1983: 88).

Tudo isso é mera especulação. Se Sagan tivesse consultado cuidadosamente fontes fidedignas (p. ex., GRIAULE, 1948; DIETERLEN, 1971; GRIAULE & DIETERLEN, 1965) ele não teria confundido fatos e níveis simbólicos para fazer sua afirmação sobre um lindo "retorno circular completo de um mito". Enunciarei três fatos. Primeiro, o ciclo orbital de Sirius B é analogizado e refletido na celebração do *sigui*, um ritual introduzido por um ancestral mítico dos dogons, Dyongu Seru. Ele é celebrado a cada sessenta anos; um período simbólico que integra os cinquenta anos da revolução de Sirius B (para os dogons, a "estrela do fonio"[4]) mais dez anos que fazem o ritual se ajustar-se ao antigo sistema mandês de numeração em sessenta e a seus símbolos esotéricos (DIETERLEN, 1971: 2-3). O último ritual do *sigui* ocorreu em 1967 e foi filmado por J. Rouch e G. Dieterlen e lançado sob o título *A caverna de Bongo* (1969, 35mm, cor). A *performance* anterior do *sigui* foi em 1907, e antes disso em 1847. "O rito é celebrado sob o 'signo' da 'estrela do fonio'. Com efeito, essa 'companheira' de Sirius é a representação no céu da pequena semente de fonio [...]" (HEUSCH, 1985: 147). Segundo, se quisermos validar a hipótese de Sagan, precisamos de fato demonstrar que um viajante europeu correu para a região dogom logo depois da descoberta em 1844 do movimento sinusoidal de Sirius por F.W. Bessel. Ele deve tê-la ensinado bem para que os dogons a integrassem imediatamente em seus mitos a ponto de ela poder funcionar perfeitamente num conjunto de símbolos fundadores principais a tempo para o ritual do *sigui* de 1847. Terceiro, a suposição anterior parece difícil já que a existência de Sirius B, na ciência ocidental, foi na verdade descoberta em 1862 por A.G. Clark. Os dogons já tinham utilizado o simbolismo do fonio em seus rituais do *sigui* em 1847 e 1787. Os especialistas em "civilizações orais" podem confirmar isso facilmente. Ao mesmo tempo, eles deveriam avaliar a credibilidade e contexto histórico de Dyongu Seru, que, de acordo

---

4. Espécie de painço comum na região [N.T.].

com a tradição dogom, é tanto aquele "responsável pela perda da imortalidade" quanto o inventor do ciclo do *sigui* (HEUSCH, 1985; GRIAULE & DIETERLEN, 1965). Por outro lado, vejo outro problema: o conceito de *sagala* dos dogons, um metal que não existe na Terra e que constitui a natureza da companheira de Sirius, está fortemente ligado ao ciclo mítico do *sigui*. Assim, parece remeter a um passado relativamente distante na história do ritual, enquanto na ciência ocidental a hipótese da "natureza relativisticamente degenerada" de Sirius B foi sugerida pela primeira vez na década de 1930. Na época, a maioria dos cientistas não aceitou o conceito que, aliás, foi proposto por um acadêmico indiano, S. Chandrasekhar.

Para terminar essa longa ilustração de um etnocentrismo epistemológico, eu suponho que agora já esteja claro como é controversa essa hipótese de Carl Sagan. É hora de concluir. Primeiro, eu não acredito que os dogons tenham obtido seu conhecimento astronômico de extraterrestres. A "má-fé" (no sentido sartreano) com a qual Sagan destrói as teses e fantasias de E. von Däniken, que afirma isso em *Eram os deuses astronautas?* (Nova York, 1970) e *De volta às estrelas* (Nova York, 1978), me faz suspeitar de que Sagan e von Däniken estão provavelmente mais próximos do que imaginam. Segundo, o modo como Sagan trata os dogons ilustra bem o poder de uma vontade de verdade. Uma *metáfora* pode generalizar esse caso. Imaginemos um teórico envolto na geometria euclidiana. Ele pensa, acredita e escreve sobre a impossibilidade de sistemas não euclidianos. Estes, com efeito, encarnariam a possibilidade de contradições incríveis como a realidade intelectual de uma *verdade intrínseca* (p. ex., um teorema demonstrado validamente na geometria euclidiana) que seria simultaneamente um *erro extrínseco*, ou seja, uma proposição negada validamente na lógica de uma geometria não euclidiana. Como sabemos, existem geometrias não euclidianas. Assim, minha metáfora pode ao menos se tornar um símbolo: pode não fazer nenhum sentido reduzir os sistemas não euclidianos ao sistema de Euclides, já que os sistemas surgem de postulados e conjuntos de axiomas radicalmente diferentes.

Em suma, apesar de apresentada na segunda metade do século XX, a hipótese de Carl Sagan pertence ao modo de pensar do século XIX sobre os "primitivos". Em nome do poder e do saber científicos, ela revela de modo maravilhoso o que definirei no capítulo seguinte como um etnocentrismo epistemológico; a saber, a crença de que, cientificamente, não há nada a se aprender com "eles" a não ser que já seja "nosso" ou que venha de "nós".

Os exploradores não revelam a alteridade. Eles comentam sobre a "antropologia", ou seja, a distância que separa a selvageria da civilização na linha diacrônica do progresso (cf. ROTBERG, 1970). R. Thornton afirma que "a descoberta da África também foi uma descoberta *para* o papel. Se os grandes viajantes vitorianos não tivessem escrito nada, hoje não se diria que eles 'descobriram' qualquer coisa". Entretanto, falando estritamente parece difícil provar de modo convincente que "Livingstone, Stanley, Burton, Grant, Speke e outros fizeram o que fizeram em nome do texto" (THORNTON, 1983: 509). Outros estudiosos podem invocar outros motivos como aqueles clássicos da curiosidade, coragem, generosidade, desprezo (KILLINGRAY, 1973: 48).

De qualquer forma, o texto do explorador não é epistemologicamente inventivo. Ele segue um caminho prescrito por uma tradição. Os relatos de expedições apenas estabelecem uma representação vívida muito concreta daquilo que pinturas e teorias do progresso social postulavam desde o período barroco. Não há nada de novo no que o texto do explorador realmente revela além de razões visíveis e recentes para validar uma disciplina já notavelmente definida pelo Iluminismo (LÉVI-STRAUSS, 1973: 45-56). A novidade está no fato de que o discurso sobre "selvagens" é, pela primeira vez, um discurso onde um poder político explícito pressupõe a autoridade de um conhecimento científico e vice-versa. O colonialismo torna-se seu projeto e pode ser pensado como uma duplicação e efetivação do poder dos discursos ocidentais sobre as variedades humanas.

O desenvolvimento da antropologia, que até o final do século XVIII era procurado nas narrativas de viajantes, sofre agora um giro radical. A partir de então ele se transforma num sistema político de poder-saber claramente visível. Como disse Foucault:

> A etnologia se enraíza, com efeito, numa possibilidade que pertence propriamente à história de nossa cultura, e ainda mais à sua relação fundamental com toda a história [...]. *Há uma certa posição da ratio ocidental que se constituiu em sua história e que fundamenta a relação que ela pode ter com todas as outras sociedades* [...]. Isso não quer dizer, evidentemente, que a situação colonizadora seja indispensável à etnologia: nem a hipnose, nem a alienação do doente no personagem fantasmático do médico são constitutivas da psicanálise; mas assim como ela não pode ser aplicada fora da violência calma de uma relação singular e da transformação que ela evoca, *a etnologia do mesmo modo só assume suas dimensões próprias na soberania histórica – sempre contida mas sempre efetiva – do pensamento europeu e da relação que pode confrontá-la a todas as outras culturas como a si mesma* (FOUCAULT, 1973: 377, ênfase minha).

"Gênese africana"

Eu gostaria de utilizar a expressão "gênese africana" de Frobenius (1937) para formular hipóteses sobre o local epistemológico da invenção da África e seu significado para os discursos sobre a África.

A gênese da ciência antropológica ocorreu no quadro da ideologia mercantilista. Sabemos que durante o século XVIII, como disse G. Williams, "as colônias [...] só tinham valor enquanto trouxessem benefícios materiais para a metrópole" (1967: 17-30). Por outro lado, é durante esse mesmo século que, paradoxalmente, interpretações originais dos "selvagens" foram propostas por cientistas sociais iluministas (DUCHET, 1971). E eu concordo com R.L. Meek que se examinarmos suas obras, "o que se destaca são suas virtudes e não seus vícios, suas intuições brilhantes e não seus lapsos lógicos ocasionais, seu caráter aventureiro e novo e não seu dogmatismo" (1976: 242). Para defender esse ponto, Meek cita Marvin Harris, *A ascensão da teoria antropológica* (1968), Benjamin Keen, *A imagem asteca no pensamento ocidental* (1971) e Sidney Pollard, *A ideia de progresso* (1958). Eu poderia acrescentar Claude Lévi-Strauss, *Antropologia estrutural II* (1973) e M. Duchet, *Antropologia e história no século das luzes* (1971).

O problema é que durante esse período tanto o imperialismo quanto a antropologia se formaram, permitindo a reificação do "primitivo". A chave é a ideia de História com H maiúsculo, que primeiro incorpora a noção de *providentia* de Santo Agostinho e depois se expressa na evidência do darwinismo social. Evolução, conquista e diferença tornam-se sinais de um destino teológico, biológico e antropológico, e designam às coisas e seres tanto suas posições naturais quanto sua missão social. Os teóricos do capitalismo, como Benjamin Kidd e Karl Pearson na Inglaterra, Paul Leroy-Beaulieu na França, Friedrich Naumann e Friedrich von Bernhard na Alemanha, além de outros filósofos, comentam sobre dois paradigmas principais complementares. Eles são a superioridade inerente da raça branca e, como já explicitado pela *Filosofia do direito* de Hegel, a necessidade das economias e estruturas europeias de se expandirem para as "áreas virgens" do mundo (MOMMSEN, 1983).

A partir desse ponto, várias escolas de antropologia desenvolveram modelos e técnicas para descrever o "primitivo" de acordo com tendências em mutação no quadro da experiência ocidental. Essas tendências diferentes podem ser explicadas facilmente a partir de dois ângulos. O primeiro é ideológico e trata da relação entre a projeção de consciência de um indivíduo, as normas exemplificadas por sua sociedade e o grupo dominante social ou científico (cf., p. ex., BAUDRILLARD, 1972: 174). Por outro lado, principalmente desde o final do século XVIII, as ciências naturais serviram como modelos para a implementação progressiva e hesitante das ciências sociais (DUCHET, 1971: 229-473). *In concreto*, podemos pensar nos "interesses ideológicos de estratos que são privilegiados de várias formas numa unidade política e, com efeito, privilegiados pela própria existência desta" (WEBER, 1978: 920). Por outro lado, o convite de Aristóteles para estudarmos nos seres "o plano da natureza" (*Partes dos animais*, I, 5) é matematizado (VEYNE, 1984: 63). Novas grades metodológicas ligam fatos sociais a fenômenos físicos. Leis de organização e distribuição estrutural e padrões de desenvolvimento individual ou coletivo explicam transformações históricas. O cientista social tende a imitar o naturalista e comprime comportamentos sociais e culturas humanas em "paradigmas científicos". Efetivamente, estes permanecem subsumidos por aquilo que é definido como o objetivo do saber. Paul Veyne escreveu recentemente algumas afirmações fortes sobre a confusão que resulta desse legado:

> Buffon pensava que a mosca não devia ocupar um lugar maior nas preocupações do naturalista do que ocupa no teatro da natureza; por outro lado, ele valorizava o cavalo e o cisne [...]. Mas a zoologia mudou muito desde então, e depois que Lamarck defendeu a causa dos animais inferiores, todos os organismos tornaram-se bons para ela.
>
> Weber se indignava de que fosse possível se ocupar da história dos bantos tanto quanto da dos gregos. Não respondamos a ele que os tempos mudaram, que o Terceiro Mundo e seu patriotismo nascente... que o despertar dos povos africanos que se debruçam sobre seu passado... seria bom ver que considerações de ordem patriótica podem decidir o interesse intelectual e que os africanos têm mais razões para desprezar a antiguidade grega do que os europeus têm para desprezar a antiguidade banta (VEYNE, 1984: 62).

No nível da organização dos discursos, esses dois fatores – o impacto da ideologia e o modelo das ciências naturais – podem servir como guias para a relativa unidade epistemológica das ciências sociais desde o século XIX. Por exemplo, seria fácil traçar um paralelo entre a filologia e a antropologia. Hoje tendemos erroneamente a considerar a primeira, e particularmente seu ramo, a linguística, como mais científica do que a segunda. O historicismo de Morgan em *Sistemas de consanguinidade e afinidade da família humana* (1871) se compara ao positivismo das *Palestras sobre a ciência da linguagem* de Max Müller (1861 e 1864), onde a fidelidade à *Stammbaumtheorie* [teoria da árvore familiar] de August Schleicher é integrada às postulações gerais de Darwin. Da mesma forma, a *Wellentheorie* [teoria das ondas] que é central na obra de J. Schmidt (p. ex., *As relações de família das linguagens indo-germânicas*, 1872) é semelhante à perspectiva difusionista de Ankermann, Frobenius e Graebner na antropologia. Os princípios de associação e diferença utilizados por Boas e Lowie parecem-se com muitas hipóteses no campo filológico. Alguns exemplos são as interpretações "neogramaticais" da analogia na evolução da linguagem exemplificadas pela obra de Meyer-Lubke, ou as perspectivas abertas por *Sobre as leis fonéticas* (1885) de H. Schuchardt, onde o conceito principal – *Sprachmischung* [mistura de linguagens] – implica a necessidade de subordinar leis gerais, como aquelas promovidas pelos discípulos de Darwin, à complexidade e alteridade dos objetos descritos e estudados.

 Eu não quero dizer que exista uma dependência genealógica inquestionável ou uma conexão sincrônica óbvia entre essas teorias. Está claro, por exemplo, que Schuchardt utiliza extensivamente comparações multidimensionais enquanto Boas as evita. Em termos mais simples, quero dizer que a antropologia e a filologia e todas as ciências sociais só podem ser realmente entendidas no contexto de sua região epistemológica de possibilidade. Tanto as histórias quanto as tendências dessas ciências, suas verdades e suas experiências, por serem derivadas de um espaço dado, falam a partir dele e primariamente sobre ele. Com isso em vista, também podemos concordar que da antropologia de Buffon, Voltaire, Rousseau e Diderot até os estudos mais modernos, como o trabalho de J. Favret-Saada sobre a bruxaria na França (1977), a preocupação básica da antropologia não é tanto a descrição das realizações e sociedades "primitivas" e sim a questão de seus próprios motivos e a história do campo epistemológico que a possibilita, e no qual ela floresceu como um discurso filosófico retrospectivista ou perspectivista (cf. SEBAG, 1964; DIAMOND, 1974). Assim, o etnocentrismo é tanto sua virtude quanto sua fraqueza. Ele não é, como alguns acadêmicos pensaram, um percalço infeliz nem um acidente estúpido – e sim um dos principais signos da possibilidade da antropologia.

Alguns pensadores, como Lévi-Strauss, achavam que estudar uma diversidade de culturas reduzia o peso da ideologia e permitia que os antropólogos enfrentassem falsidades como aquelas sobre a superioridade natural de algumas raças e tradições em relação a outras. A partir desse ponto de vista ético, alguns acadêmicos se perguntaram se seria possível pensar numa ciência antropológica sem etnocentrismo (p. ex., LECLERC, 1972). Certamente é possível, como o funcionalismo e o estruturalismo provaram, ter obras que pareçam respeitar as tradições indígenas. E podemos esperar mudanças ainda mais profundas na antropologia, como propõe R. Wagner (1981). Mas até o momento parece impossível imaginar qualquer antropologia sem um elo epistemológico ocidental. Pois, por um lado, ela não pode ser completamente separada do campo de sua gênese epistemológica e de suas raízes; e, por outro lado, enquanto ciência, ela depende de uma moldura precisa sem a qual nenhuma ciência pode existir, nem nenhuma antropologia.

Eu distingo dois tipos de "etnocentrismo": uma filiação epistemológica e uma conexão ideológica. Na prática, eles muitas vezes são complementares e inseparáveis. O primeiro é um laço com uma *episteme*, ou seja, uma atmosfera intelectual que dá à antropologia seu estatuto enquanto discurso, sua significância enquanto disciplina e sua credibilidade enquanto ciência no campo da experiência humana. O segundo é uma atitude intelectual e comportamental que varia entre os indivíduos. Basicamente, essa atitude é tanto consequência quanto expressão de uma conexão complexa entre a projeção da consciência do acadêmico, os modelos científicos de sua época e as normas culturais e sociais de sua sociedade. Assim, por exemplo, no século XVIII poderíamos pensar sobre as diferenças existentes entre Goguet, Quesnay e Helvétius, independentemente do conteúdo de suas interpretações dos estágios da evolução (cf. DUCHET, 1971; MEEK, 1976). Frobenius e Lévy-Bruhl diferem da mesma maneira, e seu etnocentrismo é muito diferente do etnocentrismo de, digamos, Michel Leiris, Margaret Mead ou Carl Sagan. Eu poderia dizer que a *filiação epistemológica* mantém e sustenta a antropologia como um sistema de conhecimento e como uma ciência em desenvolvimento; o *etnocentrismo cultural* explica mudanças e lutas ideológicas na história e prática da disciplina das ciências sociais.

> O fato de que a civilização universal procede há muito tempo do centro europeu manteve a ilusão que a cultura europeia era, de fato e por direito, uma cultura universal. O avanço sobre as outras civilizações parecia fornecer a verificação experimental desse postulado; além disso, o próprio encontro com outras tradições culturais era o fruto desse avanço e, de modo mais geral, o fruto da própria ciência ocidental. Não foi a Europa que inventou, sob sua forma científica expressa, a história, a geografia, a etnografia, a sociologia? (RICŒUR, 1965: 277).

Na experiência colonizadora, a mistura desses dois aspectos do etnocentrismo tendia, quase naturalmente, a ser completa tanto no discurso do poder quanto do saber, a ponto de transformar a missão da disciplina num empreendimento de aculturação. E o antropólogo resolveu se encarregar do controle de processos evolutivos: "A antropologia, que costumava ser o estudo de seres e coisas retardadas, graduais e atrasadas, está agora diante da tarefa difícil de registrar como o 'selvagem' se torna um participante ativo na civilização moderna" (MALINOWSKI, 1938: vii).

Ainda assim, está claro que desde o começo do século XIX os relatos de exploradores tinham sido úteis para abrir o continente africano aos interesses europeus. Os mitos sobre "selvagens bestiais", "esplendores bárbaros" ou a "tumba do homem branco" se encaixam muito bem com a "teoria do tesouro tropical", as promessas da Terra Dourada ou Nova Ofir e com os princípios humanitários para a supressão do tráfico de escravizados e para catequizar e civilizar os africanos (HAMMOND & JABLOW, 1977; LECLERC, 1972).

As teorias da expansão colonial e os discursos sobre o caráter primitivo da África enfatizam uma historicidade e a promoção de um modelo particular de história. Em outras palavras, o *Diário de uma missão* (1815) de Mungo Park ou o relato de Richard e John Lander tratam essencialmente das mesmas questões que R.F. Burton, V.L. Cameron, H.M. Stanley e F.D. Lugard descreveram com palavras diferentes e sobre as quais a antropologia do século XX se concentra. Essa questão é a discrepância entre "civilização" e "cristianismo" por um lado, "primitivo" e "paganismo" do outro, e os meios de "evolução" ou "conversão" do primeiro estágio para o segundo. Desse ponto de vista, pode-se dizer que, por exemplo, a teoria programática de J. Chaillet-Bert sobre os passos da colonização (agricultura, comércio, indústria) tem a mesma importância do que as opiniões de Lugard sobre o mandato europeu sobre a África. O que eles propõem é uma explicação ideológica para forçar os africanos a entrarem numa nova dimensão histórica. Por fim, ambos os tipos de discurso são fundamentalmente reducionistas. Eles não falam da África nem dos africanos, apenas justificam o processo de inventar e conquistar um continente e nomear seu "caráter primitivo" ou "desordem", assim como os meios subsequentes de sua exploração e os métodos para sua "regeneração".

Na verdade, a questão pode ser um pouco mais complicada e também dramática para o poder imperial do Mesmo se levarmos em conta, por exemplo, a meditação de Ricœur sobre o surgimento do Outro na consciência europeia:

> No momento em que descobrimos que existem culturas e não apenas uma cultura, no momento, por consequência, em que reconhecemos o fim de uma espécie de monopólio cultural, ilusório ou real, nossa própria descoberta ameaça nos destruir; de repente surge a possibilidade de que só existam *outros*, que nós mesmos sejamos um outro entre os outros; com o desaparecimento de toda significação e objetivo, torna-se possível passear pelas civilizações como por vestígios ou ruínas; toda a humanidade se torna uma espécie de museu imaginário: para onde iremos neste fim de semana? Visitar as ruínas de Angkor ou caminhar pelo Tivoli de Copenhague? (RICŒUR, 1965: 278).

Além das proposições angustiadas de Paul Ricœur, devemos notar o espírito antropológico ainda forte exemplificado pelo pequeno livro de N. Barley, *Aventuras numa cabana de lama* (1984). Em 1978, Barley decidiu voltar sua atenção aos dowayos, "um grupo de pagãos montanheses estranhamente negligenciados no norte de Camarões [...]. Eles eram interessantes [para ele]: tinham, por exemplo, cultos a crânios, circuncisão, uma linguagem de assobios, múmias e uma reputação de serem recalcitrantes e selvagens" (1984: 13). O resultado é um breve memorial que há dez anos teria sido qualificado de arrogante ou, no máximo, desrespeitoso tanto do trabalho de campo quanto dos povos descritos. Entre comentários sobre "sua versão altamente africanizada de Marianne, a heroína revolucionária francesa" (1984: 17) e o fato de ser "ridículo que seja logo na África que pessoas de raças diferentes possam ser capazes de se encontrar em termos fáceis e descomplicados" (1984: 21), recebemos lições intrusivas. Entre elas, as duas seguintes resumem o interesse científico do projeto. Sobre "todo o negócio" da antropologia, o autor afirma:

> Francamente, na época parecia, e hoje ainda parece, que a justificação para o trabalho de campo, assim como para toda atividade acadêmica, está não em nossa contribuição para a coletividade mas em algum desenvolvimento egoísta. Como a vida monástica, a pesquisa acadêmica na verdade trata do aperfeiçoa-

mento de nossa alma. Isso pode muito bem servir a algum propósito mais amplo, mas não deve ser julgado apenas sobre essa base (BARLEY, 1984: 10).

Quanto aos dowayos, suas aventuras numa cabana de lama deram a Barley razões para acreditar que "ao tentar compreender a visão de mundo dos dowayos eu havia testado a relevância de alguns modelos muito gerais de interpretação e de simbolismo cultural. Como um todo, eles resistiram muito bem e senti-me muito mais satisfeito quanto ao lugar deles no esquema das coisas" (1984: 188).

Esse, escreveu uma resenha no *Daily Telegraph*, é "provavelmente o livro mais engraçado produzido neste ano". Desde então essa avaliação serviu para propagandear o ensaio. De uma maneira mais neutra, eu diria que esse livro é epistemologicamente significativo. Ele ilustra de modo convincente as duas dimensões do etnocentrismo nas ciências sociais que descrevi antes: a pertinência da projeção da consciência de um indivíduo e a percepção de uma disciplina a partir da perspectiva normativa de sua prática e história; ele comenta sobre si mesmo de dentro de um modelo cultural paradigmático. Barley assume uma posição grandiosa que indica alegoricamente o espaço de sua introspecção e sua antropologia africana: "diante da África, as diferenças entre um botânico francês e um antropólogo inglês parecem mínimas, e conversamos até a alta madrugada" (1984: 106).

Assim, não estamos apenas lidando com um museu imaginário potencial mas com coerções concretas produzidas por duas ordens importantes: uma dimensão topográfica que explica como e por que os discursos sobre o Mesmo e o Outro são expostos, e uma ordem cultural que, na desordem daquilo que hoje parece ser uma humanidade em comum, indica divisões claras, fronteiras sutis e às vezes as supostas aberturas à unicidade.

Eu imagino que agora esteja claro que o problema com o texto de Barley não é sua orientação ideológica. Na verdade, não parece haver nenhuma, pelo menos nenhuma explícita, além de sua interrogação esplêndida da antropologia como uma questão de "histórias velhas". O que ele revela, no fim, é uma hipercrítica absoluta e quase amoral e uma metaforização da leitura cultural. Assim, por exemplo, esse "estrangeiro inglês", de volta à Europa, redescobre *la Ville Éternelle* [a Cidade Eterna] e nota: "Eu caminhei pelas ruas de Roma como um feiticeiro dowayo cuja lentidão sobrenatural separa seu papel ritual das atividades cotidianas" (1984: 183). Resgatado de ladrões italianos e enviado para a Inglaterra pela embaixada britânica em Roma, uma das coisas mais importantes de que ele se lembra é ser estrangeiro: "uma hora depois de chegar, recebi um telefonema de um amigo que disse apenas isso, sucintamente: 'Olha, eu não sei onde você esteve mas você deixou um pulôver na minha casa há quase dois anos. Quando você vem pegá-lo?' Em vão, sinto que tais questões estão abaixo da preocupação de um profeta que retorna" (1984: 186). Com efeito, uma configuração topográfica explica o discurso de Barley e uma atmosfera cultural poderia explicar seu vício em bolos de creme e em antropologia. Quanto à sua mensagem impressionista, ela é uma lição notavelmente modernizada das perguntas de Conrad em *Coração das trevas*: Por que a cultura africana é uma experiência "bárbara"? O que é a civilização europeia e em que sentido ela é diferente?

Para uma história dos estudos e discursos africanos, então, é importante perceber que mudanças aparentes nos símbolos dominantes jamais modificaram fundamentalmente o significado da conversão africana, apenas as políticas de sua expressão e prática ideológicas e etnocêntricas. As categorias intelectuais atuais podem permitir, como Copans demonstrou em sua periodização, uma distinção entre literatura de viagem, etnologia e antropologia aplicada (COPANS, 1971a). Mas é errado depender desse tipo de distinção teórica, que se preocupa com diferenças de políticas ideológicas, para distinguir gêneros de "saber africano". Os viajantes no século XVIII, assim como os do século XIX e seus sucessores no século XX (procônsules coloniais, antropólogos e colonizadores) falavam utilizando o mesmo tipo de signos e símbolos e agiam sobre eles. Durante a era colonial, esses signos e símbolos consistentemente envolviam a redução das diferenças para uma historicidade ocidental. Isso não implica que os inventores ocidentais de uma "gênese africana" não tenham distinguido níveis e tipos de interpretações da África. O autor de *Origem das culturas africanas*, por exemplo, foi capaz de perceber, num artigo sobre a origem das civilizações africanas, que as exigências de sua disciplina não eram atendidas pela informação de viajantes. "Longe de nos trazer respostas para nossas perguntas, os viajantes aumentaram muito o número de nossos enigmas" (FROBENIUS, 1899: 637). Hoje, os melhores estudiosos, diante de relatos contraditórios, farão perguntas pertinentes: o que esses relatos testemunham? Eles contribuem para um melhor conhecimento do passado africano? Eles são cientificamente verossímeis e aceitáveis? (cf. VANSINA, 1961). Se a resposta for afirmativa, essas proposições levam, em princípio, a uma nova compreensão da história humana. Como disse Veyne, "se o *homo historicus* banto se revelar um organismo mais sumário do que o ateniense, isso só faria aumentar seu interesse, pois revelaria assim uma parte menos conhecida do plano da natureza. Quanto a saber – Weber também pergunta isso – quantas páginas consagrar à história banta e quantas à grega, a resposta é simples [...]: tudo depende do volume da documentação" (1984: 62).

A questão com a qual lido explicaria a possibilidade do conhecimento antropológico e seu significado para a fundamentação tanto dos discursos africanistas quanto da gnose africana. Eu proponho formulá-la através de uma síntese crítica da tese de Foucault sobre a última ruptura arqueológica na epistemologia ocidental, uma breve interpretação da noção de *pensamento selvagem* de Lévi-Strauss e, por fim, um apelo pela importância do sujeito nas ciências sociais; um sujeito que o estruturalismo finge ter matado com muita facilidade. Espero que essas questões filosóficas de método afirmem a utilidade tanto de uma análise epistemológica quanto de uma compreensão crítica do africanismo.

2

Questões de método

A proposição de Foucault sobre o sujeito que desaparece

> Eu me lembrei das conclusões de um grande biólogo a respeito de uma experiência semelhante: ele dizia que era possível, ao abusar de um animal dessa maneira, provocar nele desordens emocionais notavelmente parecidas com as neuroses humanas, e às vezes até levá-lo à loucura ao repetir com frequência essas manobras.
> BOULLE, P. *Planeta dos macacos.*

Na Era Clássica da Europa, o centro do conhecimento era, de acordo com a arqueologia de Foucault (1973), o princípio da ordem. O meio de organizar esse saber é o discurso, a tabela e a troca. Podemos observar três sistemas principais nessa paisagem epistemológica: (*a*) A gramática geral, "o estudo da ordem verbal em sua relação à simultaneidade que ela está encarregada de representar". Ela tem, como seu objeto, o discurso onde o nome domina: "a tarefa fundamental do 'discurso' clássico é *atribuir um nome às coisas e nesse nome nomear seu ser*". (*b*) A história natural, ou uma teoria da natureza entendida como a caracterização, ordenação e nomeação do visível. Seu projeto é "estabelecer a grande tabela perfeita das espécies, gêneros e classes". (*c*) Uma teoria da riqueza, e não uma economia política, que analisa "o valor a partir da troca de objetos de necessidade" ou "a partir da formação e do nascimento de objetos cuja troca definirá posteriormente seu valor – a partir da prolixidade da natureza" (FOUCAULT, 1973: 79-211).

Em outras palavras, durante a Era Clássica havia uma e apenas uma *episteme* que "define as condições de possibilidade de todo saber. Seja aquele que se manifesta numa teoria ou aquele investido silenciosamente numa prática" (FOUCAULT, 1973: 168). Nos últimos anos do século XVIII, surge uma ruptura. A *episteme* que permitia a gramática geral, a história natural e a teoria da riqueza desaparece gradualmente. Há uma mutação radical do tema da ordem para o da história. No espaço que os sistemas de conhecimento clássico jamais ocuparam, novos modos de saber definem-se graças a novos transcendentais: trabalho, vida e linguagem. A economia substitui a teoria da riqueza e, a partir de Adam Smith, o trabalho revela "uma unidade de medida irredutível, insuperável e absoluta" e a riqueza "é decomposta segundo as unidades de trabalho que realmente a produziram" (FOUCAULT, 1973: 217-236). A biologia suplanta a história natural. Com Lamarck, Jussieu e Vicq d'Azyr, o princípio da estrutura orgânica torna-se a base de taxonomias e assim separa o orgânico do inorgânico: o primeiro define os vivos, o segundo, os não vivos. No campo da análise da linguagem, a filologia toma o lugar da gramática geral: "a linguagem não é mais constituída somente de representações e de sons que, por sua vez, os representam e se ordenam entre si como exigem os laços do pensamento; ela agora é constituída por elementos formais agrupados num sistema que impõem aos sons, às sílabas e aos radicais um regime que não é o da representação" (FOUCAULT, 1973: 235).

Uma nova paisagem se desenvolve a partir dessa interrupção epistemológica:

> O espaço da ordem que servia de *lugar-comum* para a representação e as coisas, para a visibilidade empírica e

> para as regras essenciais, que unia as regularidades da natureza e as semelhanças da imaginação na grade das identidades e das diferenças, que exibia a sequência empírica das representações numa tabela simultânea e permitia percorrer passo a passo numa sequência lógica o conjunto dos elementos da natureza tornados contemporâneos de si mesmos – esse espaço da ordem é agora rompido: haverá coisas, com sua organização própria, suas nervuras secretas, o espaço que as articula, o tempo que as produz; e depois a representação, pura sucessão temporal onde elas se anunciam sempre parcialmente a uma subjetividade, a uma consciência, ao esforço singular de um conhecimento, ao indivíduo "psicológico" que do fundo de sua própria história, ou a partir da tradição que lhe foi transmitida, tenta saber (FOUCAULT, 1973: 240).

Assim, uma nova *episteme* se impõe, diferente e oposta à sua própria história e pré-história. O que é mais importante, de acordo com Foucault, é a própria mutação que a cria – a metamorfose da teoria da riqueza para a economia, da história natural para a biologia e da gramática geral para a filologia – pela primeira vez "o ser humano aparece em sua posição ambígua de objeto para um saber e de sujeito que conhece" (1973: 330). Foucault afirma que o ser humano é constituído no começo do século XIX, e, portanto:

> [a origem] não é de modo algum o começo [para o ser humano] – uma espécie de primeiro amanhecer da história sobre o qual as aquisições posteriores se empilham. A origem é muito mais a maneira pela qual o ser humano em geral, qualquer ser humano que seja, articula-se naquilo que já foi começado do trabalho, da vida e da linguagem; ela deve ser buscada na dobra onde o ser humano trabalha ingenuamente um mundo trabalhado há milênios, vive no frescor de sua existência única, recente e precária, uma vida que penetra até as primeiras formações orgânicas, compõe em frases jamais ditas [...] palavras mais velhas que qualquer memória (FOUCAULT, 1973: 360).

De modo mais simples, desde a mutação epistemológica no final do século XVIII, três modelos se impõem como paradigmas essenciais: função e norma, conflito e regra, significação e sistema. Eles constituem e simultaneamente englobam o campo de tudo que pode ser conhecido e dito sobre os seres humanos. Eles definem estritamente o que o conhecimento pode oferecer sobre os seres humanos. Foucault chega até a dizer que a breve história das ciências sociais e humanas poderia ser estudada "a partir desses três modelos". Basta que os estudiosos "sigam [...] a dinastia de seus privilégios" concentrando-se na sucessão temporal de modelos (biológico, econômico, filológico e linguístico), ou analisando as mudanças regulares de categorias e o significado de seu deslocamento. Um exemplo poderia ser o recuo da função, conflito e significação e o surgimento da norma, regra e sistema com Goldstein, Mauss e Dumézil. Foucault também mostra duas consequências importantes dessa reversão.

>I – (a) enquanto o ponto de vista da função era superior ao da norma [...] era preciso dividir *de facto* os funcionamentos normais daqueles que não o eram; admitia-se assim uma psicologia patológica lado a lado da normal [...]; admitia-se também uma patologia das sociedades (Durkheim), das formas irracionais e quase mórbidas de crenças (Lévy-Bruhl, Blondel);
>
>II – (b) enquanto o ponto de vista do conflito era superior ao da regra, supunha-se que certos conflitos não podiam ser superados, que os indivíduos e as sociedades corriam o risco de serem arruinados por eles; (c) por fim, enquanto o ponto de vista da significação era superior ao do sistema, dividia-se o significante e o insignificante, admitia-se que havia sentido em alguns domínios do comportamento humano ou do espaço social e que em outros não.
>
>III – Quando a análise é feita do ponto de vista da norma, da regra e do sistema, cada conjunto recebe de si próprio sua coerência e validade, e não é mais possível falar sequer da "consciência mórbida" dos doentes, de sociedades abandonadas pela história, de "mentalidades primitivas" mesmo a respeito de narrativas absurdas,

de lendas aparentemente incoerentes, de "discursos insignificantes". Tudo pode ser pensado na ordem do sistema, da regra e da norma. Ao se pluralizar – quando os sistemas são isolados, quando as regras formam conjuntos fechados, quando as normas se colocam em sua autonomia – o campo das ciências humanas encontrou-se unificado: ele não estava mais cindido segundo uma dicotomia de valores (FOUCAULT, 1973: 371-372; a formatação da citação é minha).

Com essas sugestões, poderíamos, para propósitos metodológicos, classificar o corpo dos discursos sobre as sociedades não ocidentais em dois grupos principais. Durante o século XIX e o primeiro quarto do XX, os discursos se caracterizavam de modo geral por uma perspectiva funcional e uma intolerância hipócrita fundamentada nas implicações filosóficas dos paradigmas de conflito e significância. Desse modo, a análise, através de uma temporalização da corrente do ser e das civilizações (DUCHET, 1971; HODGEN, 1971; MEEK, 1976), podia simultaneamente explicar a normalidade, dinamismo criativo e realizações do "mundo civilizado" contra a anormalidade, desvio e caráter primitivo das "sociedades sem escrita". Essa expressão de uma vontade de verdade só foi questionada recentemente – graças às implicações da obra de Freud e as contribuições de Dumézil, Mauss, Dumont e Lévi-Strauss – a ponto de hoje em dia concordarmos sem dificuldade com a afirmação de R. Wagner de que "poderíamos na verdade dizer que um antropólogo 'inventa' a cultura que ele acredita estudar, que a relação é mais 'real' por ser seus atos e experiências particulares do que as coisas que ele relaciona" (1981: 4).

Ainda assim, enfrentemos a hipótese de Foucault de *uma* arqueologia do saber. Ele diz que *As palavras e as coisas* não é *a* arqueologia, mas *uma* arqueologia das ciências humanas (1980: 82). Poderíamos perguntar em primeiro lugar: o que é de fato essa arqueologia que, de acordo com seu autor, é diferente de uma história das ideias tradicional? (FOUCAULT, 1969: 177-183).

O arqueólogo pode tratar qualquer discurso como um "monumento" e pode enfatizar a análise diferencial de suas modalidades e as normas silenciosas que governam as práticas discursivas. Mas sua originalidade e especificidade só são relativas enquanto determinadas geograficamente e integradas culturalmente. Sim, Foucault insiste na vaguidade quanto ao que "seu" Ocidente realmente é (1980). Mas a sucessão de *epistemes*, assim como dos procedimentos e disciplinas que permitem, explica uma atividade histórica e, indiretamente, legitimam uma evolução social na qual o conhecimento funciona essencialmente como uma forma de poder. É verdade que Foucault busca metodologicamente se opor a esse resultado utilizando quatro princípios fundamentais. Eles são os seguintes: reversão, para "reconhecer o jogo negativo de um corte e rarefação do discurso"; descontinuidade, para entender o discurso como "práticas descontínuas"; especificidade, para "conceber o discurso como uma violência que fazemos às coisas, em todo caso, como uma prática que impomos a elas"; e exterioridade, para procurar "as condições externas de possibilidade" do discurso (FOUCAULT, 1982: 229). Esses princípios, além das noções que trazem, contribuem para uma nova compreensão da experiência ocidental e ao mesmo tempo indicam claramente sua capacidade de juntar o saber e o poder.

A história, como afirma Foucault, pode ter "parado de tentar compreender os eventos por um jogo de causas e efeitos na unidade informe de um algum grande porvir, vagamente homogêneo ou duramente hierarquizado". A empreitada de Foucault explica admiravelmente os horizontes conquistadores dessa história. Desde o final do século XVIII, os discursos antropológicos a representam. São discursos restritos e desenvolvem-se dentro do sistema geral de saber que está numa relação interdependente com os sistemas de poder e controle social. As prescrições de Durkheim sobre a patologia das civilizações, as teses de Lévy-Bruhl sobre os sistemas pré-lógicos de pensamento, assim como a hipótese de Frazer sobre as sociedades primitivas são testemunhas, de um ponto de vista funcional, do mesmo espaço epistemológico onde histórias sobre Outros, assim como comentários sobre suas diferenças, são apenas elementos na história do Mesmo e de seu saber.

O reino do pensamento selvagem

> – Os homens, sempre os homens – disse Phyllis mais uma vez.
> – Os homens – confirmou Jinn. – Está escrito.
> BOULLE, P. *Planeta dos macacos.*

A busca de uma ordem discreta mas essencial é o que une Foucault e Lévi-Strauss. Num sentido amplo, os objetivos de Lévi-Strauss na compreensão da história e da antropologia têm base em quatro princípios: (*a*) a verdadeira realidade nunca é óbvia e "a natureza do verdadeiro já fica transparente no cuidado que ela tem para se esconder"; (*b*) a ciência social não se baseia em eventos; (*c*) a realidade e a experiência podem ser complementares mas "a passagem entre as duas ordens é descontínua"; e (*d*) a missão do cientista social é "compreender o ser em relação a si mesmo e não em relação ao [cientista]" (LÉVI-STRAUSS, 1955).

De acordo com Lévi-Strauss, as semelhanças existentes entre a história e a antropologia são mais importantes do que suas diferenças. Primeiro, ambas as disciplinas se preocupam com o distante e a alteridade: enquanto a história lida com a distância no tempo, a antropologia trata da distância no espaço. Segundo, seu objetivo é o mesmo, a saber, uma compreensão melhor de sociedades diferentes temporal e espacialmente e, assim, uma reconstrução, "uma reescrita" do que "aconteceu" ou "acontece" nessas sociedades. Por fim, em ambos os casos os cientistas lidam com "sistemas de representações que diferem para cada membro do grupo e que, em seu conjunto, diferem das representações do investigador".

> O melhor estudo etnográfico jamais transformará o leitor em nativo. [...] Tudo que o historiador e o etnógrafo conseguem fazer, e tudo que podemos exigir que façam, é expandir uma experiência particular até as dimensões de uma experiência geral ou mais geral e que se torna, exatamente por isso, acessível *como experiência* às pessoas de um outro país ou de um outro tempo. E isso se consegue sob as mesmas condições: trabalho, rigor, simpatia e objetividade (LÉVI--STRAUSS, 1963: 16-17).

Lévi-Strauss conhece a distinção clássica das metodologias. As técnicas do historiador se baseiam em dados e documentos precisos, enquanto o antropólogo constrói uma compreensão de uma "civilização oral" com base na observação. Ainda assim, Lévi-Strauss não considera essa distinção pertinente:

> A diferença fundamental entre as duas [disciplinas] não é nem de objeto, nem de objetivo, nem de método; ambas têm o mesmo objeto, a vida social; o mesmo objetivo, que é uma inteligência melhor do ser humano; e um método onde a única variação é a dose dos procedimentos de pesquisa. Elas se distinguem sobretudo pela escolha de perspectivas complementares: a história organiza seus dados com relação às expressões conscientes da vida social, e a etnologia com relação às condições inconscientes dela (LÉVI-STRAUSS, 1963: 18).

Isso nos remete imediatamente às seguintes afirmações de Foucault. Sobre a história, ele observa: "todo saber está enraizado numa vida, uma sociedade, uma linguagem que têm uma história; e é nessa mesma história que ele encontra o elemento que lhe permite se comunicar com outras formas de vida, outros tipos de sociedade, outras significações" (1973: 372). Sobre a antropologia, afirma: "a etnologia se situa na [dimensão] da historicidade (essa oscilação perpétua que faz com que as ciências humanas sejam sempre contestadas, de fora, por sua própria história)" (1973: 376). Entretanto, a diferença entre as duas posições é clara. Foucault enfatiza a possibilidade de uma nova antropologia e sua dependência da historicidade ocidental. Já Lévi-Strauss distingue a questão metodológica da epistemológica. A primeira trata do futuro da antropologia; a segunda, dos modos de descrever a solidariedade que poderia existir entre a história e a antropologia se levarmos a sério a afirmação de Marx: "os homens fazem sua própria história, mas não sabem que a fazem" (LÉVI-STRAUSS, 1963: 23). Consequentemente, Lévi-Strauss acha que seria incorreto opor o método do historiador ao do antropólogo:

> Mas, num caminho onde eles seguem, no mesmo sentido, o mesmo percurso, apenas sua orientação é diferente: o etnólogo anda para a frente, buscando alcançar, através de um consciente que ele nunca ignora, mais e mais do inconsciente ao qual ele se dirige; enquanto o historiador avança, por assim dizer, para trás, mantendo os olhos fixos nas atividades concretas e particulares, das quais ele só se distancia para visualizá-las sob uma perspectiva mais rica e completa (LÉVI-STRAUSS, 1963: 24).

Essa concepção da história e da antropologia como um Jano de duas faces tem implicações importantes. Ela significa uma reorganização das disciplinas sociais: história, sociologia, filosofia social, etnografia e antropologia. Mais que isso, ela significa tanto um afastamento da antropologia dos paradigmas autoexplicativos da primitividade quanto um olhar diferente sobre as "sociedades primitivas" e o "pensamento selvagem". *Ex hypothesi*, seu impulso está na rejeição da antinomia entre o lógico e o pré-lógico. Pois, de acordo com Lévi-Strauss, o pensamento selvagem é lógico (1966: 268).

O que é exatamente o "pensamento selvagem"? Lévi-Strauss afirma que "o 'pensamento selvagem' não é o pensamento de uma humanidade primitiva ou arcaica, mas sim o pensamento em estado selvagem, distinto do pensamento cultivado ou domesticado" (1962: 289). Discordando de Lévi-Strauss, Maurice

Godelier afirma que o "pensamento mítico" é não apenas o pensamento dos selvagens mas também, por seu estatuto, um pensamento primitivo. Ele escreve: "e aqui cremos que nos separamos de Claude Lévi-Strauss – o pensamento mítico é ao mesmo tempo pensamento *no estado* selvagem e pensamento *dos* selvagens" (1973: 385). O argumento de Godelier afirma que o pensamento mítico é, essencialmente, constituído por processos de analogias, dominado por relações de semelhança, como era, de acordo com Foucault, o campo epistemológico do Ocidente no século XVI (1973: 17-44).

> São analogias retiradas do campo da *percepção*, do conhecimento sensível, que constituem o material de base com o qual o pensamento dos selvagens, submetido espontaneamente aos princípios formais do pensamento no estado selvagem, constrói os "palácios de ideias" onde se refletem ao infinito a imagem recíproca do ser humano e do mundo e onde nascem e se confinam as ilusões que o homem selvagem cria de si mesmo e do mundo (GODELIER, 1973: 386).

A posição de Godelier é desafiadora por indicar uma hipótese radical e controversa: a possibilidade de comparação intercultural entre sistemas de pensamento dominados por temas de semelhança, e assim um estudo comparativo de tipos de conhecimento definidos dentro de uma proliferação infinita de semelhanças (p. ex., MUDIMBE, 1981b: 195-197). Por outro lado, pode-se temer que tudo que ela faça seja vestir a capa do materialismo histórico sobre as teses mais tradicionais e controversas do evolucionismo social. J. Goody recentemente propôs o uso das mudanças na comunicação como critérios para compreender esse tipo de alteridade. Como essas mudanças são de natureza crítica e "de caráter múltiplo, e não único", elas invalidam a dicotomia entre "primitivo" e "avançado" (GOODY, 1977: 10). Além do mais, Goody delineia como uma questão importante a necessidade de explicar as transformações sociais e os tipos de domesticação observados (1977: 16).

De fato, no começo somos surpreendidos pelo caráter aparentemente estático da análise de Lévi-Strauss do pensamento selvagem. Gostaria de resumir os três princípios mais importantes.

Primeiro, cada linguagem humana é particular e expressa de modo original os tipos de contatos que existem entre o ser humano (produtor de cultura) e seu ambiente (a natureza). Assim, cada linguagem delineia de sua própria maneira os conceitos, sistemas de classificação e o conhecimento. Tradicionalmente, a oposição entre "primitivo" e "avançado" é explicada através da oposição entre dois sistemas de "ordem": a magia e a ciência. Lévi-Strauss a substitui por outra oposição: ciência do concreto *versus* ciência do abstrato.

Segundo, Lévi-Strauss pensa que a magia e a ciência não devem ser consideradas dois passos diferentes numa evolução cronológica, a primeira primitiva e apenas um arauto da segunda. Elas são dois sistemas de conhecimento diferentes e paralelos. "[A magia] postula um determinismo global e integral" e é possivelmente "uma apreensão inconsciente da *verdade do determinismo* enquanto modo de existência dos fenômenos científicos". A ciência, por outro lado, "opera distinguindo níveis onde apenas alguns admitem formas de determinismo consideradas inaplicáveis a outros níveis" (LÉVI-STRAUSS, 1966: 11). O paralelismo explicaria então o fato de a ciência poder coexistir com a magia. O período neolítico demonstra isso, ao ser caracterizado pela magia assim como por descobertas e realizações importantes como a invenção da agricultura e a domesticação dos animais.

Terceiro, uma oposição mais pertinente seria então a ciência do concreto *versus* a ciência do abstrato; ou, falando de modo analógico, uma oposição entre "bricolagem" e "engenharia" que poderia apresentar e significar a oposição entre "pensamento mítico" e "ciência". Estes não são "dois estágios, ou fases, da evolução do saber, pois as duas abordagens são igualmente válidas" (LÉVI-STRAUSS, 1966: 22). Lévi-Strauss insiste na relatividade da distinção clássica entre esses dois sistemas de ordenar e adquirir conhecimento.

> Em vez, então, de opor a magia à ciência, é melhor colocá-las em paralelo, como dois modos de conhecimento desiguais quanto aos resultados teóricos e práticos (pois, nesse ponto de vista, é verdade que a ciência é mais bem-sucedida que a magia, ainda que a magia prenuncie a ciência no sentido de às vezes ser bem-sucedida), mas não quanto ao gênero de operações mentais que as duas pressupõem e que diferem menos em natureza do que pela função dos tipos de fenômenos aos quais se aplicam (LÉVI-STRAUSS, 1966: 13).

Essa afirmação sobre "a ciência do concreto" articula as razões de Lévi-Strauss para promover e celebrar mitos "primitivos" como ao mesmo tempo "sistemas de relações abstratas e objetos de contemplação estética" (1966: 25). O estudo de mitos "primitivos" pode não apenas abrir caminhos para a compreensão da lógica oculta por trás do pensamento mítico em seu aspecto duplo de uma lógica de qualidades e uma lógica de formas, mas também pode criar uma oportunidade para a descoberta de sistemas éticos, que segundo Lévi-Strauss podem "nos dar uma lição de humildade" (1979: 507).

A crítica de Goody à dicotomia de Lévi-Strauss enfatiza a fraqueza das premissas e da própria distinção entre "magia" e "mito", conceitos que são "escorregadios" e "relíquias de um contraste popular anterior com a religião, por um lado (como na Inglaterra do século XVI), e a história pelo outro (como na Atenas do século V". Mais que isso, ele acredita que a oposição de Lévi-Strauss entre "a ciência do concreto" e "a ciência do abstrato" representa "um contraste entre a dominação da ciência abstrata e da história contra as formas mais concretas de conhecimento" (GOODY, 1977: 148). Goody, ao contrário da ênfase de Lévi-Strauss na dimensão sincrônica, destaca o desenvolvimento histórico e, especificamente, a "passagem da ciência do concreto para a do abstrato". Assim, ele relativiza uma das advertências de Lévi-Strauss: que os dois sistemas são paralelos e não devem ser pensados como estágios cronológicos. Goody trabalha de modo diacrônico. De acordo com ele, essa passagem "só pode ser compreendida em termos de mudanças básicas na natureza da comunicação humana". Em outras palavras, é preciso pressupor um processo histórico que explica "o crescimento do conhecimento", e "esse movimento está relacionado a desenvolvimentos na tecnologia do intelecto, a mudanças nos meios de comunicação e, especificamente, à introdução da escrita". Ao propor uma nova distinção – oral *versus* escrito – Goody espera evitar tanto a Grande Dicotomia de Lévi-Strauss quanto seu "relativismo difuso que se recusa a reconhecer diferenças de longo prazo e encara cada 'cultura' como uma coisa em si, uma lei em si mesma" (1977: 151).

Paradoxalmente, é o aparente relativismo difuso de Lévi-Strauss que me atrai e também atrai vários estudiosos das *Weltanschauungen* e sistemas de pensamento não ocidentais (cf., p. ex., HEUSCH, 1982; HALLEN & SODIPO, 1986). Ele faz sentido não só pelo que permite – uma antropologia autoanalítica – mas também pelo que relativiza. Como *Tristes trópicos* demonstra, a utilidade de um discurso sobre outros vai além do evangelho da alteridade: não existe uma cultura humana normativa. Ela se torna um meio para compreender a si própria. Como disse Lévi-Strauss, numa metáfora excelente, o prazer de ouvir Debussy depois de Chopin se intensifica; pois o primeiro constitui uma preparação organizada para o segundo, que não é mais percebido como arbitrário. "Será que era isso então, a viagem [e a antropologia]? Uma exploração dos desertos de minha memória, mais do que daqueles ao meu redor?" (1977: 430). Por outro lado, pela primeira vez o antropólogo sabe que ele é o Outro que pode aceitar estar encarregado de reproduzir um estado mítico "que não existe mais, que talvez não tenha existido, que provavelmente nunca existirá" (1977: 447). Ele pode pensar no impossível: na exterioridade de sua própria cultu-

Figura 1 A dicotomia de Lévi-Strauss

A Ciência do Concreto	A Ciência do Abstrato
"anterior", não primitivo	
Bricolagem	*Engenharia*
O *bricoleur* consegue realizar um grande número de tarefas diferentes.	O engenheiro subordina cada tarefa à disponibilidade de matéria-prima e ferramentas concebidas e obtidas para os propósitos do projeto.
Seu universo de instrumentos é fechado e as regras de seu jogo são sempre que o que estiver à mão terá que ser suficiente; isso significa que seus meios não podem ser definidos em termos de um projeto [...]. Eles são definidos apenas por seu uso potencial.	
O *bricoleur* se dirige [...] a um subconjunto da cultura.	O engenheiro questiona o universo.
Ele trabalha através de inclinação ou necessidade. O *bricoleur* sempre permanece nos limites impostos por um estado particular de civilização.	Ele trabalha através de conceitos, sempre tentando se libertar e ultrapassar os limites impostos por um estado particular de civilização.
Pensamento mítico	*Ciência*
Ele parece ser uma forma intelectual de bricolagem; constrói conjuntos estruturados utilizando os restos e ruínas de eventos.	Ela se baseia na distinção entre o contingente e o necessário, e isso também é o que distingue evento e estrutura.
Constrói conjuntos estruturados a partir de um conjunto estruturado, a saber, a linguagem. Mas ele não utiliza a linguagem no nível estrutural; constrói castelos ideológicos a partir das ruínas do que já foi um discurso social.	A ciência "em operação" cria seus meios e resultados na forma de eventos, graças às estruturas que ela constantemente elabora e que são suas hipóteses e teorias.

Fonte: LÉVI-STRAUSS, 1966: 16-22.

ra, ele entrou em contato com uma *episteme* radicalmente oposta às normas ocidentais, que desde Descartes, e apesar do convite de Rousseau, sacralizou o *cogito* (1973: 48-49). Supostamente, a perspectiva de Lévi-Strauss indica um projeto radical para fornecer um corpo de conhecimento que simultaneamente poderia enfraquecer uma ordem totalitária de conhecimento e levar o conhecimento a territórios tradicionalmente rejeitados como supostamente sem sentido.

Geertz afirma que "o que Lévi-Strauss criou para si mesmo foi uma máquina cultural infernal" (1973: 346). E, quanto ao empreendimento de Foucault, White nota que ele "deve parecer ser pouco mais do que uma continuação de uma tradição de pensamento pessimista, até decadente [...]. E é verdade que [Foucault] não apenas encontra pouco a lamentar no fim da civilização ocidental, mas também oferece ainda menos esperança de que ela será substituída por algo melhor" (1979: 113). O diagnóstico é um tanto familiar. Ele pode ser relacionado às dúvidas de Lévi-Strauss e Foucault sobre a história do Mesmo.

Lévi-Strauss se opõe à tirania da história. "Mesmo uma história que se diz universal não é nada mais do que uma justaposição de algumas histórias locais, dentro das quais (e entre as quais) os vazios são bem mais numerosos que os cheios" (1966: 257). Poderíamos até generalizar essa posição e pensar que a história é fundamentalmente um mito, ampliando assim a preocupação de Lévi-Strauss: "a história nunca é só a história, mas a história-para". Com efeito, como diz Lévi-Strauss, "o que faz a história possível é encontrar um subconjunto de eventos para um período dado que tenha aproximadamente a mesma significação para um contingente de indivíduos que não necessariamente viveu esses eventos e que possam analisá-los até com a distância de vários séculos" (1966: 257).

Lévi-Strauss escolheu buscar a análise de "sistemas mitológicos" para escrever seu próprio mito sobre eles ao utilizar "categorias" intelectuais como ferramentas para revelar uma ordem abstrata e universal de racionalidade (LÉVI-STRAUSS, 1968: abertura). Nesse processo, ele ao mesmo tempo promove os reinos de "organizações primitivas" e afirma que a ordem de mudanças culturais é determinada em todos os lugares pelos limites da mente humana. Ao fazê-lo, ele substitui metodologicamente o inconsciente freudiano ao propor, como é seu objetivo, um "super-racionalismo", um inconsciente universal que subsume todas as particularidades. O que é, *de facto*, rejeitado ou diminuído nessa perspectiva é a soberania tanto da "razão dialética" quanto da "consciência histórica". Referindo-se à *Crítica da razão dialética* de Sartre, Lévi-Strauss pode afirmar que no sistema de Sartre a história desempenha exatamente o papel de um mito (1966: 256).

Foucault parece ser um "historiador do Mesmo" infeliz. Ele escreve: "Eu não terei o direito de estar tranquilo até me separar da 'história das ideias', até demonstrar no que a análise arqueológica se distingue de suas descrições" (1982: 136). Em suma, como um historiador descrente, ele "reescreve" a paixão ambígua do saber. Todos os seus livros oferecem bons exemplos desse exercício que ilumina a luta longa, difícil e permanente entre o Mesmo e o Outro. Ao promover uma arqueologia crítica do conhecimento, ele não apenas se separa de uma história mas também de seus pressupostos clássicos, que levam à arrogância do Mesmo e a servem. Em *A ordem do discurso*, Foucault delineia esse objetivo: "questionar nossa vontade de verdade; restituir ao discurso seu caráter de evento; por fim, acabar com a soberania do significante" (1982: 229).

Poderíamos dizer que o horizonte de Foucault é uma relativização da verdade do Mesmo na dispersão da história; em outras palavras, "um descentramento que não deixa privilégios para nenhum centro". É notável que possamos escutar, a partir dessa própria prática que "desdobra uma dispersão que nunca pode ser reduzida a um único sistema de diferença" (FOUCAULT, 1969: 268), a voz de Lévi-Strauss proclamando com influência de Rousseau: "Nada está decidido; podemos retomar qualquer coisa. Aquilo que foi feito errado pode ser refeito: 'a era de ouro que uma superstição cega havia colocado atrás [ou diante] de nós está *em nós*'" (1977: 448).

Creio que as posições de Lévi-Strauss e Foucault significam novos símbolos culturais além de convites a redefinir e retrabalhar ou transformar a história do Mesmo. Eu gostaria também de integrar Ricœur, que, ao estudar a crise da historicidade ocidental, convida-nos a unir nossos esforços "sob o signo da 'grande classe' (de Platão) que associa por si própria o Mesmo e o Outro. O Semelhante é a grande categoria. Ou, melhor, o Análogo que é uma semelhança entre relações e não entre termos simples" (RICŒUR, 1984: 25).

As páginas seguintes mostrarão a ambição real do Análogo. Mas, para deixá-lo mais claro, quero dizer que eu o estudarei com a paixão do Outro, desse ser que até agora foi um mero objeto dos discursos das ciências sociais e humanas.

As demonstrações magistrais de Lévi-Strauss e Foucault não me convencem de que o sujeito no discurso sobre o Mesmo ou sobre o Outro deve ser uma mera ilusão ou uma simples sombra de uma *episteme*. O que elas me ensinam é diferente; a saber, que não temos uma teoria capaz de resolver a tensão dialética entre discursos criativos e o campo epistemológico que os torna possíveis, por um lado, e o inconsciente de Lévi-Strauss que sustenta os discursos e explica sua organização, por outro. Com efeito, há uma saída óbvia desse problema através do sujeito que, direta ou indiretamente, consciente ou inconscientemente, participa da modificação ou da constituição de uma ordem epistemológica. Foucault, por exemplo, claramente sabia o que sua vontade subjetiva significava para a promoção da autoridade e convocava-nos enfaticamente para repensarmos o que a loucura, assim como o encarceramento e a "anormalidade" sexual, significam numa sociedade dada (cf., p. ex., FOUCAULT, 1965, 1977, 1978). Quanto a Lévi-Strauss, é notável que ele mostre bem nas *Mitológicas* que categorias empíricas podem ser utilizadas como chaves de um código silencioso levando a universais. Quando analisado, um tal projeto nas ciências sociais só pode ser pertinente em relação à intencionalidade de seu inventor. Em nosso caso, ele está na práxis de Lévi-Strauss que se expressa num ambiente cultural e humano que é um *prático-inerte* óbvio, como ilustrado pela sua confissão em *Tristes trópicos*. O grito que fecha o livro – que a Era de Ouro não está nem atrás nem diante de nós, mas em nós – expressa o poder de uma consciência e sua liberdade. Em suma, o método estruturalista que Lévi-Strauss desenvolve e aplica convincentemente é uma ferramenta intelectual; sua condição de possibilidade reside num campo epistemológico onde a força do *cogito* levou ao direito a uma liberdade humana absoluta, e, consequentemente, a meditações sistemáticas sobre as virtudes comparativas do Mesmo e do Outro.

Poderíamos meditar sobre a conclusão moral sombria ao final de *A origem dos modos à mesa* (1979), que demonstra que a ideia ambígua de Sartre, "o inferno são os outros", não foi levada em consideração pelos indígenas, que afirmam, com modéstia, que "o inferno somos nós mesmos" (LÉVI-STRAUSS, 1979: 422). Essa escolha filosófica completa a lição das *Confissões* de Rousseau sobre o eu como um Outro, sem negar ou suprimir a liberdade de Lévi-Strauss para meditar sobre essas afirmações paradoxais e compará-las. Nesta situação em particular, Lévi-Strauss – para usar uma expressão que ele aprecia – está na situação de um astrônomo contemplando as estrelas. Afirmar "eu é um Outro" seria, neste caso, propor uma identificação simbólica. O "eu" que pronuncia essa sentença, no vocabulário sartreano, está angustiado, um sujeito que pensa sobre como se definir. Seria ele o sujeito absoluto da práxis que a sentença expressa simbolicamente ou um reflexo puro do Outro, como pretende a cópula?

Uma amplificação africana

> *Depois de um certo tempo, o simples som do apito causava o mesmo efeito. As pessoas haviam adquirido reflexos condicionados, para usar o jargão científico.*
> BOULLE, P. *Planeta dos macacos.*

Lévi-Strauss e Foucault trouxeram para a consciência africana novas razões para desenvolver estratégias originais nas ciências sociais. Meu objetivo aqui não é discutir a extensão de sua presença africana, nem o desvio possível que seus discípulos reais ou supostos indicam nos estudos sociais africanos (cf., p. ex., KINANGA, 1981; N'ZEMBELE, 1983). Em vez disso, descreverei uma atmosfera: a da *tomada da palavra* dos africanos sobre a filosofia e o conhecimento, onde pode-se facilmente reconhecer uma amplificação das principais teses de Lévi-Strauss e Foucault. Politicamente, também podemos encontrar na superfície fortes semelhanças coincidentes com os sonhos de Sartre sobre a libertação.

A noção de amplificação implica relações causais diretas ou indiretas. Como disse I.D. London, "os efeitos de amplificação [...] podem fazer de eventos menores os progenitores de acontecimentos maiores". Mais precisamente, pode-se distinguir dois gêneros principais de efeitos: "uma sequência causal de amplificação pode ser vista como produtora de um desses dois efeitos: (1) ela pode convergir para as expectativas, e então a amplificação é chamada de convergente; (2) ela pode divergir das expectativas, e então a amplificação é chamada de divergente" (1977).

A convergência é óbvia, particularmente na África francófona, onde a tomada de palavra ocorreu nas décadas de 1960 e 1970 como um discurso sobre a antropologia e, ao mesmo tempo, uma reflexão crítica sobre a cultura africana e sua geografia. A geração de intelectuais africanos pré-independência preocupava-se prioritariamente com o poder político e com estratégias de sucessão ideológica. Desde 1960, e mais visivelmente desde a década de 1970, uma nova geração prefere propor a noção de *vigilância epistemológica*. Essa geração parece muito mais preocupada com estratégias para dominar paradigmas intelectuais sobre "o caminho para a verdade", em analisar as dimensões políticas do conhecimento e com procedimentos para estabelecer novas regras para os estudos africanos. Como disse recentemente E. Mveng, o princípio da nova atitude é diferente: "ainda que a soberania política seja necessária, a soberania científica talvez seja mais importante na África dos dias de hoje" (MVENG, 1983: 141).

O poder ainda é um objetivo. Para compreender o mais original dos discursos contemporâneos, ainda podemos nos referir ao desejo de Aimé Césaire de uma "revolução copernicana africana" (1956: 12). Mesmo que o uso do ódio contra a tutela ou as políticas (neo)colonialistas ainda faça sentido ou não, ele não parece mais ser um fator importante na luta pela maturidade. Existe uma literatura africana que lisonjeia ouvidos ocidentais condescendentes onde os africanos *provam*, através da retórica da negritude e da personalidade negra, que são "seres humanos inteligentes" que outrora tinham civilizações respeitáveis destruídas pelo colonialismo. Alguns representantes da geração atual de intelectuais africanos consideram isso uma reação infantil de supercompensação (TOWA, 1971a; ROMBAUT, 1976). Pois, nas palavras de Adotevi:

> O negro que toma consciência de sua raça é um bom negro, mas se ele perde a memória de nossa queda, se ele esquece, se ele desaparece num êxtase místico, se ele enxerga negro quando deveria enxergar justo, ele se perde, ele perde o negro ao perder a visão (ADOTEVI, 1972: 102).

A responsabilidade africana parece assim definida em termos de atitudes intelectuais e não em referência a uma sucessão política imperativa. Será que esse tipo de estratégia é um sinal de uma amplificação da crise ocidental das ciências sociais e humanas? E. Mveng é explícito sobre as conexões e seus significados: "O Ocidente hoje concorda conosco que o caminho para a Verdade passa por várias trilhas que não a lógica aristotélica tomista ou a dialética hegeliana. Mas as próprias ciências sociais e humanas precisam ser decolonizadas"[5] (1983: 141). Num texto que

---

5. Em português e espanhol, a tradução dos termos *decolonization* (em inglês) e *decolonisation* (em francês) assumiu duas formas. Assim, "descolonização" refere-se ao processo histórico de expulsão dos colonizadores ocidentais e obtenção da independência política na África subsaariana, enquanto "decolonização" refere-se ao processo cultural de produção de artefatos intelectuais, artísticos, culturais etc., livre de influência ocidental, ou ao menos de pressupostos ocidentais [N.T.].

apresenta a missão da "filosofia" na África, P. Hountondji insiste numa consciência preliminar e na necessidade de destruir os mitos da "africanidade" e as mistificações herdadas dos "inventores" da África e sua cultura.

> Era preciso então começar *desmitificando* a africanidade ao reduzi-la a um *fato* – o fato simples e em si mesmo perfeitamente neutro do pertencimento à África – dissipando o halo místico de valores enxertado arbitrariamente nesse fato pelos ideólogos da identidade africana. Para pensar a complexidade de nossa história era preciso expressar em sua simplicidade original o teatro dessa história e, para pensar a riqueza das tradições africanas, *empobrecer* resolutamente o conceito de África, *descarregá-lo* de todas as conotações éticas, religiosas, filosóficas, políticas etc., que haviam sido empilhadas sobre ele por uma longa tradição antropológica e cujo efeito mais visível era o fechamento do horizonte, o enclausuramento prematuro da história (HOUNTONDJI, 1981: 52).

As proposições são transparentes. Mveng parece carregar o projeto de Foucault mais longe do que o próprio filósofo francês. Hountondji enfatiza a necessidade de considerar a africanidade como um *fato*, no sentido de um evento. Sua desmitificação deve sustentar uma reinterpretação crítica de uma história africana inventada a partir de sua exterioridade. O convite de Hountondji a *empobrecer* a própria noção de África implica uma ruptura radical na antropologia, história e ideologia africanas. A convergência com as dificuldades de Lévi-Strauss e Foucault é clara.

Apesar de a maioria dos antropólogos ocidentais ter continuado até agora a discutir sobre os melhores modelos para explicar sociedades primitivas, Lévi-Strauss, Foucault e, desde a década de 1960, africanos vêm destruindo o quadro clássico da antropologia. Ao enfatizar a importância do inconsciente e questionar a validade de um sujeito universal como o centro da significação, eles simultaneamente exigem uma nova compreensão do objeto estranho das ciências sociais e uma redefinição de pelo menos três campos: antropologia, história e psicanálise como as principais disciplinas da autocrítica. Foucault sonhava com o prestígio de uma antropologia que "procure deliberadamente seu objeto nos processos inconscientes que caracterizam o sistema de uma cultura dada" e que "assim coloque em jogo a relação de historicidade, constitutiva de toda etnologia em geral, no interior da dimensão onde a psicanálise sempre se desenvolveu". O objetivo dessa reconversão seria a definição de um "sistema de inconscientes culturais". Então, a antropologia poderia deixar de ser o que foi até agora, um discurso questionável sobre "sociedades sem história". Como não lembrar da definição de Lévi-Strauss do objetivo do antropólogo?

> Seu objetivo é alcançar, para além da imagem consciente e sempre diferente que as pessoas formam de seu futuro, um inventário de possibilidades inconscientes cujo número não é ilimitado; e cujo repertório e relações de compatibilidade e de incompatibilidade que cada uma tem com todas as outras fornecem uma arquitetura lógica a desenvolvimentos históricos que podem ser imprevisíveis sem jamais serem arbitrários (LÉVI-STRAUSS, 1963: 23).

O resultado dessa crítica da antropologia foi devastador (TOWA, 1971a; LECLERC, 1972; ADOTEVI, 1972). Ainda assim, ele é essencialmente o resultado de uma crise externa (cf., p. ex., SCHWARZ, 1979, 1980). Por exemplo, Mveng refere-se explicitamente a essa reconversão e à desconstrução de sistemas que supostamente seriam o melhor caminho para a verdade. Na agenda de tarefas filosóficas de Hountondji, se uma crítica radical dos produtos da antropologia é uma obrigação preliminar, o objetivo final da tarefa do filósofo parece definido por uma amplificação de uma lição específica de Althusser que trata de uma teoria da prática científica cujo desenvolvimento depende do desenvolvimento efetivo do conhecimento científico (HOUNTONDJI, 1977: 214). Mas mesmo um leitor desatento perceberá um tom etnocêntrico. Mveng escreve "o Ocidente concorda conosco", e não "nós aprendemos com o Ocidente". Hountondji enfatiza o caráter único da tradição científica europeia e, ao mesmo tempo, descreve o novo sujeito do pensamento, o filósofo africano, como "um ser humano entre outros seres humanos, um intelectual entre seus colegas e um membro de uma classe social dada" (HOUNTONDJI, 1977: 70). Uma olhadela rápida na literatura do período 1940-1960 mostra a originalidade desse espírito. Na época, como G. Balandier escreveu em seu *África ambígua*, o africano desafiava "as fraquezas" do Ocidente, tentava "ganhar reconhecimento como um sujeito da história" e, paradoxalmente, exigia "a atenção de um mundo que se tornara mais curioso quanto ao seu destino". Para ele, esse período foi de "expressão [agressiva] do eu", "depois de ter sido por muito tempo um objeto de troca ou um instrumento nas mãos de estrangeiros". Ele definia seus direitos de sucessão e dedicava-se a um novo começo possível. Era a época da Negritude e da Personalidade Africana, em suma, o período do *evento africano* descrito por Claude Wauthier em seu panorama da África dos intelectuais africanos (1964). Um acadêmico francês liberal podia começar seu livro sobre *O advento da África Negra...* de uma forma que hoje seria considerada embaraçosa. Os negros estariam despertando de um sono de séculos:

> O advento da África Negra é a lenta evolução que conduziu os negros a participarem ativamente na vida internacional. Com efeito, durante milênios eles pareceram não tomar iniciativas: nem na Antiguidade apesar de estarem em contato com as civilizações do Oriente Médio e do Extremo Oriente, nem na Idade Média quando forneceram escravizados, ouro e incenso aos comerciantes árabes instalados nas costas de Moçambique ou da Somália e quando a mensagem do islã lhes foi transmitida do Magrebe através do Saara, nem na época moderna quando os europeus cercaram as costas africanas de fortes e feitorias (BRUNSCHWIG, 1963: 7).

Na década de 1950, alguns dos melhores estudiosos de assuntos africanos ainda se preocupavam com questões sobre a humanidade, capacidades intelectuais e evolução moral dos africanos (GRIAULE, 1950, 1952; GUERNIER, 1952; OMBREDANE, 1969; VAN CAENEGHEM, 1956). J. Vansina examinava como a oralidade podia efetivar textos fatuais claros e um conhecimento preciso que, uma vez bem compreendidos, poderiam ser reproduzidos e sacramentados no quadro dos discursos científicos (VANSINA, 1961). Nos Estados Unidos, particularmente durante a década de 1960, pelo menos na ciência política "o principal objetivo buscado pelos comparativistas na época era o desenvolvimento de um esquema e de categorias que fossem válidas universalmente de modo a permitir a comparação entre todos os tipos de sistemas políticos históricos e contemporâneos (particularmente ocidentais e não ocidentais) independentemente da escala, estrutura ou da matriz cultural onde são encontrados" (COLEMAN & HALISI, 1983: 40).

Alguns africanos – depois da geração da negritude – foram domesticados à força, intelectualmente falando. Em princípio, eles devem funcionar facilmente de maneira ortodoxa no campo consagrado do discurso normativo, da inteligência sofisticada e da textualidade científica. Mas em vez de reforçar sua própria competência de maneira normativa, a maioria deles, numa espécie de reflexo instintivo, começou a questionar sua significância, interrogar a credibilidade de suas próprias tomadas de palavra e desafiar a escala de avaliação tanto dos processos científicos de exame quanto das pressuposições ideológicas das tarefas nas ciências sociais.

Entre outros, os seguintes nomes podem ser considerados representativos desse espírito: W.E. Abraham (Gana), O. Bimwenyi (República Democrática do Congo [RDC]), H. Djaït (Tunísia), F. Eboussi-Boulaga (Camarões), A.P.E. Elungu (RDC), P.J. Hountondji (Benim), E. Mveng (Camarões), A.M. Ngindu (RDC), T. Obenga (República do Congo), T. Okere (Nigéria),

J.O. Sodipo (Nigéria), I. Sow (Guiné), M. Towa (Camarões), e K. Wiredu (Gana). São todos membros da mesma geração: o mais velho, Mveng, nasceu em 1930; o mais jovem, Hountondji, em 1942. Todos publicaram seus principais trabalhos entre 1960 e 1970. Duas características externas dão a esse grupo uma homogeneidade relativa: o contexto espiritual de sua juventude e seu treinamento formal. A maioria deles nasceu em famílias cristãs que constituem a segunda ou terceira geração de cristãos africanos. Assim, eles foram ou ainda são marcados profundamente por princípios e valores cristãos. Muitos deles (Bimwenyi, Eboussi-Boulaga, Mveng, Okere e Ngindu) são padres católicos romanos, e outros (Elungu e Towa, p. ex.) em algum momento de suas vidas pensaram em se tornar padres. A segunda característica unificadora externa é o tipo de treinamento que essas pessoas receberam. Como ilustração, notemos que eles foram educados em algumas das escolas e universidades mais respeitadas da Europa, principalmente na Bélgica e na França, e possuem graus acadêmicos de prestígio. Por exemplo, Djaït e Hountondji frequentaram a famosa École Normale Supérieure em Paris e ambos são *agrégés*[6] em História e Filosofia, respectivamente. Abraham fez sua pós-graduação na Universidade de Oxford, onde recebeu seu doutorado. Obenga tem uma lista impressionante de títulos, desde história até egiptologia e filologia. Teólogo e filósofo, treinado no *curriculum studiorum* da Sociedade de Jesus, Eboussi-Boulaga é um doutor em filosofia da Universidade de Lyon. Bimwenyi e Okere têm doutorados em teologia e filosofia da Universidade de Louvain; Ngindu tem um doutorado da Escola Católica de Teologia em Kinshasa e um título em ciências sociais da Universidade de Paris. Sow, um médico, tem dois *doctorats d'Etat*[7] da Universidade de Paris, um em medicina e o outro em ciências humanas e sociais.

---

6. Aprovados em concursos públicos que permitem a eles lecionar em universidades e liceus na França [N.T.].

7. Graduação superior do doutorado existente na França até 1984 [N.T.].

Elungu, Mveng e Towa, além de seus doutorados e vários títulos de filosofia e letras, são *docteurs d'Etat* da Universidade de Paris.

Com base em suas realizações acadêmicas, esses homens têm posições importantes. Eles são professores universitários e alguns tiveram responsabilidades políticas de destaque. Por muitos anos, Abraham foi o filósofo *in partibus* do Presidente Nkrumah em Gana; Obenga foi ministro das relações exteriores na República do Congo; e Hountondji e Mveng foram por anos funcionários públicos de primeiro escalão em seus respectivos países, Benim e Camarões. Entretanto, seu poder efetivo está no campo intelectual e espiritual que controlam *de facto*. Eles não são apenas professores, mas também encarregados de agências regionais, interafricanas ou até internacionais que trabalham pelo desenvolvimento do continente. Bimwenyi, por exemplo, era até recentemente um poderoso secretário-geral do influente episcopado da RDC. Sow age por toda a África Negra para o estabelecimento de novos programas de psicoantropologia. Obenga traz para as associações de história africana uma posição crítica quanto às teses de Cheikh Anta Diop e, ao mesmo tempo, como diretor de um grande centro de pesquisa em Libreville, luta por uma "perspectiva [e iniciativa] africana" na história. Sodipo, vice-reitor de uma universidade, é o editor [da revista] *Second Order* e Wiredu é seu editor-assistente. Hountondji gerencia o secretariado-geral do Conselho Interafricano de Filosofia. Mveng, que foi por muito tempo secretário-geral da Sociedade Africana de Cultura em Paris, trabalha agora como coordenador da Associação Ecumênica de Teólogos do Terceiro Mundo; e Ngindu é o editor do *Bulletin of African Theology* e secretário do Centro de Religiões Africanas em Kinshasa e também de sua revista, os *Cahiers des Religions Africaines*.

Todos esses homens estão "no poder", e ninguém duvida de sua missão no processo de modernização. Através de lentes diferentes, todos eles mais ou menos definem e explicam condições e possibilidades de colocar em movimento princípios de modernização e de definir o significado de ser africano hoje em dia. Isso é altamente ideológico e alguém poderia afirmar que suas contribuições não são nada mais do que "enunciados programáticos" ou "polêmicas". Essa é uma questão de juízo subjetivo. Esses intelectuais produzem um corpo de boas obras que são ao mesmo tempo difíceis, por causa das amplificações que as explicam, e extremamente sofisticadas em respeito às relações entre poder e saber. Não há dúvida de que um estudo detalhado de suas obras localizaria fraquezas. Entretanto, ele também enfatizaria a complexidade e ambiguidade das proposições de capacidades criativas e caminhos múltiplos e não restritivos para a verdade. De fato, a ambição geral dessas proposições de autonomia espiritual e intelectual pressupõe silenciosamente um confronto político e ideológico severo. Abraham o expressou bem:

> Mas o que fará a África, que não é nem do oeste nem do leste? Seria talvez no mínimo um ato de loucura letárgica macaquear o oeste ou o leste, qualquer ponto da bússola, como uma nova veneração do sol, de maneiras que não possam deixar as culturas da África iguais sem que tenhamos um interesse no que é dominante na cultura externa, ou sem nos darmos ao trabalho de compreender sua mecânica e justificação racional (ABRAHAM, 1966: 35).

Com o problema da verdade, somos confrontados por uma das formas mais paradoxais de amplificação e com a promoção de alternativas africanas. De fato, é nessa questão particular que os acadêmicos e eruditos africanos interrogam violentamente a tradição europeia. Para esclarecer o significado dessa violência, notemos que desde Descartes a filosofia no Ocidente preocupa-se, de modo especial, com a relação entre conhecimento e verdade: "ser um filósofo era se preocupar com a pergunta: O que é verdade? O que é saber?" (FOUCAULT, 1980: 82). Com Nietzsche, a questão foi modificada e se tornou: "Qual é o melhor caminho, o caminho mais certo, para a verdade?" Correspondentemente, em sua obra sobre *A crise das ciências europeias*, Husserl na verdade tratava da promulgação de Nietzsche.

Foucault considera-se o representante de um terceiro momento onde, olhando para trás, ele pode perguntar: "Qual é a história dessa vontade de verdade? Quais são seus efeitos? Como tudo isso se relaciona ao poder?" (1980).

A postulação africana pareceria situada metaforicamente entre o problema de Nietzsche e a empreitada de Foucault. De modo mais preciso, ela salta criticamente sobre as "tagarelices" dos discursos coloniais e suas aplicações "antropológicas", e centra-se no sistema de significação que permitiu as "proposições coloniais" e suas inferências. Esse salto crítico é descrito negativamente por Eboussi-Boulaga como um "modo de sobrevivência". Filosofar torna-se uma tarefa urgente: "se quisermos sobreviver, é preciso filosofar 'verdadeiramente'". Concretamente, o caminho para a verdade ainda parece, até agora, um modelo externo realizado no Ocidente que impõe regras para a renúncia da vontade africana de ser eu e, simultaneamente, define os princípios para a abolição das histórias regionais:

> O *muntu*[8] ainda precisa realizar para si mesmo o que já está em si mesmo. Realizar para si mesmo, para seu benefício, indo a uma boa escola, conseguindo ajuda ou aprendendo a produzir, imitar, de acordo com sua capacidade. Como sua verdade é realizada fora de si mesmo, seu único recurso é aplicar, imitar, recorrer a intermediários (EBOUSSI-BOULAGA, 1977: 95).

Esse princípio que fundamentou as "ciências coloniais", de acordo com Eboussi-Boulaga, ainda opera na África. Mesmo no compromisso dos filósofos e cientistas sociais africanos atuais, ainda podemos encontrar, sutil e silenciosa, a aceitação da tese do modelo filosófico ocidental como uma *"rationalité en acte"* [racionalidade em ato]. Por causa dessa situação, Eboussi-Boulaga formula a hipótese de uma "narrativa [crítica] para si mesmo" que, com uma base regional e a partir de uma nova "leitura" de

---

8. Termo banto para "ser humano" [N.T.].

sua própria experiência social particular, pode organizar o caos e propor a racionalidade das sequências históricas, os elos entre fatos do ponto de vista de sua finalidade, ou da gênese dessa própria finalidade. Assim, de acordo com Eboussi-Boulaga, a narrativa é uma reconstrução da história. Necessariamente uma negação do presente e também uma negação do eu, ela é, ao mesmo tempo, o único caminho crítico para o eu. Seu dinamismo interno garantirá, no final das contas, a reconciliação entre a razão histórica e uma liberdade razoável para o *muntu*.

> A razão histórica e a liberdade razoável são poupadas da loucura e arbitrariedade experientes. Elas são a inversão e a reversão da loucura e da arbitrariedade. O discurso sendo constituído pelo ser para-si deve descrever de modo concreto o futuro do para-si na história, numa história regional, cujo alcance é universal por causa do ser do sujeito, o sujeito da história (EBOUSSI-BOULAGA, 1977: 223).

A noção de leitura crítica, assim como a de uma narrativa para si que poderia produzir um relato histórico regional da história global da humanidade remete-nos novamente à aniquilação das mitologias do mesmo por Lévi-Strauss e Foucault.

Nessa perspectiva, as regras clássicas de B. Moore sobre estratégias científicas e suas metáforas – por exemplo, "na ciência, como na arte, somos compelidos a fazer estimativas sobre linhas de ataque promissoras ou não" (1958) – parecem sonhos de uma conjunção questionável entre ciência, saber e poder. Lévi-Strauss insiste: quem fala sobre a ciência? Nós sabemos como viver com outros? "Uma fórmula que fez tanto sucesso como 'o inferno são os outros' não constitui uma proposição filosófica e sim um testemunho etnográfico sobre uma civilização. Pois somos habituados desde a infância a temer a impureza vinda de fora. Quando eles proclamam, pelo contrário, que 'o inferno somos nós mesmos', os povos selvagens dão uma lição de modéstia que gostaria de acreditar que ainda sejamos capazes de entender" (LÉVI-STRAUSS, 1979: 507). Essa lição ética surge de um contexto antropológico. O discurso de Eboussi-Boulaga se desdobra na ordem de uma amplificação concebida a partir de uma perspectiva africana. Foucault, na conclusão de sua pesquisa sobre a história da insanidade na Era da Razão, nota que "o último grito de Nietzsche, proclamando-se ao mesmo tempo Cristo e Dioniso, não está nos confins da razão e da desrazão, [...] ele é a própria destruição da obra, aquilo a partir do qual ela se torna impossível, e onde deve se calar" (1965: 287). Eu acredito que vários pensadores africanos se identificariam de modo figurativo com a afirmação de Nietzsche.

A amplificação é óbvia. Seria um puro acidente que um grande número dos principais intelectuais africanos, durante 1955 e 1970, trabalhou exaustivamente publicando obras sobre alguns pensadores europeus "comprometedores"? Para listar apenas alguns: Elungu se especializou na filosofia de Malebranche; Hountondji escolheu Husserl e Comte; Senghor comentou sobre as teses de Teilhard de Chardin; Towa trabalhava então com Hegel, Ngindu começava seu livro sobre Laberthonnière e Ugirashebuja completava sua pesquisa sobre Heidegger. Notamos nessas empreitadas uma mediação extraordinária entre o rigor de um exercício filosófico e as fantasias de uma insurreição política: o texto sendo comentado é um espelho que revela o eu para o leitor ou comentador. Surgem de uma epistemologia idealista questões e proposições que, por um lado, parecem próximas da estética política de Sartre para a libertação do Terceiro Mundo e, por outro, transpõem na geografia africana as críticas de Lévi-Strauss e Foucault sobre noções como história, cultura, espaço humano e convenções.

Essa amplificação clara é razão suficiente para eu afirmar que apesar de sua violência contra o domínio do Mesmo e a história de suas conquistas sobre todos os regionalismos, especificidades e diferenças, Lévi-Strauss e Foucault, assim como vários pensadores africanos, pertencem aos signos do mesmo poder. O que eles representam poderia ser considerado uma expressão da "inteligência" do Mesmo. Como disse o próprio Foucault, referindo-se à sua filiação intelectual: "é possível ainda filosofar quando Hegel não é mais possível? Ainda pode existir uma filosofia que não seja mais hegeliana?" E, mais precisamente: "escapar realmente de Hegel supõe apreciarmos exatamente o preço que se paga ao nos separarmos dele; isso supõe sabermos até que ponto Hegel, talvez insidiosamente, aproximou-se de nós, isso supõe sabermos, naquilo que nos permite pensar contra Hegel, o que ainda é hegeliano" (1982: 235). Também poderíamos relacionar a posição de Lévi-Strauss a essa mesma origem, ou, de modo mais convincente, ao sonho de Kant sobre a metafísica e a antropologia (cf. LÉVI-STRAUSS, 1968).

A profanação aparente que esses projetos representam poderia ser simplesmente uma ilusão de ótica. Lévi-Strauss e Foucault estão engalfinhados na história do Mesmo e suas contradições. Eu não diria que os intelectuais africanos estão engalfinhados do mesmo jeito. A paixão que nas obras de Lévi-Strauss e Foucault apresenta teorias sobre norma, regra e sistema apenas revela e busca definir estritamente essa história complexa de uma identidade. Em nome dos mesmos princípios metodológicos, os africanos tendem – apesar de diferenças de linguagem e educação – a duvidar do valor ético dessas estimativas (cf., p. ex., HOUNTONDJI, 1977; WIREDU, 1980).

Vistas das fronteiras do sistema de poder-saber ocidental, todas essas escolhas parecem estimulantes. Ainda assim, pode-se meditar sobre seus projetos como símbolos possíveis de uma vontade de transcendência fracassada que agora expressa seu desejo na direção de um novo começo ambíguo. Entretanto, é importante notar que a ideologia africana, enquanto corpo de reflexões e questões, surge das mesmas linhas de dissolução que, no reino do Mesmo, permitiram as crises de Lévi-Strauss e Foucault. Metaforicamente falando, na confusão de Nietzsche há não apenas o silêncio de uma obra e de um poder-saber, mas também, insistentemente, todas as promessas da antiga questão de Kant sobre a possibilidade de uma antropologia: o quão pertinente é falar sobre seres humanos?

3

O poder da fala

O discurso do missionário e a conversão da África

> *Na verdade, hoje já estou tão acostumado aos paradoxos deste planeta que escrevi a frase anterior sem pensar no absurdo que ela representa.*
> BOULLE, P. *Planeta dos macacos.*

Não é preciso muita imaginação para perceber que os discursos missionários sobre os africanos eram poderosos. Eles eram signos e símbolos de um modelo cultural. Por bastante tempo, ao lado dos relatos de viajantes e as interpretações de antropólogos, eles constituíam uma espécie de conhecimento. No primeiro quarto do século XX estava claro que o viajante se tornara um colonizador e o antropólogo, seu assessor científico, enquanto o missionário, com mais vigor do que nunca, continuava tanto na teoria quanto na prática a expor o modelo da metamorfose espiritual e cultural africana.

A posição particular do missionário no processo da conversão da África levou a resultados muito peculiares (BUREAU, 1962: 248-262). Esses resultados, interseccionados por perspectivas ideológicas, por um lado alimentaram teorias africanas da alteridade e, por outro, causaram sérias dúvidas sobre a pertinência dos discursos ocidentais sobre as sociedades africanas. Então, temos dois atores magníficos: o missionário e seu sucessor africano, ambos apresentando suas posições sobre as políticas de conversão, embasando-as naquilo que a cultura africana supostamente seria, e utilizando a antropologia como um meio de dominar ou libertar pessoas africanas (HASTINGS, 1979: 119-120).

O tema a investigar é a articulação entre a linguagem missionária e seu eco ou negação africana, e as consequências finais dessa relação para a antropologia. A investigação é apropriada tendo em vista hipóteses questionáveis sobre as contribuições positivas ou negativas dos missionários para a ideologia africana e, de modo geral, tendo em vista as interpretações controversas dessa relação na crise dos estudos africanos.

Em nome da clareza, tratarei primeiro da questão do discurso missionário; segundo, da resposta africana; terceiro, de como eles se misturam histórica e ideologicamente num local antropológico e têm responsabilidade *ad valorem* na construção de uma ideologia africana da alteridade.

Quanto mais cuidadosamente se estuda a história das missões na África, mais difícil é não a identificar com propaganda cultural, motivações patrióticas e interesses comerciais, já que o programa das missões é de fato mais complexo do que a simples transmissão da fé cristã. Do século XVI até o XVIII, os missionários, por todos os "novos mundos", faziam parte do processo político de criar e estender o direito da soberania europeia sobre terras "recém-descobertas" (KELLER; LISSITZYN & MANN, 1938). Ao fazê-lo, eles obedeciam às "instruções sagradas" do Papa Alexandre VI em sua bula *Inter Cætera* (1493): derrubar o paganismo e estabelecer a fé cristã em todas as nações bárbaras. As bulas de Nicolau V – *Dum Diversas* (1452) e *Romanus Pontifex* (1455) – de fato já haviam dado aos reis de Portugal o direito de expropriar e escravizar eternamente maometanos, pagãos e pessoas negras em geral (DESCHAMPS, 1971). *Dum Diversas* estipula claramente esse direito de invadir, conquistar, expulsar e enfrentar [*invadendi, conquirendi, expugnandi, debellandi*] muçulmanos, pagãos e outros inimigos de Cristo [*saracenos ac paganos, aliosque Christi inimicos*] onde quer que estivessem. Reis cristãos, seguindo as decisões do papa, podiam ocupar reinos, principados, domínios e posses pagãs [*regna, principatus, Dominia, possessiones*] e expropriá-los de sua propriedade pessoal, terras e o que quer que pudessem ter [*et mobilia et immobilia bona quæcumque per eos detenta ac possessa*]. O rei e seus sucessores têm o poder e o direito de colocar esses povos em escravidão perpétua [*subjugandi illorumque personas in perpetuam servitutem*] (cf. BIMWENYI, 1981a: 621-622).

Os missionários, precedendo ou seguindo uma bandeira europeia, não apenas ajudavam seu país natal a adquirir novas terras mas também realizavam uma missão "divina" ordenada pelo santo padre, *Dominator Dominus*. Era em nome de Deus que o papa considerava o planeta seu privilégio e estabelecia os princípios básicos da *terra nullius* [terra de ninguém], que negam aos nativos não cristãos o direito a uma existência política autônoma e o direito de possuir ou transferir propriedade (WITTE, 1958).

Se a Reforma desafiou o poder do santo padre "de dar, conceder e designar para sempre" terras aos monarcas europeus, o novo axioma, *cuius regio, illius religio*[9], destacou a complementaridade entre a atividade colonial e a conversão religiosa. Por exemplo, o reino cristão do Congo foi reconhecido oficialmente pela Santa Sé e pelas maiores potências navais europeias nos séculos XVI e XVII. Entretanto, ele perdeu seu estatuto oficial no século XVIII mercantilista e protestante. O ideal econômico prevalente de uma "balança comercial" era inseparável da necessidade de aumentar a riqueza e a força da nação, daí a grande utilidade do comércio e das posses coloniais.

O envolvimento da Igreja no estabelecimento da soberania ocidental foi importante tanto antes quanto depois da Reforma.

---

9. Expressão cujo significado é: "a religião do país será a religião de seu soberano" [N.T.].

A missa celebrada na Costa da Guiné em 1481 sob uma grande árvore exibindo as armas reais de Portugal, simbolizava a tomada de posse de um novo território. Entre inúmeros outros atos semelhantes, Vasco da Gama ergueu um pilar com uma representação das armas reais portuguesas na costa leste do reino de Melinde, e Diego Cão construiu outro em 1494 na foz do Rio Congo. Esses símbolos faziam parte de uma cerimônia formal e elaborada de apropriação de uma *terra nullius*. Geralmente, tais cerimônias apresentavam três características principais (KELLER et al., 1938): (*a*) a construção de um sinal físico exibindo as armas reais, como um pilar (Portugal), um marco divisório ou até uma simples pilha de pedras (Espanha), ou uma cruz (Inglaterra e França); (*b*) uma declaração solene, talvez apresentando as cartas-patente recebidas do rei, anunciando a nova soberania e indicando que a posse é tomada em nome do rei, ou para ele; e (*c*) uma simbolização da nova jurisdição. Os exploradores de países católicos romanos geralmente realizavam uma missa; enquanto os anglo-saxões simbolizavam seu controle sobre a terra com uma fórmula sagrada ou decreto legal. Por exemplo, em 5 de agosto de 1583, como parte da cerimônia da tomada de posse da Terra Nova, Sir Humphrey Gilbert promulgou um código de três leis; a saber, o estabelecimento da Igreja Anglicana na colônia; a punição como alta traição de qualquer ato prejudicial ao direito da rainha de possuir a nova terra; e "para aqueles que pronunciem palavras que desonrem a rainha, a penalidade de remoção das orelhas e confisco de seus navios e bens" (cf., p. ex., KELLER et al., 1938).

O missionário desempenhava um papel essencial no processo geral de expropriação e, subsequentemente, de exploração de todas as "terras recém-descobertas" na Terra. Como diz G. Williams, se em muitas áreas sua presença "ajudou a suavizar a dureza do impacto europeu nos povos indígenas cujas terras eram invadidas e exploradas", seu "fervor se aliava ao motivo comercial, em vez de se opor a ele" (WILLIAMS, 1967: 29).

A corrida pela África no século XIX ocorreu numa atmosfera de redespertar cristão: a era do Iluminismo e sua crítica da religião havia acabado. A frase de Coleridge, "a Bíblia me encontra", era apropriada para todos os cristãos. Na Europa católica, o Concílio Vaticano I reorganizou firmemente o catolicismo. Um grupo de prelados distintos até reavaliou o significado da assim chamada maldição de Cam, na esperança de que "o interior da África possa participar da alegria solene e próxima do triunfo da Igreja" [*Interior Africa solemnis gaudii proximi Ecclesiæ triumphi particeps fiat*] (BIMWENYI, 1981: 625-626). Havia, além disso, um espírito geral de aventura no ar (ROTBERG, 1970; BETTS, 1975). As rivalidades políticas e econômicas europeias eram um incentivo para as ações além-mar. O sucesso de homens como Cecil Rhodes reforçou o mito de um tesouro africano e atraía jovens e ambiciosos colonos em potencial. Acima de qualquer coisa, a curiosidade científica e objetivos filantrópicos combinavam-se e confundiam a luta contra o tráfico de escravizados, explorações geográficas e mitologias sobre "pobres africanos selvagens" (HAMMOND & JABLOW, 1977).

Três figuras principais do século XV ao final do XIX determinaram as modalidades e o ritmo do domínio, colonização e transformação do "Continente Negro": o explorador, o soldado e o missionário (CHRISTOPHER, 1984). O explorador, no final do século XV, buscava uma rota marítima para a Índia. Depois, ele se preocupou em mapear o continente e, no século XIX, em compilar informações e organizar corpos complexos de conhecimento, incluindo medicina, geografia e antropologia. O soldado constituía a figura mais visível da expansão da jurisdição europeia. Ele construía castelos e fortes nas costas, estava encarregado dos entrepostos comerciais, participava do tráfico de escravizados e, no século XIX, implementava o poder colonial. Por fim, havia o missionário, cujo objetivo foi o mais consistente durante os séculos: expandir "o caráter absoluto do cristianismo" e suas virtudes.

De todos esses "portadores do peso africano", o missionário também era, paradoxalmente, o melhor símbolo da empreitada colonial (cf. KALU, 1977). Ele se dedicava com sinceridade aos ideais do colonialismo: a expansão da civilização, a disseminação do cristianismo e o avanço do progresso. A visão de Pringle, em 1820, resume isso muito bem:

> Entremos numa carreira de conquista nova e mais nobre. Subjuguemos a África Selvagem através da justiça, da bondade, do talismã da verdade cristã. Continuemos em frente, em nome de Deus e sob sua bênção, para estender a influência moral [...] a fronteira territorial também de nossa colônia, até que ela se torne um império (HAMMOND & JABLOW, 1977: 44).

Obviamente, os objetivos do missionário precisavam ser coextensivos com as perspectivas políticas e culturais de seu país sobre a colonização, assim como com a posição cristã de sua missão. Com o mesmo entusiasmo, ele servia como agente de um império político, um representante de uma civilização e um enviado de Deus. Não há nenhuma contradição essencial entre esses papéis. Todos eles implicavam o mesmo propósito: a conversão de mentes e espaço africanos. A.J. Christopher observa corretamente que "os missionários, possivelmente mais do que os membros de outros ramos do estabelecimento colonial, buscavam uma transformação radical da sociedade indígena [...]. Portanto, eles buscavam, conscientemente ou não, a destruição das sociedades pré-coloniais e sua substituição por novas sociedades cristãs à imagem da Europa" (1984: 83).

Poderíamos pensar que a fala do missionário sempre é predeterminada, pré-regulada, dir-se-ia *colonizada*. Ela depende de um discurso normativo previamente dado, fixado definitivamente e cujo significado é claro em "uma conexão vital entre o cristianismo e a cultura ocidental como um todo" (DICKSON, 1984: 33). A fala missionária ortodoxa, mesmo quando imaginativa ou fantasiosa, evoluiu dentro do quadro daquilo que, a partir de agora, chamarei de autoridade da verdade. Isso é o desejo divino da conversão do mundo em termos de regeneração cultural e sociopolítica, progresso econômico e salvação espiritual. Isso significa, no mínimo, que o missionário não entra em diálogo com pagãos e "selvagens", mas precisa em vez disso impor a lei de Deus que ele encarna. Todas as culturas não cristãs precisam sofrer um processo de redução ou – na linguagem missionária – de regeneração nas normas que o missionário representa. Essa empreitada é perfeitamente lógica: uma pessoa cujas ideias e missão vêm de Deus e são sustentadas por Ele tem o direito de usar qualquer meio possível, mesmo a violência, para alcançar seus objetivos. Consequentemente, a "conversão africana", em vez de ser um resultado positivo de um diálogo – por si só impensável – passou a ser a única posição que o africano podia assumir para sobreviver enquanto um ser humano.

Para lidar com esse tipo de teoria geral, precisamos de modelos aos quais nos referir. Eu proponho utilizar três homens: o italiano Giovanni Francesco Romano, do século XVII; o africano Samuel Ajayi Crowther, do século XIX; e o belga Placide Frans Tempels, do século XX. Esses indivíduos não foram nem os melhores de todos os missionários, nem necessariamente os mais notáveis. Mas podemos reconhecer facilmente que cada um deles, em sua época, foi um exemplo excelente de compromisso sólido com interesses religiosos e política imperial.

Giovanni F. Romano, um missionário no Congo de 1645 a 1654, publicou em 1648 um relato de menos de cem páginas sobre sua viagem e estadia nesse reino da África Central (ROMANO, 1648). Ele na verdade não apresenta nenhuma razão para supor que os congoleses não pudessem entender a mensagem do Evangelho. Sua concepção de missão coincide com a prática tradicional. Ocorreu-me que, enquanto missionário, ele poderia ter realizado o mesmo tipo de trabalho com São Bonifácio na Alemanha. Ele se gaba do número de pessoas convertidas, missas celebradas, sacramentos dados, igrejas erguidas, mas não suporta a presença dos protestantes holandeses, esses "inimigos da fé católica", *nemici della santa fede cattolica*, que prejudicam a impressão de grandeza e unidade europeia. Romano define sua própria missão como trabalhar a "vinha do Senhor" [*la Vigna del Signore*], e "pregar a Palavra de Deus" [*predicare la Parola di Dio*], aos "pobres e pagãos" [*questi gentili, quei poveri*] congoleses etc. Para um soldado de Deus, isso não exclui a preocupação com os privilégios de posto e com a continuação desse reino cristão amistoso do Congo. Romano e seus colegas intervêm no conflito entre o monarca congolês e um de seus vassalos rebeldes, já que um monarca cristão é um tesouro que deve ser preservado a qualquer custo. Sobre o monarca congolês católico Garcia II, escreveu: "a devoção que sua majestade demonstrou por nossa religião, convento e escola é algo a ser louvado por toda a eternidade" (ROMANO, 1648: 37).

A linguagem de Romano é uma linguagem da ortodoxia, a expressão da *fé sagrada*. Poucas palavras depreciativas aparecem em seu relato. Em sua descrição etnográfica do reino, os costumes africanos não são nem curiosos nem bizarros (MUDIMBE-BOYI, 1977). Com a exceção do rei e seus cortesãos, todos os habitantes são *pessoas pobres e pagãs*. Isso não é um paradoxo. Romano descreve uma versão africana de um reino cristão europeu com seus duques, condes e barões. Com esse modelo, é perfeitamente normal observar uma hierarquia rígida determinada por estatuto e posição social ou, em termos da interpretação válida na época de Romano, pela vontade de Deus. A única diferença significativa entre o modelo e sua expressão africana aparece numa metáfora de cores – branco *versus* negro: "Todos os nativos do Congo são negros, alguns mais, outros menos. Ao nascerem, eles não são negros e sim brancos, mas depois gradualmente se tornam negros" (MUDIMBE-BOYI, 1977: 375-383). No coração da convicção de Romano está o desejo de universalidade da lei de Deus. Ao mesmo tempo, ele busca sobrepujar a presença de satanás na *vigna della Christianita* [vinha da Cristandade) africana e promover a *essenza della verità* [essência da verdade].

O segundo modelo é Samuel Ajayi Crowther. Nascido por volta de 1806, esse ex-escravizado e nativo da terra iorubá na

Nigéria foi educado na Universidade Fourah Bay (Serra Leoa) e na Inglaterra. Ordenado como padre em 1843 na Sociedade Missionária da Igreja, em 1864 ele se tornou o primeiro bispo anglicano dos "territórios da África Equatorial Ocidental além dos Domínios da Rainha". Um missionário incansável, participou de várias explorações, entre elas a viagem que relatou em seu *Diário de uma expedição subindo os rios Tshadda*, publicado em 1855.

Crowther acreditava que a África poderia se regenerar sem ajuda externa (MEESTER, 1980b: 72; SANNEH, 1983: 60-83). Entretanto, ao apresentar sua própria experiência, ele tende a se referir à classificação contemporânea de "selvagens" e a partir dessa perspectiva constrói seu próprio projeto de converter seus irmãos africanos à civilização e ao cristianismo. Por exemplo, sobre sua expedição no Níger em 1854, ele recorda:

> Eu perguntei se os habitantes de Gomkoi eram pagãos ou maometanos, e fui informado de que eram todos pagãos; que os homens vestiam alguma espécie de pano ao redor do lombo, mas as mulheres, apenas algumas folhas verdes. Ao perguntar se eram canibais, a resposta foi negativa (in: HAMMOND & JABLOW, 1977: 36).

O que interessa nesta breve citação são suas implicações classificatórias, particularmente as características selecionadas: paganismo, nudez e canibalismo. Assimilado pelo Ocidente, Crowther pretende relatar um caso etnográfico objetivamente, mas ele descreve a síndrome da selvageria de modo muito claro. Como D. Hammond e A. Jablow observam corretamente:

> As atitudes básicas que relacionam de maneira arbitrária essas qualidades essencialmente não relacionadas – paganismo, nudez, canibalismo – são aquelas que designam todas as diferenças culturais para a categoria única da selvageria; e uma característica que distinga um selvagem de um europeu torna-se um indício da existência das outras categorias que fazem parte da síndrome (HAMMOND & JABLOW, 1977: 36-37).

Na verdade, longe de considerar Crowther responsável por essa síndrome, estou disposto a enxergá-lo como a expressão dos signos de uma *episteme*. Ele simplesmente compartilha de uma pressuposição evolucionista difusa, de uma tendência de ver nos africanos apenas essas características indexadas e, assim, subsequentemente de indicar a necessidade de uma regeneração através de uma conversão tanto cultural quanto espiritual (cf. fig. 2).

Figura 2 Modelo ideológico de conversão: Domínio colonial

	Premissas	Mediadores	Objetivos
Estatuto	Primitividade	Conversão	Civilização
Símbolos ou signos	Pagão (maligno)	Cristianismo	Cristão (bom)
	Nu (criança)	Educação	Civilizado (adulto)
	Canibal (animal)	Evolução	Evoluído (ser humano)
Método	Pressupostos antropológicos	Missiologia, antropologia aplicada, pedagogia	Ciências coloniais

Meu terceiro modelo é o belga Placide F. Tempels, um missionário na África Central de 1933 a 1962 e autor de *Filosofia banta*. Placide Tempels foi um estudioso muito sério e cuidadoso da cultura banta, apesar de alegações em contrário feitas principalmente por antropólogos e filósofos profissionais, que tendem a enfatizar o treinamento formal como a condição *sine qua non* do trabalho sólido. Tempels vivera mais de dez anos entre o povo luba catanga, partilhando de sua linguagem e cultura, quando decidiu publicar suas experiências (1979: 3-25). Em vez de um tratado filosófico, seu livro *Filosofia banta* poderia ser compreendido simultaneamente como uma indicação de percepção religiosa, a expressão de uma dúvida cultural sobre o suposto atraso dos africanos e um manifesto político por uma nova política de promoção da "civilização" e do cristianismo. Mas normalmente não se discute essa complexidade quando os especialistas falam da filosofia de Tempels.

É preciso lembrar que *Filosofia banta* se fundamenta em ideias muito simples. Elas são as seguintes. Primeiro, em todas as culturas, a vida e a morte determinam o comportamento humano; ou, apresentado de outro modo, todo comportamento humano depende de um sistema de princípios gerais. Segundo, se os bantos são seres humanos, é razoável buscar os fundamentos de suas crenças e comportamento, ou seu sistema filosófico básico. A partir dessa posição, Tempels tenta realizar "uma verdadeira estimativa dos povos indígenas", rejeitando "os mal-entendidos e o fanatismo da etnologia do passado e a antiga atitude de aversão empregada em relação a eles" (prefácio de Possoz, in: TEMPELS, 1959: 13-15). Isso significava questionar as doutrinas clássicas de evangelização, civilização e colonização (TEMPELS, 1959: 167-189).

Esses três modelos – Giovanni Francesco Romano, Samuel Ajayi Crowther e Placide Frans Tempels – significam a autoridade da verdade, seus signos e discurso. Podemos perceber neles uma expressão de uma ideologia comum. Todos eles são pessoas para quem o compromisso com Deus é algo central. Concretamente, eles acreditam serem os encarregados de salvar a África. Isso, para eles, significa a promoção dos ideais da civilização cristã. Por fim, eles têm certeza quanto a seu conhecimento dos meios corretos para converter a África. Em suma, eles corroboram a observação de M. de Certeau de que "é a credibilidade de um discurso que faz os crentes agirem de acordo com ele antes de mais nada. Ela produz praticantes" (CERTEAU, 1984: 148).

Em sua avaliação do cristianismo de um ponto de vista africano, Eboussi-Boulaga, o filósofo de Camarões, afirma que de modo geral o discurso missionário sempre foi apresentado como um discurso de redução filosófica e de intolerância ideológica:

O cristianismo é o herdeiro da razão grega e a continuação e realização da revelação judaica. Devido a essas duas características, ele é o crítico da falsidade das outras religiões e denuncia seu caráter mitológico. Seu elemento apropriado é a linguagem e a história, mas não as regiões obscuras do cosmos nem do imaginário. É por isso que ele combina com a modernidade e resiste melhor do que outros sistemas à corrosão da modernidade, a desilusão do mundo em que existe (EBOUSSI-BOULAGA, 1981: 35).

Compartilhando dessa crença na superioridade do cristianismo expressa em suas qualificações essenciais, ou seja, sua identificação com a razão, história e poder, o discurso do missionário, de acordo com Eboussi-Boulaga, sempre apresentou cinco características essenciais. Antes de mais nada, ele é uma linguagem de escárnio, já que fundamentalmente ridiculariza os deuses do pagão. E não devemos esquecer que desde seu nascimento o cristianismo apropriou-se tanto do único caminho de comunicação verdadeira com o divino quanto da única imagem correta de Deus e de sua magnificência. Segundo, ele é uma linguagem de refutação ou redução sistemática: todas as religiões pagãs constituem o lado negro de um cristianismo branco transcendental, e essa oposição metafórica de cores significa a oposição entre o mal e o bem, satanás e Deus. A terceira característica esclarece os objetivos pragmáticos do missionário: sua ação é apoiada por uma linguagem de demonstração, que reflete a verdade de Deus. Para manter seu escárnio e refutação das crenças e práticas não cristãs, o missionário enfatiza a fé cristã em termos de sua coerência histórica e virtudes transformadoras. As categorias religiosas e bíblicas entram na lógica de sua civilização, sacralizando assim um modelo cultural e dando-lhe um selo divino. Consequentemente, há uma quarta característica: a regra da ortodoxia cristã que relaciona a fé ao conhecimento da única Verdade. Essa é a pedra de toque da crença na supremacia da experiência europeia, o suporte de um conjunto fantástico de princípios. Ela explica os seguintes princípios fundamentais: primeiro, que a característica cristã reside na qualidade da fé e não na grandeza moral; segundo, que é a fé que promove e dá sentido à ética, e não o contrário. A última característica do discurso missionário está relacionada a esses dois axiomas e sua importância teológica: ele é uma linguagem que se conforma a esses axiomas vigorosos. A fala e a práxis missionária provam que nenhuma empreitada humana pode ser bem-sucedida enquanto o Deus verdadeiro não for reconhecido. O Deus cristão aparece, portanto, como a única força da história.

Eu gostaria de destilar essa perspectiva analítica de Eboussi-Boulaga num esquema mais simples. A linguagem missionária de escárnio é basicamente uma posição cultural, a expressão de uma perspectiva etnocêntrica. Os aspectos de refutação e demonstração racionalizam o momento etnocêntrico inicial e dirigem-se explicitamente a uma redução intelectual que complementa as regras de ortodoxia e conformidade. Assim, temos três momentos, e não tipos, de violência na linguagem missionária. Teoricamente, eles se expressam nos conceitos de escárnio, refutação-demonstração e ortodoxia-conformidade.

Ao levar em conta a teologia missionária da salvação e, mais precisamente, as políticas gerais de *conversio gentium*, fica claro que a mesma violência está ligada ao processo espiritual e cultural de conversão numa união hipostática (cf. fig. 3). Todos os missionários, independentemente de suas denominações, operam de acordo com o mesmo cânone de conversão.

Sua linguagem depende de três tipos principais de dados sempre considerados autoevidentes: premissas, mediadores e objetivos. Todos eles tendem a integrar alvos culturais e religiosos, e a missão se orienta totalmente para a promoção cultural e salvação espiritual de "selvagens". Assim, por exemplo, a pregação de G.F. Romano da fé sagrada para "os necessitados" também implicava no envolvimento com questões políticas para perpetuar uma entidade política dependente cristã e ocidental na África. O Bispo Crowther se preocupava tanto com a cristianização quanto com a

Figura 3 A teologia missionária de salvação

	Premissas	Mediadores	Objetivos
Estatuto	Primitividade	Conversão	Civilização ocidental e cristianismo
Símbolos	Doença	introduzir restaurar	Saúde
	Desordem (loucura, ilusões satânicas e corrupção)	estabelecer	Ordem (modelos cristãos de fé e comportamento)
	Escuridão	promover	A luz de Deus e a civilização
Método	Escárnio	Demonstração	Conformidade

ocidentalização de "primitivos nus, canibais e pagãos". Tempels enunciou sua filosofia de civilizar os povos bantos dessa forma: "ou a civilização banta será cristã, ou não existirá" (1959: 186).

As categorias pertinentes surgem de uma combinação estrutural. Por um lado, os comentários etnográficos sobre os povos africanos são organizados de acordo com a perspectiva de sua conversão possível; por outro lado, símbolos socioculturais específicos designam a passagem da primitividade à civilização.

Uma tese evolucionista expressa a conversão da selvageria e da escuridão de satanás para a luz da civilização e do reino de Deus. A transformação às vezes é descrita como a introdução ou restauração da saúde num universo doente, o estabelecimento da ordem num mundo de desordem, loucura, corrupção e ilusões diabólicas (cf. PIROTTE, 1973; FERNANDEZ, 1979). Nessa forma padrão, o processo de conversão que é o caminho para uma "vida civilizada" é apresentado como gradual: no nível mais baixo encontramos primitivos ou pagãos; infectados pela "vontade de tornarem-se ocidentalizados", tornam-se catecúmenos; o zênite de seu desenvolvimento é alcançado quando se tornam cristãos ou *evolués*, ou seja, indivíduos ocidentalizados.

Correspondentemente, a linguagem do missionário apresenta três abordagens principais: o escárnio das supostas religiões primitivas e seus deuses, a refutação e demonstração para convencer os africanos em evolução, e a imposição de regras de ortodoxia e conformidade para os convertidos.

> Inevitavelmente, a fé cristã está há muitos anos [...] inextricavelmente ligada a essa agressão universal. Mas também é preciso admitir com muita franqueza que durante esses séculos os missionários da Igreja cristã geralmente pressupunham que a civilização ocidental e o cristianismo eram dois aspectos do mesmo presente que eles haviam sido incumbidos de oferecer ao resto da humanidade. Essa pressuposição às vezes era muito consciente e afirmada explicitamente. Mais frequentemente, ela era muito inconsciente e teria sido negada com indignação. Mas em nenhum dos casos devemos julgar nossos pais. Sua sinceridade dificilmente poderia ser questionada (TAYLOR, 1963: 5-6).

Fundamentalmente, uma pressuposição evolucionista era expressa com base numa antropologia dualista (cf. NGIMBI-NSEKA, 1979: 10, 18-19). Como disse Bento XV em sua encíclica *Maximum Illud* (1919), os missionários devem estar determinados a opor-se a satanás e a trazer a salvação para a "pobre gente da África vitimada por forças malignas". Mas podemos notar que Romano enfocava mediadores e objetivos, e não premissas. E Tempels duvidava absolutamente do processo clássico de conversão: ele não tinha a menor certeza de que a assimilação constituísse o melhor caminho e detestava os *evolués*, que considerava cópias malfeitas de europeus. Além disso, ele não acreditava que cristianizar significava impor uma antropologia filosófica ocidental (TEMPELS, 1962). Entretanto, a posição de Tempels não implicava uma negação completa do dualismo essencial, e sim apenas indicava um outro tipo de orientação para a promoção da ortodoxia e conformidade. A ênfase que ele dava à ontologia banta, por exemplo, significava que ele tinha fé na possibilidade de criar uma "nova civilização cristã" sem destruir os valores bantos nem seus princípios subjacentes mais importantes, o conceito e realidade da "força vital" (cf., p. ex., MATACZYNSKI, 1984; DONDERS, 1985). Essa perspectiva é simplesmente um novo modo de demonstrar e promover a essência da ortodoxia mantendo claramente o mesmo objetivo: "o cristianismo é a única satisfação possível do ideal banto" (TEMPELS, 1959: 186).

Tempels não é o único a procurar novas políticas para integrar o cristianismo às culturas africanas, e o cristianismo etíope, o islã africano e as igrejas sincréticas por todo o continente exemplificam a vitalidade de um processo de indigenização (MONTEIL, 1980; SUNDKLER, 1964; BARRETT, 1968; BRENNER, 1984). Nos anos de 1960, Taylor detectou três ingredientes principais no desafio africano ao cristianismo: (*a*) a religião cristã é "inerentemente ocidental" e "não consegue corresponder às necessidades *sentidas* da Ásia e da África"; (*b*) esse desafio coloca uma questão radical: "será que a fé cristã pode não apenas provar sua habilidade de satisfazer as necessidades humanas profundas de nossa época e também fazer pessoas de panos de fundo diferentes sentirem-se em casa no novo mundo?"; (*c*) "a Igreja cristã ainda não enfrentou o problema teológico da 'coexistência' com outras religiões" (TAYLOR, 1963: 6-8).

De qualquer forma, o sucesso aparente do cristianismo é surpreendente. Depois de um século de evangelização, a comunidade cristã hoje representa cerca de 45% da população do continente. Não esqueçamos que, de acordo com o Banco Mundial (1984), a população total da África subsaariana, que "cresceu de 270 milhões em 1970 a 359 milhões em 1980, parece em vias de se duplicar na virada do século, e mais do que triplicar até o ano 2020" (BANCO MUNDIAL, 1984: 26). Nesse quadro, a Igreja Católica hoje tem cerca de setenta e seis milhões de membros, as denominações protestantes reconhecem cinquenta milhões de seguidores; a Igreja Copta egípcia, trinta milhões de membros, e alguns milhares de Igrejas locais autônomas trazem o número total de cristãos a aproximadamente 200 milhões. Quando se tem em mente que, por meio da conversão e especialmente do crescimento populacional desproporcional (cf. BANCO MUNDIAL, 1984: 82-83), a comunidade cristã ganha de cinco a seis milhões de novos membros anualmente, fica óbvio que até o ano 2000 a África poderia ter a maior concentração de cristãos no mundo (BARRETT, 1970; MEESTER DE RAVENSTEIN, 1980a: 215; DONDERS, 1985: I, 30). A tendência é idêntica ao aumento do número de sacerdotes. Um relatório estatístico de 1985 do Vaticano mostra que no catolicismo "o número do clero diocesano está aumentando na África, América do Sul e Oceania". Na América Central, a cifra permanece "quase igual". Na América do Norte, o relatório nota uma "queda modesta", e "a redução mais significativa é encontrada na Europa". Mas a mudança mais significativa está na percentagem dos seminaristas do mundo produzidos por partes diferentes do planeta. Na África, ela saltou de 6,7% em 1973 a 10,7% em 1983, enquanto na América do Norte caiu de 19,2% a 10,9% no mesmo período. Na Europa, a porcentagem caiu de 41,1% para 34,4%.

Se o catolicismo europeu parece estar envelhecendo perigosamente, o dinamismo de sua contraparte africana pertence ou a um pesadelo sagrado ou, se preferirem, um milagre incrível: monastérios são construídos; novos movimentos religiosos, tanto ativistas quanto carismáticos, aparecem e se organizam com sucesso; não há escolas suficientes para catequistas potenciais nem conventos suficientes para tantas freiras. Não há espaço suficiente nos seminários para candidatos ao sacerdócio, mas apesar do aumento na vocação, particularmente nos países com as maiores taxas de fertilidade – Quênia, Nigéria, Tanzânia, RDC – o número de padres é considerado baixo. De acordo com o documento estatístico do Vaticano mencionado acima, em 1983 a Europa tinha 58,2% dos padres do mundo para 33,3% dos católicos do mundo; a América do Norte, 17,1% dos padres para 7,7% dos católicos; a América do Sul, 8,4% dos padres para 28,1% dos católicos; e a África 4,3% dos padres para 8% dos católicos do mundo (cf. tb. LAURENTIN, 1977; MEESTER DE RAVENSTEIN, 1980a: 214). Quanto às outras denominações cristãs, podemos ver, por exemplo, que a maior comunidade quacre do mundo vive no norte do Quênia, e encontramos em Uganda a Igreja Anglicana estatisticamente mais importante do mundo.

A questão passa a ser: o quão verdadeiramente cristã é essa África convertida? A. Hastings propõe uma resposta vaga e prudente:

> Quanto a católicos e anglicanos, o avanço [cristão] poderia provavelmente ser mapeado de forma imperfeita mas confiável através do declínio das taxas de casamento eclesiástico. Sua massa vasta e amorfa de devoção, culto, crença, superstição e novos laços de companheirismo, estruturada muitas vezes de formas que discordam em grande parte das regras de Roma, Genebra ou Canterbury, pode se mostrar o legado eclesiástico mais duradouro deste quarto de século (HASTINGS, 1979: 274).

Essa avaliação não responde a pergunta, nem explica por que o cristianismo parece tão atraente. Em seu livro sobre uma *Teologia não burguesa* (1985), Donders enfatiza a atração do milagre de Deus em Jesus e o desejo de ser membro de uma nova *communitas* ou comunhão (cf. tb. ODUYOYE, 1986: 97-108). Ele também se refere a uma razão cultural: a necessidade de uma conversão antropológica.

> David Barrett acredita que uma das principais razões para os africanos serem tão atraídos pelo cristianismo (e pelo islã) é a comunidade que ele oferece. Sua opinião é que o movimento de conversão no nível popular se deve ao fato de os africanos se afastarem de suas religiões tribais locais porque não enxergam mais nenhuma "salvação" nessas organizações. Eles querem pertencer a uma comunidade humana e religiosa maior (DONDERS, 1985: 32).

Com efeito, isso se parece com a explicação clássica de Baeta: "a sede da missão era não apenas uma base para ensinar a disciplina cristã [...] e para propagar a fé: ela era também o foco de uma nova civilização invasora" (1968: 15).

Numa análise crítica do cristianismo africano, Meester de Ravenstein cita três antinomias: a complexidade da crítica africana do cristianismo ocidental, que implica a possibilidade de um grau zero do cristianismo; a dificuldade de juntar os valores "tradicionais" africanos e a gratuidade absoluta do dom de Deus; e a oposição fundamental entre a religião de Cristo e a herança religiosa do africano (1980a: 43-50). Essas avaliações de observadores eruditos mostram claramente a realidade confusa do cristianismo africano. Sigamos sua história recente.

A partir da década de 1950, surgiram novas orientações para a indigenização da Igreja (NYAMITI, 1978; HASTINGS, 1979). Gradualmente, as políticas oficiais mudaram do passo inicial de adaptação, que insistia na africanização de alguns aspectos externos (música, hinos etc.) para um exame do conteúdo do cristianismo num ambiente africano. Novas premissas estabeleceram uma perspectiva completamente diferente: a "cultura pagã" é tratada e analisada como um campo abandonado onde os sinais de Deus já existem (fig. 4). Assim, se só pode haver um objetivo – o cristianismo – os métodos são arbitrários e devem ser modificados e adaptados às circunstâncias e culturas (TAYLOR, 1963: 124). Os intelectuais africanos conclamaram "a Igreja a 'atracar-se' com as práticas tradicionais e com a visão de mundo que essas crenças e práticas implicam" (HASTINGS, 1979: 119; cf. tb. KALU, 1977).

As melhores ilustrações dessa corrente são *Imagem africana da Igreja* (1962) de Gravrand, *Uma imagem africana do cristianismo* (1965) de Mulago; *Clareiras metafísicas africanas* (1967) de Bahoken, e *Escatologia do Novo Testamento numa perspectiva africana* (1971) de Mbiti. Nessas contribuições, os autores favorecem explicitamente a busca da mensagem essencial do cristianismo que penetre os modos de pensar e viver africanos. Surge um novo vocabulário que, em princípio, cobre novas formas de

Figura 4 A teologia da indigenização

	Premissas	Mediadores	Objetivos
Estatuto	Cultura pagã	Conversão	Cristianismo
Símbolos	Campo abandonado	plantar, semear o campo africano espalhar a boa semente	Cristianismo adaptado
	Degraus do cristianismo nas tradições pagãs	estabelecer e construir a Igreja	Cristianismo indigenizado
Método	Avaliação crítica das premissas	Demonstração	Conformidade

evangelização: africanização, indigenização, naturalização, adaptação do cristianismo. Alguns teóricos falam até de "indigenizar o Evangelho" e "a Mensagem" (BIMWENYI, 1981a: 231). Nos círculos católicos romanos, as normas da nova política são explicitadas relativamente bem em dois documentos oficiais de Pio XII; *Evangelii Præcones* (1951) e *Fidei Donum* (1957).

O que esse vocabulário ambivalente introduz e significa é um deslocamento progressivo da responsabilidade no que concerne o futuro do cristianismo (cf., p. ex., CHIPENDA, 1977; SETILOANE, 1977). Historicamente, pode-se referir a *Os padres negros se questionam* (1956), uma coleção de artigos de padres negros e uma reflexão solidamente nacionalista sobre o cristianismo, como a primeira manifestação explícita de uma nova corrente radical. Ironicamente, foi durante esse período que contribuições positivas e simpáticas sobre religiões africanas foram produzidas na antropologia. Elas incluem *As religiões da África Negra* (1954) de Deschamps, *Religião tradicional africana* (1954) e *Bruxaria* (1958) de Parrinder, *Divindade e experiência* (1961) de Lienhardt, *A noção de Deus nos balubas de Cassai* (1956) de Van Caeneghem, *O senso religioso dos primitivos* (1963) de Schebesta, *As religiões da África* (1964, uma tradução francesa de *Die*

Religionen Afrikas de 1963) de Damann, e *Sistemas africanos de pensamento* (1965), editado por Fortes e Dieterlen. Clérigos africanos leram esses livros procurando formas de transformar a religião tradicional ou, pelo menos, de usar alguns de seus elementos no processo de adaptação do cristianismo (MULAGO, 1959). Após as independências, alguns deles tornaram-se claramente radicais: eles desconfiaram da boa-fé das descrições antropológicas e começaram a questionar o próprio significado das teologias de adaptação (BIMWENYI, 1980a: 172-189).

> No começo, o conceito de "adaptação" era louvado por todos lados, tanto por cristãos africanos quanto por missionários. Mesmo apesar de não ser vista como comprometendo a Igreja ao diálogo religioso com a tradição africana, e talvez por causa disso, a adaptação, como o meio pelo qual a Igreja africana poderia desenvolver seu estilo de vida próprio, era muito bem-vinda. Apenas lentamente se percebeu que o conceito de adaptação continha dentro de si as sementes da superioridade e dominação ocidentais perpétuas. A reação foi bastante violenta (SHORTER, 1977: 150).

O fato é que mesmo na época do manifesto dos padres negros (1956), a busca de um cristianismo africano já estava envolta pelos temas de autenticidade e independência cultural. Ela implicava claramente uma rejeição relativa das interpretações tanto de antropólogos quanto de missionários das tradições e religiões africanas e também da presença colonial.

A busca tinha dois aspectos principais: uma leitura nacionalista e a introdução de uma ruptura intelectual na história colonial. Por exemplo, Kagame questiona a competência de Tempels e volta a suas próprias raízes com seu livro *A filosofia banto-ruandesa do ser* (1956), onde descreve uma ontologia, criteriologia, psicologia, cosmologia e ética bantas ruandesas. Eu temo que Shorter confunda problemas de método com motivação ideológica quando afirma que "é apenas porque Kagame é inspirado pela filosofia europeia que o africano pensa em tentar expressar o pensamento tradicional de seu povo como um sistema conceitual" (1977: 24). A inspiração é uma coisa, o objetivo, outra. O que Kagame fez foi utilizar o modelo aristotélico para demonstrar que, ao contrário das opiniões aceitas dos antropólogos e missionários, seu povo sempre teve uma "filosofia" bem organizada e sistemática. Ele intencionava explicitamente enfraquecer os mitos que sustentavam tanto as políticas coloniais quanto os programas da Igreja para um cristianismo adaptado (1976). Filosoficamente, pode-se debater o pressuposto de Kagame sobre a possibilidade de filosofias coletivas e não explícitas. Ideologicamente, entretanto, sua obra foi muito importante, se considerada como uma resposta às hipóteses sobre culturas "pagãs" e às premissas das políticas de adaptação (cf. fig. 4).

Na mesma linha, A. Makarakiza publicou seu *A dialética dos barundi* (1959), E.B. Idowu, *Olodumare: deus na crença iorubá* (1962) e *Para uma Igreja indígena* (1965), E. Mveng, *A arte da África Negra: liturgia e linguagem religiosa* (1965), e F.M. Lufuluabo, uma série de livretos apresentando e analisando a religiosidade tradicional em relação ao cristianismo (1962, 1964a, 1964b, 1966). Significativamente, o conceito do monoteísmo africano apareceu e foi usado com cada vez mais frequência. Com efeito, ele se refere ao conceito de W. Schmidt de revelação primitiva (1931) e dá respeitabilidade àquilo que antes se chamava de crença pagã e politeísta. Um dos principais pressupostos do método de Schmidt é a existência de uma teoria ou "filosofia" universal que cada comunidade humana expressa de seu próprio modo e de acordo com suas próprias necessidades. Essa filosofia seria sempre, e em todos os lugares, particular em suas manifestações religiosas, culturais e históricas, mas de essência universal. Sua presença marca a diferença entre as sociedades humanas e as comunidades animais (SCHMIDT, 1933-1949). Uma revelação primitiva pode assim ser deduzida de todas as culturas humanas e, com ela, um monoteísmo básico. O conceito de revelação primitiva, até agora, não esclareceu as questões teóricas que implica, apesar das discussões brilhantes e panoramas estimulantes apresentados recentemente por Mulago (1973) e Bimwenyi (1968, 1981a). K. Dickson chega até a pensar que

> não há soluções fáceis para o problema da relação entre Deus e os deuses, e que usar termos como monoteísmo e politeísmo é muito menos esclarecedor do que se pensa; num certo sentido eles confundem a discussão (DICKSON, 1984: 58).

Por outro lado, a força das ideias de autonomia política e cultural teve um impacto direto no pensamento religioso. Durante o Encontro Internacional de Escritores e Artistas Negros em Roma em 1959, um Comitê de Teologia elaborou um texto pedindo um outro cristianismo na África. Dentro do catolicismo, dois padres jesuítas de Camarões – Mveng e M. Hebga – estavam ativos nessa área e sua influência marcou discussões sobre modos possíveis de reconciliar o cristianismo e a africanidade (BIMWENYI, 1981a: 227-230). Promoveu-se uma teologia da encarnação com uma ênfase particular em novas premissas: a negritude e a personalidade negra como expressões de uma civilização africana, a história africana com seus próprios símbolos como uma preparação para o cristianismo, e por fim a experiência da escravidão, exploração e colonização como signos do sofrimento dos escolhidos de Deus (fig. 5). A característica mais notável dessas posições intelectuais reside na distinção teórica entre o programa da libertação política que deveria permitir uma transformação da civilização tradicional e o de repensar o cristianismo como uma parte integral da cultura local (IDOWU, 1965; HEBGA, 1963; TCHIDIMBO, 1963). Há uma razão para essa orientação, escreve M.A. Oduyoye, uma teóloga de Gana:

> A crise de identidade na África, especialmente entre os urbanizados, os de educação ocidental e os cristãos, pode ser atribuída à perda de uma perspectiva dinâmica da vida, que vem de conhecer e viver sua própria história religiosa e cultural. Não podemos esperar que aqueles que não podem contar sua história, que não

sabem de onde vêm, escutem o chamado de Deus para seu futuro (ODUYOYE, 1986: 54).

Figura 5 A teologia da encarnação

	Premissas	Mediadores	Objetivos
Estatuto	Civilização tradicional africana	Conversão	Uma civilização africana moderna
	(Personalidade negra / negritude)		(Personalidade negra / negritude)
Símbolos	História africana	Alteridade	Cultura africana
	Heranças africana, muçulmana e europeia		(*Weltanschauungen* africanas, cristianismo africano)
	Uma experiência particular: escravidão, exploração, colonização		
Método	Ciência social	Ideologia africana	Autonomia

Há pouco tempo, eu propus que na década de 1960 existia um objetivo claro e que agora é possível discernir as principais tendências que contribuíram para a construção progressiva de uma teologia da encarnação (MUDIMBE, 1983a: 94-95). Essas tendências são:

a) Um forte interesse na africanização do cristianismo à medida que isso permita um divórcio entre o cristianismo e a história e cultura ocidentais e introduza características africanas na Igreja.

b) Uma busca de um elemento africano no campo da teologia e das atividades religiosas que possa manter o passo com os objetivos ideológicos de autonomia política e cultural. Essa tendência caracteriza principalmente os teólogos católicos romanos africanos.

c) Um interesse vigoroso nas religiões tradicionais, levando ao pressuposto que de modo geral as obras de antropólogos e missionários não são nem confiáveis nem aceitáveis. Isso encoraja novos programas e projetos que serão de responsabilidade de acadêmicos africanos (cf. tb. CHIPENDA, 1977; SETILOANE, 1977; ODUYOYE, 1986).

Não seria correto fingir que a maioria dos missionários apoiou a nova perspectiva africana. As políticas oficiais da Igreja no final da década de 1950 e início de 1960 eram tão confusas quanto as das potências coloniais (HASTINGS, 1979: 159-174). Apesar do fato de a Igreja ter treinado a maioria dos líderes e intelectuais nacionalistas e também apesar de dúvidas muito comuns sobre o compromisso da Igreja com os princípios da supremacia ocidental na África, muitos missionários não receberam bem o resultado das ideologias da alteridade e não gostavam nem um pouco das doutrinas da independência africana. Além dos temores políticos, havia a sensação de que essas novas teorias abriam uma nova era e significavam o fim das iniciativas missionárias na África. Como disse Hastings ao comentar sobre a importância da assembleia do Conselho Missionário Internacional ocorrida em Gana em 1958:

> As Igrejas do terceiro mundo tornavam-se independentes, e a velha relação missionária que envolvia tão claramente um estatuto de dependência precisava inevitavelmente terminar. Qual papel haveria então para os missionários? (HASTINGS, 1979: 120).

A pergunta era pertinente. Em meados da década de 1960 a iniciativa tornou-se africana e, falando de modo geral, integrava as teses essenciais de um novo modelo de conversão (MEESTER DE RAVENSTEIN, 1980a). Enfatizaram-se então novas premissas: negritude, herança e experiência africana. Ela tende a apresentar a conversão em termos da integração crítica ao cristianismo; ou seja, por um lado, afirmando a autonomia cultural e, por outro, definindo a cristianização como um modo de efetivar em Cristo uma herança espiritual autenticamente africana (MULAGO, 1981: 43; BIMWENYI, 1981b: 47-60). Eboussi-Boulaga escreveu apropriadamente que *pelo menos para os africanos*, o surgimento de um "sujeito-nós" africano foi o principal fenômeno humano da segunda metade do século XX (1978: 339). Surgiram então dois fenômenos importantes (cf. fig. 5). O primeiro foi uma forte ênfase na história e uma nova antropologia como um meio para uma compreensão melhor tanto da tradição quanto da identidade africana. Isso levou, em 1966, à criação de centros de religiões africanas. Em institutos pastorais – em Bodija (Nigéria), Bukumbi (Tanzânia), Cocody (Costa do Marfim), Kinshasa e Lubumbashi (RDC) etc. – isso geralmente criou programas realistas levando em conta linguagens nativas, costumes locais e as relações sociais de produção. Segundo, uma convergência ideológica notável tornou-se óbvia: os interesses dos teólogos africanos misturam-se com os nacionalismos locais e as orientações da Sociedade Africana de Cultura (ASC, na sigla em inglês) e com [a editora e revista] *Présence Africaine* (Paris) quanto à importância das religiões africanas (BASSE, 1977: 129-138; MUZOREWA, 1985: 37-56; ODUYOYE, 1986: 45-55). Além disso, uma sucessão de encontros acadêmicos na década de 1960 redefiniu o conceito de conversão e os propósitos do estudo das religiões africanas enquanto ao mesmo tempo ampliou o escopo da crítica da antropologia e da filosofia das missões cristãs na África (AGOSSOU, 1977; APPIAH-KUBI & TORRES, 1977):

1955:	Sobre a África e o cristianismo. Encontro (Acra, Gana).
1959:	Sobre cristianismo, africanidade e teologia. Encontro. Subcomitê de teologia, Segundo Congresso de Escritores Africanos (Roma, Itália).
1961:	Sobre religiões africanas. Colóquio ASC (Abdijan, Costa do Marfim). Atas publicadas por Présence Africaine, Paris, 1962.
1963:	Publicação ASC. *Personalidade africana e catolicismo*. Paris: Présence Africaine.
1963:	Reencarnação e vida mística de acordo com as religiões africanas. Congresso (Estrasburgo, França). Atas: *Réincarnation et vie mystique en Afrique noire*. 1965.
1965:	Sobre as religiões tradicionais da África. Congresso (Bouaké, Costa do Marfim). Atas: *Les Religions africaines traditionnelles*. Paris: Seuil.

1966:   Sobre a teologia africana. Conferência das Igrejas Africanas (Ibadan, Nigéria). Atas: *Pour une théologie africaine*. Iaundé: Clé, 1969.

1968:   Renovação da Igreja e novas igrejas. Colóquio (Kinshasa, RDC). Atas: *Renouveau de l'église et nouvelles églises*. Mayidi: Revue du Clergé Africain, 1969.

1969:   Compreendendo as religiões africanas: *À la rencontre des religions africaines*. Secretariatus pro Non-Christianis. Roma: Ancora.

1970:   Sobre a religião africana como uma fonte de cultura e civilização. Colóquio ASC (Cotonou, Benim). Atas: *Religion africaine comme source de valeurs de culture et de civilisation*. Paris: Présence Africaine, 1972.

Na década de 1970, a reconsideração de grades clássicas estava disseminada entre os acadêmicos africanos (HEBGA, 1976; KALILOMBE, 1977; NGINDU, 1979). Nas conferências acadêmicas, ninguém se importava mais com as evidências científicas do passado. Os eruditos africanos preferiam agora lidar diretamente com as questões que envolvem a responsabilidade africana na teologia e nas ciências sociais e também nas humanidades (GLELE, 1981; NGINDU, 1985). Nos estudos religiosos, os encontros teológicos mais desafiadores foram os seguintes: em 1976, a Assembleia de Teólogos do Terceiro Mundo (Dar es Salaam, Tanzânia) e o Colóquio Pastoral de Koumi (Burkina Faso); em 1977, a Conferência sobre Civilização Negra e a Igreja Católica em Abidjan e o encontro em Acra que levou à constituição de uma Associação Ecumênica de Teólogos Africanos (APPIAH--KUBI & TORRES, 1977); e, em 1978, o Congresso de Kinshasa sobre Religiões Africanas e Cristianismo (cf. ARRIGHI, 1979).

O resultado desse processo pode ser mais bem ilustrado através de duas citações de católicos romanos africanos.

A primeira é do Cardeal Joseph-Albert Malula, arcebispo de Kinshasa:

> O cristianismo africano não pode existir sem a teologia africana. E isso significa que deve estar claro que existem relações entre a religião autêntica trazida para nós por Cristo, por um lado, e as religiões em geral, e mais precisamente as africanas, pelo outro. Como

hoje a África possui seus próprios teólogos, essa tarefa pertence em primeiro lugar a esses teólogos africanos (MALULA, 1977: 23).

A segunda é do Cardeal Paul Zoungrana, arcebispo de Uagadugu:

> Além de recusar toda dominação externa, nosso desejo é conectar-se profundamente com a herança cultural africana, que foi incompreendida e recusada por tempo demais. Longe de ser um esforço superficial ou folclórico de reviver algumas tradições ou práticas ancestrais, é uma questão de construir uma nova sociedade africana cuja identidade não é conferida de fora.

Cardeais, mesmo africanos, não costumam ser extremistas. Pelo contrário. Os pronunciamentos de Malula e Zoungrana indicam claramente as preocupações da década de 1980: uma análise da complementaridade existente entre o cristianismo e as religiões africanas; uma teologia africana da encarnação considerada responsabilidade dos teólogos africanos; e, por fim, uma busca permanente de uma identidade a partir de um pano de fundo antropológico positivo (TSHIBANGU, 1977: 29-31). E McVeigh podia dizer em 1980 que:

> a África atingiu sua maturidade teológica e o cristianismo africano busca novas interpretações de sua fé. É uma época de turbulência e fermento, mas também um momento excitante. Algo novo está acontecendo, algo único e importante (McVEIGH, 1980: 91).

Será que esse impulso para um novo discurso é puramente ativista? Será que ele expressa num nível intelectual uma confusão que implica uma transformação possível da referência ideológica? É óbvio que novas normas parecem estar se impondo na arena onde as vozes de missionários, antropólogos e administradores coloniais dominaram até então (cf., p. ex., THOMAS, LUNEAU & DONEUX, 1969; EMMET, 1972; PRATT, 1972; HALLEN, 1976; ODUYOYE, 1986). Pode ser dito que o que está em jogo para os africanos é simplesmente a apropriação de uma iniciativa baseada naquilo que paradoxalmente fundamentou o poder e o saber do sistema colonial (cf., p. ex., MAZRUI, 1974). Como disse T. Okere:

> Daí a originalidade peculiar da cultura africana. Ela significa a experiência comum do trauma do tráfico de escravizados, da humilhação que foi a colonização, do ataque à religião tradicional, da independência política recém-conquistada, da exploração econômica atual, do estatuto ambivalente de estar hesitantemente no limiar da era da indústria (OKERE, 1978: 279).

As interrogações que sustentam a iniciativa às vezes escorregam para uma espécie de ativismo espiritual demagógico. Entretanto, isso talvez não seja tão importante quanto a luta por uma ortodoxia definida em termos de diferença histórica e cultural.

Num nível muito geral e vago, a principal característica do novo discurso é sua própria autodefinição como um discurso de sucessão (MVENG, 1978: 267-276). Examinado cuidadosamente, ele pode ser dividido em dois gêneros complementares. Um trata das técnicas de interpretar e retrabalhar os signos daquilo que ontem era chamado de paganismo e primitividade e que hoje é qualificado como religião e discernimento simbólico de Deus. O segundo gênero tende a enfocar o direito de ser Outro e, portanto, as exigências epistemológicas dessa empreitada (cf., p. ex., NGINDU, 1985). No primeiro caso, os estudos avaliam os valores do passado em termos das exigências atuais e do futuro das comunidades africanas, invertendo assim a ordem da descrição clássica da antropologia. A fertilidade da antropologia tem base na abordagem de "organizações primitivas" como sistemas fechados (cf., p. ex., MUBENGAYI, 1966; MULAGO, 1973; BUJO, 1975; MASSAMBA, 1976; HEBGA, 1979). No segundo caso, a discussão ideológica ou filosófica concentra-se na diversidade da experiência humana. Consequentemente, ela estuda a relatividade das gramáticas culturais e políticas que, em sua singularidade, afirmam um significado essencial oculto sob a superfície (p. ex., TSHIBANGU, 1974; BOESAK, 1977; ADOUKOUNOU, 1981; EBOUSSI-BOULAGA, 1981; BIM-WENYI, 1981b). Em ambos os casos, pode-se ver que o novo discurso sobre a diferença africana comunica uma vontade de verdade ambiciosa e explícita. Enquanto tal, ele gera e explica sua própria presença tanto na história quanto no conhecimento atual sobre as realidades africanas (ex., EBOUSSI-BOULAGA, 1978: 339-370; ELA & LUNEAU, 1981).

Uma terceira tendência é claramente política: a teologia negra da África do Sul. Influenciada pela teologia da libertação latino-americana e o movimento dos direitos civis norte-americano da década de 1960, essa corrente se expressa em termos do tema do Êxodo encenado num ambiente moderno (BOESAK, 1977, 1984a, 1984b; TUTU, 1984). Sua formulação tem base em três princípios: a importância de levar em conta o contexto sociopolítico onde os seres humanos vivem; a obrigação de adotar a dignidade humana como a principal preocupação (assim a prática teológica encontra-se com a práxis política); e a crença de que a fé cristã não transcende as ideologias (BOESAK, 1977: 99-122). Essa compreensão radical da teologia não pode deixar de se chocar com os dois tipos anteriores de discurso, particularmente o primeiro. De acordo com Buthalezi, por exemplo, a teologia da indigenização não é aceitável por duas razões: "ela significa fazer um exercício superficial de combinar o ensinamento cristão já enviesado culturalmente com o pensamento africano [...]" e "a ênfase que esse procedimento coloca na vida e no pensamento africano não é realista, já que envolve conjurar o passado que não é crucial para o africano em suas circunstâncias socioeconômicas e políticas atuais" (in: DICKSON, 1984: 127-128). Até onde sei, por enquanto apenas Eboussi-Boulaga (1981) se concentrou nos limites e ambiguidades intelectuais dessa orientação teológica radical. *De facto*, essa tendência se enxerga como teologia aplicada e submete-se explicitamente à política daqueles que gostariam de tornarem-se príncipes de uma nova organização do poder. Ao fazê-lo, ela se põe a serviço de novos chauvinismos e ídolos políticos, repetindo o sonho do missionário de conciliar a glória de Deus com o poder de César.

Tanto em sua intenção quanto em seu poder, o novo discurso sobre o cristianismo é claramente o resultado de um cruzamento de culturas. Pode-se escolher enfatizar sua ambiguidade (RALIBERA, 1959: 154-187) ou mesmo revisar as questões paradoxais que permitiram seu surgimento. Primeiro, há a questão de saber quem pode ou deve falar com validade sobre a África e a partir de qual ponto de vista. Segundo, há a questão de promover "discursos" sobre outros agora que aprendemos uma lição essencial da crítica do discurso antropológico e missionário: os "selvagens" podem falar não apenas quando seu próprio ser e tradições estão em jogo, mas também para avaliar procedimentos e técnicas que tratam da descrição de seu ser, tradições e crenças (cf. APPIAH--KUBI & TORRES, 1977: 189-195; NGINDU, 1985).

Entretanto, à medida que o novo discurso africano percebe seu próprio curso e destino em termos de ruptura epistemológica (BIMWENYI, 1981a; EBOUSSI-BOULAGA, 1978, 1981), podemos parar nessa afirmação e interrogar sua situação. Isso pode ser feito através de três perguntas: Quem está falando? A partir de que contexto? Em que grades e em que sentido as perguntas são pertinentes? Eu proponho que um dos melhores modos de responder essas perguntas pode ser uma reescrita cuidadosa dos relacionamentos que existem entre a etnografia africana e a política da conversão.

A influência do antropólogo: a etnografia e a política da conversão

> *Devo confessar que me adaptei com notável facilidade às condições de vida na minha jaula. [...] Eu me acostumei tão bem a essa situação que, por mais de um mês, não fiz nenhuma tentativa séria para acabar com ela.*
> BOULLE, P. *Planeta dos macacos.*

A antropologia participou da colonização e promoveu aquilo que MacGaffey chama de "a fase mitológica" com hipóteses "fundamentadas numa série de oposições binárias que contrastavam as virtudes da civilização europeia com sua suposta ausência na África". Mas não estou convencido de que, como MacGaffey sugere citando G.I. Jones, "os primeiros etnógrafos descritivos foram limitados pelas construções especulativas dos antropólogos amadores a quem recorriam para as teorias" (MACGAFFEY, 1981: 236). Eu creio que o amadorismo contribuiu fortemente para uma fundamentação sólida da antropologia. Sua presença teve, em minha opinião, exatamente o mesmo estatuto do amadorismo durante o surgimento da disciplina no século XVIII e início do XIX (cf., p. ex., HODGEN, 1971). A bibliografia centro-africana de antropologia, por exemplo, está cheia de obras de amadores, principalmente missionários, que são documentos importantes de informação antropológica. MacGaffey pensa que:

> obras de missionários, padres e etnógrafos amadores lidando com crenças ou ritos religiosos africanos não devem necessariamente ser consideradas antropológicas. [...] A escrita europeia sobre a África apresenta-se na África com autoridade uniforme como o produto de ciências, o que é também uma propriedade europeia à qual os africanos devem aspirar, como lhes é informado; um relato etnográfico dessa escrita precisa reconhecer que muito do que foi produzido é de má qualidade, e aquilo que é bom não conseguiu substituir representações imprecisas da África, por exemplo, na imprensa popular. Nós todos gostaríamos de identificar nossa sociedade com suas melhores realizações e tendemos a esquecer ou perdoar como aberrações suas mediocridades, horrores e erros crassos (MacGAFFEY, 1981: 265).

Isso é bom e correto. Ainda assim, há pelo menos dois pontos que eu gostaria de discutir. O primeiro trata da autoridade antropológica; o segundo, da interpretação etnográfica.

É em nome da ciência que MacGaffey faz a distinção entre antropologia confiável e não confiável. Em outras palavras, a ciência é a ciência, e não deve ser confundida com seu oposto. Mais precisamente, apesar de a "boa" antropologia compartilhar o mesmo esquema epistemológico da "má", elas são de natureza diferente: a má é má à medida que não obedece às regras da "autoridade antropológica", ou seja – para usar uma expressão de E.E. Evans-Pritchard – um "hábito científico da mente". Como ele disse:

> É verdade que alguns missionários eram homens bem educados e aprenderam a falar fluentemente as línguas nativas, mas falar uma linguagem fluentemente é muito diferente de compreendê-la, como observei com frequência em conversas entre europeus, africanos e árabes. [...] Para alguém que não realizou um estudo intensivo das instituições, hábitos e costumes nativos no próprio meio nativo (ou seja, muito longe dos postos administrativos, missionários e comerciais), pode surgir no máximo uma espécie de dialeto intermediário no qual é possível se comunicar sobre questões de experiência e interesse comum (EVANS--PRITCHARD, 1980: 7).

Eu entendo bem o ponto de Evans-Pritchard quando ele escreve sobre os teóricos evolucionistas que: "nenhum dos antropólogos cujas teorias sobre religião primitiva foram mais influentes jamais esteve perto de um povo primitivo. É como se um químico nunca tivesse sentido a necessidade de entrar num laboratório" (1980: 6). Entretanto, eu não concordo com sua crítica do conhecimento dos missionários. Se alguns missionários, como ele diz, foram "homens bem educados", também é justo reconhecer que um grande número deles era, por treinamento, relativamente culto não apenas em ciências sociais mas também na antropologia escolástica. Mais que isso, quando se fala seriamente de ocidentais que, longe de postos ocidentalizados, viveram com africanos e compartilharam sua vida cotidiana, fala-se de missionários. Existem registros e provas. Ao contrário dos dez meses, ou, no máximo, dois ou três anos de pesquisa de campo da maioria dos antropólogos, muitos missionários passaram quase todas suas vidas entre os africanos. E, de modo geral, um olhar objetivo sobre os fatos indica que sua compreensão existencial dos hábitos e costumes locais muitas vezes foi e é extraordinária. Se há uma diferença entre as interpretações dos missionários e dos antropólogos, ela vem da particularidade intelectual de suas respectivas missões. Para "salvar almas", o missionário realiza a tarefa de integrar sua compreensão da comunidade local a um processo de redução fundamentado numa teologia de salvação definida dentro da historicidade ocidental. Por outro lado, o antropólogo quer contribuir para a história da humanidade ao prestar atenção cuidadosa a todas suas peculiaridades regionais e interpretá-las de acordo com uma grade metodológica de análise e generalização que também depende da mesma experiência histórica ocidental (cf., p. ex., STAVENHAGEN, 1971; SCHWARZ, 1979, 1980).

Além disso, quanto à credibilidade, tanto o missionário quanto o antropólogo usam o mesmo argumento que pode ser questionado por "nativos": "eu os conheço" ou "eu vivi com eles". Escrevendo sobre esse princípio de autoridade, J. Clifford recentemente disse com precisão: "muitos etnógrafos [...] ainda se colocam no modo experimental, afirmando, antes de qualquer hipótese ou método de pesquisa específico, o 'eu estive lá' do etnógrafo como *insider* e participante. Obviamente, é difícil falar muita coisa sobre a experiência. Assim como 'intuição', ou se tem experiência ou não se tem, e sua invocação muitas vezes cheia a mistificação" (CLIFFORD, 1983: 128). Se é possível especular sobre o significado dessa autoridade, também se pode admitir que a autoridade do missionário não faz mais sentido do que a do antropólogo. Há, entretanto, uma diferença fundamental. Tanto o missionário quanto o antropólogo pretendem ser "bilíngues" num ambiente africano. Mas o primeiro, de modo geral, refere-se a uma experiência existencial, enquanto o segundo utiliza uma autoridade experiencial; o primeiro pode falar fluentemente a linguagem indígena; o segundo, de modo geral, prefere usar a "espécie de dialeto intermediário" de Evans-Pritchard.

O primeiro busca reduzir os "primitivos" à sua fé e seus pressupostos culturais. Para o segundo, os "primitivos" constituem um "tópico de objeto" que pode ou não se encaixar num esquema científico e precisa ser explicado. Fundamentalmente, há dois problemas principais: um de compreender culturas, o outro sobre a significância da interpretação oferecida.

Num nível básico, tanto missionários quanto antropólogos, ao voltarem do "contexto primitivo", referem-se ao mesmo contexto. Para usar o exemplo e palavras de M. Hollis: os antropólogos e os missionários não sabiam nada sobre os "nativos" quando começaram e parecem ter descoberto tudo que sabem no final. Muito bem; como eles *descobrem* que os nativos às vezes percebem o que percebem? No que concerne o antropólogo, M. Hollis tem uma resposta: "duas possibilidades são que ele observa seu comportamento e que traduz seus enunciados" (1981: 228). Essa explicação é incômoda, já que a maioria dos antropólogos só fala um dialeto simplificado. Como eles poderiam traduzir uma linguagem local que não conhecem e que, paradoxalmente, o missionário compartilha com os "nativos"? Na verdade, essa pergunta é terrivelmente mal-apresentada. Ela transformou indevidamente uma oposição de "missões" num problema de competência para a interpretação de textos e assuntos de pesquisa culturais. De qualquer forma, seu exagero mostra ao menos que, como questão de princípios, o conceito de um missionário enquanto antropólogo deve ser imaginável. Com efeito, apesar do viés clássico na disciplina, não há nada ontológico que impeça um missionário de adquirir a percepção metodológica e as habilidades necessárias de um bom trabalhador de campo. Ele poderia então, como os mais bem treinados especialistas, praticar antropologia, ou seja, construir pontes entre duas culturas, dois "textos", o seu próprio e o local, e produzir assim uma representação clara de sua própria experiência criativa. Nesse caso, assim como no do antropólogo, como nota R. Wagner, "o resultado é uma analogia, ou um conjunto de analogias, que 'traduz' um grupo de significados básicos para o outro, e que podemos dizer que participa em ambos os sistemas de significado ao mesmo tempo da mesma forma que seu criador" (1981: 9).

Vejamos outra das imagens de Hollis baseada na teoria da coerência. Enquanto metáfora, devemos considerar a organização cultural africana como um texto. Através de seu treinamento e missão, o missionário é e tem que ser um intérprete "descrente". O antropólogo, a princípio, deve ser "crente"; de modo contrário seu projeto científico não faz mais nenhum sentido. O missionário se preocupa com uma conversão completa do texto, o antropólogo, com a compreensão de sua racionalidade interna. É porque o missionário tem sido, de modo geral, um descrente que o antropólogo tende a rejeitar suas interpretações como aproximações. Ao emitir esse juízo, o antropólogo muitas vezes se esquece daquilo que o missionário ou, pior ainda, o "nativo", poderia lhe lembrar – que ele não é perfeitamente bilíngue e, portanto, apesar de sua formação científica, sua construção intelectual pode muito bem ser apenas uma "invenção" questionável.

Poderíamos objetar que esse não é o ponto. De um ponto de vista arqueológico, podemos preferir enfatizar que os relatos dos missionários e os dos antropólogos afirmam a mesma *episteme*. Em sua variedade e contradições, os discursos discutem explicitamente processos europeus de domesticar a África. Se esses discursos têm que ser identificados com alguma coisa, ela tem que ser os signos intelectuais europeus, e não as culturas africanas.

Assim, Tempels pode ser relacionado a M. Griaule e Evans-Pritchard, e *Filosofia banta* (TEMPELS, 1959) pode ser lido em conexão com *Deus d'água* (GRIAULE, 1948, 1965) e *Antropologia social e outros ensaios* (EVANS-PRITCHARD, 1962). Todos compartilham uma perspectiva semelhante, uma fé idealista na potencialidade da "cultura" africana expressa numa metáfora agrária e a convicção de que a colonização é ao mesmo tempo um acidente providencial e um benefício histórico. A análise desse fato e sua avaliação possível (p. ex., ADOTEVI, 1972;

LECLERC, 1972; AUGÉ, 1979) mostram que, como bem disse G. Vilasco, "todos os estágios que localizam o projeto etnológico como seu objeto são vítimas de uma 'deformidade primária', ou um vício fundamental: em outras palavras, essa obliteração do olhar que produziu uma ideologia da civilização" (VILASCO, 1983: 23).

Apesar de suas posições críticas, Tempels, Griaule e Evans-Pritchard ainda dependem do legado de Lévy-Bruhl, Frazer, Morgan e Tylor que, seguindo a lei dos três estágios de A. Comte, promoveram uma divisão na condição humana. Alegoricamente, ela é bem ilustrada por variações das teses pró ou contra o axioma da identidade da natureza humana. E todos somos dolorosamente conscientes das mistificações segundo as quais todas as culturas passam por uma sucessão de fases evolutivas: da magia através da religião para a ciência; da selvageria para o barbarismo e depois a civilização; da promiscuidade sexual para a matrilinearidade e por fim a patrilinearidade. Tempels, Griaule e Evans-Pritchard acreditavam que a administração colonial poderia usar sua ciência e experiência para implementar a conversão da sociedade nativa. Como disse Evans-Pritchard:

> Se aqueles que controlam as políticas acreditam na prosperidade material, alfabetização, ou no que quer que seja, sentem que precisam dar isso aos povos de seu império colonial. Se isso é certo ou errado é uma questão para a filosofia moral e não para a antropologia social (EVANS-PRITCHARD, 1962: 119-120).

Em outras palavras, essa perspectiva idealista tem grandes chances de ver e descrever o valor de costumes locais que a potência colonial não tolerará. Ao mesmo tempo, a descrição pode ajudar os administradores a compreender a cultura indígena e dominá-la melhor. Mas o frustrado Evans-Pritchard, que gostaria de ter sido um conselheiro do governo sobre política colonial, afirma:

> Eu creio que [o conhecimento antropológico] só possa ser aplicado de alguma forma nas artes da administração e educação nesse senso cultural muito geral – na

influência que ele tem para moldar a atitude do europeu em relação aos povos nativos (EVANS-PRITCHARD, 1962: 122).

Tempels e Griaule também experimentaram os mesmos sentimentos ambíguos quanto à missão colonial. Aos olhos dos colonizadores, a civilização humana era ocidental e os africanos não eram exatamente humanos, pelo menos para Tempels na década de 1930. O que eles eram, fossem puras crianças ou seres humanos incipientes que precisavam de tutela, era simplesmente o resultado da aplicação de padrões ocidentais a um contexto não ocidental.

Poderíamos considerar essa perspectiva como geral, já que num nível teórico ela transcende a suposta diferença entre a antropologia francesa e britânica. Portanto, eu não sigo J. Copans (1971a) nem a posição tradicional que opõe os franceses aos britânicos, enfatizando os aspectos metafísicos dos primeiros como opostos ao pragmatismo e empirismo dos segundos. Esse tipo de distinção provavelmente é pertinente quando se trata de uma classificação de políticas intelectuais. De um ponto de vista epistemológico, as abordagens francesa e britânica significavam essencialmente as mesmas coisas: redução e aculturação (cf., p. ex., HARIK & SCHILLING, 1984). Além do mais, a fundamentação ideológica básica é a mesma. Primeiro, a importância do legado de Durkheim em ambas as escolas explica a responsabilidade do acadêmico europeu de moldar o conhecimento da África, particularmente em termos da classificação e interpretação das hierarquias em sistemas políticos e religiosos. Segundo, as razões essenciais que levaram à organização do Instituto Africano Internacional na Grã-Bretanha em 1926 e à criação do Instituto de Antropologia na França vêm de uma filosofia de conquista idêntica.

A essência da antropologia na França e na Inglaterra é a mesma. Seus tons e expressões circunstanciais variam mas seu objetivo parece o mesmo (LECLERC, 1972). Paradoxalmente, Lévy-Bruhl, apesar de sua oposição à "escola antropológica inglesa", foi o melhor reflexo da ideologia vitoriana onde a evolução da cultura como um paralelo da evolução das espécies explicava a superioridade da Europa como resultado de façanhas biológicas e culturais. Mas foi na Inglaterra que os antropólogos sociais e culturais se aproveitaram ao máximo da doutrina de Durkheim sobre as sociedades primitivas.

Com efeito, a partir de um quadro histórico mais geral, podemos observar três gêneros complementares de "falas" que contribuem para a invenção de uma África primitiva: o texto exótico sobre os selvagens, representado pelos relatos de viajantes; as interpretações filosóficas sobre uma hierarquia de civilizações; e a busca antropológica da primitividade. A complementaridade dessas falas é óbvia. Ela é percebida como uma unidade na consciência ocidental. O texto exótico domina no século XVII. No século XVIII, ele complementa as classificações iluministas de povos e civilizações. No século XIX, uma ideologia da conquista aparece nas sagas de exploradores, teorias de antropólogos e na implementação de política colonial. Entretanto, até o começo da corrida pela África, as distinções históricas de gêneros só podem ser relativas.

Até onde sei, ninguém realizou ainda um estudo detalhado da influência de autores gregos e latinos sobre a invenção européia da África. A síntese de Miller (1985: 23-28) da ambivalência quanto à negritude na antiguidade é breve demais e, enquanto tal, um pouco controversa. Ela se refere à tese de Snowden (1970) para a qual os gregos e romanos tinham vieses apenas culturais e distinguiam os civilizados dos *barbaros* independentemente da raça: "os gregos e romanos não davam nenhum estigma especial à cor, consideravam cabelos louros ou olhos azuis um mero acidente geográfico e não desenvolveram nenhuma teoria racial especial sobre a inferioridade de pessoas mais escuras por serem mais escuras" (SNOWDEN, 1970: 176). O problema é mais complexo do que isso. Na mesma linha do argumento de Snowden, pode-se enfatizar, como fez A. Bourgeois, evidências de assimilação e integração cultural: "os gregos viajaram até a África; conversamente, negros visitaram ou viveram na Grécia" (BOURGEOIS, 1971: 120). O mesmo vale para Roma. Mas o que esses casos demonstram? Eis apenas um de vários exemplos contrários: durante o reino de Adriano (76-138 d.C.), o poeta Florus da província africana teve um prêmio recusado porque, de acordo com uma testemunha, "o imperador [...] não queria ver a coroa de Júpiter indo para a África" (cf., p. ex., SCHILLING, 1944: 26; MUDIMBE, 1979). A análise de Miller é estritamente uma correção da interpretação de Snowden.

Um estudo sistemático das percepções dos antigos pode distinguir três problemas principais. O primeiro é uma questão de localizar e descrever as fontes cuidadosamente e então avaliar sua credibilidade. Por exemplo, em sua apresentação das fontes gregas de história africana (1972), Mveng começa notando que uma consulta rápida de *Os fragmentos dos historiadores gregos* de F. Jacoby mostra que, das 943 p. da parte III, há 276 que se referem ao Egito, sessenta à Etiópia, nove à Líbia e oito a Cartago, num total de cerca de 355 p. (MVENG, 1972: 12). Isso é um convite para pesquisas adicionais, não um fechamento. Um vasto campo de pesquisa aguarda os acadêmicos. A segunda questão trata do conteúdo das fontes e as "geografias" físicas e culturais que elas revelam. Como podemos, hoje em dia, ler esses textos e dar sentido às informações e representações que oferecem? Por fim, há uma questão dupla de método. Por um lado, como podemos discriminar entre mito e fatos observados quando eles surgem de gêneros tão diversos quanto o teatro (ex., Ésquilo, Aristófanes, Sófocles), poesia (ex., Calímaco, Homero, Píndaro), mitografia (ex., Apolodoro), textos técnicos e herméticos (ex., Hesíquio, Hipócrates, Xenófanes), e história e geografia (ex., Agatárquides, Diodoro, Heródoto, Plínio)? Ao mesmo tempo, ao juntar a informação, precisamos respeitar um movimento oculto que explica as diferenças cronológicas dos métodos de descrição dos *barbaroi* em geral. Falando de forma mais concreta, eu creio que seja óbvio que Diodoro e Plínio, que descrevem o Norte da África cinco séculos depois de Heródoto, acrescentam e transformam um conhecimento antigo ao integrá-lo à ordem de sua cultura contemporânea.

O mapa etnográfico de Heródoto é detalhado, das fronteiras egípcias ao Lago Tritonis. Cada "tribo" ou comunidade é bem tipificada com base em alguns paradigmas principais: habitação, espaço social, alimentação, características físicas, religião e costumes matrimoniais. O lago é o ponto de referência de Heródoto. Ele se alonga sobre suas associações mitológicas recuando até os Argonautas (IV, 179) e, particularmente, sua tradição grega em termos de sacrifício e costumes: "os habitantes da região em volta do Lago Tritonis sacrificam principalmente a Atena, e depois dela a Tríton e a Poseidon" (IV, 188). A descrição de Heródoto das regiões a oeste do lago torna-se vaga. Assim, por exemplo, as distâncias aos "amônios", "garamantes" e outras "tribos" são expressas em dias de viagem. Ele escreve: "Até esses atlantes [no Monte Atlas] posso relacionar os nomes dos habitantes daquelas dunas; além deles já não posso" (IV, 185). Dito isso, ele descreve os nômades que vivem em "moradas móveis" (IV, 190), comem carne, bebem leite, não tocam a carne de vacas (IV, 186). Ele nota que a oeste do Lago Tritonis o território é ermo, cheio de animais selvagens e criaturas estranhas: "homens com cabeça de cão, homens sem cabeça e com os olhos no peito [...] e grande quantidade de animais selvagens que nada têm de fabulosos" (IV, 191).

A crônica de Plínio segue normas diferentes. Primeiro, ela vai de oeste para leste, especificamente da *Mauretaniæ* para as regiões do extremo leste da Líbia, o sul do Egito e as cidades etíopes de Napata e Méroe. Segundo, e mais importante, Plínio avalia os países e povos em termos da presença ou ausência de romanos. Uma das ilustrações mais notáveis é sua reflexão sobre a Etiópia e a cidade de Napata: *nec tamen arma Romana ibi solitudinem fecerunt* ["não foram as forças de Roma que fizeram do país um deserto"] (H.N., VI, XXXV, 182). A geografia de Plínio detalha as colônias romanas e retrata os grupos étnicos em termos de aliança política, autonomia relativa e oposição ao poder romano. A geografia revela a expansão do *Imperium Romanum*: reinos conquistados e novas colônias na *Mauretania* (Traducta Julia, Julia Constantia, Zulil, Lixus etc.), cidades de cultura romana na costa do Mar Mediterrâneo (Portus Magnus, Oppidum Novum, Tipassa, Rusucurium etc.), postos estratégicos nas bordas do Deserto do Saara (Augusta, Timici, Tigavæ etc.) e, por fim, centros romanos nas províncias de Numidia, Africa e Cyrenaica.

Da perspectiva desse espaço normativo, que é o equivalente da região do Lago Tritonis de Heródoto, captamos o significado de "uma geografia da monstruosidade", ou seja, dos espaços desconhecidos e seus habitantes. No século V a.C., Heródoto podia dizer: "na minha opinião, também do ponto de vista da excelência do solo quanto à fertilidade a Líbia não pode ser comparada com a Ásia ou a Europa, à exceção apenas da Cínips (essa região tem o mesmo nome do rio)" (IV, 198)[10]. Quinhentos anos depois, Plínio descreveu o norte da África em termos das transformações causadas pela civilização romana (H.N., V, I, 14). Mas sua geografia da monstruosidade espelha fielmente a descrição de Heródoto. Ao espaço imenso de monstros humanos vivendo na parte ocidental da Líbia, Plínio opõe uma área específica ao redor do "rio negro que tem a mesma natureza do Nilo" (H.N., V, VIII, 44). Seres estranhos vivem lá: povos que não têm nomes individuais, habitantes de cavernas que não têm linguagem e vivem da carne de cobras, os "garamantes" que não praticam o casamento, os "blemmyæ" que não têm cabeça, sátiros, "pernalongas" etc.

---

10. Neste ponto, há um problema com a tradução inglesa de Heródoto utilizada pelo autor, que não menciona "do ponto de vista da excelência do solo quanto à fertilidade". Sem isso, o autor foi induzido ao erro de que Heródoto consideraria a Líbia, e por extensão os africanos, inferior à Europa e à Ásia, o que não é o caso. Não pude deixar de utilizar uma tradução mais correta (Heródoto: *História*, tradução de Mário da Gama Kury, Brasília: UnB, 1985), mas é preciso destacar esse ponto para que a argumentação do autor não fique incompreensível [N.T.].

(H.N., V, VIII, 45-46). Notemos brevemente que a etnografia dos etíopes de Diodoro da Sicília (Livro III) se conforma a esse modelo. Ela também é antitética e apresenta dois tipos de etíopes. Há os "civilizados" que habitam a capital de Napata, cuja história foi melhorada por um rei de educação grega, Ergamenes. E há a maioria, o outro grupo étnico, que é selvagem [*agrioi*] e de cor negra [*melanes*].

Por séculos, fatos questionáveis de Heródoto, Diodoro da Sicília e Plínio foram amplamente aceitos. No século XVI, por exemplo, John Lok, que supostamente conheceu pessoas do oeste da África, apresentou um relato obviamente derivado de fontes clássicas: ele descreveu "negros, um povo de vida bestial, sem um Deus, lei, nem religião", "outros povos cujas mulheres são compartilhadas"; "a região chamada Troglodytica, cujos habitantes moram em cavernas ou covis: pois eles são suas casas, e a carne de serpentes seu alimento"; "e pessoas sem cabeças, com os olhos e bocas no peito". Isso é uma recitação fiel de Heródoto (cf., p. ex., o Livro IV), Diodoro da Sicília (cf. o Livro III) e Plínio (cf. o Livro V). No outro extremo, antropólogos do século XIX retratam o paradigma essencial da invenção europeia da África: Nós/Eles. Muitas vezes, eles expressam a crença de que o africano é uma negação de toda experiência humana, ou pelo menos uma exceção exemplar em termos da evolução.

As várias perspectivas filosóficas do Iluminismo não negaram essa hipótese (DUCHET, 1971; MEEK, 1976). Num discurso mais técnico, o Iluminismo definiu as características da selvageria. Assim, a explicação de Voltaire da desigualdade humana com base na metáfora da desigualdade das árvores de uma floresta e o princípio de Buffon do avanço humano dependente do uso de capacidades intelectuais fazem parte da mesma tradição que inclui os relatos de viajantes europeus. Sua particularidade está em sua consciência da possibilidade de traduzir as experiências de pessoas estrangeiras e reduzi-las a modelos teóricos em vez de simplesmente apresentá-las como exóticas e incompreensíveis.

Tanto em seu *Discurso sobre a origem da desigualdade* quanto em seu *Ensaio sobre a origem das línguas*, Rousseau, nessa linha, sugere que a desigualdade é produzida pela sociedade. Ele afirma que os primitivos estão além do estado natural e define o homem natural como fictício. Mas uma escada elaborada de culturas estabelecida diacronicamente surge de sua dialética entre necessidade e liberdade. Poderíamos até relacionar o discurso crítico do Iluminismo sobre a primitividade, a origem histórica dos povos e sua identificação como objetos de estudo a variações subsequentes dessas teorias. Elas incluem as páginas desdenhosas de Hegel sobre os negros e "selvagens" em geral e a afirmação de Lévy-Bruhl de que os primitivos parecem congelados num estado pré-lógico, milhares de anos atrás da civilização ocidental. Mais recentemente, podemos encontrar a interpretação de K. Jaspers da história dos primitivos que simplesmente desaparecem na presença da cultura ocidental e a teoria da mudança cultural de B. Malinowski, que envolve o sonho do africano de tornar-se "se não europeu, então ao menos um mestre total ou parcial de alguns dos dispositivos, posses e influências que, a seus olhos, constituem a superioridade europeia" (cf. JAHN, 1961).

Com efeito, nossos três gêneros de fala constituem variações de um único discurso. Mais precisamente, eles revelam a mesma *ratio* arqueológica que os cria e explica. Quando se considera essa análise correta, a questão de explicar a dependência desses gêneros de fala de seu local epistemológico de possibilidade é, em grande parte, uma questão de explicar procedimentos intelectuais para reduzir a alteridade não ocidental à mesmidade ocidental; ou, de um ponto de vista diacrônico, uma questão de estabelecer a ordem de seu aparecimento.

Eu proponho dois períodos e, portanto, dois tipos sobrepostos de conhecimento da África: antes e depois da década de 1920, ou, para usar um marcador, antes e depois de Malinowski. Antes de 1920, esse conhecimento era organizado em congruência substancial com a "existência" ocidental. Está em sua expressão o lado negativo dessa região que Foucault descreve como o campo sociológico "onde o indivíduo que trabalha, produz e consome se dá a representação da sociedade onde essa atividade se exerce, dos grupos e indivíduos entre os quais ela se reparte, dos imperativos, sanções, ritos, festas e crenças pelas quais ela é mantida e escandida" (1973: 377).

Evolucionismo, funcionalismo, difusionismo – qualquer que seja o método, todos reprimem a alteridade em nome da mesmidade, reduzem o diferente ao já conhecido, e assim fundamentalmente escapam da tarefa de compreender outros mundos (cf. AKE, 1979; COPANS, 1971b; COQUERY-VIDROVITCH, 1969a; MAFEJE, 1976). É mais do que uma questão de limitações metodológicas. Esse etnocentrismo limitante afirma uma espécie de determinismo epistemológico. Um bom exemplo está em *Teorias da religião primitiva*, de Evans-Pritchard. O livro divide as teorias em duas categorias, psicológica e sociológica, e a psicológica é subdividida em teorias "intelectualistas" e "emocionalistas". Enquanto a tendência psicológica é representada por obras de Max Müller, Herbert Spencer, Edward Tylor, James Frazer, Andrew Lang, R.R. Marret, R.H. Lowie e G. Van der Leeuw, a orientação sociológica pode ser encontrada nas obras de Fustel de Coulanges, É. Durkheim e Robertson Smith. Ao se ler na conclusão que nenhuma das teorias atualmente tem popularidade, a primeira reação é de espanto. Mas num exame mais detalhado um leitor cuidadoso percebe que o que Evans-Pritchard está fazendo é destacar limites metodológicos no estudo de religiões e culturas não ocidentais.

> Tudo isso significa dizer que precisamos explicar os fatos religiosos em termos da totalidade da cultura e da sociedade onde são encontrados [...]. Eles devem ser vistos como uma relação de partes entre si dentro de um sistema coerente, e cada parte só faz sentido em relação a outros sistemas institucionais enquanto um conjunto mais amplo de relações (EVANS-PRITCHARD, 1980: 112).

Assim, para Evans-Pritchard, todas as interpretações anteriores eram, na melhor das hipóteses, questionáveis por causa de dois erros: o primeiro, os pressupostos evolucionistas; o segundo, "que além de serem teorias de origens cronológicas eram também teorias de origens psicológicas" (1980: 108). Evans-Pritchard também utiliza a hipótese "se eu fosse um cavalo". Com isso, ele quer dizer que cada um dos autores tentava imaginar como pensaria se fosse um primitivo, e então tirou conclusões dessas introspecções fúteis. De acordo com Evans-Pritchard, foi Lévy-Bruhl quem chegou mais próximo de tratar as religiões primitivas de modo apropriado (1980: 81).

Evans-Pritchard acreditava que "se quisermos ter uma teoria sociológica geral da religião, teremos que levar em conta todas as religiões e não apenas as primitivas; e é apenas fazendo isso que poderemos compreender algumas de suas características essenciais" (1980: 113). Mas ele não indica como o estudioso dos dias de hoje pode lidar com os problemas de interpretação que os eruditos anteriores enfrentaram. Num livro de 1977, A. Shorter tentou analisar as escolas mais importantes de estudo da "religião primitiva". Na enorme desordem de hipóteses e ideologias contraditórias de períodos antes e depois da década de 1920, Shorter distingue seis escolas: (*a*) a abordagem particularista, a metodologia clássica da antropologia social que é questionada por acadêmicos africanos; (*b*) o método enumerativo exemplificado por G. Parrinder, que, de modo geral, "não consegue situar os fatos que estuda em contextos completos" e parece "estéril"; (*c*) a hipótese da unidade religiosa africana (W.E. Abraham, J.S. Mbiti) que "não é provada" e "é apenas uma hipótese, nada mais"; (*d*) a abordagem histórica (T.O. Ranger, I.N. Kimambo), que é questionável por sua confiança exagerada na história oral; (*e*) a metodologia comparativa (Evans-Pritchard) que pressupõe o método histórico; e (*f*) as abordagens categóricas e temáticas (M. Douglas, J. Goetz, C.H. Sawyer) que, com base em modelos teóricos, são "projetadas para ajudar o acadêmico a compreender qualquer situação dada, e não [são] um substituto para o estudo sério de cada sociedade enquanto tal" (SHORTER, 1977: 38-57). Shorter afirma que se o progresso é concebível, isso ocorre com base na potencialidade criativa que a combinação das três últimas metodologias representa. "O futuro do estudo comparativo da religião africana parece estar nas abordagens limitadoras e não nas generalizadoras" (1977: 58).

A.J. Smet, professor de filosofia na Escola Católica de Teologia em Kinshasa, propõe uma classificação histórica, não metodológica. Ele organiza as contribuições com base no conteúdo, enfatizando aquelas que trouxeram uma abordagem simpática à compreensão da "filosofia" africana (1980: 20-107). Dois nomes dominam essa corrente: C. Van Overbergh e G. Van der Kerken. O primeiro, presidente do Escritório Internacional de Etnografia, promoveu as decisões do Encontro Internacional sobre Expansão Econômica de 1905 (Bergen) para uma descrição sistemática das *Weltanschauungen* africanas (VAN OVERBERGH, 1913). O segundo "descobriu" a racionalidade dos sistemas africanos através das linguagens africanas graças à sua estadia no Congo Belga (SMET, 1980: 96). Suas análises, ao contrário das descrições contemporâneas, retratam aspectos positivos em três áreas principais: cultura, religião e comportamento (SMET, 1980: 98-99). Van der Kerken conhece a riqueza da literatura tradicional que é, para ele, uma forma de filosofia popular. Ele a chama de filosofia prática e a compara "à filosofia popular do povo simples e não refinado da Europa contemporânea" (SMET, 1980: 102). Van der Kerken insiste na existência de um conhecimento organizado (conhecimentos e crenças) e uma distinção clara de tipos de conhecimento concreto (saber e técnica):

> É irrefutável que as *Escolas de Magos* [na África] muitas vezes foram ao mesmo tempo, como em outros lugares no mundo, *os primeiros centros de magia e os primeiros centros religiosos, científicos e filosóficos*, que havia pelo menos um ensinamento oral e que certas tradições passaram de mestres para discípulos.

> [Os africanos] possuem noções práticas de *psicologia* (que utilizam na educação de crianças), de *lógica* (que usam para apresentar um problema diante de uma corte africana ou para refutar um argumento de um adversário), de *ética* (nas quais se baseiam para reprovar a conduta de um membro do clã); de *política* (que utilizam para governar a aldeia etc.) (in: SMET, 1980: 101-102, ênfase minha).

Van der Kerken nos dá muitas informações sobre essa repartição entre psicologia, lógica, ética e política. Ele escreve que elas não constituem na realidade uma ordem de conhecimento comparável à europeia. Em vez disso, são sistemas embrionários que ainda não desenvolveram sofisticação.

No mesmo período, 1907-1911, um jovem seminarista, Stephano Kaoze, publicou dois breves textos sobre "psicologia banta" em *A revista congolesa*. Kaoze estudava filosofia desde 1905 e a influência de hipóteses evolucionistas é clara no seu pensamento. Para ele, a civilização significa a regeneração da África através da ocidentalização e da cristianização. Seu artigo tem um subtítulo simbólico: "os congoleses vistos por um congolês civilizado". Mas nesse raciocínio masoquista, onde Kaoze celebra a superioridade do europeu e demonstra a selvageria relativa de seu próprio país, encontramos confissões estarrecedoras. O jovem clérigo esperara impressionar seus compatriotas com perguntas da filosofia que acabara de aprender. Suas respostas o surpreenderam: "Eles raciocinam melhor do que eu [...]. Eles responderam melhor do que eu pensava. Então eu disse para mim mesmo que o ser humano é naturalmente um filósofo" (KAOZE, 1979: 410-412).

Na década de 1920, uma expressão ambígua surgiu nos estudos missionários e antropológicos: "filosofia oral". Ela ainda implica tanto as noções tradicionais de atraso histórico quanto sua potencialidade de evolução. Ela se refere a dois tipos diferentes de experiência: a primeira é de ser um ser humano e portanto ter a racionalidade de uma *Weltanschauung* especificamente apropriada aos seres humanos; a segunda fornece as bases culturais de uma *Weltanschauung* específica através de construções intelectuais coletivas (mitos, literatura, provérbios etc.) ou por referência a uma forma pessoal de raciocínio. Na verdade, a expressão não é nova. Podemos encontrá-las nos escritos de Frobenius no início do século XX e depois nos textos de vários antropólogos (SMET, 1980: 95-96). A novidade é que a expressão foi admitida num nível institucional e portanto significa uma reconversão possível das políticas de domesticação do continente negro. A encíclica de 1919 de Bento XV (*Maximum Illud*) é apenas um sinal entre outros.

Por um longo tempo na antropologia, o problema importante era o processo metodológico de análise seguindo o modelo das ciências naturais. Ela reduzia as pessoas ao estatuto de meros objetos, de modo que uma perspectiva etnocêntrica podia iluminar a "selvageria africana" a partir de normas ocidentais (cf. LECLERC, 1972; SOUTHALL, 1983; TERRAY, 1969). MacGaffey, seguindo D. Sperber, fala de uma "ilusão semiológica" e corretamente sugere como uma possibilidade que "o processo de distorção etnocêntrica na antropologia é muito mais complexo do que normalmente se supõe: um processo de mão dupla, pelo menos, onde teorias africanas são expostas como capazes de vender bem nos mercados mundiais" (1981: 252). Mesmo antropólogos africanos descreveram sua própria cultura a partir desse ponto de vista, contrabandeando "conceitos europeus para contextos africanos e fazendo-os passar como religião ou filosofia africana" (1981: 248).

Entre as duas Guerras Mundiais na Europa, particularmente na França e na Alemanha, alguns dos estudiosos mais diligentes das sociedades africanas promoveram novas formas de falar sobre os "primitivos". Eles incluem cientistas ou missionários como M. Delafosse, L. Frobenius, M. Rousseau, R. Schmitz, P. Schumascher, G. Tessmann, G. Van der Kerken e C. Van Overbergh. Todos eram contemporâneos de Lévy-Bruhl, e a maioria lera seu *A mentalidade primitiva*. Mesmo que alguns desses acadêmicos tendessem explicitamente a aceitar suas ideias penetrantes ou, involuntariamente, a reforçá-las, já estava claro que ocorria uma mudança na antropologia. Lévy-Bruhl, como muitos antropólogos profissionais, costumava trabalhar de segunda mão. Aqueles como M. Delafosse, O. Le Roy ou P. Salkin que viveram com africanos podiam se opor a ele. Títulos como *Visão de mundo e caráter dos negros*, *A alma negra*, *A razão primitiva* e *Ensaio de refutação da teoria do pré-logismo* constituem um novo esquema de pesquisa, ou, de qualquer forma, a possibilidade de interpretação a partir de uma nova perspectiva.

Entretanto, as regras metodológicas permaneceram essencialmente as mesmas. Elas são evolucionistas ou funcionalistas e ainda implicam que os africanos precisam evoluir de seu estado congelado para o dinamismo da civilização ocidental. As políticas da antropologia aplicada tomaram a posição do colonialismo e concentraram-se nas estruturas africanas para integrá-las ao novo processo histórico. Os africanistas mais imaginativos, como P. Salkin, já conjeturavam algumas das consequências da colonização política e da ocidentalização intelectual, prevendo o movimento de independência e seu resultado possível, a saber, a autonomia relativa de uma África europeizada e assimilada.

> Será que a civilização africana resistirá vitoriosamente ao poder da civilização europeia? Ou será que a partir de reações recíprocas de uma sobre a outra surgirá uma civilização intermediária que conservará a fundamentação africana e ao mesmo tempo a disfarçará sob um manto europeu? (SALKIN, 1916, apud SMET, 1980: 103).

Uma grande variedade de interpretações foi proposta, particularmente sobre religiões africanas. Mas todas elas ainda seguiam caminhos tradicionais. Antes de mais nada, a noção de religião mal é utilizada para designar as crenças e práticas religiosas africanas. Segundo, os esquemas explicativos, elaborações teóricas e até as descrições empíricas seguem cuidadosamente os modelos clássicos do século XIX. Esse é o caso mesmo de realizações como a obra de Trilles sobre os pigmeus (1931) e o estudo de Evans-Pritchard sobre os azande (1937). A ambiciosa empreitada de Schmidt em *A origem da ideia de Deus* e seu conceito de *Urmonotheismus* [monoteísmo primordial] (SCHMIDT, 1931) constituiu um avanço de seus objetivos heurísticos. Como notei anteriormente, um dos principais pressupostos do método é a existência de uma teoria universal que cada comunidade humana expressa de sua própria maneira e de acordo com suas próprias necessidades. Essa "filosofia" seria sempre, e em todos os lugares, particular em suas manifestações culturais e históricas e universal em sua essência.

Foi também durante esse período que cada vez mais africanos tomaram consciência de suas tradições. Nas colônias britânicas, foi o grande período da antropologia aplicada mas também das primeiras monografias sobre leis e costumes africanos (AJISAFE, 1924; DANQUAH, 1928). Podemos ver a mesma tendência nos países francófonos: D. Delobson publicou *O império do moro-naba* (1932) e *Os segredos dos feiticeiros negros* (1934) e M. Quenum, *No país dos fons* (1938). O *Boletim de ensino da AOF* [África Ocidental Francesa] publicou artigos de africanos (Delobson, Boubou Hama, Ahmadou Mapate Diagne, Bendaoud Mademba etc.) sobre culturas locais. No Congo Belga, as normas oficiais promoveram o ensino e uso de linguagens africanas. Revistas como *Nkuruse*, escrita em tshiluba, tinham grande circulação. Além do mais, a literatura escrita em línguas africanas teve um bom começo ou, em alguns países, uma vitalidade positiva. Citarei apenas alguns exemplos. Na Nigéria, A. Abubakar Tafawa Balewa escreveu em hauçá (*Shaihu Umar*, 1934) e A. Abubakar Iman tornou-se editor de um jornal hauçá, *Gaskiya Ta Fi Kwabo*. No Maláui, E.W. Chafulumire ensinou história para seu povo e escreveu em nianja sobre como se comportar nos tempos contemporâneos. Na mesma língua, Yosia S. Ntara escreveu a história do chefe Msyamboza e sobre o passado da comunidade cheua. Em Ruanda, Kagame, editor de um jornal quiniaruanda

(*Kinyamateka*) desde 1941, começou sua obra poética importante sobre os tambores vitoriosos e a fonte do progresso. A mesma tendência era aparente em várias outras línguas africanas, entre elas o bemba (Zâmbia, RDC), o evé (Gana), o quicongo (Angola, Congo, RDC), o lingala (Congo, RDC), o lozi (Zâmbia), o runyoro (Uganda), o suaíli (Tanzânia, RDC) e o iorubá (Nigéria). A literatura mais próspera certamente é a das línguas sul-africanas (soto, tsuana, xosa e zulu) que foi produzida por autores como J.K. Bokwe (1855-1922), H.I.E. Dhlomo (1903-1971), M.O.M. Seboni (1912-1972) e B.W.B. Vilakazi (1906-1947).

Mas a promoção da literatura e linguagens africanas foi basicamente uma empreitada dúbia. Ela caminhava ao lado da filosofia da antropologia aplicada e de políticas questionáveis de programas educacionais. Ainda assim, parece legítimo considerar essa literatura em línguas africanas como uma expressão da condição africana; assim, ela é uma voz da antropologia se aceitarmos o significado da raiz etimológica da palavra: *Anthropou-logos*, um falar sobre seres humanos. Essa literatura tem uma forte base nas experiências e ambientes africanos e pode apresentar uma outra "visão", diferente daquela dos colonizadores e antropólogos ocidentais. Consequentemente, ela adquire um poder que, em última instância, poderia ser utilizado contra ideologias estrangeiras. Dois outros fatos conferem um peso particular a esse período: a colaboração, tanto na América quanto na Europa, entre africanos e americanos negros (SHEPPERSON, 1960); e na França, a glorificação de modelos africanos na arte e na literatura. Entre os envolvidos, Apollinaire, Cendrars, Derain, Guillaume, Matisse, Picasso e Vlaminck são os mais bem conhecidos (HAUSER, 1982). Ambos os movimentos contribuíram para o surgimento de uma consciência africana negra.

Essa consciência tem uma base firme numa perspectiva antropológica mas nem sempre parece seguir a tendência principal das conclusões dos antropólogos. Na era pós-primitivista, por exemplo, Paul Hazoumé escreveu *Doguicimi* (1938), um romance etnológico sobre a corte de Abomei. Em 1938, Jomo Kenyatta publicou *Diante do Monte Quênia*, que é ao mesmo tempo um estudo dos costumes e estilos de vida quicuios e um manifesto político discreto. Nesse período, desenvolveu-se um tipo muito popular de antropologia. Cada vez mais africanos publicaram contos e lendas tradicionais (cf. BLAIR, 1976: 27-30). Posteriormente, a influência das obras de Griaule e Dieterlen e o impacto da antropologia cultural levaram os intelectuais africanos a distinguirem entre obras "boas" e "ruins" sobre a África de acordo com sua concepção do valor de sua própria civilização. O exemplo mais extremo desse processo ideológico é a obra de Cheikh Anta Diop sobre as experiências culturais da África (1954, 1960a, 1978).

Na década de 1950, estava claro que os movimentos de independência, em sua oposição ao colonialismo, também tendiam a rejeitar os traços essenciais das perspectivas antropológicas. Os intelectuais africanos começaram a questionar o reducionismo metodológico da disciplina. Posteriormente, os acadêmicos da África passaram a preferir falar sobre a história africana, considerando o colonialismo ocidental e sua ideologia como um parênteses na experiência africana negra (AJAYI, 1969; KI-ZERBO, 1972).

> As mudanças que começaram por cerca de 1950 não foram causadas por acadêmicos que estudavam a África. Elas foram a consequência da ascensão do nacionalismo africano na forma de movimentos políticos. Os movimentos nacionalistas, por sua própria existência, desafiavam implícita e explicitamente as duas premissas básicas da obra anterior de acadêmicos que estudavam a África. Primeiro, os movimentos nacionalistas afirmavam que a arena primária da ação social e política, em termos de legitimidade e portanto de estudo, era e devia ser o Estado colonial/suposta nação e não a "tribo" [...]. Segundo, os movimentos nacionalistas afirmavam que a relação entre europeus e africanos jamais fora de "contato cultural" e sim de "situação colonial". O contato cultural podia ser bom ou ruim e [...] os antropólogos dedicaram-se politicamente a

tentar garantir que ele fosse bom, e não ruim (WAL-
LERSTEIN, 1983: 157).

Uma análise de algumas das obras mais representativas desse último período indica um clima bizarro. Algumas metodologias clássicas da filosofia social e da antropologia continuaram a embasar obras acadêmicas, como o livro de Dike sobre o comércio e a política no Delta do Níger (1956), o estudo de Idowu sobre Deus na crença iorubá (1962), a hipótese de W.E. Abraham sobre uma semelhança de família que lhe permitiu usar a cultura acã como um paradigma metodológico (1966), a história de Ogot dos luos do sul (1967), a descrição de F.A. Arinze da religião ibo (1970), a apresentação de Okot p'Bitek da religião dos luos (1971), o estudo de J.M. Agossou sobre as relações entre Deus e o ser humano entre os povos do sul de Daomé (1972), e o livro de Deng sobre os dincas (1972).

Mas dentro dessa orientação aparentemente clássica, surge uma nova dimensão ideológica. Por exemplo, E.B. Idowu, em seu outro livro sobre a religião africana, questiona a validade das obras de acadêmicos ocidentais já que a maioria deles não entende as linguagens africanas e conduz seus estudos "de segunda mão através de assistentes de pesquisa espalhados por todo o campo ou através do trabalho em bibliotecas" (1965, 1975). A tentativa de J.B. Danquah ([1944] 1968) de ligar as categorias religiosas acãs às do Oriente Médio é semelhante ao objetivo de L. Olumide em seu estudo da religião iorubá (1948) onde afirma demonstrar a origem egípcia da tradição iorubá. Essa afirmação é semelhante ao tema das obras de Cheikh Anta Diop sobre a unidade religiosa, linguística e cultural da África (1954, 1960a, 1960b). De fato, ninguém discordará de que uma tendência nacionalista está presente. Cada vez mais acadêmicos africanos parecem utilizar a hipótese da unidade africana. O título do livro de Abraham – *A mente da África* (1966) – é um programa. Também podemos situar aí a empreitada de Mulago (1973) que, seguindo as obras importantes de P. Colle, G. Hulstaert, Van Caeneghem e outros, tira um novo quadro da abordagem de Parrinder e afirma a homogeneidade de uma visão religiosa banta do mundo, "que alguns chamam de *untu*, negritude, africanidade, três termos intercambiáveis" (MULAGO, 1973: 11).

É fácil apontar o paradoxo enfrentado por esses acadêmicos africanos: por um lado, em nome de seu próprio orgulho e identidade, eles negam o exotismo e seus pressupostos; por outro, estão sinceramente prontos para a prática de uma ciência social positiva e assim para uma aliança consciente com a ciência no esquema de seu campo epistemológico (p. ex., HOUNTONDJI, 1980, 1981). É a partir desse ponto exato que podemos observar e compreender as contradições da ideologia pan-africanista na ciência social (SHORTER, 1977: 38-60). As postulações de Idowu ou a africanidade de Mulago, como um "fator comum" de culturas e crenças religiosas africanas, são apenas hipóteses, do mesmo modo que a semelhança de família de Abraham é uma afirmação e não uma demonstração científica. A teoria de Mbiti da unidade cultural do continente como uma fundamentação da coerência das religiões e filosofia africanas tem como única evidência sua própria subjetividade (1970: 2).

Esse paradoxo pode explicar algumas discussões tediosas que, na África, repetem "alternações do pensamento social europeu" (MacGAFFEY, 1981: 261). Entretanto, não se pode inferir desse enunciado que os africanos devem tentar criar, a partir de sua alteridade, uma ciência social radicalmente nova. Seria uma insanidade condenar a tradição ocidental por sua herança oriental. Por exemplo, ninguém questionaria o direito de Heidegger de filosofar com as categorias da linguagem grega antiga. Ele tem o direito de explorar qualquer parte dessa herança. O que quero dizer é o seguinte: a tradição ocidental da ciência, assim como o trauma do tráfico de escravizados e a colonização, fazem parte da herança atual da África. K. Nkrumah apontou corretamente em seu *Conscientismo* (cap. 3) que os africanos têm que carregar esse legado junto com as contribuições muçulmanas e seus próprios passados e experiências (cf. tb. MAZRUI, 1974).

Além do mais, também poderíamos conceber os signos intelectuais da alteridade não como um projeto para a fundamentação de uma nova ciência, mas sim como um modo de reexaminar as jornadas do conhecimento humano num mundo de proposições e escolhas em competição (KANE, 1961; BRENNER, 1984: 126-140). Concretamente, do pano de fundo da política colonial da conversão, esse modo parece imperativo e pode-se concordar com R. Horton:

> O tipo de análise conceitual comparativa que o "filósofo do" pensamento tradicional pode oferecer poderia ajudar muito o intelectual contemporâneo em sua luta para pensar a relação entre seus dois supercompartimentos (ou seja, a tradição e a modernidade). Ele seria de relevância suprema para perguntas como: Deve haver uma posição global em favor dos padrões de pensamento tradicionais contra os padrões modernos? Ou será que deve haver um compromisso global com o desmantelamento do tradicional para abrir caminho para o moderno? Ou ainda, será que devemos encorajar a coexistência entre padrões de pensamento tradicionais e modernos? Se sim, de que maneira? E mais, será que o pensamento tradicional tem várias correntes que precisam ser desemaranhadas e suas relações apropriadas com a modernidade tratadas uma de cada vez? (HORTON, 1976: 71).

Tanto *além* quanto *na* exposição de estudos comparativos, a lógica do modo institucionalizaria uma reavaliação das normas, vozes e consensos anteriores. Como um teste da fertilidade das novas fórmulas e respostas, examinaríamos tanto a durabilidade dos argumentos de fundamentação quanto os processos que purificam os pressupostos controversos no campo. Eu li três contribuições recompensadoras e ambiciosas: o breve ensaio de O. Nduka sobre as implicações dos sistemas de pensamento tradicionais africanos, que se baseia numa "crítica dos princípios de causação e da qualidade da compreensão de processos mecânicos e orgânicos" (NDUKA, 1974: 97); a nota de Gyekye sobre a relevância filosófica dos provérbios acãs e o paradigma do provérbio africano como situacional (GYEKYE, 1975); e o trabalho impressionante de Nkombe sobre símbolos paremiológicos (1979). Utilizando a lógica das classes para descrever metáforas e metonímias em provérbios tetelas, Nkombe tem sucesso de duas maneiras: primeiro, ele faz uma contribuição original ao demonstrar que é possível reformular a lógica das classes em termos da lógica das proposições; segundo, através desse exercício altamente abstrato, ele analisa a originalidade de uma cultura africana em sua dimensão dupla – plenitude interna e aspiração à universalidade. Um último exemplo retirado de uma fonte muito diferente é o esquema de Horton de características comuns e contrastantes que existem entre o pensamento tradicional africano e a ciência ocidental. Ao final de sua demonstração, ele escreve: "Apesar de eu discordar em grande parte do modo como os teóricos da 'negritude' caracterizaram as diferenças entre o pensamento tradicional africano e o moderno ocidental, quando chego a este ponto eu vejo claramente o que eles buscam" (1981: 170).

Para resumir minha posição de modo mais teórico, eu diria que há uma mutação que ocorre na década de 1920 e que explica tanto a possibilidade quanto a pertinência de um discurso africano sobre a alteridade. Essa mutação significa uma nova fundamentação para organizar uma pluralidade de memórias históricas no quadro da mesma *episteme*. Assim, fundamentalmente, não parece importar se as proposições de Herskovits sobre as culturas africanas, a proposta metodológica de Vansina sobre a história oral ou as contribuições de Davidson à história africana e as de Balandier à sociologia africana criaram ou determinaram o surgimento de um novo espírito contra uma tradição reinante. Isso também não significa que antes da década de 1930 ninguém tenha pensado em questionar as grades através das quais o Mesmo exibia seu reinado. O pensamento de E. Blyden, que analisarei cuidadosamente abaixo, é, por exemplo, um sinal que anuncia a ruptura. Por outro lado, o próprio fato de que nas décadas de 1930 e 1940 um Collingwood pudesse se preocupar com o tema de restabelecer a glória do Mesmo ao se concentrar nas virtudes documentais do pensamento histórico e de seus meios não invalida minha tese. Pelo contrário, em vez disso demonstra a audácia intelectual de Herskovits e Vansina e sua especificidade enquanto uma questão sobre tanto a imaginação filosófica quanto a histórica. A articulação dessa mutação já estava visível na década de 1920, e um de seus sinais mais aparentes é a fragmentação da noção de civilização (cf., p. ex., BRAUDEL, 1980: 177-217). No primeiro quarto do século XX, pensadores críticos como Blyden e Frobenius pareciam estar simplesmente transferindo modalidades doxológicas de suas próprias racionalizações das experiências africanas, o primeiro criando a hipótese de uma cultura da personalidade negra com base nas recomendações racistas mais controversas, o segundo buscando dar às formações sociais africanas o caráter prático de uma classificação de suas características culturalmente distintas. Entretanto, parece claro que Blyden e Frobenius, por mais que não soubessem disso, participaram de uma mudança epistemológica mais ampla. Na década de 1920, essa mudança, entre outras coisas, revelaria sua presença através do aparecimento de ideologias da existência, subjetividade, alteridade e do interesse em "filosofias" e histórias orais. A celebração de Picasso e Cendrars da imaginação e das obras primitivas e a descrição de Schmidt da extensão universal de um *Urmonotheismus* tinham como base essa mudança epistemológica, que as torna compreensíveis.

A questão específica da cultura africana é provavelmente a melhor ilustração concebível dessa mutação epistemológica. No esquema da epistemologia do começo do século XX, todos os discursos sobre a alteridade só poderiam, como sugeriu Foucault, ser comentários ou exegeses sobre áreas excluídas: experiência primitiva, sociedades patológicas ou funcionalidade anormal, subsumidas pelo Mesmo definido e compreendido em termos de um modelo biológico a partir do qual surgem conceitos determinantes – função, conflito, significação – como classificadores com o poder de medir a distância social, individual ou psicológica em relação ao modelo (cf. FOUCAULT, 1973: 360). A antropologia e também os estudos missionários de filosofias primitivas se preocupam então com o estudo da distância entre o Mesmo e o Outro. Uma inversão das categorias é mais óbvia na empreitada de Schmidt do que nas postulações de Malinowski. O primeiro, através da extensão de gradientes difusionistas e assim da universalização de propriedades do Mesmo marcava, apesar de suas pressuposições, a própria possibilidade de uma grade que, utilizando novos critérios – *regra, norma* e *sistema* – poderia eventualmente explicar a universalidade e a particularidade de cada organização cultural de acordo com sua própria racionalidade e estratégias históricas. E já vimos que o resultado desse problema na década de 1950 depende de uma nova maneira de falar sobre teodiceias e cosmogonias, que em suas diferenças constroem uma coerência regional e ao mesmo tempo afirmam propriedades da mente humana e suas potencialidades universais. Por outro lado, os princípios supostamente relativistas de Malinowski parecem ser apenas postulados sofisticados que, concretamente, na particularidade das formações sociais como corpos radicalmente autônomos em relação à sua organização funcional, negavam as influências interculturais, ou, de qualquer forma, a validade de qualquer esquema comparativo. Mais importante, Malinowski cercava a alteridade das formações sociais com sua própria diferença estritamente limitada e assim sublinhava muito claramente as virtudes regionais de paradigmas como *função, conflito* e *significação*. Assim, não surpreende que a melhor criação de Malinowski tenha sido a antropologia aplicada, uma técnica para supostamente evitar misturas aberrantes do Mesmo e do Outro. A monstruosidade é representada por uma mistura "sintomática e simbólica da mudança cultural: o *skokian*, o famoso preparado fermentado, vendido e consumido nas notórias favelas de povoados sul-africanos nativos [...]. Qualquer coisa que pudesse aumentar rapidamente o conteúdo alcoólico era adicionada; carbeto de cálcio, álcool metilado, tabaco, melaço e açúcar, sulfato de cobre são apenas alguns exemplos" (MALINOWSKI, 1938: xxi). Independentemente da significância desse símbolo violento – como pode alguém, *mesmo um africano*, sobreviver depois de beber esse veneno? – se examinarmos cuidadosamente os paradigmas que produzem o método de Malinowski e que, essencialmente, são os mesmos que guiaram a antropologia aplicada, podemos afirmar que não há nenhuma ruptura epistemológica entre os comentários de Lévy-Bruhl sobre a pré-lógica e o funcionalismo de Malinowski. Todos eles, assim como Durkheim (uma das estrelas brilhantes do funcionalismo) trabalham para descrever a imagem invertida do Mesmo através dos modelos que impõem as noções de função, conflito e significação. A verdadeira mudança, ou seja, uma inversão das grades, veio depois.

Mas precisamos notar uma diferença fundamental entre Lévy-Bruhl e Malinowski. O filósofo francês preocupa-se estritamente com a noção de desvio [*écart*] e, através de uma exegese dos méritos da função e significação do Mesmo, desafia a identidade da natureza humana através do tempo e do espaço. Como todos sabem, Lévy-Bruhl era assombrado pela teoria do animismo de Tylor e a lei dos três estados de Comte. Ele utilizou os "primitivos" como uma oportunidade para distinguir tanto a distância lógica quanto a histórica que separa a experiência homogênea do Mesmo da heterogeneidade e do caráter pré-lógico do Outro. Malinowski, em contraste, era mais imaginativo, apesar do fato de acreditar, como Lévy-Bruhl, que os seres humanos podem ser meros objetos da ciência. Ele substituiu o determinismo da passagem do conhecimento pré-lógico ao lógico pelo conceito de uma função orgânica de um sistema social. Ao fazer isso, Malinowski promovia uma possibilidade radical, a de utilizar e referir-se a ferramentas conceituais como regra autônoma e norma social e à epistemologia e singularidade de sistemas culturais regionais.

Fica mais claro que as vozes que, a partir da década de 1920 até a de 1950, falaram contra a historicidade do Mesmo e seu cientismo de fato repudiam as políticas e pesquisas antropológicas que são "anti-históricas" no que concerne as comunidades africanas. Em particular, elas se opõem aos processos políticos de aculturação (cf. WALLERSTEIN, 1983). Para escapar desses limites ideológicos, alguns dos participantes escolheram, com prudência ou ousadia, afirmar que tudo na experiência humana era simultaneamente cultura e história. Eles apenas inferiam lições de uma mutação epistemológica às margens da perspectiva de Malinowski. Com efeito, essa ruptura levou de uma curiosidade indecente sobre o caráter misterioso do Outro à afirmação de P. Veyne (com a qual Herskovits, Lévi-Strauss, Vansina, Ajayi ou Cheikh Anta Diop poderiam ter concordado): "os romanos existiram de maneira tão exótica e tão ordinária quanto os tibetanos ou os nambiquaras, por exemplo, nem mais nem menos; por isso torna-se impossível continuar a considerá-los como uma espécie de padrão de valor" (in: RICŒUR, 1984: 43).

A panaceia da alteridade

J.-P. Sartre como um filósofo africano

> – O macaco descende do homem?
> – Alguns acreditavam nisso; mas não é exatamente assim. Os macacos e os homens são ramos diferentes que evoluíram, a partir de um certo ponto, em direções divergentes...
> BOULLE, P. *Planeta dos macacos*.

Até a década de 1920, todo o quadro dos estudos sociais africanos era consistente com o modo de raciocinar de um campo epistemológico e suas expressões sociopolíticas de conquista. Mesmo as realidades sociais como a arte, as linguagens ou a literatura oral, que poderiam ter constituído uma introdução à alteridade, foram reprimidas em apoio às teorias da mesmidade. Socialmente, elas eram ferramentas que fortaleciam uma nova organização de poder e seus métodos políticos de redução, a saber, assimilação ou governo indireto. Dentro desse contexto, a negritude, um movimento estudantil que surgiu na década de 1930 em Paris, é uma roda literária, apesar de suas implicações políticas. Além disso, esses jovens – Aimé Césaire, Léon Damas, Léopold Senghor – em sua maioria utilizaram a poesia para explorar e falar sobre sua diferença enquanto negros (BLAIR, 1976: 143-151; KESTELOOT, 1965).

Foi Sartre que em 1948, com seu ensaio *Orfeu negro*, uma introdução à *Antologia de nova poesia negra e malgaxe* de Senghor, transformou a negritude num grande evento político e numa crítica filosófica do colonialismo. Entretanto, todos concordariam que a crítica indiana do colonialismo que começou na década de 1920, e a influência crescente do marxismo a partir dos anos de 1930 abriram uma nova era e criaram o caminho para a possibilidade de novos tipos de discursos, que eram absurdos e repugnantes da perspectiva colonial. Os mais originais incluem o movimento da negritude, a quinta Conferência Pan-Africana e a criação de *Présence Africaine*. Posteriormente, esses signos de uma vontade de poder africana levaram a confrontos políticos e intelectuais (as conferências de Bandung, Paris e Roma). Na década de 1950, também se viu uma crítica radical da antropologia e de seus preconceitos inerentes quanto às culturas não ocidentais. Desde então, ocorre um debate estimulante sobre a importância africana das ciências sociais e humanidades.

Em seu prefácio à antologia de Senghor, J.-P. Sartre tornou amplamente conhecidas as vozes da negritude. Mas que ambiguidade elevar o existencialista francês à posição de filósofo da negritude! Os recursos e a promessa de uma jovem ideologia que se dedicava às necessidades de um redescobrimento do eu seriam moldados numa forma muito crítica mas um tanto estultificante. Em *Orfeu negro*, Sartre apresenta meios para uma luta contra a ideologia dominante e afirma os direitos dos africanos de criarem um novo modo de pensamento, de fala e de vida. O que ele propõe é muito mais do que um jogo brilhante de opostos (com o qual Senghor poderia ter ficado satisfeito). "Hoje esses homens negros nos olham e nosso olhar volta para nossos olhos; por sua vez, tochas negras iluminam o mundo e nossas cabeças brancas não são mais do que pequenos lampiões balançados pelo vento" (1976: 7-8). Sartre vai além. Apaixonadamente, ele estabelece paradigmas que permitiriam ao negro colonizado assumir o controle de um eu (cf. JEANSON, 1949). "Apenas a eficácia importa. [...] a classe oprimida deve antes de tudo tomar consciência de si mesma. Mas essa tomada de consciência é exatamente o contrário de uma redescida em si: trata-se de reconhecer na ação, e por ela, a situação objetiva do proletariado. [...] Um judeu, branco entre os brancos, pode negar ser judeu, declarar-se um ser humano entre os seres humanos. O negro não pode negar ser negro nem reclamar para si essa humanidade incolor abstrata". Sartre inclusive especifica a importância exata da revolta do negro:

> O negro que reivindica sua negritude num movimento revolucionário coloca-se imediatamente no terreno da Reflexão, deseje ele reencontrar em si algumas características constatadas objetivamente nas civilizações africanas ou espere ele descobrir a Essência negra no poço de seu coração (SARTRE, 1976: 17).

A negritude que ele, portanto, afirma e celebra é simultaneamente o "triunfo do narcisismo e o suicídio de Narciso, tensão da alma para além da cultura, das palavras e de todos os fatos psíquicos, noite luminosa do não saber". Imediatamente após essa celebração, ele avisa que a negritude não pode ser suficiente nem deve viver para sempre. Ela é feita para ser negada, ser excedida. Entre as ruínas da era colonial, seus cantores precisam mais uma vez retrabalhar as canções, reformular seus mitos e submetê-los ao serviço e à necessidade da revolução do proletariado.

Pode-se dizer que apesar de *Orfeu negro* corrigir os excessos teóricos potenciais da ideologia da negritude, ele o fez de modo arrogante, atrapalhando outras orientações possíveis do movimento. Ao mesmo tempo, ele subjugou a generosidade dos corações e mentes dos militantes ao fervor de uma filosofia política.

Sartre, na década de 1940 e começo dos anos de 1950, promovia, em nome do comprometimento político, a exigência moral de escolher lados. Uma parte substancial de *O ser e o nada* trata da tensão entre o *para-si* [*pour-soi*] e o *para-outros* [*pour-autrui*]. Sartre se dedicou à análise das consequências concretas dessa dialética como ilustrada pelos sistemas coloniais (SARTRE, 1956). É crédito de Senghor não ter sido abafado pelos argumentos e visão peremptórios desse primeiro teórico da negritude que atiçara: ele pedira a Sartre um manto para celebrar a negritude; recebeu uma mortalha.

Ainda assim, *Orfeu negro* é um momento ideológico fundamental, talvez um dos mais importantes. Ele exibe tanto as potencialidades da revolução marxista quanto a negação do colonialismo e do racismo: "O negro", afirma Sartre, "cria um racismo antirracista. Ele não deseja de modo algum dominar o mundo: ele quer a abolição dos privilégios étnicos de onde quer que eles venham; ele afirma sua solidariedade com os oprimidos de todas as cores. E assim a noção subjetiva, existencial, étnica da negritude 'passa', como diz Hegel, por aquela – objetiva, positiva, exata – do proletariado" (1976: 59). O que Sartre fez foi impor filosoficamente a dimensão política de uma negatividade na história colonial. Essa era uma tarefa atraente para os africanos. Ao enfatizar a relatividade e os pecados do expansionismo ocidental, ele deu significado e credibilidade a todos os signos de oposição ao colonialismo e conclamou uma nova compreensão da importância da violência nas colônias. Assim, as Conferências Pan-africanas, o movimento de não cooperação de Gandhi e o partido Neo Destour que surgia na Tunísia pareciam ter um portento positivo para o futuro: eles podiam influenciar as vidas dos colonizados e, também fundamentalmente, oferecer a possibilidade de novas sociedades.

A mudança de colonizado para independente, de governo por direito divino para libertação, pode não parecer ter nenhuma relação com a antropologia em particular ou com os estudos sociais africanos em geral. Na verdade tem. Primeiro, *Orfeu negro* foi em grande medida responsável pelo desabrochar da literatura da negritude na África francófona na década de 1950 (BLAIR, 1976; WAUTHIER, 1964). Uma literatura engajada, uma literatura altamente política, listou as posições básicas de Sartre sobre a autonomia espiritual e política africana. Essa nova geração de autores nascida entre 1910 e 1920 inclui Cheikh Anta Diop, Bernard Dadié, René Depestre, Frantz Fanon, Keita Fodeba, Camara Laye e Ferdinand Oyono, entre outros. Segundo, os intelectuais negros, em particular os francófonos, leram Sartre, discutiram suas posições anticolonialistas e, de modo geral, as apoiaram. Fanon discorda de Sartre mas oferece um bom exemplo de seu impacto. Em seu *Pele negra, máscaras brancas*, Fanon acusa Sartre de traição, pois Fanon não acredita que "a negritude é dedicada à sua própria destruição". Alguns anos depois, em *Os amaldiçoados da terra*, o teórico da Martinica aplica com firmeza o princípio dialético de Sartre e afirma bruscamente: "não existirá uma cultura negra, [...] o problema negro é político".

Por outro lado, há uma conexão entre essa literatura engajada negra e a ideologia africana da alteridade. Em *Orfeu negro*, Sartre propõe um paradigma marxista. Os fundadores da negritude não discordam dele nesse ponto. Alguns caribenhos, como por exemplo Aimé Césaire, Etienne Lero, Jules Monnerot e Jacques Roumain foram em um momento ou outro membros do Partido Comunista. Mamadou Dia, Alioune Diop, Birago Diop, Jacques Rabemananjara e Senghor são muito críticos ao comunismo, mesmo quando, como no caso de Senghor, são socialistas. Para eles o comunismo é apenas (como Sartre o definiu) um companheiro de viagem. Eles questionam a ênfase exagerada no destino do proletariado internacional e querem determinar uma estratégia para promover a individualidade da cultura africana. Em oposição à interpretação rígida de Marx sobre as relações entre os valores e as aspirações das pessoas na sociedade, eles buscam caminhos para reinventar uma fundamentação sócio-histórica para as sociedades africanas independentes (SENGHOR,

1962). Daí a premissa básica da ideologia africana da alteridade: a história é mito.

Será que Sartre é realmente o guia inspirado dessa revolução? Digamos que Sartre, filósofo *in partibus* da negritude – ou, figurativamente, Sartre como "filósofo negro" – é um símbolo. Desde a década de 1920, autores como R. Maran, A. Gide e M. Sauvage criticavam a empreitada colonial. Na antropologia, acadêmicos como Maurice Delafosse, Leo Frobenius, Marcel Griaule e Théodore Monod propuseram posições positivas sobre regimes sociais africanos. E em 1947 encontramos reunidos em torno da editora e revista *Présence Africaine* e seu fundador, Alioune Diop, um número significativo de intelectuais franceses. Georges Balandier, Albert Camus, Emmanuel Mounier, Paul Rivet, Gide e Monod, por exemplo, afirmam as implicações políticas e culturais do caráter mítico da história colonial (RABEMANANJARA, s.d.: 24). Mas Sartre estabeleceu uma síntese cardeal. Ao rejeitar tanto o modo de pensar colonial quanto o conjunto de valores culturalmente eternos como bases para a sociedade, seu breve tratado propôs filosoficamente uma perspectiva relativista para os estudos sociais africanos.

Sartre não influenciou necessariamente Georges Balandier ou Joseph Ki-Zerbo, nem orienta todos os pensadores africanos. Ainda assim, suas percepções iluminaram as tendências e preocupações da academia africana. Seu caminho para a libertação significou uma nova configuração epistemológica sob a soberania da razão dialética (JEANSON, 1949). É a partir de sua interpretação, e não do comunismo, que as duas características dos estudos sociais africanos apresentadas por Copans (1971a) fazem sentido: por um lado, uma crítica radical do imperialismo e, pelo outro, uma "revitalização marxista" que, com efeito, tomou conta de todo o campo teórico dos estudos africanos.

Apesar da importância do movimento da negritude, muito pouca atenção foi dada às relações entre sua organização textual, suas fontes e suas expressões (MELONE, 1962). Sabemos, por exemplo, que a negritude foi uma invenção francesa mas não o quão essencialmente francesa era (ADOTEVI, 1972). Foi dito que a literatura da negritude parece unificada, mas sua estrutura e espírito estão mais relacionados a fontes europeias do que a temas africanos imediatamente visíveis (GÉRARD, 1964; BASTIDE, 1961). O livro volumoso de Hausser (1982) trata dessas questões e provavelmente é o estudo mais completo até agora sobre o movimento da negritude. O valor dessa obra não está em nenhuma descoberta nova, mas na maneira como ela trata as questões da importância e dos objetivos da negritude. De acordo com Sartre, a negritude significa, fundamentalmente, tensão entre o passado e o futuro do homem negro. Portanto, ela sempre precisa estar pronta para se redefinir. Como diz Hausser, ela se veste de formas míticas oferecendo seu significado como uma senha e sua filosofia como uma inversão e reversão de teses ocidentais. O resultado é um paradoxo: "poetas para os negros, os homens do movimento da negritude eram lidos por brancos; poetas do presente, eles são percebidos na África como poetas do passado" (HAUSSER, 1982: 214). Apesar de ser uma linguagem literária, o conteúdo da negritude revela um sistema ideológico e até, de acordo com Sartre, "um projeto revolucionário". Ele comenta sobre uma *Weltanschauung*, interpreta um mundo dado, desvela o universo [*dire le monde*] e dá um significado a ele [*signifier le monde*] (MELONE, 1962; DIAKHATE, 1965). Mas ao mesmo tempo, por ser um discurso ideológico, a negritude afirma ser uma chave para uma nova compreensão da história. E então o problema da responsabilidade política e cultural do movimento da negritude (SENGHOR, 1964) aparece como uma responsabilidade que Hausser considera ambígua. No que concerne à posição política da negritude, Hausser afirma que ela não foi um movimento revolucionário nem sequer, com a exceção de Césaire, um movimento de revolta (HAUSSER, 1982: 443). Além do mais, em relação a suas condições de possibilidade, a negritude é o resultado de influências múltiplas: a Bíblia, livros de antropólogos, escolas intelectuais (simbolismo, romantismo, surrealismo etc.), legados literários e modelos literários franceses (Baudelaire, Lautréamont, Rimbaud, Mallarmé, Valéry, Claudel, St. John Perse, Apollinaire etc.). Hausser apresenta múltiplas provas das fontes ocidentais da negritude e tem sérias dúvidas quanto à sua autenticidade africana (HAUSSER, 1982: 533).

Fica imediatamente claro com essas contradições internas da negritude que a proposição de Sartre sobre o impasse do movimento faz tremendo sentido. Se não forem compreendidos como metáforas, os signos da alteridade que a negritude poderia ter promovido na literatura, filosofia, história ou ciência social parecem se referir a técnicas de manipulação ideológica. R. Depestre aponta isso com firmeza:

> O pecado original da negritude – e as aventuras que destruíram seu projeto inicial – vem do espírito que a tornou possível: a antropologia. A crise que destruiu a negritude coincide com os ventos que sopram nos *campos* onde a antropologia – seja cultural, social, aplicada, estrutural – está acostumada a realizar suas investigações eruditas com máscaras negras ou brancas (DEPESTRE, 1980: 83).

Ideologias para a alteridade

Após a negritude, mas também paralela a ela ou mesmo contra ela, está a afirmação do pensamento político africano. Inicialmente, seu objetivo era reconhecer a personalidade negra e obter certos direitos sociopolíticos (WAUTHIER, 1964). É apenas depois, na década de 1950, que ela realmente serviu a projetos para a independência africana (COQUERY-VIDROVITCH, 1974). É um lugar-comum enxergar nela um dos elementos importantes do nacionalismo africano. O outro é a resistência ao colonialismo, seja passiva ou violenta. É notável que seus promotores mais distintos venham daqueles que se assimilaram primeiro, e melhor, à cultura e pensamento ocidentais. Além disso, quase se sente que esses africanos ocidentalizados se ressentiam da necessidade de voltar a suas próprias fontes e afirmar o direito de ser diferente (cf. KESTELOOT, 1965; WAUTHIER, 1964; DIENG, 1983).

Considerar esse despertar como um ponto de inflexão especial na história do Ocidente não é desqualificá-lo, de qualquer forma. Em 1957, Nkrumah publicou sua autobiografia, onde explicou até que ponto ele fora influenciado por textos comunistas e socialistas, teorias políticas de negros norte-americanos (em particular *Filosofia e opiniões*, de Marcus Garvey) e a visão de Padmore sobre o pan-africanismo. Ele também escreveu que aprendeu muito com Aníbal, Cromwell, Napoleão, Mazzini, Gandhi, Mussolini e Hitler. Senghor (1962) também apresentou sua própria orientação, escrevendo na primeira pessoa do plural para incluir seus amigos, os cofundadores do movimento da negritude. Se eles acreditavam em afirmar sua diferença, para ele isso se deveu aos antropólogos e aos negros norte-americanos. Além disso, no período entreguerras eles foram testemunhas privilegiadas da crise dos valores ocidentais. E mais, sua descoberta recente de Marx deu a eles razões para sonhos utópicos.

A explicação de Senghor é plausível. Até a década de 1960, a antropologia, a ideologia dos negros norte-americanos e o marxismo tiveram um impacto significativo na *intelligentsia* africana. Em nome da brevidade, mencionarei como pontos de referência importantes três tipos principais de contribuições que mudaram gradualmente o pensamento e a prática colonial. Primeiro, os compromissos antropológicos e missionários com os valores africanos: por exemplo, a empreitada de Schmidt na década de 1930 e os estudos de Tempels, Griaule e Danquah na de 1940. Além disso, contribuições de acadêmicos africanos como Mulago (1955) e Kagame (1956) promoveram o conceito de teodiceia africana ou de signos de uma religião natural. Todos eles estabeleceram as religiões africanas como experiências particulares e originais de uma sabedoria ou filosofia universal. Segundo, houve uma intervenção de alguns sociólogos e historiadores ocidentais. Raymond Michelet, com seu *Impérios e civilizações africanas* (1945) e Basil Davidson e Georges Balandier em suas várias publicações opuseram-se a concepções amplamente aceitas de "fósseis vivos" ou "sociedades congeladas". Terceiro, houve o "despertar" dos intelectuais africanos, que começaram a falar sobre seu passado e cultura e atacaram, ou ao menos questionaram, o colonialismo e seus princípios básicos (DIENG, 1979; GUISSE, 1979).

Essa ruptura ideológica parece sincera e provavelmente o foi na mente dos acadêmicos que dela participaram. Entretanto, ela é um paradoxo magnífico, um sacrifício quase ilusório da antropologia aplicada. Ela se baseia em dois princípios frágeis: uma reversão metodológica e uma descontinuidade intelectual nos estudos sociais africanos. Em sua aplicação, em vez de abrir um novo domínio, esses princípios ajudaram a confundir as perspectivas para a alteridade e a importância desse conceito. A importância pertence ao Outro estudado e é revelada à percepção e dada à compreensão através da realidade de uma experiência concreta. Quanto ao discurso sobre essa importância, ele é sempre um projeto e uma ideia transcendente que não podem ser reduzidos a uma apreensão mental. Ensinar que existem na África estruturas sociais organizadas, sistemas sofisticados de relações de produção e universos de crença altamente complexos, como fizeram Danquah, Davidson, Michelet ou Mulago, é expressar proposições que podem ser testadas. Adicionar comentários ou exegeses sobre culturas negras que são essencialmente místicos, religiosos e sensoriais é decifrar um mito possivelmente controverso e, de qualquer forma, elaborar algo que não é a importância imanente do objeto estudado.

O antropólogo não parecia respeitar a imanência da experiência humana e se pôs a organizar, às custas da ciência, métodos e formas de redução ideológica: experiências sociais concretas eram observadas e interpretadas a partir da normatividade de um discurso político e suas iniciativas. Com um Michelet e um Herskovits, a formação de novas perspectivas ideológicas no campo produziu uma reversão: as experiências, atitudes e mentalidades africanas tornaram-se espelhos de uma riqueza cultural e espiritual. Não há nenhum mistério nem escândalo nisso, se concordarmos que estamos tratando de discursos que falam da experiência humana e são explicados por uma *episteme*. Devo também deixar claro mais uma vez que não estamos preocupados em avaliar o valor ético dos discursos, apenas em designar uma genealogia do conhecimento. Os estudos de Michelet, Davidson, Balandier e Mulago não transformam o coração do objeto – eles revertem, como Sartre fez filosoficamente, um método de narração e as técnicas de descrição do objeto. Ocorreu uma mudança. Uma nova antropologia, silenciosa mas poderosamente, estabeleceu suas normas básicas: a saber, a respeitabilidade e coerência interna dos sistemas e experiência africanos, assim como regras para sua integração progressiva à modernidade.

Pode-se observar essa mudança gradual em alguns domínios representativos: antropologia, história e pensamento político. Na antropologia, estudos de leis tradicionais foram realizados por A. Ajisafe, *As leis e costumes do povo iorubá* (1924) e J.B. Danquah, *Leis e costumes acãs* (1928). Análises de costumes africanos foram publicadas; por exemplo, D. Delobson, *Os segredos dos feiticeiros negros* (1934), M. Quenum, *No país dos fons: usos e costumes de Daomé* (1938), J. Kenyatta, *Diante do Monte Quênia* (1938), J.B. Danquah, *A doutrina acã de Deus* ([1944] 1968), e as excelentes pesquisas de K.A. Busia e P. Hazoumé, respectivamente, *A posição do chefe no sistema político moderno de Axante* (1951) e *O pacto de sangue em Daomé* ([1937] 1956). No campo da história, as contribuições mais importantes ao nacionalismo africano foram J.C. DeGraft-Johnson, *Glória africana: a história das civilizações negras desaparecidas* (1954) e Cheikh Anta Diop, *Nações negras e cultura* (1954), onde analisa a noção de "camitas" e as conexões entre as linguagens e civilizações egípcia e africana.

Foi nos ensaios políticos que um despertar claramente progressista afirmou gradualmente os princípios do nacionalismo africano e da integração internacional. Em *Para a ideia de nação na África Ocidental* (1928), J.W. de Graft-Johnson ainda visualizava o futuro da África Ocidental em termos do Império Britânico. Mas, nove anos depois, em *África renascente* (1937), W. Azikiwe era mais crítico aos programas coloniais ocidentais. Ele enfatizou o fato de que o "africano renascente" precisa saber que seus ancestrais "fizeram contribuições definidas para a história" e condenou o imperialismo e o militarismo. Ensaios importantes levaram em conta a resolução do Quinto Congresso Pan-africano de Manchester (1945) que afirmava: "exigimos autonomia e independência para a África Negra", um tema central em *Para a liberdade colonial* (1947) de Nkrumah, *Discurso sobre o colonialismo* (1950) de Césaire, e *Pele negra, máscaras brancas* (1952) de Fanon. Para vários intelectuais africanos, essas obras foram, e provavelmente ainda são, fontes fundamentais de sua autonomia cultural.

Em sua tese de doutorado (1965), L. Kesteloot ofereceu uma breve história dos contatos com negros norte-americanos que contribuíram para o despertar da consciência dos africanos (cf. tb. SHEPPERSON, 1960). L.G. Damas, pouco antes de morrer em 1978, confirmou vigorosamente essa tese com referência às contribuições de W.E.B. Du Bois, Langston Hughes, Carter Woodson, Countee Cullen e, particularmente, Mercer Cook, que ele considerava elos entre os negros norte-americanos e africanos (DAMAS, 1979: 247-254). A esses nomes, Senghor adiciona Claude MacKay e Richard Wright (SENGHOR, 1962).

É difícil dizer com certeza até que ponto o compromisso ideológico dos negros norte-americanos teve um impacto na *intelligentsia* africana. Ele convergiu com a influência do movimento marxista e particularmente com a do Partido Comunista Francês que, antes da Segunda Guerra Mundial, era a força mais bem organizada para lutar abertamente pela causa do homem negro. Vários intelectuais negros francófonos tornaram-se comunistas, incluindo Césaire, J. Roumain, E. Lero e J.S. Alexis. Outros, como Nkrumah, Nyerere e Senghor, aliaram-se a princípios ideológicos socialistas. De qualquer forma, a associação com os negros norte-americanos influenciou fortemente as posições críticas dos negros africanos em relação à crise dos valores ocidentais. Ela também revelou diferenças nas condições sócio-históricas de ambos. Já surgira uma oposição no Segundo Congresso Pan-Africano de 1921, ocorrido sucessivamente em Londres (28 de agosto), Bruxelas (29 de agosto a 2 de setembro) e Paris (3 e 5 de setembro). Ao fazer um panorama da história da raça negra, Du Bois, para grande surpresa de Blaise Diagne, defendeu o princípio da separação das raças e da evolução separada. Mas Diagne impôs para a assembleia o ponto de vista etnológico de que "o negro e os povos de cor eram capazes de um desenvolvimento progressivo que permitiria [a eles] alcançar o estado avançado de outras raças" (BONTINCK, 1980: 604-605).

Ainda assim, a maior influência no pensamento africano de 1930 até a década de 1950 foi o marxismo. Exemplos significativos de seu impacto são o apoio fervoroso de Sartre ao movimento da negritude em 1948 com seu ensaio *Orfeu negro*, a publicação do *Discurso sobre o colonialismo* de Aimé Césaire em 1950 e o encontro na Sorbonne em 1956 do Primeiro Congresso Internacional de Escritores e Artistas Negros.

Nesse mesmo ano, alguns intelectuais negros afirmaram publicamente que gostariam que o marxismo pudesse promover sua causa, e não apenas o inverso. Frustrado, Césaire deixou o Partido Comunista Francês em 1956. Durante o encontro na Sorbonne, o marxismo estava no centro do debate. Sugeriu-se então uma distância crítica que não significasse uma rejeição total. Como disse A. Ly, "a recusa cega do marxismo seria tão absurda quanto uma alienação total em relação ao sistema marxista seria fatal para a evolução da humanidade" (1956). Ainda que expresso de uma forma diferente, foi esse espírito que dominou os debates durante o primeiro encontro de nacionalistas não alinhados em Bandung. Em última instância, o princípio do não alinhamento seria projetado na política.

Na literatura (cf. JAHN, 1968) essa posição é expressa de três formas principais: primeiro, em termos da domesticação do poder político (E. Mphahlele, Mongo Beti e Sembene Ousmane); segundo, numa crítica da vida colonial (Chinua Achebe, D. Chraïbi, F. Oyono); e terceiro, na celebração das fontes africanas da vida (A. Loba, A. Sefrioui, Cheikh Hamidou Kane).

É notável que vários líderes políticos que chegaram ao poder na África independente tenham se declarado pró-marxistas ou socialistas ou, em alguns casos, definido maneiras de indigenizar o socialismo. Socialistas ou não, os chefes de Estado africanos, ao tentar ligar o pensamento à ação, publicaram muito, talvez demais. No final da década de 1950, um dos líderes mais prestigiosos, Ahmed Sekou Touré, ousou recusar o caminho progressivo para a autonomia política proposto pela França. Em 1959, ele publicou mais de mil páginas sobre seus projetos socialistas para o desenvolvimento da Guiné e a promoção da África (1959a, 1959b, 1959c). Aimé Césaire celebrou esse pensamento "corajoso" e "dinâmico" (1959-1960). Tanto em inspiração quanto em perspectivas, ele está próximo ao de Nkrumah. Com a tradução de sua autobiografia, a influência de Nkrumah, já imensa na África anglófona, chegou aos países de língua francesa em 1960. Sua obra foi cada vez mais celebrada e o ponto mais alto foi a boa recepção de seu *Conscientismo*. Nessa obra, como em outras, Nkrumah incorporou a fidelidade ao marxismo à causa da decolonização e da luta contra o imperialismo. Seu amigo Patrice Lumumba não teve tempo nem para esclarecer seu pensamento nem para refinar seus ensaios (1963) que apareceram depois de sua morte. Sartre mais uma vez dedicou seu talento ao serviço do nacionalismo africano ao escrever a introdução para o livro de J. Van Lierde sobre a filosofia política de Lumumba (VAN LIERDE, 1963).

Vários outros líderes expuseram seus pontos de vista sobre os problemas complexos da África independente. As principais questões tratam da administração do Estado assim como dos meios para a libertação econômica. Esses líderes incluem Ahidjo em Camarões (1964, 1969), Badian no Mali (1964), Mamadou Dia no Senegal (1957, 1960) e Kanza no Congo Belga (1959a, 1959b). Nyerere, na Tanzânia, promoveu o *ujamaa* (comunalismo) (1968a) e M. Ngouabi (Congo) insistiu na necessidade de aplicar o socialismo científico (1975). Mas os caminhos tomados na política, quando não levaram a fracassos amargos, muitas vezes causaram problemas sérios. A reação política subiu à superfície onde isso foi permitido. De qualquer forma, diferentes escolas de pensamento surgiram; daí, por exemplo, a sátira e a polêmica encontrada na zombaria de D. Ewande sobre o Estado negro (1968). Essas escolas de pensamento afirmaram-se em termos catárticos, especialmente na ficção da década de 1970, através de ataques à incompetência e aos abusos dos novos administradores africanos. O tema da exploração colonial implacável é substituído por um assunto sociopolítico original: "somos, de modo geral, responsáveis por nossas infelicidades" (CASTERAN & LANGELLIER, 1978; POMONTI, 1979). Há uma proliferação de exemplos nas obras literárias de Kwei Armah, Kofi Awoonor, Cameron Duodu, Ahmadou Kourouma, Tierno Monenembo, Ngugi wa Thiong'o e Tati-Loutard.

Marx africanizado

A imagem política da África depois de 1965 é de fato perturbadora. Regimes autoritários se multiplicaram, as regras e normas da democracia foram insultadas ou rejeitadas (cf. GUTKIND & WALLERSTEIN, 1976; O'MEARA & CARTER, 1986). Ditaduras políticas foram impostas. Alguns líderes carismáticos desapareceram na obscuridade. Touré isolou-se em sua ditadura e Nkrumah, desafiado e insultado, morreu no exílio (POWELL, 1984). Senghor permaneceu como modelo. Mas ele escolheu remover Mamadou Dia, seu oponente, cujas ideias econômicas eram consideradas na década de 1960 um complemento necessário à metafísica da negritude de Senghor. Ele fez isso para garantir a segurança do caminho africano para o socialismo (KACHAMA-NKOY, 1963). Coberto de honrarias, mas criticado cada vez mais pela nova geração, Senghor teve dificuldades para manter acessíveis todas as suas obras (1964, 1971, 1977, 1983). Ao mesmo tempo, ele continuou, contra toda oposição, a definir a negritude como um valor de diálogo c de abertura e a esclarecer suas escolhas humanistas pela política socialista e por uma economia baseada numa leitura africana de Marx (1976a). Nyerere, nesses anos, também aparece como um dos pensadores políticos de maior credibilidade.

Apesar dos problemas cruciais de sua adaptação ao contexto africano, o socialismo parecia a doutrina mais em voga. Seus proponentes mais conhecidos são Fanon, Senghor e Nyerere. O martinicano Frantz Fanon, um marxista sólido mas também bom estudioso de Hegel, Kierkegaard, Nietzsche e Sartre, expressou seu compromisso com a revolução africana em *Pele negra, máscaras brancas* (1952), *Os amaldiçoados da terra* (1962) e *Para a revolução africana* (1969). Seu compromisso se baseia numa compreensão concreta da dialética hegeliana. A alienação causada pelo colonialismo constitui a tese, as ideologias africanas da alteridade (personalidade negra e negritude), a antítese, e a libertação política deverá ser a síntese. A semelhança com a análise de Sartre em *Orfeu negro* é notável. Mas Fanon, que provavelmente se preocupava mais com detalhes e contradições práticas porque as conhecia melhor, veio de uma "colônia", era negro e participou ativamente da revolução argelina. Diferente de Sartre, ele podia tratar de um conjunto mais amplo de problemas.

A alienação do colonialismo implica tanto no fato objetivo da dependência total (econômica, política, cultural e religiosa) quanto no processo subjetivo da autovitimação dos dominados. O colonizado internaliza os estereótipos raciais impostos, particularmente em atitudes quanto à tecnologia, cultura e linguagem. A personalidade negra e a negritude aparecem como os únicos meios de negar essa tese e Fanon expõe a antítese em termos de símbolos antirracistas. A negritude torna-se o signo intelectual e emocional da oposição à ideologia da superioridade branca. Ao mesmo tempo, ela afirma uma autenticidade que por fim se expressa como uma negação radical: a rejeição da humilhação racial, rebelião contra a racionalidade da dominação e revolta contra o sistema colonialista como um todo. Essa violência simbólica, em última instância, transforma-se em nacionalismo e consequentemente leva à luta política pela libertação. A síntese é por um lado a conjunção da "consciência nacional" e a "práxis política" e, pelo outro, as contradições criadas pelas classes sociais existentes: burguesia nacional, proletariado, subproletariado e campesinato.

Enquanto Fanon distingue a análise de uma luta pela libertação (primeira fase) da promoção do socialismo (segunda fase), Senghor tende a definir o socialismo africano como apenas um estágio num processo complexo que começa com a negritude e orienta-se para uma civilização universal. Ele enfatiza três momentos principais: negritude, marxismo e civilização universal.

a) A negritude é "o calor" de ser, viver e participar de uma harmonia natural, social e espiritual. Ela também significa assumir algumas posições políticas básicas: que o colonialismo despersonalizou os africanos e que, portanto, o fim do colonialismo deve promover a autorrealização dos africanos. Assim, a negritude é ao mesmo tempo uma tese existencial (eu sou o que decidi ser) e uma empreitada política. Ela também significa uma escolha política: entre os métodos europeus, o socialismo parece ser o mais útil tanto para a reavaliação cultural quanto para a promoção sociopolítica.

b) O marxismo, para Senghor, é um método. Para utilizá-lo adequadamente, o pensador senegalês dissocia o marxismo como humanismo do marxismo como uma teoria do conhecimento. O primeiro oferece uma explicação convincente da noção de alienação em sua teoria do capital e valor e expõe o escândalo dos seres humanos sob o capitalismo tornando-se meros meios de produção e estranhos em relação ao produto de seu trabalho. Por esse motivo, Senghor aceita prontamente as conclusões do marxismo à medida que elas indicam um reconhecimento dos direitos naturais dos seres humanos, que são e devem permanecer agentes livres e criadores de cultura. "Nós somos socialistas", escreve Senghor, "porque aceitamos Marx e Engels e acreditamos na utilidade de suas análises das sociedades. Mas adicionamos às obras de Marx e Engels as contribuições de seus sucessores". Todavia, para Senghor o marxismo enquanto uma teoria do conhecimento constitui um problema. É uma coisa utilizar seus esquemas para analisar e compreender a complexidade das formações sociais, e outra aceitar a ideia de que as complexidades sociais se encaixam universalmente no conceito da luta de classe e expressam a necessidade de negar a religião.

c) A negritude e o humanismo marxista são, de acordo com Senghor, apenas estágios num processo dialético dinâmico na direção de uma civilização universal. Interpretando hipóteses de Pierre Teilhard de Chardin, Senghor fundamenta suas ideias de uma civilização universal em leis da evolução. Ele acredita que o movimento de microentidades para entidades mais complexas e por fim a consciência expressa uma lei natural. Isso implicaria pelo menos três teses principais: o princípio do desenvolvimento de todos os seres humanos, o princípio da harmonia no desenvolvimento e a existência de Deus como uma necessidade natural. Senghor pensa que alguns valores africanos básicos são bem expressos nessa perspectiva: a saber, a ideia de comunidade, o princípio da harmonia entre seres humanos em evolução e a natureza em mudança e, por fim, a visão de um universo unitário.

A influência de Senghor no pensamento africano contemporâneo, em particular nos países francófonos, é considerável. O autor senegalês, como o ganês Nkrumah, não se permite ser neutro. Dos pensadores africanos do século XX, ele provavelmente é o que recebeu mais honrarias e elogios, mas provavelmente também o mais desacreditado e insultado, particularmente pela geração atual de intelectuais africanos. É significativo que S. Azombo-Menda e M. Anobo, em seu manual de filosofia africana, considerem-se obrigados a explicar a presença de Senghor em seu texto. "Seu pensamento exerceu tamanha influência em intelectuais negros que seria lamentável se suas teses principais fossem ignoradas ou silenciadas devido ao sectarismo ou porque as pessoas sentiam-se incapazes de discuti-las" (AZOMBO--MENDA & ANOBO, 1978). Será que incluir Senghor num livro-texto de filosofia africana realmente requer desculpas?

É apropriado notar que Senghor se tornou um mito que é discutido infindavelmente. É verdade que a crítica, especialmente africana, enxergou em Senghor principalmente o promotor de algumas oposições famosas que, fora de contexto, poderiam parecer em defesa de perspectivas de certos teóricos racistas: emoção negra confrontando a razão helenista; o raciocínio intuitivo negro através da participação diante do pensamento analítico europeu através da utilização; ou o africano-negro, pessoa de ritmo e sensibilidade, assimilado ao Outro através da simpatia, que pode dizer "Eu sou o outro... logo existo". Com base nisso, Senghor foi acusado de buscar promover um modelo detestável para uma divisão de vocações entre a África e a Europa, entre o africano e o europeu (ex., TOWA, 1971a; SOYINKA, 1976). Isso parece bastante errado. A filosofia de Senghor pode ser compreendida de maneira simples através de uma proposição desafiadora que ele ofereceu ao Partido Socialista Senegalês em julho de 1963: "por fim, o que falta a muitos africanos é a consciência de nossa pobreza e imaginação criativa, quero dizer, do espírito da engenhosidade" (1983: 152).

O socialismo de Nyerere é provavelmente o mais pragmático de todos os socialismos africanos (DUGGAN & CIVILE, 1976: 181). Seu pressuposto básico foi expresso em termos simples. Na expressão "socialismo africano", a palavra mais importante não é "socialismo" e sim *africano*. Em outras palavras, de acordo com Nyerere, um africano não precisa se converter ao socialismo ou à democracia, já que sua própria experiência tradicional é socialista e democrática:

> O verdadeiro socialista africano não enxerga uma classe de homens como seus irmãos e outra como seus inimigos naturais. Ele não forma uma aliança com os "irmãos" para o extermínio dos "não irmãos". Ele considera todos os homens seus irmãos – como membros de sua família sempre crescente. *Ujamaa*, então, ou "caráter de família" [*"familihood"*], descreve nosso socialismo (NYERERE, 1968a: 27).

Ujamaa, ou comunalismo, rejeita tanto o capitalismo (que "busca construir uma sociedade feliz com base na exploração do homem pelo homem") quanto o socialismo doutrinário (que "busca construir sua sociedade feliz com base numa filosofia de conflito inevitável do homem contra o homem"). Para Nyerere, *ujamaa* significa antes de tudo a criação de uma nova sociedade, uma nação, baseada no modelo tradicional de família. Segundo, movendo-se para além da nação, o projeto socialista implicaria um desenvolvimento constante do comunalismo para todos os povos (DUGGAN & CIVILE, 1976: 188-196).

A *Declaração de Arusha*, emitida pelo partido de Nyerere em 1967, deixou seu programa mais explícito. Ela apresentava o credo do partido, sua carta socialista, a política de autoconfiança, a filosofia do pertencimento e um decreto oficial sobre líderes socialistas. O credo apresenta o modo de pensar da *ujamaa*. Na primeira parte, ele descreve os valores principais (compartilhamento, igualdade, rejeição da alienação e exploração do homem pelo homem etc.). Na segunda parte, ele oferece como deduções ideológicas seus principais objetivos políticos: primeiro, a independência da nação, mas uma nação socialista governada por um governo socialista; segundo, a cooperação com países africanos e o compromisso com a libertação da África e sua unidade; e terceiro, a melhoria das condições de igualdade e vida na nação e, portanto, a nacionalização dos meios de produção e o controle político dos campos de produção.

A busca da construção de uma nova sociedade africana também levou para outras direções. Tanto a interpretação de N. Azikiwe da unidade política quanto o federalismo pragmático defendido por O. Awolowo em *O caminho para a liberdade nigeriana* (1947) têm seguidores. A filosofia política de Nkrumah ainda é popular em todo o continente, especialmente seu conceito de revolução social descrito em *Eu falo de liberdade* (1961) e o materialismo de *Conscientismo* (1970), que expõe um sistema sociopolítico que implica no diálogo e na possibilidade de reconciliar forças antagônicas e orientá-las para uma mudança social positiva. Infelizmente, quando se examina o regime de Nkrumah em Gana, pode-se pensar que isso era tudo retórica. Apesar de um bom teórico marxista, Nkrumah, uma vez no poder, tornou-se um mau político e transformou-se rapidamente num ditador. O melhor que se pode dizer é que ele simplesmente fracassou em pôr sua teoria em prática. Mas seu legado teórico permanece, desafiador e estimulante para a nova geração de marxistas africanos que procuram paradigmas de mudança revolucionária e dinamismo cultural. Num nível muito geral, ainda se pode admirar sua avaliação crítica de *Pan-africanismo ou comunismo*, de G. Padmore, suas posições sobre a unidade do continente e a pertinência de suas análises do neocolonialismo (NKRUMAH, 1962, 1965).

Minha sensação é que de modo geral a nova tendência africana concentra-se na importância ideológica do fracasso da sociedade africana contemporânea. Nos países de língua francesa, a crítica é desenvolvida no contexto de contradições sociopolíticas atuais enraizadas tanto na experiência pré-colonial quanto na colonial, como por exemplo por Pathé Diagne em *O poder político tradicional na África Ocidental* (1967) e G.L. Hazoumé com seu livro *Ideologias tribalistas e nação na África: o caso de Daomé* (1972). Sob as circunstâncias, muitos pensadores tendem a reavaliar o socialismo africano e insistem quanto à utilidade de aplicar a lição marxista de forma mais sistemática. Majhemout

Diop sugeriu isso em sua *Contribuição ao estudo dos problemas políticos na África Negra* (1958). Osende Afana aplicou de modo brilhante perspectivas marxistas à situação econômica da África Ocidental em *A economia oeste-africana – Perspectivas de desenvolvimento* (1967, 1976). A tendência marxista ainda parece ser dinâmica, como mostram os escritos de autores como Diagne, Hountondji e M. Ngouabi, assim como as escolhas ideológicas oficiais dos regimes de Angola, Benim, Congo, Etiópia e Moçambique. A recém-criada *Revista dos marxistas africanos* também é uma indicação da renovação marxista na África. Ela conseguiu reunir intelectuais de todo o continente e afirma sua tarefa em termos de "oferecer uma plataforma para o pensamento marxista fornecer o elemento mais necessário agora para que a África expulse a dominação imperialista e a exploração capitalista" (1983, n. 4: 3; cf. tb. DIENG, 1979).

Em contraste, e especialmente na África Ocidental, outros acadêmicos continuam a priorizar questões que são formuladas repetidamente sobre a tradição. M. Dia, por exemplo, com suas obras sobre o humanismo islâmico (1977, 1979) junta-se a A. Hampate Ba e Boubou Hama, sobreviventes prestigiados de uma velha equipe que, desde a década de 1930, continua a invocar o tradicionalismo e o islã como fontes eficazes de regeneração (cf. tb. BRENNER, 1984).

As tendências atuais dão a impressão de que a África da década de 1980 está revivendo as crises dos anos de 1950. Para criar mitos que deem um significado às suas esperanças de melhora, a África parece hesitar entre duas fontes principais, o marxismo e o tradicionalismo, e preocupar-se incessantemente com a evidência da superioridade do Mesmo sobre o Outro e as virtudes possíveis da relação inversa. Mas uma corrente discreta e controversa desenvolveu-se em silêncio desde 1954, a data da publicação de *Nações negras e cultura*, de Cheikh Anta Diop. Para muitos, essa corrente aparece como a única alternativa razoável à desordem atual. Usando o marxismo como uma justificativa, ela busca estudar a tradição africana em profundidade, afirmando a unidade cultural da África pré-colonial, o parentesco linguístico e o passado histórico comum (DIOP, 1954, 1960a, 1967, 1981). As investigações eruditas de Diop — auxiliado pelo congolês T. Obenga (1973) e o camaronês Mveng (1972) — buscam dar à África o benefício moral de ser o berço da humanidade e de ter influenciado a história do Egito antigo e também as civilizações mediterrâneas. Mas será que esses mitos potencialmente mobilizadores podem fornecer, como queria Diop (1960c), a possibilidade de uma nova ordem política na África?

4

O legado e as questões de E.W. Blyden

As ambiguidades de uma alternativa ideológica

> *Por toda minha vida, atormentei-me politicamente. Disso eu induzo que o único Pai que conheci (que eu me dei) foi o Pai político.*
> Roland Barthes por Roland Barthes.

Em seu prefácio a *Cartas selecionadas de Edward Wilmot Blyden* (1978), editadas por Hollis R. Lynch, L.S. Senghor celebra Blyden como "o principal precursor tanto da *negritude* quanto da *personalidade africana*" (LYNCH, 1978: xv-xxii). O pai da negritude pensa que um século antes do surgimento da ideologia africana moderna, Blyden promovera seu espírito. Primeiro, porque Blyden tratou "tanto das virtudes da negritude quanto dos modos apropriados de ilustrar essas virtudes: através de estudos acadêmicos, estilos de vida e criação cultural". Segundo, porque "através do estímulo de uma 'revolução de mentalidades'", Blyden tentou "levar os negros norte-americanos a cultivar o que é 'autenticamente' deles: sua 'personalidade africana' [...] e já defendia o método que hoje é nosso: encontrar nossas raízes nos valores da negritude e ao mesmo tempo permanecer abertos aos valores das civilizações não africanas". Terceiro, porque como um "homem realmente universal", Blyden "já acreditava, como fazemos hoje, que qualquer progresso numa civilização só pode vir de uma mistura de culturas". Lynch, autor de uma biografia de Blyden, concorda com Senghor e escreve que "o conceito moderno de negritude [...] pode encontrar raízes históricas respeitáveis nos escritos de Blyden" (1967: 252). Ele também enfatiza a influência de Blyden em ideólogos como o nigeriano Nnamdi Azikiwe e o ganês Kwame Nkrumah, e afirma que "Blyden foi o pai ideológico da ideia de unidade oeste-africana": "ele inspirou o nacionalismo nos territórios individuais" e sua "ideologia pan-negra foi sem dúvida a progenitora mais importante do pan-africanismo" (1967: 249-250).

Nativo da ilha dinamarquesa de São Tomás, E.W. Blyden (1832-1912) mudou-se para a África Ocidental em 1851 e rapidamente se tornou um dos estudiosos mais cuidadosos de questões africanas. Residente permanente da Libéria e de Serra Leoa, ele viu o começo da corrida pela África, estudou a chegada de colonos europeus na costa ocidental e observou o estabelecimento progressivo do domínio colonial. Ele foi o autor de várias obras.

Não é minha intenção apresentar uma interpretação exegética da obra de Blyden nem oferecer uma nova compreensão de sua vida e realizações. Eu quero tratar de uma questão prática no campo preciso da história das ideologias africanas: Em que sentido podemos aceitar as afirmações de Senghor e Lynch sobre Blyden como o precursor da negritude e da "personalidade africana"? Portanto, eu não "interpretarei" as teses de Blyden do ponto de vista dos dados históricos hoje disponíveis, mas em vez disso me concentrarei em sua importância e limitações e, quando necessário, as situarei em sua "atmosfera ideológica". Assim, eu descreverei os signos e símbolos da ideologia de Blyden expressa em textos como *Vindicação da raça negra* (1857); *Oferta da Libéria* (1862); *O negro na história antiga* (1869); *Libéria: passado, presente e futuro* (1869); *Cristianismo, islã e a raça negra* (1888); e *África e os africanos* (1903). Eu utilizo os temas de *Cristianismo, islã e a raça negra* como um esquema de organização. Esse livro, uma coleção mista de vários textos – artigos, discursos, resenhas – é a obra principal de Blyden (cf. LYNCH, 1967: 73-78). Citações de suas cartas adicionam subjetividade a algumas das teses mais formais de Blyden.

Nesta primeira seção, apresentarei a tese de Blyden sobre a colonização e sua interpretação da "condição do negro"; na próxima, mostrarei como ele enxerga o africano e define sua própria filosofia política. Minha conclusão sobre o seu legado é uma tentativa de uma síntese crítica, estuda as atitudes raciais e o "profetismo" de Blyden e propõe uma interpretação crítica das afirmações de Senghor e Lynch. O método utilizado é simples. A obra de Blyden não é analisada como signo ou símbolo de alguma outra coisa, mas apenas em termos de sua própria densidade e limites espirituais, enquanto revela sua própria irredutibilidade e especificidade. Ao mesmo tempo, como essa obra foi produzida num período histórico dado e num clima intelectual específico, eu considerei válido reescrever sua "paixão" à maneira de Foucault, como um discurso-objeto simples.

Tendo em vista a situação pessoal de Blyden – um negro caribenho que, após ter negada a educação nos Estados Unidos, emigrou para a Libéria (BLYDEN, *LO*: 8; LYNCH, 1967: 73) – podemos compreender que suas ideias sobre a colonização expressam tanto posições raciais quanto nacionalistas com o objetivo de alcançar um tipo particular de revolução social. Em 20 de abril de 1860, ele escreveu sobre a Libéria para William Gladstone, então ministro da economia britânico: "esta pequena república, plantada aqui em grande fraqueza, está sem dúvida destinada, com a providência de Deus, a revolucionar para o bem toda esta porção da África" (BLYDEN, *LET*: 30). Mas numa carta escrita em 9 de junho do mesmo ano para o reverendo John L. Wilson, Secretário de Correspondências do Conselho de Missões Estrangeiras da Igreja Presbiteriana dos Estados Unidos, Blyden fala de ser "instrumental para fazer qualquer coisa para estabelecer a respeitabilidade de minha raça". Significativamente, ele quer que seus esforços para a promoção do

Colégio Alexander em Monróvia contribuam para "uma solução parcial" das perguntas sobre as capacidades dos negros.

> "O grande problema a se resolver é se os homens negros, sob circunstâncias favoráveis, podem cuidar de seus próprios negócios [...] com eficiência". Será que os esforços hoje empreendidos no Colégio Alex, se eficientes e bem-sucedidos, contribuirão para uma solução parcial do problema? E, por outro lado, se esses esforços fracassarem, será que se aprofundará a impressão de que o problema é insolúvel, e será que a escuridão que há tanto tempo se abate sobre a raça aumentará em densidade? Se sim, então que eu seja para sempre descartado pela raça negra, e que eu seja condenado pela branca, se eu não lutar com todas as minhas forças, se eu não gastar todas as minhas energias para contribuir com uma solução tão importante (BLYDEN, *LET*: 31).

Poderíamos nos concentrar nesse signo: uma necessidade explícita de supercompensação transformada numa vontade de poder. Mas essa vontade do "progresso da raça" é determinada em grande parte por um objetivo apologético. Pois, como disse Blyden ao final de seu tratado sobre *O negro na história antiga*, "nós acreditamos que como os descendentes de Cam fizeram parte [...] da fundação de cidades e da organização dos governos, assim também membros da mesma família, desenvolvidos sob circunstâncias diferentes, terão um papel importante no fechamento do grande drama" (*NAH*: 28). Nesse respeito, ele nega aos brancos qualquer presença cultural positiva na África e insiste com frequência no fato de que apenas povos negros podem transformar o continente. Mas ele defende seriamente a colonização como um dos meios possíveis de metamorfose.

A compreensão de Blyden do processo da abertura da África a uma presença branca é ambígua:

> O desejo moderno por um conhecimento mais preciso da África não é um mero sentimento; é o impulso filantrópico de erguer os milhões desse continente para

sua posição apropriada entre as forças intelectuais e morais do mundo; mas também é o desejo comercial de abrir esse vasto país aos empreendimentos do comércio (BLYDEN, *CINR*: 95).

Ainda há a "missão civilizadora". Ele chega até a se referir aos primeiros anos de escravidão como positivos: "O tráfico de escravizados era considerado um grande meio de civilizar os negros – uma espécie de instituição missionária". Os africanos nessa época eram "não apenas doutrinados nos princípios do cristianismo, mas também aprendiam as artes e ciências". "A relação entre o europeu e o africano nesses tempos simples era entre guardião e protegido" (*LPPF*: 7-8).

Apesar do fato de Blyden certamente ter conhecimento das atrocidades belgas no Congo, sua opinião declarada sobre a empreitada do Rei Leopoldo na África era que "todos confiam nos objetivos filantrópicos e nos esforços práticos e comerciais do rei dos belgas na empreitada árdua e cara que ele realiza no Congo" (LYNCH, 1967: 208). E em seu *África e os africanos*, escrito em 1903, ele celebrou Leopoldo e os belgas como agentes "providenciais" para a regeneração do continente e adicionou que a "retribuição pelas suas más ações virá de Deus" (BLYDEN, *AA*: 45; LYNCH, 1967: 209). Mas no mesmo ano, numa carta para John Holt, ele estava bastante furioso com "os acontecimentos horríveis no Congo". Identificando Leopoldo a um faraó mítico e monstruoso, ele afirmou que o rei e seus assessores "têm a maldição de Deus neles" (*LET*: 474).

Blyden também se concentrou no interesse comercial como uma segunda explicação para a colonização. Ele acreditava que o projeto europeu de colonizar a África era um investimento econômico, pois determinaria "a continuação da prosperidade na Europa":

> Em sua ávida busca, os exploradores descobriram que a África possui a maior capacidade para a produção, enquanto matéria-prima, dos vários artigos exigidos

por países civilizados. Os ingleses e franceses, e os alemães, estão agora na luta de uma competição intensa pelos tesouros ocultos desse continente (*CINR*: 120).

Podemos supor que Blyden tenha ouvido falar da descoberta de ouro na Rodésia pelo alemão Karl Mauch na década de 1860. Essa descoberta, amplamente alardeada por colonos brancos sul-africanos, tornou-se o símbolo do tesouro africano nos anos de 1870 ao alcançar os jornais europeus. Entretanto, Blyden enfatizou uma teoria econômica para explicar a luta pela África:

> A Europa transborda com as produções materiais de seu próprio gênio. Mercados externos importantes que antes consumiam essas produções agora se fecham a ela. A África parece oferecer a única grande válvula de escape e o desejo é fazer com que os mercados do Sudão tenham fácil acesso a Londres, Manchester e Liverpool. As fábricas deprimidas de Lancashire esperam a inspiração de nova vida e energia através do desenvolvimento de um comércio novo e inexaurível com os milhões da África Central (*CINR*: 95).

Essa é uma explicação clássica de meados do século XIX, mas escrita perto do seu final. A suposta "era da pequena Inglaterra" anti-imperialista do último quarto do século XVIII parece uma fantasia (cf. ROBINSON; GALLAGHER & DENNY, 1961; THORNTON, 1959; LANGER, 1951). Depois da tese de J.B. Saw sobre o equilíbrio econômico e seu endosso por Mill e Bentham, quase todos os economistas britânicos defendiam a colonização como o melhor meio para melhorias econômicas e sociais na metrópole. Uma das teorias mais articuladas, o esquema de colonização sistemática de E.G. Wakefield, enfatizava a extensão do "capital de terra" ou "campo de produção" como uma solução para a "redundância" tanto de capital quanto de trabalho na Inglaterra. Para Wakefield, assim como para a maioria dos principais teóricos da época (como R. Torrens e R.J. Wilmot-Horton), a aquisição de colônias era, para usar as palavras de John Stuart Mill, "o melhor negócio possível para o capital de um país velho e rico". Suas vantagens mais óbvias supostamente eram: primeiro, a expansão do campo de produção e emprego e, portanto, a possibilidade de criação de novas riquezas; segundo, uma solução para o problema do desemprego ao transferir pessoas além-mar e integrá-las a novos campos; e terceiro, uma extensão orgânica dos mercados através da exportação de bens manufaturados e a importação de alimentos e matéria-prima.

Blyden parece consciente desses objetivos coloniais (LYNCH, 1967: 191-209) mesmo quando aceita as "intenções humanitárias [europeias] – com todos os seus ornamentos para civilizar, instruir e elevar" (*CINR*: 338). Ele é, fundamentalmente, um político. Ele admira o Império Britânico e considera-se "conhecedor do caráter e temperamento dos homens que, felizmente para a humanidade, chegam ao topo do governo". Ele se deleita sinceramente com "o espírito e intenção do governo imperial" que, de acordo com um certo Sr. Bosworth Smith, que ele cita, apresenta "um governo que não é egoísta nem agressivo, mas sim benevolente e enérgico, sábio e justo". Além disso, ele tem um olhar amigável para os colonos britânicos na África Ocidental que "tiveram entre seus governantes, especialmente nos últimos vinte anos, alguns dos melhores representantes do espírito inglês" (*CINR*: 298-299). Quanto à presença francesa na África Ocidental, ele diz que "a França faz a sua parte para pacificar a África Ocidental, melhorar suas condições materiais e dar uma oportunidade de progresso permanente aos filhos da terra": "um trabalho muito necessário e apropriado para o gênio da raça celta". A Alemanha dá "sua cota desejável" e os alemães "desempenham seu papel com inteligência, energia e capital" (LYNCH, 1967: 200-201).

Blyden não parece desaprovar a colonização europeia. Em 1896, ele ainda afirma que a Grã-Bretanha "deve ter precedência inquestionável a respeito do território e da influência política na África Ocidental" (LYNCH, 1967: 197; BLYDEN, *LO*: 25). Quando Sir Frederick Lugard renunciou em 1906, Blyden expressou sua "tristeza muito profunda" ao pró-cônsul colonial: "Na longa lista de governantes britânicos na África que merecem o bem de seu país e dos nativos, o sentimento universal dirá ao senhor 'bom trabalho, vá com Deus'" (*LET*: 484). Mas há uma ambivalência no elogio de Blyden à colonização europeia. Por exemplo, ele escreveu em 1878 para Sir Thomas Fowell Buxton:

> A missão cristianizadora e civilizadora de seu país jamais será realizada pelo comércio e pelas demonstrações militares, nem sequer apenas pelas escolas – mas pelo exemplo dos grandes princípios de justiça e humanidade que o Grande Professor que vocês dizem seguir inculcou, mas que, entristece-me ver, ainda estão longe de ser compreendidos ou aplicados na prática pelas nações cristãs em seus negócios com as raças mais fracas (*LET*: 272).

Em *Cristianismo, islã e a raça negra*, Blyden se concentrou vigorosamente na língua inglesa como um meio de educação africana. "No inglês, como no seio de um grande mar central, todas as correntes do passado e do presente derramaram-se e ainda derramam seus conteúdos variados" (*LO*: 109). Ele considerava o inglês como "a linguagem da conquista – não da conquista física, mas moral e intelectual" (*CINR*: 368). Ele lamentava apenas que nas costas ocidentais o inglês, como as outras línguas europeias, "passou a ser associado pela maior porção dos nativos com devassidão, pilhagem e crueldade, esvaziado de qualquer conexão com coisas espirituais" (*CINR*: 68). Na realidade, a lógica do pensamento de Blyden é clara: ele favorece tanto a língua inglesa quanto a colonização como meios para enxertar "o progresso europeu em bloco no conservadorismo e estagnação africanos" (*CINR*: 300). Em suas próprias palavras:

> O africano nativo, como todos os povos orientais ou tropicais, não enxerga nenhuma razão ou propriedade no trabalho extra, desde que ele tenha o bastante para suprir suas necessidades. Mas ele é imitativo. E como a língua inglesa está difundida em seu país, vivificada por sua fixação de domicílio no continente ame-

ricano [...] o nativo será elevado inconscientemente; e, apesar das tendências hereditárias e do ambiente, trabalhará então não para desfrutar do repouso – o *dolce far niente* ["doçura de não fazer nada"] – mas para poder trabalhar mais e realizar objetivos maiores (*CINR*: 368).

O que está em jogo é uma tese sobre a possibilidade de aperfeiçoamento dos "selvagens" que estava disseminada nos meios e publicações acadêmicas europeias desde a Era das Luzes (cf. LYONS, 1975), assim como o tema ideológico da responsabilidade anglo-saxã, uma posição que sustentou a saga da exploração durante o século XIX. É óbvio que Blyden não tem dúvidas sobre a necessidade da "regeneração" da África (*LO*: 5, 28). Ele claramente compartilha da convicção de Livingstone apresentada de várias formas em quase todos os relatos anglo-americanos sobre explorações africanas: "é na raça anglo-americana que repousa a esperança de liberdade e progresso do mundo" (cf. HAMMOND & JABLOW, 1977). Blyden aceita as façanhas da colonização sob a lei britânica e enxerga a experiência colonial britânica como o melhor modelo de promoção da civilização: "sob esse sistema esclarecido de governo que protege os direitos, a liberdade, a vida e a propriedade de cada indivíduo, de qualquer raça ou religião, as pessoas viram o aumento de sua civilização e bem-estar" (*CINR*: 215).

É bom manter em mente esse princípio geral: Blyden considera a colonização um modo de elevar os africanos à civilização e pensa que, se possível, esse processo deve ser realizado em inglês. Enquanto explicação teórica para a conquista da África ele não difere, nesse nível, da justificação filantrópica de Leopoldo II, rei dos belgas: "a extinção da escravidão e a introdução de uma civilização seleta" (*CINR*: 348) nem dos propósitos de um grande número de organizações coloniais. Em seu discurso proferido no aniversário da Sociedade Americana de Colonização em 1883, Blyden louvou a curiosidade zelosa dessas associações que estavam "trazendo todos os seus recursos para a exploração e melhoramento da África" (*CINR*: 94). Essas eram organizações como a Associação Africana Internacional, criada em 1876; a Associação Nacional Italiana para a Exploração e Civilização da África; a Associação Espanhola para a Exploração da África; a Sociedade Alemã para as Explorações da África, fundada em 1872; a Sociedade Africana em Viena, fundada em 1876; a Associação Húngara Africana, criada em 1877; o Comitê Nacional Suíço para a Exploração da África Central etc. Todas essas associações, escreveu Blyden, trazem consigo um "desejo por um conhecimento mais preciso da África", um "impulso filantrópico para erguer os milhões desse continente à sua posição apropriada" e "um desejo mercantil de abrir esse vasto país aos empreendimentos do comércio" (*CINR*: 95).

A dimensão particular da teoria da colonização de Blyden reside na pressuposição de que a abertura e o desenvolvimento do continente devem ser uma empreitada negra. Em 1885, numa carta longa para Sir Samuel Rowe, governador de Serra Leoa, ele expôs os pontos essenciais de sua teoria da colonização. O interesse europeu "agora direcionado à África" é positivo em termos de suas premissas, já que é, de acordo com sua posição, "a causa da civilização e do progresso". "É gratificante saber que a Inglaterra está despertando para suas reivindicações justas de quaisquer vantagens que esses países possam oferecer para propósitos comerciais ou imperiais". Com base em seus "trabalhos em conexão com a República da Libéria, e de modo limitado com a colônia de Serra Leoa", ele ofereceu conselhos sobre como impor um novo "sistema" aos "nativos": "o mais eficaz é evidentemente a anexação com o propósito de supervisão e controle regular dos territórios anexados". Mas ele insistiu que os "assentamentos de negros civilizados da América" eram a melhor política; "o modo mais eficiente de espalhar a civilização na África intertropical" (*LET*: 349-355). Blyden estava convencido de que "apenas o negro conseguirá explicar o negro para o resto da humanidade" (*CINR*: 263). Para ele, o caso da Libéria era exemplar como o signo mais bem-sucedido dessa convicção. Ele escreveu em "Esperança para a África" (1862) sobre o "cumprimento de um plano divino":

> Há quinze mil africanos civilizados e cristianizados esforçando-se para realizar o trabalho duplo de estabelecer e manter uma nacionalidade independente e apresentar o Evangelho para incontáveis milhões de homens pagãos e bárbaros (*LO*: 19).

Essa é uma ideia que ele manteve até o fim de sua vida. Igualmente fortes foram seus convites para negros norte-americanos emigrarem para a África. Os motivos que propunha eram às vezes financeiros, às vezes psicológicos, e também afirmam sua preocupação quanto à "regeneração" desses imigrantes em potencial. Ele deixa isso explícito numa carta de 3 de setembro de 1877 para W. Coppinger, Secretário da Sociedade Americana de Colonização:

> Eu ficaria feliz se o senhor indicasse aos africanos nos Estados Unidos estes dois fatos:
>
> 1) Há uma grande riqueza em sua pátria, e se eles não se aproveitarem dela logo, outros chegarão antes e poderão talvez ocupar os melhores locais.
>
> 2) É apenas em conexão com a Libéria ou uma nacionalidade negra estabelecida apropriadamente que eles podem aspirar a uma verdadeira hombridade e igualdade (*LET*: 260).

Quero enfatizar que Blyden tinha uma compreensão bastante restritiva do que significava *negro*. Ele não queria na África "gente de sangue misturado" (cf., p. ex., *LET*: 174, 271, 315) que, segundo ele, "nunca tem simpatia completa pelo trabalho". Esse racismo óbvio, paradoxalmente, baseia-se no pensamento europeu ao qual ele deveria se opor. Em uma carta para Charles T. Geyer, ele afirmou abertamente que "a repatriação de negros civilizados do hemisfério ocidental é indispensável no trabalho de melhoramento africano" (BLYDEN, *LET*).

Apesar de suposições tão claras, seu raciocínio enfatizava o caráter misterioso da África: ela é uma esfinge que "deve finalmente resolver seu próprio enigma" (*CINR*: 127). Em outras palavras, a Europa tem que abandonar "a ideia de regenerar a África através de colônias de seus próprios súditos" (*CINR*: 349), porque "a colonização energética para os brancos deve ocorrer em climas onde o inverno ou o tempo frio trazem suas influências saudáveis e recuperativas para corpo e mente" (*CINR*: 349). Blyden sustentou seu argumento com alguns precedentes históricos (*CINR*: 358), citando M. Stanley, que escreveu que "as regiões equatoriais da África há séculos desafiam o islã, o cristianismo, a ciência e o comércio [...]. A civilização, malograda com tanta frequência, vitupera contra o barbarismo e a selvageria que apresentam um fronte tão impenetrável aos seus esforços" (*CINR*: 345). Ele também enfatizou os infortúnios dos colonizadores: os europeus não conseguem sobreviver na África (*CINR*: 128); eles morrem ou ficam fisicamente doentes e mentalmente perturbados (*CINR*: 263). Em suma, "o principal obstáculo à influência saudável dos europeus na África é o clima. Desde o começo da Antiguidade, essa tem sido a barreira insuperável" (*CINR*: 341). Na carta que ele enviou para Sir Lugard em 1906, propôs a mesma explicação:

> O princípio do "agente no local", por mais aplicável que possa ser a outros países com climas mais salubres, nem sempre deve ser seguido quando se trata da África intertropical. Lá a *equipe* é mais importante. Via de regra, os europeus não mantêm seu estado mental normal ou talvez nem mesmo seu equilíbrio moral depois de seis meses sob a influência desse clima (BLYDEN, *LET*: 484; ênfase minha).

Assim, apenas os negros podiam colonizar e reformar a África. Com "negros", ele queria dizer "norte-americanos e caribenhos civilizados de ascendência africana".

Blyden tinha algumas opiniões estranhas sobre a escravidão: por exemplo, sua crença de que nos primeiros anos "ela era uma deportação de uma terra de barbarismo para uma terra de civilização" (*LO*: 156). Também eram notáveis algumas de suas posições sobre os negros norte-americanos. Por exemplo, ele escreveu que a África nunca perdeu as classes superiores de seus povos. Via de regra, aqueles que foram exportados pertenciam "às classes servis e criminosas" (*CINR*: 126). Mas ele continuou a louvar os negros norte-americanos e suas capacidades e considerava-os possíveis salvadores da África. Acreditava que eles "jamais precisaram do estímulo de nenhuma organização de homens brancos para dirigir sua atenção à terra de seus pais" (*CINR*: 100). Levando esse ponto de vista a seus limites extremos, ele insistia sobre a particularidade dessa colonização possível e suas implicações raciais:

> O negro exilado, então, tem um lar na África. A África é sua, se ele quiser. Ele pode ignorá-la. Ele pode achar que perdeu qualquer direito a ela; mas isso não alterará suas relações com esse país, nem prejudicará a integridade de seu título (*CINR*: 124).
>
> É de fato impossível não simpatizar com o negro inteligente, cuja imaginação, inflamada pelas perspectivas e possibilidades dos [Estados Unidos], a terra onde nasceu, faz com que ele deseje permanecer e compartilhar de suas lutas e glórias futuras. Mas ele ainda sofre com muitos obstáculos (*CINR*: 125).
>
> Como resultado de sua liberdade e educação ampliada, os descendentes da África [nos Estados Unidos] começam a sentir-se mais eretos. Eles começam a sentir que apenas na África encontrarão a esfera de sua real atividade (*CINR*: 125).

Em Nova York, Filadélfia, Baltimore, Harrisburg e outras cidades Blyden pregou para "congregações de cor" durante o verão de 1862, afirmando: "agora, quando os europeus olham para nossa pátria, será que os africanos no hemisfério ocidental não deveriam também voltar seu olhar para lá?"; "Nós não devemos nos contentar em viver entre outras raças simplesmente por sua permissão ou sua paciência"; "Nós precisamos construir estados negros"; "Uma nacionalidade africana é nossa grande necessidade, e Deus nos diz através de sua providência que Ele pôs a terra diante de nós, e nos ordena a ir para lá e possuí-la" (*LO*: 75-76) etc. O projeto é de orientação racial, sua fundamentação é racista:

> Nos Estados Unidos, vemos o quão rapidamente pessoas de todas as partes da Europa são assimiladas [...]. O negro, o indiano e o chinês, que não pertencem à mesma família, repelem-se e são repelidos pelos europeus. "Os elementos antagonistas estão em contato, mas recusam a se unir, e até o momento não se encontrou nenhum agente poderoso o suficiente para reduzi-los à unidade" (*LO*: 88).

As ideias de Blyden sobre a colonização africana têm base tanto em teorias expostas em termos de raça quanto em sua própria experiência em Serra Leoa e na Libéria. Às vezes elas expressam uma sensação pessoal de supercompensação que explica algumas das razões estranhas que ele propõe para os negros norte-americanos voltarem à África. Por exemplo: "O negro nos Estados Unidos, não importa o quão bem educado e qualificado seja, jamais terá a oportunidade de aparecer em caráter diplomático numa corte europeia – um privilégio que o liberiano tem apesar da insignificância política de seu país" (*LET*: 26). Ainda assim, o ponto essencial é que ele visualizou a extensão da experiência da Libéria para todo o continente, convencido que em defesa da "autenticidade negra", "não importa o que os outros possam fazer por nós, há coisas que precisamos fazer nós mesmos. Nenhuma proteção externa, nenhuma intervenção amistosa, nenhum feito ou presente pode dar essas virtudes pessoais – esses atributos da hombridade – a autoconfiança e a independência" (*CINR*: 217).

Esse argumento sobre a colonização africana representa uma separação de duas teorias relacionadas que eram aceitas de modo geral durante o século XIX (cf. LYONS, 1975: 25-85). Como disse Christopher Fyfe em sua introdução a um dos livros de Blyden, a humanidade "é dividida em raças e [...] os movimentos da história e da sociedade só podem ser explicados adequadamente em termos de sua interação" (*CINR*: xii). Blyden enxergava o futuro africano em termos de cooperação e integração racial entre negros norte-americanos e africanos. Ele também partilhava da pressuposição disseminada na segunda parte do século XVIII e por todo o XIX de que apenas uma certa raça pode adaptar-se e sobreviver num clima específico: "leste é leste e oeste é oeste; e nunca os dois se encontrarão" era um princípio poligenista. Com esses pressupostos, Blyden pensava que a única alternativa à colonização europeia corrente era uma presença de negros norte-americanos que exigiria uma reforma do ambiente africano e resultaria numa transformação de seus povos. Consequentemente, o argumento torna-se algo que devemos chamar de um programa experimental de organização política e racial:

> Este parece ser o período de organização da raça e sua consolidação. As raças na Europa estão se esforçando para agruparem-se de acordo com suas afinidades naturais [...]. Os alemães estão confederados. Os italianos estão unidos. A Grécia está sendo reconstruída. E assim esse impulso da raça tomou o africano aqui. A sensação está no ar – o plano onde as raças se movem. E não existe nenhum povo para o qual o desejo de integridade de raça e sua preservação seja mais forte do que o negro (*CINR*: 122).

O tema fundamental nos escritos de Blyden é que os africanos, de um ponto de vista histórico, constituem um universo separado e têm sua própria história e tradições. Vale a pena analisar esse ponto, já que a literatura europeia sobre a África do século XIX também o enfatizou mas de modo diferente (cf. BATTLE & LYONS, 1970). Os autores do século XIX, concentrando-se nas diferenças entre a África e a Europa, tendiam a demonstrar a completa falta de semelhança entre os dois continentes e tentavam provar que na África o ambiente físico, a flora e a fauna e também as pessoas, representam relíquias de uma era remota da

Antiguidade. O *Ensaio sobre a desigualdade das raças humanas* (1853) de Arthur de Gobineau, o darwinismo e o debate entre poligenistas e monogenistas ofereciam categorias "científicas" e "sociais" para o pensamento racial (cf. HALLER, 1971). A classificação de Lineu de tipos e variedades dos seres humanos no sistema natural (1758) foi então modificada. G. Cuvier, por exemplo, ofereceu uma hierarquia dos tipos humanos em *Reino animal* (1827); S. Morton, uma tabela de raças e sua capacidade craniana e intelectual em *Crania americana* (1833); e G. Combe, *Um sistema de frenologia* (1844) onde demonstrava as relações entre tipos de cérebro, diferenças raciais e graus de desenvolvimento espiritual e cultural (cf. CURTIN, 1965; LYONS, 1975). Em suma, "apesar de eles discordarem entre si sobre quais 'raças' europeias eram inferiores às outras, os comentadores raciais ocidentais concordavam de modo geral que os negros eram inferiores aos brancos em fibra moral, realização cultural e capacidade mental; o africano, para muitos olhos, era a criança na família do homem, o homem moderno em estado embrionário" (LYONS, 1975: 86-87).

Em outras palavras, isso significava que os povos africanos eram considerados instâncias de um estado congelado na evolução da humanidade. Eles eram definidos como seres humanos "arcaicos" ou "primitivos", à medida que supostamente representavam organizações sociais e culturais muito antigas que estiveram presentes na Europa há vários milhares de anos. A antropologia do século XIX tinha uma base firme nessa hipótese e produziu obras acadêmicas sobre os princípios da evolução da humanidade na direção da civilização, onde os povos africanos eram considerados sinais da primitividade inicial:

> O erro que os europeus muitas vezes cometem ao tratar das questões da melhoria do negro e do futuro da África está em supor que o negro é o europeu em embrião – no estágio não desenvolvido – e que quando, daqui a pouco, ele desfrutar das vantagens da civilização e da cultura ele se tornará como o europeu; em

outras palavras, que o negro está na mesma linha de progresso, no mesmo trilho que o europeu, mas infinitamente para trás (BLYDEN, *CINR*: 276).

De acordo com a filósofa política do século XX Hannah Arendt:

> É altamente provável que o pensamento em termos de raça teria desaparecido em seu devido tempo junto com outras opiniões irresponsáveis do século XIX se a "corrida pela África" e a nova era do imperialismo não tivessem exposto a humanidade ocidental a experiências novas e chocantes. O imperialismo teria precisado da invenção do racismo como a única "explicação" e justificativa possível para seus feitos, mesmo que nenhum pensamento racial jamais tivesse existido no mundo civilizado (ARENDT, 1968: 63-64).

Essa é uma hipótese interessante que Blyden não cogitou. Por razões bastante compreensíveis, Blyden teve que enfatizar a estrutura ideológica do pensamento racial. Assim, os temas principais de seu *Uma vindicação da raça negra* (1857) tratam do mito da maldição de Cam e da "ideia de inferioridade frenológica" (BLYDEN, *LO*: 31, 55). Ele rejeitou opiniões racistas e as supostas "conclusões científicas" trabalhando a partir de um tópico provocante: "já foi dito: 'De Nazaré pode sair coisa boa?'[Jo 1,46]" (*LO*: 55). Sua posição é de bom-senso e próxima à de ideólogos pró-africanos dos últimos dois séculos, como o britânico J.C. Prichard e o padre francês H. Grégoire. Ao comentar a maldição de Cam, Blyden observou que, primeiro, "é preciso provar que a maldição foi lançada sobre o próprio Cam"; segundo, "que ela foi lançada sobre cada um de seus filhos individualmente"; e terceiro, "se ela foi lançada sobre Canaã, que este foi o único filho de Cam". Sua conclusão: "nós sabemos que nada disso era o caso" (*LO*: 35-36). Portanto, para ele a experiência da escravidão "não era um argumento em favor da hipótese da maldição" (*LO*: 41). Quanto às teses frenológicas, Blyden não as aceitava porque, além de outras boas razões, "a aparência externa nem sempre é o indicador do homem intelectual" (*LO*: 56) e "o caráter intelectual e moral do africano em liberdade" não pode ser inferido "a partir do que ele é na escravidão" (*LO*: 52-53). Contra os pressupostos evolucionistas que enfatizavam o condicionamento climático, ele afirmou que "as agências morais, quando postas em operação, não podem ser superadas por causas físicas" (*LO*: 81).

Blyden não se opôs cientificamente ao pressuposto evolucionista. Simplesmente zombou dele e então partiu num caminho diferente, relativista, para refutá-lo ao ridicularizar "as acusações de superstição etc. feitas contra os africanos, cuja consequência é a atribuição eventual de uma 'incapacidade de melhora' desesperançada para a raça inteira":

> Não há uma única deficiência moral ou mental hoje existente entre os africanos – nem uma única prática à qual eles hoje se entreguem – para a qual não se possa encontrar um paralelo na história passada da Europa, mesmo depois de o povo ter sido trazido para a influência de um cristianismo nominal (*CINR*: 58).

Ele fez as mesmas acusações para a Europa e a África: poligamia, escravidão, sacrifícios humanos, costumes sanguinários (*CINR*: 58-59). Assim, defendeu sua própria posição de maneira negativa ao mostrar que o africano faz parte da humanidade, mesmo parecendo mais fraco. Em 1869 ele observou que:

> Quando, há quatrocentos anos, os portugueses descobriram esta costa, encontraram os nativos vivendo em paz e tranquilidade considerável, e com um certo grau de prosperidade [...]. A partir de tudo que sabemos, as tribos desta região viviam numa condição não muito diferente da maioria da Europa na Idade Média (*NAH*: 20).

No mesmo ano, em sua palestra proferida no Monte Líbano, então na Síria, para celebrar o décimo nono aniversário da independência da Libéria, Blyden apresentou uma leitura ideológica do símbolo liberiano no "mundo civilizado". A responsabilidade negra tornou-se o sinal do avanço e da esperança. Ela encarna a paz e a libertação das guerras, emasculação e opressão das culturas nativas tradicionais; ela exprime uma autoridade organizada contra a corrupção de "chefes aborígenes"; ela institucionaliza a civilização, o comércio e a religião contra a massa de crimes e imoralidade do tráfico de escravizados. Em resumo, temos um paradigma paradoxal e romântico: eis a Libéria simbolizando o Novo Negro oposto tanto ao "paganismo" dos "nativos" quanto ao "barbarismo" dos traficantes de escravizados. Através de sua própria existência, a Libéria implica a possibilidade de uma transformação radical da história da África: "o cristianismo, liberdade e leis anglo-americanas, sob a proteção do liberiano, não terão nada que impeça sua disseminação indefinida sobre esse continente imenso. Repetindo: nada que impeça sua disseminação indefinida" (*LPPF*: 23). Essa convicção quase mística também está presente em textos posteriores. Assim, por exemplo, em 1884:

> Tendo em vista todas as coisas, meu consolo é que o Senhor é Rei. Apesar dos erros e da perversidade do homem, seus planos serão concluídos. Eu acredito que a ideia de colonização veio de Deus, e que a Sociedade Americana de Colonização, sob o condicionamento necessariamente imperfeito da humanidade, está desempenhando seus propósitos (*LET*: 326).

E em 1888:

> Não estamos dispostos [...] a admitir a ideia de que os africanos não sejam capazes de adquirir as confianças e convicções, ou o desenvolvimento moral e espiritual que são essenciais para a paz e a orientação humana neste mundo e para a vida eterna no mundo que virá, se não seguirem um molde europeu (*CINR*: 66).

Essas citações indicam a complexidade de Blyden. Ele não refuta a visão padrão da "primitividade" africana, e sim enfatiza a relatividade da cultura e do progresso social. Essa prática de argumentar através de conceitos sociológicos ou, como ele a define, "a ciência da raça" (*CINR*: 94), leva-o à "poesia" da política:

É o sentimento de raça – a aspiração pelo desenvolvimento em sua própria linha do tipo de humanidade ao qual pertencemos. Os italianos e alemães ansiaram por muito tempo por esse desenvolvimento. As tribos eslavas estão tateando por ele. Ora, nada tende a desencorajar mais esses sentimentos e bloquear essas aspirações do que a ideia de que o povo ao qual estamos conectados, e por cuja melhoria suspiramos, nunca teve um passado, ou teve apenas um passado ignóbil – antecedentes que eram "vazios e sem esperança", a serem ignorados e esquecidos (*CINR*: 197).

Blyden tende a evitar tanto a propaganda antiescravidão fácil, com seus mitos sobre o "bom selvagem", quanto os debates técnicos sobre a hierarquia das raças. Em vez de definir o africano como uma contraparte "especial" do europeu – um "bom selvagem" ou um "primitivo bestial" – Blyden utilizou sua formação literária para descrever o africano como uma vítima de um etnocentrismo europeu. Por exemplo, ele considerava o desprezo a africanos e negros uma invenção moderna. Ele se referiu às descrições de negros de Homero e Heródoto, insistiu na frequência do etíope *kalos kagathos* [belo e bom] na literatura clássica e discutiu o valor estético da cor preta na Bíblia (*NAH*: 14; cf. tb. BOURGEOIS, 1971; MVENG, 1972). Em *Cristianismo, islã e a raça negra*, ele afirmou que "nas línguas grega e latina e sua literatura, não há, até onde sei, nenhuma frase, palavra ou sílaba depreciativa ao negro" (*CINR*: 84). Ao comentar um poema atribuído a Virgílio e citar a celebração de Homero do negro Euríbates no cerco de Troia, ele afirma que "a depreciação começou com os viajantes europeus, em parte 'de um desejo de serem injustos' ou 'de noções preconcebidas do negro', 'e em parte também por causa do princípio que é mais fácil derrubar do que construir'" (*CINR*: 263). Essas explicações não constituem uma descrição histórica convincente. Mas, em termos muito gerais, elas situam as justificativas ideológicas usadas primeiramente por viajantes e depois por exploradores e missionários para estabelecer uma nova ordem no "continente negro" (cf. ARENDT, 1968: 87). Isso significava abrir a África ao comércio, educação europeia e cristianismo, e assim estabelecer e aplicar uma dominação psicológica:

> Em todos os países de língua inglesa a mente da criança negra inteligente se revolta contra as descrições oferecidas do negro em livros didáticos – geografias, viagens, histórias; mas, apesar de ele experimentar uma revulsão com essas caricaturas e representações errôneas, é obrigado a continuar, durante seu crescimento, a estudar esses ensinamentos perniciosos. Após sair da escola ele encontra as mesmas coisas em jornais, revistas, romances, obras quase-científicas; e depois de um certo tempo – *sæpe cadendo*[11] – elas começam a lhe parecer as coisas certas a dizer e sentir sobre sua raça (*CINR*: 76).

Ao pensar sobre a condição do negro norte-americano em particular, Blyden generalizou sua análise:

> Aqueles que já viveram em comunidades civilizadas onde existem raças diferentes conhecem as opiniões depreciativas dos negros proferidas por seus vizinhos – e muitas vezes, ai! por eles mesmos. Como o padrão de todas as excelências físicas e intelectuais na civilização atual é a cútis branca, o que quer que desvie dessa cor preferida é depreciado proporcionalmente, até que o preto, que é seu oposto, torne-se não apenas a cor menos popular mas também a menos lucrativa (*CINR*: 77).

Blyden lidou corajosamente com esse aspecto difícil da dependência psicológica. Ele achava que o negro era fraco porque aceitava a imagem imposta a ele, e que esse complexo de dependência podia explicar a "hesitação", a "modéstia que surge de uma sensação de inferioridade" encontrada no aluno negro norte-americano (*CINR*: 148) assim como a autodepreciação en-

---

11. Expressão latina que se refere ao ditado que em português tornou-se "água mole em pedra dura tanto bate até que fura" [N.T.].

contrada no adulto. "Nos Estados Unidos, é doloroso ver os esforços feitos pelos negros para assegurar a conformidade exterior à aparência da raça dominante" (*CINR*: 77).

Quanto ao negro em geral, Blyden observou que as perspectivas pejorativas fornecem o esquema intelectual dessa guerra psicológica. Uma oposição entre cores, preto contra branco, torna-se o símbolo principal da distância de qualidade e virtude entre europeus e africanos e justifica o dever do homem branco para as "raças desprezadas" (*CINR*: 138). Mas esse dever parece ser um mito e suas obras não serão duradouras:

> Victor Hugo exorta as nações europeias a "ocupar essa terra oferecida a elas por Deus". Ele se esqueceu do conselho prudente de César aos ancestrais dessas nações para não invadirem a África. Os europeus terão no máximo uma ocupação precária nesse domínio "oferecido a eles" (*CINR*: 145-146).

Ao rejeitar o tema do negro bárbaro, Blyden se concentrou na conexão entre degeneração e ocidentalização. Para ele, nem todas as realizações europeias são esplêndidas e úteis. Pelo contrário, "coisas que foram de grande vantagem para a Europa podem causar nossa ruína; e muitas vezes há uma semelhança tão notável, ou uma conexão tão próxima, entre o maléfico e o benéfico que nem sempre somos capazes de discriminar" (*CINR*: 79). Além disso, ele observou que a consequência mais visível para o reino do Congo, ocidentalizado e cristianizado sob influência portuguesa durante o século XVII, foi seu desaparecimento (*CINR*: 159).

Poderíamos até pensar que Blyden – apesar de ser um pastor cristão – não acreditava na conversão, à medida que ela era uma expressão da ocidentalização: "Os pagãos de bom discernimento sabem que o homem negro entre eles que 'se chama de cristão e veste-se com roupas [europeias]' adere aos hábitos e costumes europeus com um poder reservado de desprendimento" (*CINR*: 59). Ele ridicularizava vigorosamente a confusão entre costumes socioculturais e valores cristãos e observou, com pessimismo, que "o Evangelho não conseguiu correr livremente nesta terra" (*LET*: 115). Entretanto, acreditava que as "inconsistências dos cristãos" (*LET*: 99) poderiam explicar esse fracasso relativo. Na verdade, o que ele rejeitava era o "verniz fino de civilização europeia" que um missionário jovem e inexperiente propaga. "Com o vigor honesto e o temperamento sanguíneo que pertencem à juventude ele prega uma cruzada contra os costumes e preconceitos inofensivos das pessoas – substituindo muitos costumes e hábitos necessários e úteis no clima e para o povo por práticas que, por mais úteis que possam ser na Europa, tornam-se, quando introduzidas indiscriminadamente na África, artificiais, ineficazes e absurdas" (*CINR*: 64). Entretanto, Blyden parece acreditar que a confusão entre valores religiosos e costumes culturais não é um acidente: "a mente anglo-saxã, e a mente africana treinada sob influência anglo-saxã, parecem ser intolerantes de todos os costumes e práticas que não se conformem ao padrão dos gostos e hábitos europeus" (*LET*: 114). Essa instância de mal-entendidos culturais não é nem extraordinária nem incomum. A suposta resposta africana aos europeus e sua cultura tem importância no mínimo igual.

> Também há aqueles de outras raças que escarnecem, zombam e "desprezam". Alguns dos procedimentos de Baker e Stanley na África devem com frequência ter transmitido aos nativos a sensação de que esses viajantes energéticos vieram de continentes muito mais "negros" do que suas imaginações simples jamais antes sugeriram (*CINR*: 138-139).

> Mungo Park registrou suas impressões da seguinte maneira: apesar de os negros, de modo geral, terem uma grande ideia da riqueza e do poder dos europeus, temo que os conversos maometanos entre eles fiquem muito pouco impressionados com nossas realizações superiores no conhecimento religioso [...]. Sinto que os pobres africanos, que gostamos de considerar bárbaros, encaram-nos como pouco mais do que uma raça de pagãos formidáveis mas ignorantes (*CINR*: 343).

Para Blyden, essas incongruidades revelavam o tom geral de um contato distorcido que existia sob a escravidão e o imperialismo colonial. Além disso, à medida que a presença europeia e sua autoproclamada supremacia política afetam a cultura e a consciência do africano (*LO*: 57), Blyden considerava necessário enfatizar exageradamente algumas questões ideológicas que acabariam promovendo a resistência silenciosa do africano e criariam uma nova atmosfera de ideias. A lógica desse compromisso levou Blyden a formular críticas intelectuais vigorosas da ideologia ocidental, principalmente através de uma avaliação crítica da tradição europeia, uma nova interpretação da história e, por fim, uma avaliação positiva da tradição oral africana.

A crítica de Blyden da tradição europeia tem base numa filosofia relativista das culturas (*AA*: 60). Ele acreditava que apesar de o conceito de humanidade, em termos religiosos, ser o mesmo por todo o mundo, "as capacidades nativas da humanidade diferem, e seu trabalho e destino diferem, de modo que o caminho pelo qual um homem pode atingir a maior eficiência não é o mesmo que conduziria ao sucesso de outro" (*AA*: 5-8; *CINR*: 83). Excursões fantasiosas no campo da história comparativa ofereciam algumas comparações que apoiavam seu relativismo:

> Os ancestrais dessas pessoas [africanos] compreendiam o uso do algodoeiro e a manufatura do algodão quando Júlio César encontrou os bretões vestindo-se com a pele de animais selvagens. Visitantes do Museu Britânico podem ver, no departamento egípcio, tecido do mesmo material e textura enrolado em torno das múmias. Esse tecido foi feito por aqueles que compreendiam a arte perdida do embalsamento, mas que, quando se retiraram devido a sucessivas revoluções para o interior [...] perderam essa arte valiosa, mas nunca se esqueceram da manufatura do tecido utilizado no processo (*CINR*: 196).

Essa é apenas uma de muitas comparações frágeis. Seus comentários sobre os relatos de Leão, o Africano, sobre o reino do Mali (*CINR*: 195), características físicas egípcias (*NAH*: 10), psicologia (*NAH*: 25-26) e destino etíope (*CINR*: 152-153), ou a civilização dos "maometanos da Nigrícia" (*CINR*: 300), explicitam e apoiam suas ideias sobre a diversidade dos processos históricos. Essa premissa permitiu a ele afirmar que:

> O caminho especial que levou ao sucesso e elevação do anglo-saxão não é aquele que levaria ao sucesso e elevação do negro, ainda que tenhamos que recorrer ao mesmo meio de cultura geral que permitiu ao anglo-saxão descobrir sozinho o caminho que devia percorrer (*CINR*: 83).

Essa posição crítica, na verdade, também exigia uma nova compreensão da história. Já que a espécie de dominação política e cultural que ocorria na África servia à perspectiva histórica particular em que se baseava e, em troca, era justificada por seu próprio sucesso, Blyden escolheu revisar completamente o conceito de história.

Referindo-se à classificação de F. Harrison, que distinguia "seis épocas principais na história da civilização" (sociedade teocrática, era grega, período romano, civilização medieval, era moderna e a era desde a Revolução Francesa), Blyden propôs a exclusão do estudo das últimas duas eras do currículo africano. Suas razões eram muito simples. Ele observou que foi durante esses períodos, especialmente no último, que "surgiu o tráfico transatlântico de escravizados, e essas teorias – teológicas, sociais e políticas – foram inventadas para degradar e excluir o negro". Por outro lado, ele considerava os primeiros períodos, em particular o grego, o romano e o medieval, como exemplares: "não houve nenhum período na história mais cheio de energia sugestiva, tanto física quanto intelectual, do que essas épocas [...]. Nenhum escritor moderno jamais influenciará o destino da raça do mesmo modo que os gregos e romanos fizeram" (*CINR*: 82). Assim, um princípio filosófico de relativismo cultural acompanhava uma rejeição ideológica de uma parte da história europeia e permitia a Blyden justificar sua reivindicação de autenticidade e, portanto, a relevância do passado africano e sua tradição apropriada. Seguindo Volney (*NAH*: 5) e Hartmann, ele não tinha dúvidas sobre a "procedência estritamente africana" da civilização faraônica (*CINR*: 154n.). Mas foi através de uma avaliação das tradições orais africanas que ele enxergou a base da inspiração:

> Ora, se quisermos fazer uma nação independente – uma nação forte – precisamos ouvir as canções de nossos irmãos simples quando eles cantam sobre sua história, quando contam suas tradições, os eventos maravilhosos e misteriosos de sua vida tribal ou nacional, as realizações daquilo que chamamos suas superstições (*CINR*: 91).

Em suma, o que Blyden propôs foi uma crítica geral da ideologia ocidental, não por ser equivocada, mas por parecer-lhe irrelevante para a autenticidade africana. Entretanto, essa crítica surgiu como uma negação, e até certo ponto como consequência, das interpretações mais intolerantes do "pensamento de raça". Portanto, ela é uma reelaboração deformada das teorias mais negativas do século. Numa longa carta à viajante britânica Mary Kingsley em 1900, Blyden podia concordar com ela: "'O negro precisa ter um cume para si mesmo' – uma observação que não é o resultado, como alguns alegaram, de preconceito contra o africano, nem, como disseram outros, de indiferença latitudinária a verdades religiosas" (*LET*: 461). Brincando com o significado ambíguo da expressão de Swedenborg de que o africano é um homem celestial, ele também pôde, de modo muito relativista, concluir que "esse homem entre os terrestres precisa ter um lugar separado – não um buraco onde alguns gostariam de atirá-lo, nem uma *planície morta* onde outros gostariam de fixá-lo, mas um cume". Portanto, "por razões óbvias a moralidade convencional da Europa não pode ser a moralidade convencional da África, no que concerne questões sociais ou domésticas" (*LET*: 461).

Três considerações principais eram centrais à filosofia política de Blyden: a comunidade organizada básica sob liderança muçulmana, o conceito da nação africana e, por fim, a ideia da unidade do continente.

A comunidade islâmica básica parece ser seu modelo de organização política. "Não há nenhuma distinção de casta entre eles" nem "barreiras tribais" (*CINR*: 175), nem preconceitos raciais (*CINR*: 15-17); "a escravidão e o tráfico de escravizados é louvável, desde que os escravizados sejam descrentes", mas "o escravizado que aceita o islã é livre e nenhum cargo é fechado para ele por causa de seu sangue servil" (*CINR*: 176). Será que Blyden aprovava essa escravidão institucional? Não está claro. Poderíamos talvez argumentar que ele apenas apresentava um caso. Precisamos ter em mente que em todas as suas publicações ele se opunha à escravidão (ex., *LO*: 67-91; *LO*: 153-167). De qualquer forma, o que ele admirava no sistema era que para os muçulmanos as relações sociais de produção não são determinadas por fatores raciais, mas por sua fé: "'O paraíso repousa à sombra das espadas' é um de seus provérbios estimulantes" (*CINR*: 9). "Eles se reúnem sob os raios da [lua] crescente não apenas por razões religiosas, mas também patrióticas; até que eles sejam movidos apenas por uma ideia e ajam como um único indivíduo. A fé torna-se uma parte de sua nacionalidade e entrelaça-se com suas afeições" (*CINR*: 231). O dinamismo dessas comunidades muçulmanas, suas maneiras sutis e inteligentes de conversão e seu comércio garantiam ao islã um futuro brilhante na África. "Todos os observadores cuidadosos e honestos concordam que a influência do islã na África Central e Ocidental foi, de modo geral, de caráter muito salutar. Enquanto agência eliminadora e subversiva, ela não deslocou nem perturbou nada tão bom quanto ela própria" (*CINR*: 174).

> Nenhuma das tribos nigrícias jamais abdicou de sua individualidade de raça ou separou-se de suas idiossincrasias ao aceitar a fé do islã. Mas, onde e quando foi necessário, grandes guerreiros negros surgiram dos exércitos do islã, e, inspirados pelos ensinamentos da nova fé [...] enfrentaram a arrogância de seus pro-

fessores estrangeiros e se em algum momento eles pretendessem a superioridade com base na raça, os fizeram esquecer dessa ascendência artificial (*CINR*: 122).

De acordo com Blyden, o islã é politicamente um meio excelente de promover uma consciência africana e de organizar comunidades. Infelizmente, apesar de os pressupostos ideológicos poderem ser aceitos em princípio, os fatos históricos contradizem gravemente a crença de Blyden nas capacidades positivas do islã. Por todo o século XIX na África Central, facções islâmicas representaram um mal objetivo e praticaram um tráfico de escravizados vergonhoso. E aqui também encaramos uma inconsistência inacreditável no pensamento de Blyden: sua admiração ingênua pelo islã o levou a aceitar a escravização de povos não muçulmanos!

O conceito da nação africana talvez seja o mais enigmático, mas também o mais original, dos escritos de Blyden. Ele implica a concepção clássica de "democracia" (*LPPF*: 16) mas com um foco especial na rejeição da distinção racial e, ao mesmo tempo, a reivindicação paradoxal da retenção da individualidade racial. Na verdade, como um homem de seu tempo, Blyden utilizou as premissas românticas que no século XIX permitiram que alguns teóricos europeus redescobrissem suas raízes históricas e então celebrassem a autenticidade de sua própria cultura e civilização em termos de sua identidade com suas origens. O exemplo mais conspícuo desse processo é o debate que ocorreu entre acadêmicos alemães sobre a cultura "indo-europeia" ou "indo-germânica", onde havia uma confusão notável sobre as noções de "raça", "linguagem", "tradição" e "história" (cf., p. ex., ARENDT, 1968: 45-64). Ainda assim, os nacionalismos europeus surgiram, em parte, de combinações teóricas dessas noções complexas e controversas e explicaram o que Blyden chamou de "o período da organização da raça e de sua consolidação" (*CINR*: 122). Como suas contrapartes europeias, Blyden não duvidava de que um fenômeno racial devesse ser a base do nacionalismo e da fundamentação da nação:

> Nessa questão de raça, não é preciso nenhum argumento para discutir os métodos ou o curso de procedimento para a preservação da integridade da raça, e para o desenvolvimento da eficiência da raça, mas nenhum argumento é necessário também quanto à necessidade dessa preservação e desenvolvimento. Se um homem não sente isso – se isso não surge com poder espontâneo nem inspirador em seu coração – então ele não faz parte disso, e isso não é seu direito (*CINR*: 122-123).

Assim, reter o conceito de individualidade racial tornou-se a pedra de toque na construção de uma nação. Paradoxalmente, Blyden escreveu que não considerava o Haiti e a Libéria, as duas principais nações negras, como modelos possíveis para a nação africana, porque "há uma luta perpétua entre os muito poucos que buscam avançar os interesses dos muitos, e o *profanum vulgus*, de grande maioria" (*CINR*: 273). Além disso, com o passar dos anos, Blyden aceitou a partição da África por potências europeias (cf. LYNCH, in: *LET*: 409), colaborou com elas (*LET*: 502) e, em 1909, trabalhou com muito afinco pela "reconstrução da Libéria pelos Estados Unidos"; e, com efeito, por um processo de "colonização" administrativa.

> Que a República mantenha seus departamentos executivo, legislativo e judiciário. Mas que os Estados Unidos tomem a República sob sua "proteção" por enquanto. Que os funcionários britânicos, como fazem agora, supervisionem os departamentos de alfândega e do tesouro. Que os franceses administrem a força de fronteira sob responsabilidade financeira liberiana. Que os Estados Unidos apontem um alto comissário para a Libéria – um homem sulista experiente, se possível, e cerquem-no com os funcionários brancos americanos necessários para auxiliá-lo. Que a missão diplomática americana em Monróvia seja abolida, ou que se coloque um homem branco no comando. O alto comissário deve revisar as decisões executivas, legislativas e judiciais antes de elas serem sancionadas (*LET*: 496).

Entretanto, é em suas descrições da Libéria e de Serra Leoa que ele ofereceu sua visão mais clara de uma nação africana, que deve ser independente, liberal e autossuficiente mas deve comerciar com outros países estrangeiros, uma "boa democracia" onde a autoelevação racial seria o princípio orientador.

O pan-africanismo de Blyden é uma espécie de profetismo. Ele visualizou, em primeiro lugar, uma colaboração e fusão do cristianismo africano com a força conquistadora do islã:

> Onde a luz da Cruz cessar de brilhar sobre a escuridão, lá os raios da Lua Crescente iluminarão; e, enquanto a orbe gloriosa do cristianismo ascende, o crepúsculo do islã será perdido na luz maior do Sol da Virtude. Então Isaac e Ismael estarão unidos (*CINR*: 233).

Segundo, ele enfatizou a unidade cultural que o islã representa. Ele colocou os povos africanos "sob a mesma inspiração" (*CINR*: 229), dando a eles, através da mesma "linguagem, letras e livros" (*CINR*: 229), tanto uma unidade política quanto uma comunidade cultural (*CINR*: 6). Por fim, a África se unirá quando prestar a devida atenção a suas experiências com a Europa e os Estados Unidos. Assim, ele mantinha a tese de que "a história política dos Estados Unidos é a história do negro. A história comercial e agrícola de quase todos os Estados Unidos é a história do negro" (*CINR*: 119; *LET*: 476-477).

Em suma, haveria a unidade e o crescimento na África se os povos negros de todo o mundo refletissem sobre sua própria condição. Blyden, o ideólogo, tornou-se um visionário:

> Em visões do futuro, contemplo essas lindas colinas – as margens dos riachos charmosos, as planícies verdejantes e os campos floridos [...]. Eu enxergo tudo isso sendo possuído pelos exilados que retornam do Ocidente, treinados para o trabalho de reconstruir lugares desolados sob disciplina severa e servidão dura. Eu enxergo também seus irmãos apressando-se para lhes dar as boas-vindas dos declives do Níger e de seus

belos vales [...] maometanos e pagãos, chefes e populares, todos vindo para capturar algo da inspiração que os exilados trouxeram – para compartilhar [...] e marchar de volta [...] na direção do sol nascente pela regeneração de um continente (*CINR*: 129).

Uma organização cultural e política moderna seria obtida com a ajuda de norte-americanos de ascendência africana. A interpenetração de "nacionalismos" religiosos e políticos expressa no pensamento de Blyden algo que devemos chamar de uma política de autenticidade racial orientada para uma transformação cultural e política do continente. O papel instrumental que ele designou aos norte-americanos e caribenhos negros ao selecioná-los como "colonos" indica sua crença na "identidade racial" e ilustra sua filosofia peculiar sobre a salvação da África.

> A restauração do negro à terra de seus pais será a restauração de uma raça à sua integridade original, a si mesma; e trabalhando por si mesma, para si mesma e de si mesma, ela descobrirá os métodos de seu próprio desenvolvimento, e eles não serão os mesmos métodos anglo-saxões (*CINR*: 110).

Gente negra dos Estados Unidos e do Caribe "serviu" e "sofreu", e Blyden não hesitou em compará-la aos hebreus (*CINR*: 120). A possibilidade de seu retorno à África torna-se a esperança da terra prometida.

Blyden foi chamado de fundador do nacionalismo africano e do pan-africanismo. Ele certamente o é, à medida que descreveu o peso da dependência e os malefícios da exploração. Ele propôs "teses" para a libertação, insistindo na necessidade tanto da indigenização do cristianismo quanto do apoio do islã. Apesar de seu romantismo e inconsistências, a visão política de Blyden é provavelmente a primeira proposta de um homem negro a elaborar os benefícios de uma estrutura política moderna e independente para o continente.

A "personalidade negra" como a posição comum

De acordo com Blyden, o "negro" com o qual o Ocidente lida em sua literatura e em sua empreitada imperial é apenas um mito (BLYDEN, *LO*: 52-54; 67-68). O Ocidente produziu esse mito e o mantém ao projetá-lo como uma imagem padrão. Missionários, viajantes e colonos estão igualmente errados no modo como retratam a personalidade africana:

> O negro do viajante ou missionário comum – e, talvez, de dois terços do mundo cristão – é um ser puramente fictício, construído a partir das tradições dos traficantes e senhores de escravizados que circularam todo tipo de histórias absurdas, e também dos preconceitos herdados de ancestrais que foram treinados a encarar o negro como um objeto legítimo de tráfico (*CINR*: 58).

De modo mais geral, Blyden considerava essa imagem falsa tanto como produto quanto como consequência de um longo processo que acompanhou a exploração europeia do mundo a partir do século XV. Um etnocentrismo reinante e uma falta de curiosidade sincera produziram um quadro totalmente absurdo onde as culturas e povos africanos constituíam meramente uma inversão de tradições e tipos humanos europeus. Essa premissa era utilizada para justificar "o indiciamento de toda uma raça" (*NAH*: 27). Por exemplo, Sir Samuel Baker afirma: "sem assistência externa, o negro daqui a mil anos não será melhor do que o negro de hoje em dia, assim como o negro de hoje em dia não está em posição superior à de seus ancestrais há mil anos" (*CINR*: 269).

Blyden atacou essa posição ideológica primeiro ao indicar sua fraqueza que vem de uma dedução errônea; e então ao criticar o pressuposto de que o negro poderia ser integrado completamente à cultura ocidental. Quanto à dedução, ele escreveu que o principal erro está numa interpretação teórica equivocada do fenômeno racial e suas manifestações culturais:

Não existe uma superioridade absoluta ou essencial de um lado, nem uma inferioridade absoluta ou essencial do outro. É uma questão de diferença de dotação e diferença de destino. Nenhuma quantidade de treino ou de cultura fará do negro um europeu; por outro lado, nenhuma falta de treino ou deficiência de cultura fará do europeu um negro. As duas raças não se movem no mesmo trilho com uma distância imensurável entre elas, mas em linhas paralelas. Elas nunca se encontrarão no plano de suas atividades de modo a coincidir em capacidade ou *performance*. Elas não são *idênticas*, como alguns pensam, mas *desiguais*; elas são *distintas*, mas *iguais* (*CINR*: 227; ênfase minha).

A dificuldade dessa posição está na complexidade do conceito de raça e as várias e extensas conotações dadas a ele por teóricos e ideólogos. Poderíamos analisar a relação entre a tese de Blyden e as teorias raciais de sua época (cf., p. ex., FANOUDH-SIEFER, 1968; HAMMOND & JABLOW, 1977; HOFFMANN, 1973; JORDAN, 1968; LYONS, 1975). Como essas teorias são, de modo geral, misturas de má filosofia, especulações científicas e etnocentrismo pesado, é mais pertinente examinar o problema de modo diferente e relacionar Blyden aos fundadores da antropologia. Antes de mais nada, há uma semelhança notável entre a concepção de Blyden e a de alguns dos antropólogos do século XVIII. Sua compreensão da "antropologia", o estudo das "características práticas" de "um sistema" e sua influência no homem natural (*CINR*: 232) parecem ecoar Rousseau. Como H.R. Lynch nota corretamente: "O 'homem africano natural' de Blyden é admiravelmente semelhante ao 'bom selvagem' de Rousseau vivendo num 'estado de natureza perfeito' – um estado que ambos afirmavam ser o pré-requisito necessário para o desenvolvimento dos recursos espirituais da humanidade" (LYNCH, 1967: 62). A teoria da raça de Blyden faz muito sentido quando relacionada ao *Ensaio sobre a desigualdade das raças humanas* (1853) de Arthur de Gobineau e outras concepções raciais disseminadas. Por exemplo, Voltaire, procurando uma hierarquia das raças tanto em seu *Tratado de metafísica* (1734) quanto no *Ensaio sobre os costumes*, afirmou que os povos negros constituem um tipo completamente *distinto* de humanidade. Na antropologia de Voltaire, essa distinção implicava e explicava a inferioridade do negro (cf. DUCHET, 1971: 281-321). Em contraste, Buffon, um cientista, apresentou em sua *História natural* (1749) o princípio da distintividade de todos os seres humanos. Para ele, mesmo "o ser humano mais parecido com um animal" não se parece com "o animal mais parecido com o ser humano". Ele chamou esse princípio de uma identidade organizacional. Ele também afirmava ter evidências de distinções raciais, reconhecendo dentro de cada raça a existência possível de "variedades humanas" que dependiam do ambiente e do clima (cf. DUCHET, 1971: 229-280).

Acreditando na distintividade das raças, Blyden igualava a "pureza" da raça com a "pureza" da personalidade ou do sangue. Isso explica sua posição *"racista"* sobre os mulatos. Ele escreveu, por exemplo, contra "a introdução em grande escala do sangue dos opressores entre suas vítimas" (*LET*: 488), negou até mesmo a possibilidade de uma união entre "os negros puros e os mulatos" (*LET*: 388), e, de maneira muito questionável, zombou de "negros que são tão brancos quanto alguns homens brancos" (*LET*: 388). Sua tese que exigia a rejeição dos mulatos da "raça" e da experiência africana também era motivada politicamente: "se essa diferença entre o negro e o mulato for então compreendida a partir de agora, isso simplificará muito o problema do negro, e a raça será convocada a responder apenas por seus próprios pecados, e não também pelos pecados de uma 'multidão mestiça'" (in: LYNCH, 1967: 59).

Blyden também parece concordar com o princípio da variedade humana dentro da raça, mas adicionou a ele o fato da diferença étnica e da influência social:

> Os acidentes cruéis da escravidão e do tráfico de escravizados uniram todos os africanos, e no matadouro

> não havia distinção entre os fulas e os timenés, os mandingas e os mendes, os axantes e os fantes, os ibos e os congos – entre os descendentes de nobres e os filhos de escravizados, entre os reis e seus súditos – todos eram colocados no mesmo nível, todos os de pele negra e cabelo crespo eram *"niggers"*, escravos [...]. E quando, através de qualquer curso de eventos, essas pessoas tentam exercer o governo independente, elas começam aos olhos do mundo como africanos, sem se levar em consideração o fato de pertencerem a tribos e famílias com grande variação nos graus de inteligência e capacidade, de inclinação original e suscetibilidade (*CINR*: 274).

Essa última frase implica o conceito de variedade ao estabelecer uma relação entre "inteligência" ou "capacidade" e grupos étnicos. Essa é uma hipótese perigosa que durante os últimos dois séculos foi cooptada para legitimar todo tipo de racismo e apoiar a fundamentação da ciência controversa das diferenças raciais. Na perspectiva ideológica de Blyden, esse conceito é uma afirmação poderosa de identidade regional: os africanos não são idênticos, suas organizações sociais não são iguais nem necessariamente semelhantes e, por fim, suas tradições não apenas refletem umas as outras e não são as mesmas.

Ainda assim, Blyden afirmava um caráter distintivo geral da África e de sua gente, e o definia listando algumas características particulares do continente e de seus habitantes de modo claramente rousseauniano e etnocêntrico.

A África "foi chamada de berço da civilização, e isso é verdade". Pensando sobre o passado egípcio, Blyden escreveu: "os germes de todas as ciências e das duas grandes religiões hoje professadas pelas raças mais esclarecidas foram nutridos na África" (*CINR*: 116; *NAH*: 5-9). Em sua opinião, era um mundo brilhante, um continente de "contentamento e felicidade" onde as pessoas temiam e amavam Deus e demonstravam uma hospitalidade notável (*LO*: 82).

> Se a crença num Criador e Pai Comum da humanidade é ilustrada por nossa postura em relação ao nosso vizinho, se nossa fé é vista em nossas obras, se provamos que amamos Deus que não vemos ao amar nosso vizinho que vemos, ao respeitar seus direitos, mesmo que ele possa não pertencer ao nosso clã, tribo ou raça, então devo dizer, e isso não será contestado de modo geral, que mais provas são encontradas entre os nativos da África interior de sua crença na paternidade comum de um Deus pessoal por seu tratamento hospitaleiro e atencioso de estrangeiros e estranhos do que vemos em muitas comunidades civilizadas e cristãs (*CINR*: 115).

Para ilustrar sua afirmação sobre a religiosidade africana, Blyden recorreu aos elogios de Homero e Heródoto dos "povos negros irrepreensíveis" (*NAH*: 10). Sobre a hospitalidade, além de algumas análises etnográficas dos costumes mandingas (*CINR*: 185) e da experiência de Mungo Park nos arredores de Segu (*CINR*: 206), ele trouxe testemunhos de exploradores, e, entre eles, a fantástica "longa estadia de Livingstone nessa terra [...] sem dinheiro para pagar seu caminho [...] mais uma prova das qualidades excelentes dos povos" (*CINR*: 115).

Duas outras características dos africanos, de acordo com Blyden, são seu amor pela música (*CINR*: 276) e sua "propensão a serem ensinados" ["*teachableness*"] (*CINR*: 163). Ele se concentrou nessa última capacidade por causa de seu potencial para o futuro da África. Parecia-lhe ainda mais importante porque ele estava convencido de um estado geral de "degeneração", ao menos entre os "pagãos". Mas os "muçulmanos", de modo geral, constituem uma exceção: "Onde quer que se encontre o muçulmano nessa costa [...] ele se considera um ser separado e distinto de seu vizinho pagão e imensuravelmente superior a ele em aspectos intelectuais e morais" (*CINR*: 175).

> Um século nada mudou para melhor. O Sr. Joseph Thompson, [que] visitou os países nigrícios ano passado, [diz]: não há absolutamente um único lugar onde os

nativos são deixados a seu livre-arbítrio que se encontre a menor evidência de um desejo por coisas melhores. Os piores vícios e doenças da Europa encontraram um solo fértil e o gosto pelo álcool superou em todas as proporções seu desejo por roupas (*CINR*: 342).

Assim, a degeneração geral existe principalmente devido à intemperança (*CINR*: 67), às influências climáticas (*CINR*: 54) e à presença europeia (*CINR*: 46-47; *LET*: 399-400). Para deter esse processo mortífero, Blyden propôs um curso de ação que consistia em três métodos principais para a conversão do africano, todos com base na capacidade de aprendizado.

Primeiro, era preciso uma ênfase em "nosso passado" e na objetividade da realidade. Pois, como Blyden observou, "nossos professores, por necessidade, foram europeus, e eles nos ensinaram livros demais e coisas de menos". Consequentemente, "a noção ainda comum entre os negros [...] é que a parte mais importante do conhecimento consiste em saber o que outros homens – estrangeiros – disseram sobre as coisas, e mesmo sobre a África e sobre si mesmos. Eles buscam ter familiaridade não com o que realmente existe, mas com o que está impresso" (*CINR*: 220). Na existência cotidiana, a expressão desse fracasso em distinguir entre a "realidade" e a "interpretação" subjetiva leva os africanos a situações absurdas:

> As canções que vivem em nossos ouvidos e muitas vezes em nossos lábios são as canções que ouvimos cantadas por aqueles que gritavam enquanto nós gemíamos e lamentávamos. Elas cantavam a história deles que era a história de nossa degradação. Elas recitavam seus triunfos que continham os registros de nossa humilhação. Para nossa grande infelicidade, nós aprendemos seus preconceitos e suas paixões, e pensávamos que tínhamos suas aspirações e seu poder (*CINR*: 91).

De acordo com Blyden, é provável que essa tendência cultural leve simplesmente à destruição do negro. Um meio de conversão seria o desenvolvimento da "consciência negra", já que está claro que "apesar de tudo, a 'raça negra' ainda tem seu papel a desempenhar – um papel distinto – na história da humanidade, e o continente da África será o cenário principal dessa atividade" (*CINR*: 276). Mas ele afirma que precisamos colocar a percepção ocidental de "nós" e de "nosso passado" em perspectiva e procurar "o que somos", vivê-lo e escrevê-lo de acordo com "nossa própria" experiência.

> Nós negligenciamos o estudo das questões domésticas porque fomos treinados por livros escritos por estrangeiros e *para uma raça estrangeira*, não *para nós* – ou para nós apenas na medida em que nas categorias gerais da humanidade nos parecemos com essa raça [...]. Portanto, demos as costas a nossos irmãos do interior como aqueles com os quais nada poderíamos aprender para elevar, esclarecer ou refinar [...]. Tivemos a história escrita para nós e tentamos agir segundo ela; apesar de a ordem verdadeira ser que primeiro deve-se agir na história e depois escrevê-la (*CINR*: 221, ênfase minha).

Em outras palavras, os africanos precisam criar seus próprios esquemas para compreender e dominar os dados sociais e históricos, "especialmente nesse seu país grande e interessante cuja verdade ainda não foi descoberta – povos e sistemas sobre os quais ideias corretas devem ser formadas" (*CINR*: 220-221). Suspeito que Blyden se refere à necessidade de implementar uma interpretação social africana que deve ser realizada como uma responsabilidade africana já que, como ele expressou em seu discurso na inauguração da Universidade da Libéria, "nós não temos antecedentes agradáveis – nada no passado para nos inspirar [...]. Todas as nossas associações aprazíveis estão ligadas ao futuro. Lutemos então para realizar um futuro glorioso" (*LO*: 120).

Num segundo nível, Blyden lutou contra o tema da imitação do comportamento social: "fascinado pelo presente, [o negro] se perturba com a tarefa sempre recorrente, sempre insatisfatória e que nunca o satisfará de imitar os imitadores" (*CINR*: 147).

Como um signo de dominação psicológica, a imitação do homem branco ou o desejo secreto de tornar-se branco exprime uma dependência. De qualquer forma, a pesquisa e a discussão sobre isso devem ocorrer na determinação da cultura africana e das propostas para seu futuro (*CINR*: 277-278).

Além disso, novos e vigorosos cânones devem ser iniciados imediatamente para os negros jovens. O objetivo seria "ajudar sua faculdade de esquecimento – um feito de extrema dificuldade" (*CINR*: 79) aumentando "a quantidade de agências disciplinadoras" e reduzindo "ao mínimo a quantidade de influências de distração" (*CINR*: 80). O objetivo desses cânones seria também "estudar as causas da ineficiência do negro em terras civilizadas; e, à medida que ela resulta do treinamento que ele recebeu, tentar evitar aquilo que consideramos ser os elementos sinistros nesse treinamento" (*CINR*: 80). Ao enfatizar a natureza especial da experiência liberiana, ele insistiu no fato de que "nenhum país no mundo precisa mais do que a Libéria ter sua mente direcionada apropriadamente" (*LO*: 98). Primeiro, porque o país está "isolado do mundo civilizado e cercado por um povo ignorante". Segundo, a própria experiência parece excepcional, pois ela significa "estabelecer e manter um governo popular com uma população em sua maioria de escravizados emancipados" (*LO*: 98). Referindo-se aos primeiros colonos, ele insiste na necessidade de "uma educação prática" (*LO*: 101).

Esse projeto leva diretamente ao terceiro passo principal: uma nova política de educação formal que em última instância auxiliaria na transformação do continente. Utilizando sua própria experiência como profissional, ele propôs um esboço muito preciso de um programa. Acima de tudo, afirmou esta tese principal: "Lorde Bacon diz que 'ler cria um homem completo'; mas a leitura indiscriminada que o negro faz da literatura europeia o tornou, em muitas instâncias, completo demais, ou melhor, destruiu seu equilíbrio" (*CINR*: 81). A partir dessa posição é mais fácil entender a complementaridade entre sua "perspectiva clássica" e seu "panorama nacionalista" em relação ao currículo. Além da apresentação crítica da história de um ponto de vista africano, ele insistia no estudo dos clássicos – as línguas grega e latina e suas literaturas –, matemática e a Bíblia. O estudo dos clássicos – "a chave para um conhecimento completo de todas as linguagens da parte esclarecida da humanidade" (*LO*: 108) – era necessário por duas razões principais. Primeiro, "o que se ganha através do estudo das línguas antigas é o fortalecimento e disciplinamento da mente que permite ao estudante, no futuro, compreender e, com comparativamente pouca dificuldade, dominar qualquer tarefa para a qual volte sua atenção" (*CINR*: 87). Segundo, "o estudo dos Clássicos também prepara a fundamentação para a busca bem-sucedida de conhecimento científico. Ele estimula tanto a mente que anima o interesse do estudante em todos os problemas da ciência" (*CINR*: 87; *LO*: 110). (Observemos que essas são as duas principais razões para Senghor propor, cerca de noventa anos depois, o ensino do grego, latim e da literatura clássica no Senegal.) Blyden também defendia o estudo da física e da matemática (*LO*: 100) porque "enquanto instrumentos da cultura, são aplicáveis em qualquer lugar" (*CINR*: 87). Por fim, o estudo da Bíblia é essencial. Entretanto, deve ser uma Bíblia "sem notas nem comentários" já que "os ensinamentos do cristianismo são de aplicação universal [...] e as grandes verdades do Sermão da Montanha são aceitas tão universalmente quanto os axiomas de Euclides" (*CINR*: 89).

O panorama "nacionalista" de Blyden se manifesta em sua intenção de introduzir no currículo o estudo de línguas árabes e africanas, "através das quais poderemos ter um intercâmbio inteligente com os milhões aos quais temos acesso no interior, e aprender mais sobre nosso próprio país" (*CINR*: 88). Em particular, a promoção do árabe parece importante para ele. Numa carta para o Reverendo Henry Venn, ele chegou a ponto de escrever que "as letras romanas jamais prevalecerão ou serão lidas pela África maometana" (*LET*: 95). Blyden defendia não apenas o ensino das línguas africanas mas também uma introdução real à sociedade africana e sua cultura. E para os cidadãos liberianos ele disse:

> Nós temos jovens que são especialistas na geografia e nos costumes de países estrangeiros; que podem dizer tudo sobre os procedimentos de estadistas estrangeiros em países a milhares de milhas de distância; podem falar fluentemente sobre Londres, Berlim, Paris e Washington [...]. Mas quem sabe alguma coisa sobre Musahdu [atual Beyla], Medina, Kankan ou Segu – a apenas algumas centenas de milhas de nós? Quem pode dizer qualquer coisa sobre a política ou os feitos de Fanfi-doreh, Ibrahima Sissi, Fahqueh-queh ou Simoro de Bopuru – a apenas alguns passos de nós? Eles mal são conhecidos. Ora, como negros, aliados por sangue e raça a essas pessoas, isso é vergonhoso (*CINR*: 88).

Em suma, as potencialidades da personalidade africana são dadas nesse ímpeto para promover uma nova percepção do passado e do presente, a recuperação de uma autonomia psicológica e a introdução de um sistema original de educação. Com esse argumento em mente, pode-se dizer que Blyden realmente apresentava uma fórmula para a "reinvenção" da personalidade africana a partir de um ponto de vista "racial". Ele escreveu: "Queremos que o olho e o ouvido do negro sejam treinados pela cultura de modo que ele possa ver mais claramente o que vê e ouvir mais distintamente o que ouve" (*CINR*: 277). E, em termos do futuro, ele afirmou dramaticamente:

> Quando o africano se apresentar com seus dons peculiares, ele preencherá um lugar nunca antes ocupado. Mal-entendido e muitas vezes malrepresentado até por seus melhores amigos [...] ainda assim ele está avançando, surgindo gradualmente sob influência de agências vistas e não vistas (*CINR*: 278).

Não é difícil enxergar a originalidade de Blyden nesses comentários sobre a personalidade africana. Uma tal independência de espírito é, para o bem ou para o mal, excepcional. No mínimo, ela explica a atitude de Blyden em relação aos africanistas. Ele aconselhava os negros a evitarem três categorias principais de europeus – "filantropos profissionais", "racistas" e os "indiferentes". O negro devia se encontrar com pessoas que "o tratem como tratariam um homem branco do mesmo grau de cultura e comportamento, embasando essa postura completamente nas qualidades intelectuais ou morais da pessoa" (*CINR*: 266).

Na concepção de Blyden da personalidade africana, a coisa mais notável é seu credo racial com suas insinuações ambivalentes: "primeiro, [o africano] não vai desaparecer ou extinguir-se diante dos europeus, como os aborígenes americanos e australianos; e, segundo [...] em qualquer cálculo que examine a melhoria ou engrandecimento material de seu lar nativo, ele não pode ser ignorado sem consequências" (*CINR*: 263).

Para apresentar a teoria política de Blyden, eu faço a distinção entre dois domínios, o religioso e o político. Primeiro eu os apresentarei separadamente e depois comentarei sobre sua interpenetração ou "economia".

Todos os africanos, escreveu Blyden, acreditam num "Criador Comum e Pai da humanidade" (*CINR*: 115) e essa característica fundamental é o aspecto básico de sua religião. Isso não precisa implicar a existência de uma religião formal e organizada por todo o continente. Isso também não significa, como alguns africanistas parecem pensar, "que a religião de um africano lhe dá vento nos pés" (*CINR*: 275), esquecendo que o "elemento '*shaker*'[12] prevalece principalmente, se não totalmente, entre negros ou pessoas 'de cor' que foram treinadas sob a influência da dominação da qual o próprio [africanista] é um distinto ornamento" (*CINR*: 275). Blyden distinguia três sistemas religiosos: paganismo, mao-

---

12. Literalmente, "os que tremem". Seita cristã criada no século XVIII que se caracterizava pelos rituais extáticos e pela igualdade entre os sexos, hoje praticamente extinta [N.T.].

metismo e cristianismo. Quanto ao paganismo, ele reconhecia ser desencorajado "pelo que nos parece a obstinação [...] a tcimosia de uma superstição antiquada". Mas "quando consideramos como tribos grandes [...] são mantidas subordinadas e cumprem muitas funções nacionais sem nenhum conhecimento das letras ou da revelação escrita, deve parecer que há algo no paganismo da África como no paganismo de outras terras – alguma influência sutil, indefinível, inapreciável que opera nas pessoas e regula suas vidas" (*CINR*: 225-226). Ainda que o "fetichismo" pagão lhe desagradasse, ele também se opunha a generalizações falsas e descrições errôneas das práticas religiosas africanas, notando mais uma vez as mistificações dos africanistas: "Há algo lamentável – eu quase disse grotesco – na ignorância daqueles que supõem ser autoridades e guias nas questões africanas, sobre o estado das coisas mesmo a uma distância pequena da costa" (*CINR*: 61).

De qualquer forma, Blyden louvava "a decidida superioridade em moralidade que caracterizava os nativos do interior intocados pelas civilizações" (*LET*: 462) e admirava os muçulmanos. Esses dois grupos, para ele, "possuem em suas condições de vida mais espaço para um crescimento individual e racial vigoroso, e estão menos comprimidos em formas estabelecidas do que todos os outros" (*LET*: 462-463). Apesar do fato de Blyden não hesitar em estabelecer uma breve comparação entre o paganismo africano – "essa religião da imaginação ou da fantasia" – e a sabedoria de Sócrates e os mistérios gregos e romanos, ele claramente considerava o islã superior às crenças pagãs:

> Ninguém pode viajar qualquer distância no interior da África Ocidental sem notar os diferentes aspectos da sociedade em diferentes localidades, dependendo de a população ser pagã ou maometana. Não apenas há uma diferença nos métodos de governo mas também nas regulações gerais da sociedade e até mesmo nos divertimentos das pessoas (*CINR*: 6).

O islã parecia dinâmico e bem organizado. Blyden, numa carta ao Reverendo Henry Venn, enfatizou uma característica externa do islã: sua independência. Os muçulmanos, escreveu, "desempenham todas as suas instituições, educacionais e religiosas independentemente da ajuda externa" (*LET*: 98). Sua religião também é poderosa e influente. Blyden observou que não acreditava que "grande coisa possa ser feita ao atacar o islã na costa" e propôs que "os cristãos devem buscar a boa vontade dos muçulmanos". Apenas progressivamente, "através de livros cristãos em árabe, o caráter do islamismo poderá ser modificado significativamente" (*LET*: 98-99). Não apenas o sistema parecia superior, mas, de acordo com Blyden, "o muçulmano [parece] imensuravelmente [...] superior em aspectos intelectuais e morais" (*CINR*: 175). Blyden expôs duas razões principais que poderiam explicar o sucesso, a força e a superioridade do islã: o caráter completo do Alcorão e a agressividade desse sistema sociorreligioso:

> Para o muçulmano africano [...] o Alcorão é tudo que é preciso para suas necessidades morais, intelectuais, sociais e políticas. Ele contém toda sua religião e muito mais além disso [...]. Ele é seu código de leis e seu credo, sua homilia e sua liturgia. Ele o consulta para orientação sobre qualquer assunto possível; e seu vizinho pagão, vendo tal veneração dedicada ao livro, concebe noções ainda mais exageradas sobre seu caráter (*CINR*: 176).

> Na África Central, o islã é uma força agressiva e conquistadora; e é, obviamente, infinitamente superior ao paganismo que aboliu. Ele estabeleceu nas mentes de seus adeptos o senso de responsabilidade para além desta vida e o temor a Deus; e esse sentimento – que é a condição de qualquer outro progresso – não apenas se difunde mas se transmite para a posteridade. Esse é o elemento que deu estabilidade e impulso propulsor às forças sociais e políticas dos países avançados; e ele terá o mesmo efeito nos cantos sombrios deste continente (*CINR*: 332).

Blyden escreveu em outra ocasião que o árabe, a língua do islã, é na África uma boa preparação para o cristianismo (*CINR*: 187) e um meio importante para uma política autônoma e regional de autorregeneração (*LET*: 134-138). Ele acreditava fielmente que o islã poderia ter um futuro excelente por todo o continente. E no que concerne os interesses africanos, Blyden tinha fé na superioridade prática do islã sobre o cristianismo:

> O islamismo, na África, fez do nativo mestre de si mesmo e de seu lar; mas onde quer que o cristianismo tenha conseguido se estabelecer, com exceção da Libéria, estrangeiros tomaram posse do país e, em alguns lugares, governam os nativos com rigor opressivo (*CINR*: 309).

Isso não implica que Blyden não pudesse ou não quisesse visualizar a possibilidade de um cristianismo africano. Ele era um pastor cristão, mas se recusava a esquecer que era negro (cf., p. ex., *LET*: 462). A partir de suas outras posições, podemos ver que ele não tinha como não ser cético quanto ao cristianismo europeu e seus processos de evangelização: "Não há nenhuma evidência de que o cristianismo, ou, melhor os cristãos professos [...] teriam sido menos inescrupulosos em seus negócios com os nativos da África do que foram com os nativos da América, da Austrália, da Nova Zelândia" (*CINR*: 309). Sua posição deve ser compreendida contra o pano de fundo do racismo e suas consequências, que esclarece suas razões para enfatizar a influência geralmente negativa do cristianismo nos povos negros e "os males inumeráveis que se abateram sobre a raça africana nos últimos trezentos anos em terras cristãs" (*CINR*: 27). Como disse numa carta para Mary Kingsley em 1900: "Muito poucos das raças estranhas ao europeu acreditam que o cristianismo do homem branco seja genuíno. Pois nem no ensino nem na prática do homem branco leigo eles enxergam a manifestação, via de regra, de qualquer coisa do espírito do cristianismo" (*LET*: 462).

Apesar de ele se regozijar com o fracasso aparente do catolicismo romano na Libéria (*LET*: 388) ele parecia admirar essa Igreja, que em sua opinião apresentava características notáveis: ela é "um fronte inflexível na guerra contra a infidelidade em todas as suas formas" e "sempre foi e ainda é um poder de protesto [...] contra os ataques à autoridade constituída". Além disso, ela se coloca "contra a liberdade e a facilidade do divórcio", "respeita a integridade da família" e "respeita as raças". Por fim, ela se apega às palavras de São Paulo que declaram que "de um só homem, [Deus] fez toda a raça humana para habitar sobre toda a face da terra" [At 17,26] (*CINR*: 224-225). Os negros podem encontrar "santos negros" em seu calendário (*CINR*: 39), podem observar negros ocupando "posições civis, militares e sociais" importantes nos países católicos (*CINR*: 225) e se beneficiam de liberdade política (*CINR*: 46). Assim, os negros eram capazes de ver a própria Igreja se apoiando em elementos e agências indígenas para seu desenvolvimento (*CINR*: 167).

Esse elogio da Igreja de Roma é fundamentalmente uma crítica das políticas protestantes. Entretanto, Blyden reconhecia os efeitos relativamente positivos de cinco denominações norte-americanas (batistas, metodistas, episcopais, presbiterianas e luteranas) estabelecidas na costa oeste da África, onde "várias igrejas se organizaram e estão sob pastores nativos e milhares de crianças são reunidas em escolas de professores cristãos" (*CINR*: 49). Mas, de modo geral, ele julgava os resultados muito fracos: essas igrejas estão "em sua maior medida [...] confinadas quase exclusivamente aos assentamentos europeus ao longo da costa e seus arredores imediatos" (*CINR*: 49-50). No final de sua vida, Blyden estava bastante pessimista quanto a atividades missionárias. Em 1910, numa carta para R.L. Antrobus, subsecretário assistente do Escritório Colonial Britânico, ele reclamava de "erros de ensino" que criaram "um abismo entre os aborígenes e os colonos" (*LET*: 499).

O que deveria ser feito para promover de forma bem-sucedida o cristianismo na África? "Tendo em vista os sérios obstáculos que até agora se colocam diante do trabalho da evangelização e civilização africana através da ação europeia, como o trabalho deve ser feito é uma questão de grande preocupação para os trabalhadores cristãos" (*CINR*: 160). Sua resposta era clara, simples e decorrente de suas posições raciais: apenas pessoas de ascendência africana poderiam ter sucesso na evangelização do continente: "O método, simplesmente erguer Jesus Cristo; o instrumento, o próprio africano" (*CINR*: 161). Assim, logo no começo da segunda evangelização da África no século XIX, Blyden conclamava um cristianismo africano. A nova fé seria propagada por missionários negros e seu significado seria transformado. Ele defendia a tradução do Evangelho para as línguas africanas, que seriam "instrumentos muito mais eficientes para transmitir as verdades do Evangelho para a mente nativa do que qualquer linguagem europeia" (*CINR*: 68). Tendo em mente o impacto ideológico do islã nos povos africanos (*CINR*: 231), ele visualizava com fervor um cristianismo africano autêntico. Sua metáfora era o encontro do Apóstolo Filipe com o eunuco da Etiópia [At 8,26-40]: "Filipe não devia acompanhar o eunuco, regar a semente que plantara, acalentar e supervisionar seu trabalho incipiente. Se ele desejou fazê-lo – e talvez o tenha – o Espírito não permitiu, pois Ele 'arrebatou Filipe'" (*CINR*: 161). Como o eunuco era o único mensageiro, ele é o único responsável por "uma revolução total em seu país através das palavras que ouvira".

Lynch escreve que apesar de Blyden demonstrar "uma parcialidade distinta pelo islã [...] ele próprio nunca se tornou um muçulmano" (1967: 246), mas em espírito Blyden era um muçulmano. Ele realmente se preocupava, especialmente em sua velhice, com a população muçulmana, sua educação e interesses comerciais, e até se identificou com o destino deles (cf. *LET*: 402 e 409). Os muçulmanos o chamavam para auxiliá-los em suas negociações com o governo liberiano (*LET*: 425-427). Numa carta para o Escritório Colonial Britânico, ele reconheceu que o governador não lhe prestou "a cortesia devida à sua posição porque [Blyden] concord[ou] com muçulmanos" (*LET*: 479). Em 1879, afirmou ter "mais fé na utilidade em última instância dos nativos pagãos e maometanos, através de influências cristãs, do que na dos liberianos-americanos, desmoralizados pela escravidão e enganados por um cristianismo bastardo" (*LET*: 235). Em 1889, confessou a F.J. Grimké sua convicção de longa data sobre "a superioridade dos negros sudaneses ou maometanos sobre os outros" (*LET*: 406, 138). Parece que ele tinha um objetivo preciso. Em 1888, escreveu:

> Minha ideia é que o islã deve ser reformado e pode ser reformado. Estou agora escrevendo [...] sobre "o Alcorão na África", discutindo sua teologia e ensinamentos práticos em seu efeito sobre a raça negra, e mostrando o quão efetivamente, se os cristãos entendessem o sistema, ele poderia ser utilizado na cristianização da África (*LET*: 399).

Seu objetivo era ambíguo. O que ele queria dizer com "reformar" o islã? Isso é um mistério. O que está claro é sua rejeição crítica do cristianismo "missionário". De qualquer forma, em 1903 seu desejo principal era "visitar o Colégio de Línguas Orientais Vivas em Paris" e também "visitar a famosa Universidade Maometana no Cairo, a mesquita de Alazar e passar lá um mês estudando seus métodos" (*LET*: 473).

Espiritual e politicamente, Blyden era, pelo menos a partir de 1900, um muçulmano. Ele se opunha "à influência do suposto cristianismo e civilização" e tendia a enfatizar a lição norte-americana como a enxergava: "em todos os longos e fatigantes anos da servidão do negro nos Estados Unidos a cristãos brancos, os escravizados se agarraram a Cristo – mas não acreditaram na religião de seus senhores brancos" (*LET*: 462).

Blyden escolheu entre Jesus e Maomé? Não há resposta. Ainda assim, seus textos dão uma pista. Sem dúvida, estamos lidando aqui com o que hoje chamaríamos de uma "teologia da diferença", apoiada simultaneamente por uma consciência racial e uma interpretação pluralista da Bíblia. Esse ponto de vista, da posição de Blyden, permite uma contribuição original feita por cristãos negros:

> Os astrônomos nos dizem que existem estrelas cuja luz ainda não alcançou a Terra; do mesmo modo, há estrelas no universo moral que ainda não foram reveladas pelo africano desacorrentado que ele precisa descobrir antes de ser capaz de progredir sem rumar para mares perigosos e sofrer ferimentos sérios (*CINR*: 151).

Há outra missão complementar a esta que apenas cristãos negros podem desempenhar com sucesso (*CINR*: 194): a promoção de um nacionalismo africano e a unidade do continente.

Blyden apresentou como premissas duas ideias relevantes. Por um lado, há o fato de a Europa ser uma invasora (*CINR*: 338; *LO*: 73-75). Blyden aceitava a verdade da seguinte frase, escrita por um europeu: "o século XVIII roubou o homem negro de seu país; o século XIX rouba o país do homem negro" (*CINR*: 337). Por outro lado, há a oposição africana à invasão. Blyden louvava a resistência dos axantes e dos zulus como uma "indicação do caráter repentino da regeneração da África" (*CINR*: 121).

A "economia" de um discurso

A meta dessa análise não era descrever o clima histórico ou sociológico onde as ideias de Blyden evoluíram. Esses pontos já receberam atenção acadêmica suficiente (LYNCH, 1967; HOLDEN, 1967; JULY, 1964; SHEPPERSON, 1960). Meu objetivo era apresentar a "filosofia" de Blyden de um ponto de vista "arqueológico" ao revelar a especificidade de seu discurso no "jogo de análises e diferenças" de uma atmosfera do século XIX e ao examinar relações discretas entre seu discurso e alguns campos não discursivos. O que ainda precisa ser dito?

Antes de mais nada, Blyden foi um homem estranho e excepcional que dedicou sua vida inteira à causa em que acreditava. Entretanto, como C.H. Lyons notou corretamente, "ao buscar responder aos racistas em seus próprios termos Blyden desenvolveu uma teoria da raça que, apesar de vindicar o homem negro, derivou uma medida desconfortavelmente grande de inspiração do pensamento racial europeu do final do século XIX" (LYONS, 1975: 108). O quadro de seu pensamento era "tradicional" e pode ser resumido em três oposições: uma oposição racial (branco *versus* negro), um confronto cultural (civilizado *versus* selvagem) e uma distância religiosa (cristianismo *versus* paganismo). Sua teoria racial era simplesmente uma relativização da suposta superioridade das categorias "branco", "civilizado" e "cristão". Seu discurso, como o discurso racista ao qual se opunha, é puramente axiomático. No sentido moderno, é um discurso de intimidação; ou, para utilizar a linguagem de Barthes, é "uma linguagem encarregada de operar uma coincidência entre as normas e os fatos e de dar a um real cínico a garantia de uma moral nobre" (BARTHES, 1979: 103). Nesse sentido, ela claramente se distingue da linguagem e das mitologias do "bom selvagem". O "bom selvagem" era uma ferramenta romântica, "um auxílio ao autoescrutínio em casa" na Europa (LYONS, 1975: 8). Mesmo como uma arma antiescravidão, o "bom selvagem" era um africano idealizado que apresentava categorias completamente não africanas, e podia, por exemplo, "ruborizar" e "empalidecer" (LYONS, 1975: 7). Blyden enfrenta essas linguagens e mitologias sobre a "pretidão" [*"blackness"*]. A.T. Vaughan apresenta um retrato preciso do contexto:

> Virtualmente todas as descrições do "continente negro" retratam seus habitantes como feios, pagãos e grosseiramente incivilizados. Ao menos em teoria, a cultura dos africanos poderia ser melhorada; mas não suas características físicas. E, apesar de vários aspectos da aparência africana – estatura, características faciais e textura dos cabelos, por exemplo – desagradarem o olhar inglês, o que era mais notável e perturbador era a escuridão da pele africana. As descrições de pessoas africanas invariavelmente enfatizam sua pretidão, sempre com desaprovação (VAUGHAN, 1982: 919).

Nessa atmosfera, Blyden simplesmente opôs uma posição racista a outra posição racista, precisamente ao enfatizar antimitologias sobre os africanos, suas culturas e a necessidade de um sangue negro não mestiço.

O objetivo final de tal antirracismo torna-se quase naturalmente a negação das relações de poder então existentes baseadas em distinções raciais. Esse processo poderia explicar a convicção de Blyden quanto à utilidade dos negros norte-americanos e caribenhos na transformação do continente africano, que é a base do projeto de "crescimento racial" e seus mitos sobre a nacionalidade racial, a criatividade negra e o pan-africanismo. Em seus próprios termos, a reunião entre os cristãos "civilizados" do Caribe e dos Estados Unidos com seus irmãos "ignorantes" na África levaria a um desenvolvimento positivo tanto de um ponto de vista cultural quanto religioso. Os objetivos de Blyden (crescimento racial, regeneração cultural, cristianização) são uma negação do que ele considera fraquezas africanas. Fundamentalmente, a teoria é tanto um argumento contra a partição europeia do continente quanto uma fundamentação para a ideologia que permitiu a criação da Libéria: "de volta à África". Em sua velhice, a teoria de Blyden entrou em conflito com sua análise pessimista da liderança negra. Ele continuou a pensar em termos da oposição entre "civilização" e "degeneração africana". Ele aceitou a eficiência da colonização branca. Entretanto, para promover de modo mais realista seu sonho da transformação do continente, ele opôs o "liberiano-americano desmoralizado pela escravidão" ao "nativo maometano" (*LET*: 235). Ele até contrastou o "cristianismo bastardo" e sua cultura com a fé islâmica e sua ordem. Também aceitou a "reconstrução" da Libéria sob proteção americana (*LET*: 496). Ele sabia que "os aspirantes a governantes da terra sentem que é seu dever denunciar [Blyden] como um traidor do país" (*LET*: 235). Ele se deleitava ao ser considerado "o profeta da Libéria" (*LET*: 496) e afirmou que tinha "fé na utilidade na África, em última instância, dos nativos pagãos e maometanos através da influência cristã" (*LET*: 235). É notável que uma convicção semelhante levaria posteriormente o governo britânico a utilizar "autoridades locais tradicionais como agências de governo local" (cf., p. ex., HAILEY, 1970: 94) para a implementação do "dogma de que a civilização era uma bênção que deve ser espalhada por aqueles que a possuem" (MAIR, 1975: 252).

Essas teorias andam de mãos dadas na obra de Blyden, contradizendo-se e explicando inconsistências filosóficas, proposições racistas e oportunismos políticos. Como o livro de H.R. Lynch, *Edward Wilmot Blyden: Patriota pan-negro*, demonstra convincentemente, no final do século XIX Blyden "estabelecera uma ascendência intelectual na África Ocidental e muitos africanos ocidentais estavam dispostos a seguir sua liderança, mas na prática não encontravam diretivas claras nem uma liderança firme e constante. Muitos deles consideravam suas ideias sofismas ou contraditas por suas ações" (1967: 246).

Em que sentido devemos aceitar a afirmação de Senghor de que Blyden foi o precursor da negritude e da personalidade africana? Em seu prefácio às *Cartas* de Blyden, o próprio Senghor reconhece que "de tempos em tempos encontrávamos o nome de Blyden, mas não prestamos muita atenção a ele [...]. Não conhecíamos sua correspondência, nem seus ensaios, nem seu jornal semanal com o nome tão significativo de *Negro* nem, por fim, sequer sua obra principal chamada *Cristianismo, islã e a raça negra*" (LET: xx). Em sua biografia intelectual, *Pierre Teilhard de Chardin e a política africana* (1962), o nome de Blyden sequer é mencionado. Aimé Césaire, Léon G. Damas e Jacques Rabemenanjara, outros membros do movimento da negritude, nunca se referem a Blyden. É apenas na África Ocidental anglófona que a influência real de Blyden pode ser vista claramente, nas ideias de Casely Hayford sobre a unidade oeste-africana, no "nacionalismo pan-negro" de N. Azikiwe e possivelmente no pan-africanismo de Nkrumah (LYNCH, 1967: 248-250).

Blyden trabalhou com questões raciais no século XIX. Para se opor a mitologias racistas, ele se concentrou nas "virtudes da civilização negra" e promoveu os conceitos de "pretidão" e "personalidade negra", inventando assim novos mitos positivos sobre a raça e a personalidade negra. Ele teve discípulos ocasionais como C. Hayford e estimulou o nacionalismo de outros, como no caso do nigeriano Azikiwe. Como um todo, as premissas e até as características essenciais de sua ideologia já estavam no ar antes de ele explicar suas teses. Elas estavam presentes nos paradigmas racistas que suas teses negavam e já poderiam, por exemplo, explicar a posição relativista de Mary Kingsley sobre as raças (1965). Elas já haviam sido utilizadas política e ideologicamente pelos fundadores da Libéria (LYNCH, 1967: 10-31) e pelos revolucionários haitianos que no começo do século XIX criaram a primeira república negra. Na época da morte de Blyden no primeiro quarto do século XX, essas mesmas premissas foram incorporadas pela ideologia pan-africanista de W.E.B. Du Bois, e na década de 1930 foram importantes na gênese do movimento da negritude em Paris (cf. WAUTHIER, 1964).

Encaremos agora de modo diferente o significado ideológico da ideologia de Blyden. Como podemos analisá-lo, e, o que é mais importante, como pode ser possível compreendê-lo? A ideologia da identidade africana de Blyden é uma "teoria da tensão" ["*strain theory*"] no sentido de que deve ser compreendida contra "o pano de fundo de um esforço crônico para corrigir um desequilíbrio sociopsicológico" (GEERTZ, 1973: 201). Essa interpretação deve explicar sua sugestão da substituição de colonos potenciais europeus, considerados "invasores", por negros dos Estados Unidos e do Caribe, que se tornariam agentes da modernização da África. Assim, a identidade racial representa uma precondição absoluta para qualquer transformação sociopolítica da África. Essa escolha parece excluir a possibilidade de uma metodologia que, a partir do "pano de fundo de uma luta universal por vantagens" definiria uma "teoria do interesse". Essa teoria pode apresentar relações ideais: entre o processo africano de produção e as relações sociais de produção (nível econômico); entre a organização econômica e seus reflexos e interpretações políticas (nível político); e entre a estrutura ideológica e suas práticas concretas dentro da sociedade (nível ideológico). Essa teoria também faz isso ao propor um tipo de equilíbrio entre o nível econômico e as superestruturas ideológicas. Ela é, a princípio, capaz de gerar um novo modo de produção africano, e assim a modernização técnica, a democracia política e a autonomia cultural.

A "teoria da tensão" de Blyden permanece distante da perspectiva marxista. Suas raízes estão na sociologia das raças e mais precisamente no princípio controverso de diferenças irreconciliáveis entre as raças. Isso deixa o pensamento de Blyden mais próximo das filosofias românticas da alteridade que floresceram na Europa durante o século XIX e que em grande medida apoiaram o nacionalismo europeu – na Alemanha e na Itália, por exemplo – ou, *a posteriori*, explicaram-no e justificaram-no. Ainda assim, a perspectiva de Blyden é particular. Sua ideologia política surgiu como uma resposta ao racismo e a algumas das consequências do imperialismo. Ela representa uma resposta emocional ao processo europeu de depreciação da África e uma oposição à exploração que resultou do expansionismo da Europa desde o século XV. Ao mesmo tempo, para provar sua própria significância, sua ideologia afirma vigorosamente a tese do pluralismo no desenvolvimento histórico das raças, grupos étnicos e nacionalidades. Consequentemente, Blyden pode rejeitar o pressuposto evolucionista de "raças idênticas mas desiguais" que fundamenta o tema da "missão do homem branco" e justifica assim o imperialismo e a colonização. Em seu lugar, ele coloca uma afirmação diferente: "distintas mas iguais".

Não há como não se surpreender ao se analisar essa tese, que foi a primeira teoria bem articulada da "pretidão" no século XIX. Quando comparada à negritude de Senghor, a relevância do compromisso de Blyden ainda é clara, mesmo que o conceito de raça seja hoje considerado de modo geral como uma armadilha ideológica. Mesmo em sua reverência à cultura greco-romana, Blyden anunciava Senghor. Apesar de discrepâncias devido a diferenças de contextos sociopolíticos, situações psicológicas e referências filosóficas, Senghor, como um todo, avançou a tese ambígua de Blyden. Seus pronunciamentos enfatizam a identidade cultural e histórica africana em termos de raça e consideram esse conceito essencial.

A ideologia de Blyden é, entretanto, determinada em grande parte por uma compreensão profunda do peso da escravidão. É como uma negação dessa experiência que Blyden recomenda um papel para os negros norte-americanos na modernização da África. Essa dimensão importante parece ser uma defesa contra a experiência da dominação, e a perspectiva da transformação da África pareceria institucionalizar uma negatividade. Sartre propôs uma perspectiva teórica semelhante em *Orfeu negro*. Ao apoiar a negritude em termos hegelianos, ele insistiu em sua relevância mas também notou a pertinência da contradição dialética: o momento racial é sempre a promessa de um outro passo, uma outra contradição. A luta pela liberdade seria vencida em termos de uma transformação geral das sociedades e uma negação das classes sociais. Isso está de acordo com a lógica de uma "teoria do interesse".

De qualquer forma, Blyden estabeleceu o "movimento da personalidade negra" que representa a "soma de valores da civilização africana, o corpo de qualidades que constituem o caráter distinto dos povos da África". Esse equivalente empírico da negritude foi instrumental para sustentar a luta pela independência africana ao se opor à colonização como um processo de falsificação e despersonalização dos africanos e ao criticar o imperialismo como um meio de exploração. Blyden previu o futuro imediato da África. Como disse C. Fyfe na introdução de *Cristianismo, islã e a raça negra*:

> Olhando a partir da década de 1960 podemos ver que num período equivalente ao tempo de vida de Blyden (ele viveu quase 80 anos), os europeus chegaram e partiram da maior parte da África, deixando os africanos no controle político. Seu raciocínio pode ter sido

defeituoso mas sua profecia acabou se cumprindo. Da mesma forma, sua afirmação de que centenas de milhares de negros norte-americanos estavam prontos para emigrar para a África parecia, na época, errônea. Mas o entusiasmo apaixonado gerado nos Estados Unidos, poucos anos depois de sua morte, pelo movimento de Marcus Garvey mostra que também aqui ele enxergou mais profundamente que seus contemporâneos (*CINR*: xv).

Blyden expressou as características essenciais do movimento da personalidade negra e do programa pan-africanista com seu foco na necessidade ideológica da reconciliação com sua própria herança e sua experiência e realidade sócio-histórica particulares que pressagiaram o "conscientismo" de Nkrumah. Nas obras de Blyden e Nkrumah, a filosofia política tem base num esquema composto de pelo menos três fontes principais de inspiração: tradição africana, uma contribuição islâmica e um legado ocidental. A diferença entre os dois sistemas está no fato de que Nkrumah aceitou os pressupostos do materialismo como os únicos relevantes e organizou seu pensamento político integrando teorias da tensão e do interesse. Devido a seus próprios pressupostos, Blyden não fundiu uma articulação programática sólida entre a tensão de seu desejo de poder e as contradições de sua ansiedade racial. Esse fracasso explica sua tendência visionária, que o levou a fazer profecias impressionantes mas nem sempre a realizar análises sócio-históricas válidas.

Ainda assim, essa dificuldade, que é o local central dos problemas filosóficos de Blyden (e explica a maioria de suas inconsistências quanto à colonização, escravidão estrutural, o futuro do islã etc.) paradoxalmente lhe permitiu enfatizar uma visão relativista da história e suas interpretações e, assim, a possibilidade de uma crítica geral das ciências sociais. Ele realizou essa crítica ao concentrar-se sistematicamente no significado do etnocentrismo europeu e suas várias expressões. Isso significava, tanto em sua época quanto agora, que uma compreensão da personalidade africana ou da cultura africana não pode negligenciar uma dimensão fundamental – o debate epistemológico. Devido ao imperialismo e seus reflexos ideológicos nas ciências morais e sociais, essa abordagem precisa questionar todos os discursos que interpretam os africanos e sua cultura. Blyden considerava isso uma preliminar crítica para o estabelecimento de uma relação unificadora e produtiva entre a ideologia africana e a prática concreta do conhecimento. Foi somente a partir dos anos de 1920 que os intelectuais africanos redescobriram a perspectiva de Blyden: para se beneficiarem da herança de suas próprias histórias em vez de permanecerem como meros objetos ou participantes obedientes das ciências sociais ocidentais, era seu dever dominar o conhecimento de si mesmos e de suas próprias culturas e abrir um debate vigoroso sobre os limites da antropologia. O que Blyden escreveu para J.R. Straton, ao comentar sobre uma obra de um dos mais brilhantes teóricos do racismo na França, poderia também se aplicar a ele: "a *Psicologia dos povos* de Le Bon deve ser estudada cuidadosamente" (*LET*: 466).

5

A paciência da filosofia

"Filosofias primitivas"

> A primeira pergunta que [me] fiz, encontrando os camponeses [franceses] que não eram nem crédulos nem atrasados, foi então a seguinte: será que a feitiçaria é incognoscível, ou será que aqueles que afirmam isso não precisam saber de nada para manter sua própria coerência intelectual? Será que um "cientista" ou um "moderno" precisa, para se confortar, do mito de um camponês crédulo e atrasado?
> FAVRET-SAADA, J. *As palavras, a morte, os sortilégios.*

A expressão "filosofia primitiva" era corrente nas décadas de 1920 e 1930. Num capítulo anterior, examinei detalhadamente o discurso dos antropólogos tanto em seu poder quanto em sua ambiguidade. O conceito de "filosofia primitiva" faz parte desse sistema que desde o final do século XIX colonizou o continente, seus habitantes e suas realidades. Ele também pertence a um edifício construído sobre a obra de Lévy-Bruhl, especialmente pedras de toque como *As funções mentais nas sociedades inferiores* (1910), *A mentalidade primitiva* (1922), *A alma primitiva* (1927), *O sobrenatural e a natureza na mentalidade primitiva* (1931) e *A experiência mística e os símbolos nos primitivos* (1938). Eles postulam uma diferença radical entre o Ocidente, caracterizado por uma história de raciocínio intelectual e espiritual, e os "primitivos", cuja vida, *Weltanschauung* e pensamento eram considerados como nada tendo em comum com o Ocidente. Como disse Lévy-Bruhl em *A mentalidade primitiva*:

> A atitude da mente do primitivo é muito diferente. A natureza do meio onde ele vive apresenta-se de modo bastante diferente. Todos os objetos e seres estão envolvidos numa rede de participação e exclusões místicas. São elas que constituem sua textura e ordem. São elas, então, que imediatamente se impõem à sua atenção e são as únicas que a mantêm (in: EVANS--PRITCHARD, 1980: 80).

Surge dessa posição uma teoria de dois tipos de mentalidade. Uma é racional, funcionando de acordo com os princípios da lógica e investigando determinações e relações causais; a outra, pré-lógica, parece completamente dominada pela representação coletiva e depende estritamente da lei da participação mística. Os ocidentais exibem pensamento lógico. No pré-lógico e simbólico, encontramos "povos como os chineses, incluindo também os polinésios, melanésios, negros, índios americanos e aborígenes australianos" (EVANS-PRITCHARD, 1980: 88).

Em 1965, Evans-Pritchard podia afirmar que "não há nenhum antropólogo de boa reputação que hoje aceite essa teoria de dois tipos distintos de mentalidade" (1980: 88). Eu gostaria apenas de observar que aquilo que a "grande dicotomia" atual implica pode não ser o modelo de Lévy-Bruhl de mentalidades opostas mas certamente indica uma divisão da razão entre as supostas sociedades fechadas e abertas. De qualquer forma, nas décadas de 1920 e 1930 a divisão significava tanto a tarefa de compreender a mentalidade primitiva como uma entidade pobre e não evoluída quanto a possibilidade de restaurá-la ao começo da história da razão. É nesse esquema que se pode compreender livros e contribuições que lidam com "filosofias primitivas" como *As ideias religiosas e filosóficas dos legas* (1909) de Delhaisse, *A psicologia dos bantos, dos bani marungu* (1907-1911) de Kaoze,

Vocábulos filosóficos e religiosos dos povos ibos (1925) de Correia, ou os textos bem conhecidos de Brelsford sobre *Filosofia primitiva* (1935) e *A filosofia do selvagem* (1938).

Não estou dizendo que todos que então estudavam "organizações primitivas" (cf. SMET, 1978b, 1975a, 1975b) eram discípulos de Lévy-Bruhl defendendo a tese de uma diferença de razão entre os "primitivos" e os "civilizados". Em vez disso, todos eles, mesmo aqueles que, como Delafosse (1922, 1927) comentavam sobre as estruturas e povos africanos com vívida *Einfühlung* [simpatia], preocupavam-se com a discrepância entre a Europa e o continente negro e queriam descrever essa diferença e possivelmente classificá-la numa grade taxonômica de culturas humanas. O franciscano belga Placide Frans Tempels, como indiquei em minha análise da linguagem missionária, podia ser considerado uma ilustração paradigmática dessa curiosidade. Ele é um signo preso na encruzilhada de várias correntes: pressupostos evolucionistas do final do século XIX, as teses de Lévy-Bruhl sobre o caráter pré-lógico, a autodeclarada missão europeia de civilizar os africanos através da colonização, e a evangelização cristã.

Dentro da moldura arrogante de uma conquista colonial belga que deveria durar séculos, Tempels, um missionário em Catanga, escreveu um pequeno livro de filosofia que ainda perturba vários pensadores africanos. O que Tempels sabia de filosofia resumia-se essencialmente à educação que recebera durante seu treinamento religioso. Ele não era um filósofo profissional e suas principais preocupações, começando com sua chegada na África em 1933, eram de natureza religiosa. Um de seus exegetas, A.J. Smet, sugeriu que a influência de Lévy-Bruhl é evidente nos primeiros textos que tendiam a ser de perspectiva etnográfica e que Tempels publicou antes de *Filosofia banta* (SMET, 1977b: 77-128). Tempels estava completamente comprometido com uma missão, a de levar a pessoa negra (à qual ele ainda não concedia o estatuto de ser humano completo) a trilhar o caminho para a civilização, o conhecimento e a religião verdadeira. Seu estilo era o de um *bulamatari* [quebrador de pedras], um mestre espiritual e médico autoritário (TEMPELS, 1962: 36). *Filosofia banta* pode ser considerado um testemunho de uma revelação e um sinal de uma mudança na vida de Tempels:

> Devo dizer que meu objetivo, nesse estudo dos bantos era me sentir "banto" pelo menos uma vez. Eu queria pensar, sentir, viver como ele, ter uma alma banta. Tudo isso com a intenção de me adaptar [...]. Sem dúvida, havia em minha atitude algo mais, ou algo diferente, do que o simples interesse científico de um antropólogo que faz perguntas sem que o objeto de sua ciência, o homem vivo diante dele, seja necessariamente o objetivo de suas investigações. Minha atitude talvez incluísse um elemento de simpatia para esse indivíduo vivo e evocava nele uma reação de confiança em mim (TEMPELS, 1962: 37).

Recordando o período quando publicou *Filosofia banta*, Tempels se diferencia claramente dos antropólogos. Seu objetivo é diferente, diz, e depende de uma atitude radicalmente diferente, uma atitude de *Einfühlung* ou simpatia. Mas seu livro teve repercussão extraordinária. G. Bachelard o saudou como um tesouro. Alioune Diop empenhou sua fé nesse pequeno livro, adicionando um prefácio à versão francesa e descrevendo-o como o livro mais decisivo que já lera (DIOP, 1965). Entretanto, não faltaram inimigos ao livro.

A história começa em Catanga, no antigo Congo Belga, onde o Bispo Jean-Félix de Hemptinne exerceu seu poder para conter a circulação de *Filosofia banta*, insistindo para que Roma condenasse o livro como herético e Tempels fosse expulso do país (DE-CRAEMER, 1977: 29-30). O motivo era que no ambiente colonial o livro pôs em dúvida a grandeza da empreitada colonial. Na época, havia vários teóricos muito respeitáveis que consideravam o direito de colonizar como um direito natural. De acordo com essa doutrina, os seres humanos mais avançados deviam intervir nas "regiões adormecidas" da África para explorar a riqueza que Deus destinara a toda a humanidade. Através de sua presença e políticas, o colonizador deveria despertar os "povos letárgicos" e apresentá-los à civilização e à verdadeira religião. Por cerca de dez anos, Tempels seguiu esse objetivo. À maneira dos administradores coloniais, ele derivou duas teses de sua experiência: de que a natureza vem de Deus e que os povos superiores devem civilizar seus irmãos inferiores. Assim, o direito de colonizar era duplicado por um dever natural e uma missão espiritual. Uma metáfora arrebatadora muito em voga na década de 1930 apoiava essa tese: assim como numa floresta existem formas de vida frágeis e dependentes que só podem viver e se desenvolver sob a proteção dos mais fortes, o mesmo vale para as comunidades humanas.

Com seu *Filosofia banta*, Tempels não rejeita inteiramente essa ideologia da dominação natural, não obstante os temores de seus críticos. De modo geral, ele propõe meios mais eficientes para seu objetivo declarado, a tarefa de civilizar e evangelizar os povos bantos. Como um padre que acreditava nos ideais de sua missão, ele oferece um novo programa para a melhoria social e espiritual do povo indígena; ou seja, maneiras de estabelecer valores cristãos numa base cultural banta e construir uma civilização que esteja em harmonia com os modos bantos de pensar e ser. Tempels estava persuadido de que sua *Filosofia banta*, e em particular sua ontologia, era a melhor ferramenta que os brancos poderiam utilizar para se encontrar com africanos e compreendê-los.

> Apenas o folclore e a descrição superficial de costumes estranhos não podem ser suficientes para nos fazer descobrir e compreender o homem primitivo. A etnologia, a linguística, a psicanálise, a jurisprudência, a sociologia e o estudo das religiões só são capazes de oferecer conclusões definitivas depois que a filosofia e a ontologia de um povo primitivo tiverem sido completamente estudadas e descritas (TEMPELS, 1959: 23).

A concepção de Tempels da filosofia banta pode ser resumida em cinco proposições (cf. EBOUSSI-BOULAGA, 1968; TSHIAMALENGA, 1981).

1) Como os bantos são seres humanos, eles organizaram sistemas de princípios e referências. Esses sistemas constituem uma filosofia mesmo que os bantos "não sejam capazes de formular um tratado de filosofia exposto com um vocabulário adequado" (TEMPELS, 1959: 36). Em suma, é uma filosofia *implícita*, e é Tempels, ao interpretar as respostas bantas para suas perguntas, que revela seu caráter organizado e sistemático de crenças e costumes.

2) Essa filosofia é uma ontologia. No Ocidente, desde os gregos a filosofia se preocupa em definir e indicar o real em termos do ser, através de uma perspectiva estática representada por expressões como "a realidade que existe", "qualquer coisa que exista", ou "o que existe". Contra isso, Tempels nota que a filosofia banta parece oferecer uma compreensão dinâmica ao dar muita atenção à vitalidade do ser e ao relacionar o ser à sua força:

> Nós conseguimos conceber a noção transcendental de "ser" ao separá-la de seu atributo, "força" mas o banto não consegue. A "força" em seu pensamento é um elemento necessário no "ser", e o conceito "força" é inseparável da definição de "ser". Não há nenhuma ideia entre os bantos do "ser" divorciada da ideia de "força" (TEMPELS, 1959: 50-51).

3) A ontologia banta em sua especificidade implica que o ser, como compreendido na tradição ocidental, significa força na tradição banta, e portanto pode-se afirmar que ser = força, ou como o tradutor italiano intitulou sua versão resumida de *Filosofia banta*: *Forza = Essere* (TEMPELS, 1979: 23). Assim, é a força em sua presença misteriosa que oferece uma possibilidade de classificar os seres numa hierarquia que envolva todos os reinos existentes: mineral, vegetal, animal, humano, ancestral e divino. Por outro lado, em todos eles a força vital parece ser o signo essencial para ordenar identidades, diferenças e relacionamentos. Da profundeza mais extrema à altura de Deus, há uma dialética permanente e dinâmica de energia: a força vital pode ser

alimentada, diminuída ou completamente parada. Ela aumenta ou diminui em todo ser e de uma transição a outra; sua referência ainda é a ordem de sua efetivação em Deus.

> Os bantos falam, agem e vivem como se para eles os seres fossem forças. Para eles, a força não é uma realidade fortuita e acidental, a força é até mais do que um atributo necessário dos seres: a força é a natureza do ser, a força é ser, o ser é força (TEMPELS, 1959: 51).

> A origem, a subsistência ou aniquilação de seres ou de forças é expressa e exclusivamente atribuída a Deus. O termo "criar" em sua conotação apropriada de "evocar do não ser" é encontrado em sua significação completa na terminologia banta (*Kupanga* em kiluba) (TEMPELS, 1959: 57).

> Toda força pode ser fortalecida ou enfraquecida. Isso significa dizer que todo ser pode se tornar mais forte ou mais fraco (TEMPELS, 1959: 55).

Dentro dessas trocas ininterruptas, os seres não estão limitados a si mesmos e constituem o que Tempels chama de um "princípio de atividade" (1959: 51), e através de suas interações explicam as "leis gerais da causalidade vital", a saber,

> *a*) Um homem (vivo ou morto) pode diretamente reforçar ou diminuir o ser de outro homem".
>
> *b*) A força humana vital pode influenciar diretamente seres de força inferior (animal, vegetal ou mineral) em seu ser.
>
> *c*) Um ser racional (espírito, alma ou os vivos) pode agir indiretamente sobre outro ser racional ao comunicar sua força vital a uma força inferior (animal, vegetal ou mineral) e através dessa intermediação ele influencia o ser racional (1959: 67-68).

(4) A ontologia banta só pode ser pensada e explicitada por causa do esquema conceitual da filosofia ocidental. Tempels disse isso de maneira bastante direta: "Nosso trabalho é empreender esse desenvolvimento sistemático. Somos nós que poderemos di-

zer a eles em termos precisos o que é seu conceito de ser mais interior" (1959: 36).

5) A ontologia banta pode ser um guia para as ontologias de todos os "povos primitivos" de modo geral. Com efeito, no decorrer do livro Tempels utiliza indistintamente os termos "africanos", "bantos", "primitivos", "nativos" e "selvagens", indicando claramente que apesar de estar apresentando a "filosofia" de uma comunidade pequena no Congo Belga, suas conclusões poderiam ser válidas para todas as sociedades não ocidentais. Ele expressa essa ambição pelo menos duas vezes. Ele nota com modéstia que "muitos colonos que vivem em contato com africanos garantiram-me que não expus nada novo, apenas escrevi sistematicamente o que eles compreenderam vagamente com seu conhecimento prático dos africanos" (1959: 37), e, no final de seu primeiro capítulo, expressa explicitamente a possibilidade de fazer generalizações: "o problema da ontologia banta, o problema de se ela existe ou não, está então aberto à discussão. Assim, é legítimo iniciar a tarefa de expor sua filosofia que talvez seja comum a todos os povos primitivos, a todas as sociedades de clãs" (1959: 38).

O que devemos pensar sobre *Filosofia banta*? Mbiti afirma que a principal contribuição de Tempels está "mais em termos de simpatia e mudança de atitude do que talvez no real conteúdo de seu livro" (1970: 14). De qualquer forma, Mbiti tem dúvidas sobre a concepção dinâmica da ontologia banta (1971: 132). O. p'Bitek ataca Tempels por postular uma possível generalização da ontologia banta: "Tempels nos convida a aceitar esse sistema de pensamento não apenas como banto, mas como africano. Será que acadêmicos [...] sérios preocupados com uma avaliação e análise correta das crenças e filosofia africanas podem aceitar esse tipo de generalização?" (1973: 59). Um filósofo congolês especifica essa crítica de modo mais satisfatório:

> Com efeito, o método de Tempels é simplesmente de simpatia [*Einfühlung*] e comunhão com o comportamento luba chaba, um método de comparação rápida e superficial e de generalização prematura. Se está

claro que a simpatia pode gerar uma hipótese, isso não pode significar que esta esteja bem fundamentada (TSHIAMALENGA, 1981: 179).

Tshiamalenga se concentra então em três pontos. Primeiro, não se pode concluir que já que os lubas que Tempels estudou dão muita atenção à realidade da força, a força seja o ser. Segundo, uma ontologia não pode ser constituída com base em seus sinais externos. Mais que isso, a identificação da noção banta de força com a noção ocidental de ser não parece fazer sentido. (De fato, na tradição banta o conceito de força deve ser compreendido e definido em suas relações com outros conceitos, enquanto no Ocidente o ser é uma noção que transcende todas as determinações e se opõe ao nada.) Terceiro, a equivalência estabelecida entre força e ser deve ser considerada um simulacro, pois ela é impensável sem o instrumental conceitual ocidental que Tempels utilizou (TSHIAMALENGA, 1981: 179; cf. tb. BOELAERT, 1946; SOUSBERGHE, 1951). Tshiamalenga conclui que Tempels construiu uma filosofia mas não *reconstruiu* a filosofia banta (1981: 179).

Talvez também devêssemos avaliar a empreitada de Tempels dentro do contexto de uma era onde os dogmas de Lévy-Bruhl eram congruentes com os objetivos colonizadores assim como com a missão cristã expressa numa grade evolucionista (cf. PIROTTE, 1973; LYONS, 1975). Mas como devemos interpretar o próprio juízo de Tempels sobre seu livro? Ele escreve despretensiosamente, no começo de seu capítulo sobre ontologia, que "este estudo, afinal, não afirma ser mais do que uma *hipótese*, uma primeira tentativa de um desenvolvimento sistemático do que é a filosofia banta" (1959: 40). O debate sobre essa "filosofia" que se desenvolveu desde então e que se repete regularmente me parece excessivamente intelectual. A obra de Tempels é certamente ambígua (cf. tb. HEBGA, 1982). Entretanto, ela não vale as respostas extremas que às vezes provoca. Certamente podemos repreender Tempels por confundir o significado vulgar da filosofia com sua definição técnica, mas ao voltar insistente e incessantemente a essa fraqueza como se ela constituísse um pecado mortal filosófico, os filósofos africanos obstruem desenvolvimentos mais úteis. Mesmo que alguns dos discípulos de Tempels continuem a utilizar seu conceito controverso de ser-força, eles de modo geral trazem visões e concepções africanas estimulantes (ex., KAGAME, 1956; LUFULUABO, 1962; MUJYNYA, 1972). Mas depois de Aimé Césaire (1972), pode-se também inferir a cumplicidade política continuada no livro e enxergar melhor sua relação com a ideologia colonial (cf. EBOUSSI--BOULAGA, 1968). Mas sem dúvida nenhuma *Filosofia banta* abriu, paradoxalmente, alguns buracos no muro monolítico da ideologia colonial, como Alioune Diop notou em seu prefácio (1965). É claro que qualquer um tem o direito de questionar a importância sócio-histórica do livro e de temer, como Eboussi--Boulaga, que a tese de Tempels sobre a evolução do pensamento banto simplesmente signifique a redução da temporalidade banta a um passado fixo (EBOUSSI-BOULAGA, 1968: 5-40).

Eu sugiro que a verdade de *Filosofia banta* reside precisamente na tensão dessas contradições. É provável que as obras acadêmicas de A. Smet, que dedicou anos a estabelecer uma imagem mais completa de Tempels e seu pensamento, enfatizarão mais claramente a imprecisão de um pensamento que nasceu de uma mistura entre curiosidade etnológica, ambiguidades evangélicas e propósito colonial. Devemos então situar o livro na evolução espiritual de seu autor. Enquanto tentava "civilizar", Tempels descobriu seu momento da verdade num encontro com pessoas das quais ele pensava ser o mestre. Assim, ele se tornou um aluno daqueles que deveria ensinar e buscou compreender a versão deles da verdade. Durante esse encontro, houve um momento distinto de revelação que complicou radicalmente as convicções do civilizador. A aventura terminou no estabelecimento de uma espécie de comunidade cristã sincrética, a "família" Jamaa (SMET, 1977c). Tempels descreve seu espírito num livro curioso (1962). Celebrando os temas da vida, amor e fertilidade, o movimento ganhou ímpeto na África Central antes de ser excomungado pela hierarquia católica por desrespeito à ortodoxia (DECRAEMER, 1977; MATACZYNSKI, 1984).

Se Tempels tivesse escolhido para seu ensaio um título sem o termo "filosofia" e se tivesse simplesmente organizado seus dados etnográficos sobre os lubas e escrito comentários sobre eles, seu livro teria talvez sido menos provocativo. No mínimo, ele poderia ter oferecido uma representação dentro de limites regionais, à maneira de *Conversas com Ogotemmêli*, de Marcel Griaule ([1948] 1965). Elogiando as contribuições de Tempels, Griaule escreveu o que deveria ter sido o prefácio da versão francesa de *Filosofia banta*. Ele foi publicado em *Présence Africaine* (1949, n. 7). Nesse texto curto, Griaule estabeleceu elos entre a ontologia banta e concepções dos dogons. No prefácio de *Conversas*, ele deixa explícita essa proximidade:

> Já faz dez anos que essas obras [*As almas dos dogons*, de G. Dieterlen (1941), *Os lemas dos dogons*, de S. de Ganay (1941), e *Máscaras dogons* do próprio Griaule (1938)] chamam a atenção a fatos novos sobre a "força vital" [...]. Elas demonstraram a importância primordial da noção de pessoa, ela própria ligada à de sociedade, de universo, de divindade. Assim, a ontologia dogom abriu horizontes aos etnólogos [...]. Mais recentemente [...] um livro sobre *A filosofia banta* (Rev. P. Tempels) analisou noções comparáveis e propôs a questão de saber se devemos "emprestar ao pensamento banto um sistema filosófico" (GRIAULE, 1965: 1-2).

Griaule se baseou completamente num informante atípico – "Ogotemmêli, do baixo Ogol, caçador cegado por acidente", dotado "de inteligência excepcional [...] e de uma sabedoria cujo prestígio se estendia por todo o seu país". Durante trinta e três dias, Ogotemmêli o apresentou ao conhecimento profundo da crença e tradição dogom.

O ensaio de Griaule se organiza ao redor dos monólogos entrelaçados do informante. Da criação à origem das organizações sociais, a narração segue duas linhas: uma decodificação mítica do universo em seu ser e uma interpretação simbólica da fundamentação da história, cultura e sociedade. Esta última, diz Griaule, define "um sistema de mundo cujo conhecimento revolucionará profundamente as ideias preconcebidas tanto sobre a mentalidade negra quanto sobre a mentalidade primitiva em geral" (1965: 2). O mundo antropológico decidiu que Griaule estava mentindo. As conversas seriam uma mistificação: os dogons, por serem primitivos, não teriam como conceber uma estruturação tão complexa de um conhecimento que, através de mitos e ritos, unifica, ordena e explica sistemas astronômicos, correspondências entre mundos, tabelas de calendários, classificações de seres e transformações sociais. Além do mais, o livro de Griaule não podia ser realmente aceito: ele afirma ser um simples relato dos ensinamentos de Ogotemmêli e não obedece os cânones sagrados da antropologia social. Quanto à complexidade da dimensão "metafísica" da narrativa de Ogotemmêli, Luc de Heusch, um ex-discípulo de Griaule, respondeu recentemente com vigor àqueles que não conseguem acreditar que "primitivos" sejam capazes de manipular intelectualmente símbolos abstratos.

> Muitos dos detratores de Griaule questionaram o interesse das especulações intelectuais dos dogons, que para eles pareciam flutuar num vazio sociológico. Como se a linhagem ou a família existissem independentemente do sistema de representações ao qual eles chegaram para explicar a existência, como se a realidade social empírica pudesse ser desassociada analiticamente do simbólico. É trivial objetar que o pensamento dos "médicos" dogons não é o mesmo das pessoas ignorantes. Griaule já previra esse argumento em 1948 e o respondeu vigorosamente: "Ninguém tentaria acusar de esoterismo o dogma cristão da transubstanciação sob o pretexto de que as pessoas comuns não conhecem a palavra e têm apenas vislumbres da coisa em si". [...] Quem ousaria negar que o cristianismo [...] desde a sua formação e através dos séculos tem sido o ponto de referência definitivo de nosso próprio sistema social, para além dos vários modos de produção que marcaram seu desenvolvimento? (HEUSCH, 1984: 159).

De qualquer forma, *Conversas com Ogotemmêli* indica o longo alcance da importância do mito num ambiente africano. O mito é um texto que pode ser partido em pedacinhos e revelar a experiência humana e a ordem social. Sabemos disso desde Durkheim e Mauss. Mas foi Lévi-Strauss quem definitivamente deu força a essa teoria e assim invalidou o método e as conclusões de um grande número de obras inferiores que na década de 1950 ainda descreviam "filosofias primitivas" (cf. as bibliografias em *Cahiers des Religions Africaines*, 1975, n. 9: 17-18) ou "etnofilosofias", como eram então chamadas (cf. SMET, 1980: 161). Os estudos sólidos de Holas e Zahan sobre espiritualidade e cosmologia africanas são exceções.

Foi na antropologia ortodoxa que ocorreu uma reavaliação original das "filosofias primitivas". A publicação de D. Forde em 1954 de uma coleção de ensaios sobre o conceito de mundo africano foi um evento fundamental. Ela reuniu alguns dos estudiosos da África mais imaginativos e perceptivos: M. Douglas, G. Wagner, M. Griaule, G. Dieterlen, K. Little, J.J. Maquet, K.A. Busia e P. Mercier, que exploraram "a importância de ideias cosmológicas como expressões de valores morais em relação às condições materiais da vida e a ordem social total" e, especificamente, "mostram essa interdependência intricada entre um padrão tradicional de vida, uma configuração aceita de relações sociais e dogmas sobre a natureza do mundo e o lugar dos seres humanos nele" (FORDE, 1976: x). Tornou-se assim possível tratar os mitos e ritos como guias para a compreensão de dimensões simbólicas assim como espelhos de sistemas de pensamento. Publicações nessa linha incluem *Édipo e Jó na religião da África Ocidental* (1959), de Fortes, *Sistemas africanos de pensamento* (1965) de Fortes e Dieterlen, *A religião lugbara: ritual e autoridade num povo da África Oriental* (1960) de Middleton, *O simbolismo do incesto real na África* (1968) de Heusch, *A imagem do mundo bété* (1968) de Holas, e a *Magna opera* de Turner (1975, 1981).

Dentro dessa nova atmosfera intelectual, a afirmação de Leach sobre a pertinência do mito enquanto código sociocultural faz muito sentido:

Todas as histórias que ocorrem na Bíblia são mitos para o cristão devoto, correspondam ou não a fatos históricos. Todas as sociedades humanas têm mitos nesse sentido e normalmente os mitos aos quais se dá maior importância são aqueles menos prováveis (LEACH, 1980: 1).

A generalização mais prudente (e também mais trivial) sobre os sistemas de pensamento africanos talvez seja que o mito e a sociedade são autônomos mas respondem um ao outro. Mais exatamente, o mito significa a experiência humana a ponto de a realidade perder seu significado sem ele. Por exemplo, é um conjunto de mitos que dá aos lugbaras do Nilo-Congo a história das conexões variáveis entre a comunidade, sua extensão e a descendência (MIDDLETON, 1980: 47-61). A mitologia tive, por outro lado, funde-se com a genealogia, definindo a linhagem geral da irmandade humana e apresentando-se como uma ordem cósmica (BOHANNAN, 1980: 315-329). Também na cultura dogom os mitos primários exprimem ligações entre a organização social e o universo cósmico (HEUSCH, 1985: 126-160). Virtualmente todos os signos culturais e características sociais dogons estão relacionados ao *ovo do mundo* com suas sete vibrações e movimento em espiral (GRIAULE & DIETERLEN, 1976: 83-110).

Ainda assim, o mito, apesar de suas formas paradoxais e ocasionalmente versões contraditórias irracionais, não exprime somente a mecânica de uma racionalidade distinta que explica as analogias, dependências, sobreposições ou virtudes antinômicas nas ordens natural, social e cósmica. Ele não é apenas uma memória coletiva para uma comunidade que muitas vezes precisa de *griots*[13] e outros especialistas para narrar e interpretar seu passado. Não podemos considerá-lo meramente uma "tabela de conhecimento" complicada que mantém memórias valiosas, descobertas

---

13. Profissão que se assemelha ao bardo ou menestrel ocidental, onde os artistas tornam-se um repositório de boa parte do conhecimento popular, mítico e histórico das comunidades [N.T.].

importantes e feitos significativos e suas interpretações, todos transmitidos por ancestrais. Ainda que seja possível investigar um mito ou ritual africano e reconhecer nele, como no caso do mito dogom (HEUSCH, 1985; GRIAULE, 1965; DIETERLEN, 1941), uma organização poderosa e extraordinária de classificações, filiações e suas transformações e representações, seria errado limitar o significado do mito a essa função. Um estudioso cuidadoso sempre pode ir além dos sistemas formais e revelar outras redes simbólicas que podem passar absolutamente despercebidas pelos membros da comunidade (cf., p. ex., TURNER, 1969; HEUSCH, 1982). Os mitos são corpos autônomos, como L. Heusch afirmou em sua conclusão de *O rei bêbado*:

> Eles não são os produtos do trabalho e desafiam todas as tentativas de apropriação, sejam privadas ou coletivas. Não há nenhum direito autoral ligado à sua narração, renarração e transformação. Eles até escapam da função ideológica que os reis invariavelmente tentam forçá-los a ter. Eles são levados pelas marés vagarosas da história, mas dançam com os raios do sol e riem com a chuva, o único mestre que conhecem são eles mesmos (HEUSCH, 1982: 247).

A história desse novo tipo de trabalho acadêmico que procura estruturas profundas é a história da antropologia africana em suas expressões e heresias mais inspiradoras. Tempels considerou necessário abandonar a ortodoxia da tradição primitivista. Com sua *Filosofia banta*, ele queria contrabalançar construções sobre "filosofias primitivas". Griaule e seus colegas seguiram um caminho semelhante. A "ontologia dogom" em sua expressão elaborada tornou-se para eles uma tese: "os dogons representariam um dos mais belos exemplos de primitividade selvagem" (GRIAULE, 1965: 1). Mas um deles, Ogotemmêli, revela "ao mundo branco uma cosmogonia tão rica quanto a de Hesíodo [...] e uma metafísica que oferece a vantagem de se projetar em mil ritos e gestos num cenário onde se move uma multidão de homens vivos" (GRIAULE, 1965: 3). Podemos mais uma vez apontar a

Einfühlung. É interessante notar que D. Forde se refere ao impacto dessa orientação ao construir uma estrutura para sua coleção de textos sobre ideias cosmológicas: o livro de Tempels é "um ensaio impressionante sobre os efeitos penetrantes da crença na permeação da natureza por forças espirituais dinâmicas" e, por outro lado, a pesquisa de campo "entre alguns povos do Sudão Ocidental, como os dogons, bambaras e acãs", demonstra "uma complexidade e elaboração inesperadas de ideias cosmológicas" (1976: ix-x).

Eu estou pessoalmente convencido de que as obras mais imaginativas que nos revelam o que hoje chamamos de sistemas de pensamento africano, como as de Dieterlen, Heusch e Turner podem ser compreendidas fundamentalmente através de sua jornada na direção da *Einfühlung*. No caso de acadêmicos africanos, trata-se muitas vezes, como com Kagame corrigindo Tempels, de simpatia por si mesmo e sua própria cultura.

Kagame e a escola etnofilosófica

> *Quero revelar a vocês essa verdade estonteante: não só sou uma criatura pensante, não só uma alma paradoxalmente habita este corpo humano, mas venho de um planeta distante.*
> BOULLE, P. *Planeta dos macacos*.

Kagame deseja explicitamente conferir a validade da teoria de Tempels (1956: 8) e corrigir generalizações e fraquezas intelectuais. Um filósofo mas também um historiador, antropólogo, linguista e teólogo competente (cf. MUDIMBE, 1982c; NTEZIMANA & HABERLAND, 1984), Alexis Kagame recebeu seu doutorado em filosofia em 1955 da Universidade Gregoriana em Roma. Membro da Academia Belga de Ciências Além-Mar desde 1950, professor universitário, autor de cerca de uma centena de obras, Kagame foi a partir da década de 1950 um dos símbolos internacionais mais respeitados e também controversos da *intelligentsia* africana. Ele marcou profundamente o campo da filosofia africana com dois livros monumentais. Seu primeiro tratado, *A filosofia banta-ruandesa do ser* (1956) trata dos baniaruandas, uma comunidade bem definida por sua história, linguagem e cultura. O segundo, *A filosofia banta comparada* (1976) expande essa pesquisa para toda a área banta. Ambas as obras têm grande parte de sua base em análises linguísticas das linguagens bantas. Essas linguagens são um subgrupo de um grupo maior, benué-congo, que também abrange as linguagens bantoides não bantas (Nigéria, Camarões) e bantas *grassfields* (Camarões, parcialmente na Nigéria). As linguagens da família banta são faladas em Camarões, parcialmente na República Centro-africana, Quênia e Uganda; completa ou predominantemente no Gabão, Guiné Equatorial, Congo, Angola, RDC, Ruanda, Burundi, Tanzânia, Comores, Zâmbia, Maláui, Moçambique, Suazilândia, Lesoto, Botsuana, Zimbábue, África do Sul e Namíbia.

Para Kagame, falar de uma filosofia banta implica acima de tudo uma consideração de duas condições de sua possibilidade, a saber, a coerência linguística das línguas bantas, que uniformemente apresentam estruturas de classe linguística e a utilidade de um método filosófico herdado do Ocidente (KAGAME, 1971: 591). De acordo com Kagame, o mérito da obra de Tempels está em ter disponibilizado o método. Entretanto, *Filosofia banta* deve ser revisado porque Tempels não era um acadêmico. Ele não prestou atenção às linguagens bantas e, além do mais, sua síntese, com base estritamente em sua experiência na comunidade luba-chaba, não oferece uma compreensão abrangente das culturas bantas (KAGAME, 1971: 592).

Ainda assim, o esquema formal de Kagame é muito semelhante ao de Tempels. Ele se desenrola seguindo os capítulos clássicos da escolástica. Qual é o método de análise e interpretação de Kagame? Ele recomenda uma busca sistemática de elementos filosóficos numa linguagem específica, descrita cuidadosamente, e então uma extensão da busca para incluir todas as áreas bantas e uma comparação dos elementos filosóficos entre elas (KAGAME, 1976: 7).

> [Meu método é] pesquisar os elementos de uma filosofia "banta" em primeiro lugar dentro de uma língua determinada; não afirmar nada que não esteja apoiado por uma prova cultural indubitável, transcrito na própria língua original e traduzido literalmente na língua acessível ao leitor estrangeiro. [...] Uma vez em posse desses elementos de partida, realizar as pesquisas na escala da área "banta" para verificar no que cada zona se assemelha aos resultados fixados inicialmente, ou no que se diferencia (KAGAME, 1971: 592).

O método pode ser justificado. Ele é bastante adequado e perfeitamente convincente como um passo preliminar na direção da filosofia. Mas a dificuldade está na afirmação de Kagame de que a descoberta, através de uma grade aristotélica, de elementos até então desconhecidos das culturas bantas é uma descoberta de uma filosofia implícita profunda e coletiva: "um sistema *coletivo* de pensamento profundo, *vivido* e não repensado, [cuja superioridade é evidente em relação ao] trabalho *individual* de um pensador designado numa civilização letrada" (KAGAME, 1976: 171). De acordo com Kagame, essa filosofia silenciosa pode ser descrita através de uma aplicação rigorosa de cinco grades escolásticas fundamentais: lógica formal, ontologia, teodiceia, cosmologia e ética (1956, 1971).

Lógica formal. Isso trata das noções de ideia como expressa num termo, de juízo como significado por uma proposição, e de raciocínio como exercido num silogismo. Será que essas noções e relações são produzidas na filosofia africana "profunda"? Kagame responde que sim, observando que:

a) Os bantos distinguem o concreto do abstrato. Quanto a esse último, uma precondição para a filosofia, eles separam o abstrato da acidentalidade (que expressa entidades que não existem independentemente na natureza, como *bu-gabo* [virilidade, coragem, força]) do abstrato da substancialidade (que expressa entidades que existem independentemente na natureza, como *bu-muntu* [humanidade]).

b) A proposição banta organiza-se de acordo com dois princípios. A enunciação dos nomes dos atores sempre é feita no início do discurso. Um relativo classificatório, ou seja, um classificador linguístico incorporado a substantivos, corresponde aos nomes de cada ator e permite uma distinção sistemática entre sujeitos e complementos no discurso.

c) O raciocínio é elíptico. Ele pode utilizar uma premissa (maior), mas é mais comum que enuncie uma observação geral ou até um provérbio que leve diretamente a uma conclusão.

Criteriologia e ontologia banta. Se em termos gerais a criteriologia banta não parece ser particular nem original quando comparada a outras culturas "análogas" (KAGAME, 1971: 598), a ontologia ou metafísica geral é bem formulada graças a sistemas linguísticos de classes.

> Quando desejamos alcançar o pensamento profundo "banto", analisamos uma amostra que represente os termos que pertençam a alguma *classe*. Esse termo representa uma *ideia*, designa um objeto; por exemplo: um pastor, uma criança, um ladrão etc.; todas as *ideias* assim representadas resultam numa noção unificadora que é *ser humano*. Da mesma forma: uma enxada, uma lança, uma faca etc.; cada um desses objetos certamente responderá à noção já unificadora de *ferramenta*, mas se formos mais longe, a noção unificadora final que não permite mais nenhum avanço será a de *coisa* (KAGAME, 1971: 598-599).

Há dez classes em quiniaruanda. Mas Kagame, e depois dele Mulago (1965: 152-153) e Mujynya (1972: 13-14), enfatiza que todas as categorias podem ser reduzidas a quatro conceitos básicos (cf. tb. JAHN, 1961: 100): (*a*) *Muntu* = ser com inteligência, corresponde à noção aristotélica de *substância*; (*b*) *Kintu* = ser sem inteligência ou *coisa*; (*c*) *Hantu* expressa o *tempo* e o *lugar* (apresenta variantes como Pa- nas linguagens bantas orientais, Va- no oeste e Go- +lo/ro no sul); (*d*) *Kuntu* indica a modalidade e portanto centraliza todas as noções relacionadas a modificações do ser em si mesmo (quantidade ou qualidade) ou em relação a outros seres (relação, posição, disposição, possessão, ação, paixão). Desse modo, *kuntu* corresponde a sete categorias aristotélicas diferentes.

A ontologia banta em sua realidade e significado expressa-se através da complementaridade e conexões que existem entre essas quatro categorias, todas elas criadas a partir do mesmo radical, *ntu*, que se refere ao ser mas também, simultaneamente, à ideia de força. Kagame insiste que o equivalente banto do verbo *ser* é única e estritamente uma cópula. Ele não expressa a noção de existência e portanto não pode traduzir o *cogito* cartesiano. É ao enunciar *muntu*, *kintu* etc., que significa uma essência ou alguma coisa em que a noção de existência não está necessariamente presente (1971: 602).

> Quando a *essência* (*ntu*) é aperfeiçoada pelo grau de existir, ela passa assim ao nível dos *existentes*. Aqui não se pode tomar o *existente* como sinônimo de *ser-lá* [*étant*], porque nas línguas "bantas" o verbo *ser* não pode significar *existir*. O oposto do existente é o *nada*. Ao analisar os elementos culturais, devemos concluir que o *nada* existe e é a entidade que está na base do *múltiplo*. Um ser é distinto de outro porque existe o *nada* entre os dois (KAGAME, 1971: 602-603).

Mulago especifica a noção básica de *ntu*. Ele não pode simplesmente ser traduzido pelo substantivo *ser*. *Ntu* e *ser* não são coextensivos à medida que as categorias *ntu* subsumem apenas seres criados e não a fonte original de *ntu*, que é Deus: *Imana* em quiniaruanda e quirundi, *Nyamuzinda* em mashi (MULAGO, 1965: 153; KAGAME, 1956: 109-110). *Ntu* é o ser-força básico fundamental e referencial que se manifesta dinamicamente em todos os seres existentes, diferenciando-os mas também ligando-os numa hierarquia ontológica:

O ser é fundamentalmente uno e todos os seres existentes estão ligados ontologicamente. Acima, transcendente, está Deus, *Nyamuzinda*, o começo e o fim de todo ser; *Imana*, fonte de toda vida, de toda felicidade. Entre Deus e os seres humanos estão intermediários, todos os ascendentes, os ancestrais, os membros mortos da família e os velhos heróis nacionais, todos os exércitos de almas desencarnadas. Abaixo dos seres humanos estão todos os outros seres que, basicamente, são apenas meios colocados à disposição do ser humano para desenvolver seu *ntu*, ser, vida (MULAGO, 1965: 155).

Em suma, o *ntu* é de alguma forma um signo de uma semelhança universal. Sua presença nos seres os traz à vida e afirma tanto seu valor individual quanto o grau de sua integração na dialética da energia vital. O *ntu* é uma norma vital ao mesmo tempo unificadora e diferenciadora que explica os poderes da desigualdade vital em termos da diferença entre os seres. Ele é um sinal de que Deus, pai de todos os seres – *ishe w'abantu n'ebintu* (MULAGO, 1965: 153) – deixou uma marca no universo, tornando-o transparente numa hierarquia de simpatia. No sentido ascendente, pode-se ler a vitalidade que a partir dos minerais e através dos vegetais, animais e seres humanos liga as pedras aos falecidos e a Deus. No sentido descendente, é uma filiação genealógica de formas de seres, engendrados ou relacionados uns aos outros, todos afirmações da fonte original que os tornou possíveis. Isso nos remete ao comentário de Foucault sobre a prosa do mundo na era pré-clássica do Ocidente:

> Toda semelhança recebe uma assinatura; mas essa assinatura não é mais do que uma forma compartilhada da mesma semelhança. Consequentemente, o conjunto das marcas faz deslizar, sobre o círculo das semelhanças, um segundo círculo que duplicaria exatamente, ponto a ponto, o primeiro, se não fosse um pequeno deslocamento que faz com que o signo da simpatia resida na analogia, o da analogia no da emulação, o da emulação na conveniência, que requer a marca da simpatia para ser reconhecido (1973: 29).

Estamos lidando com uma "filosofia implícita" africana que, de acordo com Lufuluabo ao comentar sobre a noção luba de ser, é essencialmente dinâmica porque o sujeito vive de acordo com um dinamismo cósmico (1964: 22). E.N.C. Mujynya, um discípulo tanto de Tempels quanto de Kagame, propõe o significado desse dinamismo ontológico em quatro princípios (1972: 21-22): (*a*) cada elemento no universo que é cada *ntu* criado é uma força, e uma força ativa; (*b*) como tudo é força, cada *ntu* então sempre faz parte de uma profusão de outras forças, e todas elas influenciam umas as outras; (*c*) cada *ntu* sempre pode, sob a influência de outro *ntu*, aumentar ou diminuir o seu ser; e (*d*) como cada ser criado pode enfraquecer seres inferiores ou ser enfraquecido por superiores, cada *ntu* é sempre e simultaneamente uma força ativa e frágil. A partir desses princípios, Mujynya deduz dois corolários: primeiro, apenas alguém que seja ontologicamente superior pode diminuir a força vital de um ser inferior; segundo, sempre que uma ação é decidida ou executada por um ser em relação a outro ser ela modifica este último ao aumentar ou diminuir sua força vital. Consequentemente, entendemos por que Mulago se refere à avaliação de Bachelard da *Filosofia banta* de Tempels e escreve que seria melhor falar de uma *metadinâmica* banta em vez de *metafísica* (MULAGO, 1965: 155-156).

Teodiceia e cosmologia. Apesar de Deus ser a origem e o significado de *ntu*, Ele está tão além disso a ponto de, segundo Kagame e Mulago, não podermos dizer que Deus seja uma essência (KAGAME, 1968: 215, 1971: 603; MULAGO, 1965: 152). Deus não é um *ntu*, e sim um ser causal e eterno, que em quiniaruanda é chamado de o Inicial [*Iya-Kare*] ou o Preexistente [*Iya-mbere*], em quirundi a Origem eficiente [*Rugira*] e em mashi o Criador [*Lulema*].

> É portanto inapropriado, aos olhos da cultura "banta", chamar Deus de *O ser supremo*, porque ele não faz parte das categorias dos seres, e por outro lado o qualificativo *supremo* o coloca acima dos *seres* na mesma linha dos *ntu*. É preciso chamá-lo de o *Preexistente*,

atributo que remete ao *Existente Eterno* (KAGAME, 1971: 603).

Referindo-se à sua língua nativa luba e revendo com cuidado a documentação de Kagame, Tshiamalenga se opõe vigorosamente a essa interpretação. Deus é essência. Ele é *ntu*, até um *muntu*; e, na mesma linha, o ser humano é, dentro da dialética de forças vitais, uma coisa, um *kintu*. Com efeito, Tshiamalenga acredita que Kagame e seus seguidores Mulago e Mujynya estão errados porque se esquecem que prefixos classificadores são formais e arbitrários, e são utilizados para classificar e distinguir o estatuto de substantivos, não de entidades ontológicas (TSHIAMALENGA, 1973).

Quanto à *cosmologia* banta, de acordo com Kagame ela se baseia num princípio metafísico implícito: todo corpo, toda extensão tem um limite; em outras palavras, uma extensão ilimitada é impossível (KAGAME, 1971: 606). Segue-se que a *Weltanschauung* banta distingue três mundos circulares e em comunicação: a terra, centro do universo porque é o lar de *muntu*, senhor de todos os *ntu* existentes; acima, além do céu, o círculo da vida onde Deus mora; e sob nossa terra o mundo habitado pelos falecidos (cf. tb., p. ex., VAN CAENEGHEM, 1956; MBITI, 1971; BAMUINIKILE, 1971).

Psicologia racional e ética. Em termos de psicologia, a referência aqui é o ser humano distinto do animal. Ambos são seres vivos, têm sentidos e capacidade de movimento. Ambos são marcados por padrões semelhantes em termos de nascimento e morte. Entretanto, é na hora de sua morte que se pode observar uma diferença fundamental. A força vital ou sombra do animal desaparece completamente. No caso de um ser humano, apesar de a sombra normalmente desaparecer, o princípio de inteligência que o caracteriza enquanto um ser humano permanece, torna-se o *muzimu* (*modimo*, *motimo* etc.) e junta-se ao universo subterrâneo. Por outro lado, enquanto estão vivos tanto seres humanos quanto animais são vistos analogicamente como tendo dois sentidos em comum (audição e visão) em vez dos cinco sentidos atribuídos pela filosofia ocidental clássica. Os outros três sentidos são obviamente experimentados, mas de acordo com Kagame, o conhecimento que trazem é integrado ao sentido da audição (KAGAME, 1956: 186).

Em termos de ética, a filosofia banta pode ser reduzida a dois princípios essenciais.

a) A primeira regra de *ação* e *utilização* baseia-se na finalidade interna do ser humano. Kagame nota que se olharmos o princípio vital de um ser humano, percebemos que é uma seta de duas pontas: numa delas está a faculdade de conhecer (inteligência), na outra, a de amar (vontade). A filosofia clássica enfatizou a primeira: nós temos que "conhecer os seres ao nosso redor de maneira a discernir quais são *bons* para nós e quais nos são *prejudiciais*. *Amar* aquele que é bom e descartar o prejudicial. Num segundo momento, conhecer e amar o *Preexistente* que colocou esses seres à nossa disposição" (KAGAME, 1971: 608). A filosofia banta, pelo contrário, enfatizaria a outra ponta: amar e assim procriar, perpetuar a linhagem e a comunidade de seres humanos. Ao fazê-lo, ela afirma um paradigma: a força vital é imortal.

b) A segunda regra está relacionada à anterior. A comunidade banta define-se através da filiação de sangue. A comunidade representa (e compreende-se como) um corpo natural e social e infere da autoridade de seu ser e de sua história as leis e mecanismos de ocupação territorial, instituições políticas, costumes e ritos. O aspecto mais notável e importante é que a comunidade banta desenvolveu dois tipos de leis radicalmente opostos mas complementares. Primeiro, há leis jurídicas que a sociedade controla através de seus juízes e advogados. Elas não impõem obrigações às consciências individuais e quem quer que consiga escapar delas é considerado inteligente. Segundo, há as leis-tabus, principalmente de natureza religiosa: estas são de modo geral negativas e especificam claramente o que deve ser evitado. Elas contêm em si mesmas um poder imanente de sanção e Deus é o único juiz. Portanto, não importa a transgressão, nenhum ser humano – nem mesmo chefe, sacerdote ou rei – pode sancionar ou perdoar o pecado-tabu. O problema e sua resolução estão entre o transgressor e Deus e também entre sua família ainda existente na terra e os ancestrais passados.

As posições de Kagame podem parecer controversas. Entretanto, elas são deduções de uma análise linguística realmente impressionante e bem fundamentada. Ninguém pode questionar seriamente seu talento para lidar, por exemplo, com panoramas gramaticais das linguagens bantas. Ainda assim, muitos pontos são questionáveis, como a extensão geográfica e o significado da categoria *hantu* ou a contiguidade que ele estabelece entre termos e conceitos, como se as relações existentes entre significantes e significados não fossem arbitrárias. De qualquer forma, com a obra de Kagame a filosofia banta escapa das generalizações não fundamentadas de Tempels: ela agora se fundamenta numa ordem linguística. Uma segunda característica marca a ruptura entre Tempels e Kagame. Tempels falava da filosofia banta como um sistema intelectual e dinâmico que, apesar de implícito, existe como uma construção organizada e racional à espera de um leitor ou tradutor competente. Kagame é mais prudente. Ele afirma que toda linguagem e cultura são sustentadas por uma ordem profunda e distinta. Mas ele insiste que sua obra não revela uma filosofia sistemática e sim uma organização intuitiva justificada pela presença de princípios filosóficos precisos. Além do mais, essa organização não é nem estática nem permanente, como indicam as mudanças nas mentalidades atuais (1956: 27). Apesar da evidência de suas raízes culturais (1976: 117, 225), ela não deve ser reduzida a uma alteridade absoluta. A terceira distinção é que para Kagame não faria sentido proclamar uma alteridade absoluta porque noções importantes como *ideia*, *raciocínio* e *proposição* não podem ser pensadas como sugerindo uma particularidade banta. Na mesma linha, a lógica formal enquanto tal não apresenta um caráter linguístico definido (1956: 38-40) e no que concerne à criteriologia e às propriedades da inteligência, os problemas da primeira são "conaturais" [*co-naturels*] a todos os seres humanos (1976: 105) e os da segunda dependem da filosofia como uma disciplina universal (1976: 241). Há, portanto, uma dimensão universalista clara na filosofia de Kagame. O quarto e último ponto principal que distingue Kagame de Tempels trata da filosofia banta como um sistema assumido coletivamente. Para o franciscano belga, essa filosofia é um domínio silencioso que funciona há séculos, talvez numa espécie de "dinamismo congelado". Kagame, pelo contrário, nomeia os pensadores fundadores de um sistema que para ele é em seu ser uma formulação de uma experiência cultural e de suas transformações históricas (1976: 193, 305). Esses pensadores são os pais históricos das culturas bantas (1976: 193, 238), os criadores de suas linguagens (1976: 83) e os primeiros seres humanos bantos (1976: 76).

Essas quatro diferenças sobre a filosofia banta – o método para revelá-la, se a filosofia banta é uma filosofia sistemática ou intuitiva, se ela é um sistema estritamente regional ou de orientação universalista e se ela é uma filosofia coletiva com ou sem autores – indicam uma clara descontinuidade de Tempels para Kagame. Mas existem elementos de continuidade tanto na flutuação que essas diferenças implicam quanto nos objetivos da própria filosofia banta. Para Tempels, assim como para Kagame e seus seguidores, a afirmação e promoção da filosofia africana significavam uma reivindicação de uma alteridade original. Seu argumento, em sua demonstração, é paralelo às teorias primitivistas sobre o atraso e selvageria africanas. Se há uma linha divisória entre os dois, ela não é bem definida e é estabelecida primariamente como um significante de simpatia ou antipatia. Tempels explorou signos visíveis do comportamento banto em nome da fraternidade cristã. Kagame e a maioria de seus discípulos referem-se implícita ou explicitamente a um dever racial (KAGAME, 1956: 8) e enfatizam o direito de exigir "uma dignidade antropológica" e "a avaliação de uma independência intelectual"

(N'DAW, 1966: 33). Quando essa diferença se estabelece, podemos notar o laço de Tempels com Kagame e outros "etnofilósofos". É um corpo de juízos que surge de suas análises e interpretação das culturas africanas e pode ser resumido em três proposições: (1) uma boa aplicação das grades filosóficas clássicas demonstra sem nenhuma dúvida que existe uma filosofia africana que, enquanto sistema profundo, subjaz e sustenta as culturas e civilizações africanas; (2) a filosofia africana é fundamentalmente uma ontologia organizada como uma distribuição de forças em interação mas ordenadas hierarquicamente; (3) a unidade vital humana parece ser o centro da dialética infinita de forças que determinam coletivamente seu ser em relação à existência humana (EBOUSSI-BOULAGA, 1968: 23-26; HOUNTONDJI, 1977; TSHIAMALENGA, 1981: 178).

Esses princípios sancionam o domínio da etnofilosofia, cuja geografia se caracteriza por dois aspectos. O primeiro é uma ruptura com a ideologia inerente às técnicas antropológicas para descrever as *Weltanschauungen* africanas. O segundo é uma afirmação paradoxal segundo a qual uma grade metodológica ocidental satisfatória é um requerimento para ler e revelar uma filosofia profunda através de uma análise e interpretação de estruturas linguísticas ou padrões antropológicos. Até o momento, foi possível distinguir duas orientações principais nesse campo: a primeira interroga e explora a chamada filosofia silenciosa (p. ex., MAKARAKIZA, 1959; ABLEGMAGNON, 1960; ABRAHAM, 1966; LUFULUABO, 1962; 1964b; N'DAW, 1966; BAHOKEN, 1967; 1961; MUJYNYA, 1972; ONYEWUENI, 1982). A segunda orientação estuda essa filosofia em relação ao valor dos elementos que poderiam ser utilizados para a africanização do cristianismo (p. ex., GRAVRAND, 1962; TAYLOR, 1963; MULAGO, 1965; LUFULUABO, 1964a, 1966; NOTHOMB, 1965; MUBENGAYI, 1966; MPONGO, 1968). A metodologia de J. Mbiti em *Escatologia do Novo Testamento numa perspectiva africana* (1971) é um bom exemplo dessa segunda orientação. Para examinar "o encontro entre o cristianismo e conceitos tradicionais africanos" no ambiente camba (1971: 1), ele distingue três passos: primeiro, a apresentação e análise semântica de conceitos cambas que podem ser considerados relacionados à escatologia (ex., *fogo, tesouro, dor, lágrimas, céu*); segundo, a apresentação e interpretação teológica dos conceitos escatológicos cristãos; e terceiro, o estabelecimento de uma tabela de correspondências e diferenças conceituais para dela derivar normas para "aclimatar" o cristianismo.

Poderíamos adicionar também uma terceira tendência etnofilosófica. Ela abrange várias empreitadas de orientação racial e cultural, algumas surgidas independentemente da tese de uma ontologia africana. Sem nenhuma dúvida elas fazem parte do clima ideológico da negritude e das políticas intelectuais da alteridade. Por outro lado, elas se encaixam no espaço ocupado por projetos etnofilosóficos com os quais interagem vigorosamente, em particular desde a década de 1950. Essas empreitadas podem ser agrupadas em três conjuntos: (*a*) a abordagem a "humanismos" tradicionais que em suas formas padrão leva a ensinamentos esotéricos (ex., BA & CARDAIRE, 1957; BA & DIETERLEN, 1961; FU-KIAU, 1969; FOURCHE & MORLIGHEM, 1973; ZAHAN, 1979) e, às vezes, a uma interpretação básica da tradição a partir de dentro (ex., BA, 1972, 1976); (*b*) a valorização crítica de elementos tradicionais como armas para uma crítica radical (ex., KALANDA, 1967) e uma reflexão sobre a modernidade africana atual e suas contradições (ex., HAMA, 1972b; DIA, 1975, 1977-1981); (*c*) um aproveitamento da tradição como um repositório de signos e significados da autenticidade africana. Em sua aplicação política ela levou, pelo menos em um caso, a uma mistificação notória: a política zaireana de "autenticidade" e suas fundamentações filosóficas duvidosas (cf., p. ex., KANGAFU, 1973; MBUZE, 1974, 1977).

Em suas expressões conscientes e eruditas, a busca de uma autenticidade africana propõe as questões mais fundamentais de identidade negra. Césaire, por exemplo, refere-se à ordem da autenticidade em seu *Discurso sobre o colonialismo* (1972) assim como em suas explicações por abandonar o Partido Comunista Francês (CÉSAIRE, 1956). A. Diop aclama com entusiasmo o livro de Tempels como uma ferramenta para o possível surgimento da autenticidade. Recentemente, num artigo polêmico contra a filosofia acadêmica africana, Hebga enfatizou as exigências da autenticidade como imperativas para uma cultura de caráter único (1982: 38-39). Por fim, é com base exatamente nessa noção de autenticidade que Eboussi-Boulaga estabeleceu seu *A crise do muntu: autenticidade africana e filosofia* (1977), desvelando um problema de origem: o que é um africano, como se fala dele ou dela, e para qual propósito? Onde e como podemos obter o conhecimento de seu ser? Como podemos definir esse próprio ser, e a qual autoridade apelamos para possíveis respostas? É óbvio que a importância dessas questões nada tem a ver com a etnofilosofia, nem com uma exploração barata e fácil da noção de autenticidade no sentido em que o governo zaireano a utilizou no início da década de 1970. Com efeito, essas questões surgem de outro lugar. São questões que considero marcadas pela exigência de uma filosofia crítica.

Aspectos da filosofia africana

> *Você tem razão, Jinn. Concordo com sua opinião... homens razoáveis? Homens detentores de sabedoria? Homens inspirados pelo espírito?... não, isso não é possível.*
> BOULLE, P. *Planeta dos macacos.*

Quais são os principais aspectos da filosofia africana atual? Apesar de estarmos agora além da revolução de Tempels, seu fantasma ainda está presente. Implícita ou explicitamente, as tendências mais inspiradoras no campo ainda se definem em relação a Tempels. Um padre jesuíta africano, com boa formação filosófica, escreveu recentemente que os acadêmicos que hoje se opõem a Tempels e desprezam o trabalho de seus seguidores chamando-o pejorativamente de *etnofilosofia* são simplesmente ingratos a alguém que tornou possível sua atividade filosófica (HEBGA, 1982). Com efeito, essa afirmação indica uma atmosfera pós-Tempels e uma reorganização do campo, que hoje revela uma pluralidade de tendências (SODIPO, 1975; MAURIER, 1976; TSHIAMA-LENGA, 1981). É possível distinguir três abordagens principais nessa nova era. A primeira é a crítica filosófica da etnofilosofia que surge em grande parte de uma palestra acadêmica sobre as condições para a existência de uma filosofia banta proferida por F. Crahay em 1965 no Instituto Goethe de Kinshasa. Com sua palestra, Crahay imediatamente impôs uma nova ortodoxia ao campo. A segunda é a tendência "de fundamentação" [*"foundational"*] que desde a década de 1960, de modo deliberadamente hipercrítico, interroga tanto as bases quanto as representações das ciências sociais e humanas para elucidar condições epistemológicas, fronteiras ideológicas e procedimentos para a prática da filosofia. A terceira abordagem é a dos estudos filológicos, da antropologia crítica e da hermenêutica, que indicam caminhos para novas praxes sobre as culturas e linguagens africanas.

Uma crítica da etnofilosofia

A crítica filosófica da etnofilosofia não é o inverso da escola de Tempels e Kagame. É um discurso de políticas sobre a filosofia com o objetivo de examinar métodos e exigências para a prática de filosofia na África. Enquanto tendência, ela deriva sua convicção de seu estatuto como um discurso com laços firmes tanto com a tradição ocidental da filosofia como disciplina quanto com as estruturas acadêmicas que garantem práticas filosóficas aceitas institucionalmente. Enquanto tal, a crítica da etnofilosofia pode ser compreendida como a subsunção de dois gêneros principais: por um lado, uma reflexão sobre os limites metodológicos da escola de Tempels e Kagame e, por outro lado (no outro polo daquilo que os exercícios etnofilosóficos representam), práticas e obras africanas com influência sobre assuntos e tópicos ocidentais na tradição mais clássica da filosofia.

Como vimos, até a década de 1960 antropólogos, missionários europeus e alguns clérigos africanos eram os únicos que propunham direções no campo da "filosofia africana". Definido de modo vago, esse termo comunica o significado de *Weltanschauung* e, de modo mais geral, de sabedoria prática e tradicional em vez de um sistema explícito e crítico de pensamento (SMET, 1980: 97-108). Existe uma certa dose de confusão à medida que a maioria das hipóteses reflete, como no caso de *O homem primitivo enquanto filósofo* de Radin (1927), a autoridade da descrição etnográfica. Algumas sínteses, como as de Frobenius (1893) e Delafosse (1922, 1927), e até Tempels (1959), Griaule (1965) e Kagame (1956, 1976) retiram sua necessidade textual de uma interpretação de padrões que opõem ou integram a natureza e a cultura para esclarecer ou negar a existência de uma racionalidade regional. Um outro elemento de confusão é, apesar da retratação em *Os cadernos de Lucien Lévy-Bruhl* (1949), a penetração da tese de Lévy-Bruhl sobre o pré-logismo. Ela foi mantida viva por muito tempo por antropólogos, colonialistas e missionários através de noções como consciência coletiva em sociedades fragmentárias, povos que ainda experimentavam a simplicidade do estado de natureza, negros infantis incapazes de administrar racionalmente suas vidas e afazeres, e acima de tudo os temas da missão civilizadora e as políticas da *conversio gentium* cristã (LYONS, 1975: 123-163; TEMPELS, 1959: 26-29; TAYLOR, 1963: 26-27; ONYANWU, 1975: 151).

Dentro desse contexto, a própria noção de filosofia africana como utilizada por Tempels e seus primeiros discípulos parecia absurda de um ponto de vista técnico. Encarada como uma chave para entrar em sistemas e modos de vida "nativos" no sentido proposto por Tempels, ela normalmente é aceita como útil.

Entretanto, desde 1945, alguns profissionais temeram que ela pudesse levar a heresias intelectuais porque promove possibilidades de comentários ambíguos sobre a racionalidade "primitiva" (BOELAERT, 1946: 90). Além disso, ela claramente parece conotar um processo intelectual de manipulação da experiência e tradições africanas (SOUSBERGHE, 1951: 825).

Essas são algumas das principais questões que F. Crahay discutiu em seu famoso discurso de 19 de março de 1965 para a *intelligentsia* de Kinshasa. A palestra foi publicada em *Diogène* sob o título "A 'decolagem' conceitual: condições de uma filosofia banta" (1965). Um estudante dos clássicos, de filosofia e psicofisiologia nas universidades de Louvain, Paris e Liège, onde recebeu seu doutorado em filosofia em 1964, na década de 1960 Crahay lecionava lógica e filosofia europeia moderna na Universidade Lovanium, uma instituição católica em Kinshasa. Seu interesse não era se opor ao projeto duplo de Tempels de guiar os colonizadores para uma "alma africana" e estimular estudos etnográficos originais. Ele respeitava o projeto em sua intenção e aspecto prático.

> Se tomarmos esse livro pelo que ele pretendia ser antes de qualquer outra coisa – uma espécie de guia para a alma banta [...] –, deveríamos nos limitar a repreender apenas seu título, sem muita insistência. Se o tomarmos pelo que pretendia ser além disso – uma incitação a estudos sistemáticos na direção indicada – seria grande má-fé censurá-lo por ser incompleto, frequentemente geral demais e contestável em alguns detalhes. [...] Em relação à proposta dupla do livro, não podemos deixar de homenageá-lo pela simpatia ativa por aqueles que analisa (CRAHAY, 1965: 61-62).

A intervenção de Crahay é uma lição filosófica que afirma apenas esclarecer a confusão ao redor da própria noção de "filosofia banta" ao avaliar o livro de Tempels e determinar as condições de possibilidade de uma filosofia banta rigorosa. Ele não questiona a pertinência nem a utilidade da descrição de Tempels de uma *Weltanschauung* banta centrada na ideia de força vital, mas estuda três fraquezas da empreitada: o título do livro, que se baseia numa confusão intelectual entre "vivido" e "reflexivo" e do significado vulgar da filosofia e seu sentido estrito; a confusão dessas diferenças ao longo do livro, mesmo quando Tempels trata de noções específicas como metafísica, ontologia e psicologia; e o caráter vago da terminologia filosófica de Tempels que leva o leitor a duvidar da validade de um grande número de suas afirmações (CRAHAY, 1965: 63).

Para delinear as fronteiras de uma discussão apropriada, Crahay propõe uma definição da filosofia. A filosofia é uma reflexão que apresenta características precisas: ela é "explícita, analítica, radicalmente crítica e autocrítica, sistemática ao menos em princípio mas ainda assim aberta, relacionada à experiência, suas condições humanas, as significações e os valores que ela revela" (CRAHAY, 1965: 63). De modo negativo, o que decorre dessa compreensão da disciplina é que não existe nem uma filosofia implícita, nem uma intuitiva, nem uma imediata. A linguagem filosófica não é uma linguagem *da* experiência, é uma linguagem *sobre* a experiência. Dadas essas premissas, o que Tempels ofereceu não é estritamente uma filosofia. À medida que sua linguagem afirma e comenta a experiência, ela significa apenas a possibilidade de uma reflexão filosófica e é no máximo uma racionalização de uma *Weltanschauung*:

> Podemos dizer que uma *visão de mundo*, enquanto expressão de si, é uma linguagem *do* vivido, linguagem *da* experiência (ligada a uma certa experiência), linguagem da vida e da ação, poética ou não, e de qualquer forma carregada de símbolos; ela é uma linguagem imediata, não crítica; e nada a impede de ser rapsódica e até certo ponto irracional (CRAHAY, 1965: 64-65).

O problema que Tempels e seus discípulos postulam é metodológico: a confusão em que se envolvem ao não distinguir entre uma "visão do mundo", suas potencialidades reflexivas e a prática filosófica que pode trabalhar sobre elas. Crahay não hesita em afirmar que a não ser enquanto mistificação, até o momento não existe uma filosofia africana:

> Sejamos francos: se não quisermos comprometer o próprio projeto da filosofia na África, confundir o emprego sério desse termo com seu emprego distraído, reduzir a filosofia a uma simples visão de mundo, é preciso admitir que até hoje não existe uma filosofia banta. O que certamente existe é uma visão de mundo própria dos bantos, coerente e original, núcleo de uma sabedoria. Dado um conjunto de circunstâncias favoráveis, ela poderia outrora ter engendrado uma filosofia propriamente dita (CRAHAY, 1965: 68-69).

A filosofia enquanto prática intelectual não é algo do mesmo tipo que uma *Weltanschauung* e descrições etnográficas que parafraseiam uma tradição, sua sabedoria e sua riqueza linguística.

Mas a filosofia trata da experiência dos seres humanos, ainda que não possa ser assimilada a ela; a filosofia relaciona-se com a experiência, reflete-a sem ser congruente com ela. Para a promoção da filosofia na África, Crahay sugere cinco condições que determinam a possibilidade de uma "decolagem" conceitual. Elas são: (*a*) a existência de um corpo de filósofos africanos vivendo e trabalhando num meio cultural intelectualmente estimulante aberto ao mundo de forma resoluta; (*b*) uma utilização boa e crítica de "refletores" filosóficos externos que, através da paciência da disciplina, promoveriam na África um pensamento intercultural (como o que ocorreu com o sistema de Aristóteles, que foi herdado e retrabalhado por árabes medievais antes de passar como legado para as mãos dos escolásticos europeus); (*c*) um inventário seletivo e flexível dos valores africanos – sejam eles atitudes, categorias ou símbolos – que poderia possivelmente provocar o pensamento no sentido proposto pela hermenêutica de P. Ricœur (que permitiria na África empreitadas semelhantes à reconstrução de Espinosa de uma filosofia moral e política com base numa leitura crítica da tradição judaica); (*d*) uma dissociação clara entre a consciência reflexiva e a consciência mítica que implicaria e amplificaria contrastes fundamentais (sujeito *versus* objeto, Eu *versus* o Outro, natureza *versus* sobrenatural, sensorial *versus* metafísico etc.); (*e*) um exame das principais tentações dos intelectuais africanos – escolhas de sistemas filosóficos aparentemente de acordo com as necessidades africanas urgentes (como no caso do marxismo e um culto disseminado da alteridade que, apesar de seus objetivos respeitáveis, pode se tornar um fim em si mesmo). Em suma, a crítica de Crahay concede à filosofia seu privilégio dentro de uma tradição. Pode-se debater a validade da definição e assim questionar a validade das implicações oferecidas como condições para a possibilidade de uma filosofia banta futura (cf. TSHIAMALENGA, 1977a). A verdadeira resposta à lição de filosofia de Crahay deve ser vista no debate que ela iniciou. De qualquer forma, a dicotomia formulada que estabelece a oposição entre filosofia e "não filosofia" como uma condição preliminar e necessária para filosofar coincide com uma mutação histórica na breve história da filosofia africana (RUCH, 1974; MAURIER, 1976; TSHIAMALENGA, 1977a, 1981; YAI, 1977). Três filósofos africanos – F. Eboussi-Boulaga (Camarões), M. Towa (Camarões) e P. Hountondji (Benim) – assumem a tarefa de completar a transformação ao direcionar o debate para duas questões principais: como e por que a própria questão sobre a possibilidade de uma filosofia africana pode ser justificada? O que exatamente a filosofia pode ou não permitir?

Eboussi-Boulaga, num texto (1968) que não agradou ao comitê editorial de *Présence Africaine* (cf. a nota do editor em "A problemática banta" de EBOUSSI-BOULAGA, 1968: 4-40), continua a falar da "filosofia banta". Primeiro ele comenta as deficiências do método de Tempels que ocorrem porque o método não enfrenta o problema de sua própria origem. Ele não pergunta como a antropologia pode ser uma fonte ou uma base da filosofia, e define-se como uma técnica para transcrever valores e expressar o que é fundamentalmente indizível (EBOUSSI-BOULAGA,

1968: 9-10). Segundo, Eboussi-Boulaga aperfeiçoa uma análise da obra de Tempels ao se concentrar na ambiguidade da hipótese ontológica, que considera em última instância reduzir o *Muntu* à primitividade de uma ordem de forças amoral e absolutamente determinante (1968: 19-20). Por fim, Eboussi-Boulaga apresenta as contradições sócio-históricas do tratado de Tempels, repetindo a pergunta radical de Césaire (1972: 37-39): por que esse livro foi possível e como devemos interpretar a semelhança estrutural entre o simulacro de uma hierarquia ontológica e a hierarquia socioeconômica que existe na experiência colonial? (EBOUSSI-BOULAGA, 1968: 24-25). Towa, em dois livretos complementares (1971a; 1971b), através de uma avaliação geral das obras de Tempels (1959), Kagame (1956), N'Daw (1966) e Fouda (1967) liga a crítica da etnofilosofia à ambivalência política da negritude (TOWA, 1971b: 24-25). Para ele, os únicos resultados da tendência etnofilosófica são duas realizações controversas: primeiro, uma distinção terminológica duvidosa entre produtos europeus e africanos num domínio da filosofia ampliado ambiguamente; segundo, uma confusão entre estruturação antropológica de crenças, mitos e ritos por um lado e a metafísica do outro. Desse modo, a etnofilosofia deve ser considerada uma ideologia cuja metodologia trai tanto a filosofia quanto a antropologia:

> O que a etnofilosofia elogia no passado não é necessariamente oferecido pela análise do passado. A "retrojeção" [*retrojection*] é o método através do qual a etnofilosofia altera e desfigura a realidade tradicional ao introduzir secretamente no começo valores e ideias atuais que podem ser considerados completamente exteriores à África, redescobrindo-os numa profissão militante de fé, "autenticada" em termos de sua suposta africanidade (TOWA, 1971b: 32).

A segunda fase da crítica filosófica da etnofilosofia começa com os artigos militantes de Hountondji, que transformaram a questão num debate internacional. Seus artigos aparecem numa grande variedade de publicações profissionais a partir da década de 1970: *Présence Africaine* (Paris, 1967, 61), *Humanismo africano e cultura escandinava: um diálogo* (Copenhague, 1970), *Estudos filosóficos* (Paris, 1970, 1), *Diogène* (Paris, 1970, 71; 1973, 84), *A filosofia contemporânea* (Florença, 1971, vol. IV, R. Klibansky (org.)), *Cahiers Philosophiques Africains* (LUBUMBASHI, 1972, 1; 1974, 3-4), *Conséquence* (COTONOU, 1974, 1) etc. Ele reuniu alguns deles num livro, *Sobre a filosofia africana* (1977), que desde sua publicação tornou-se a bíblia dos antietnofilósofos. A grande autoridade intelectual de Hountondji, pelo menos nos países de língua francesa, vem de vários fatores. Primeiro, ele foi aluno da École Normale Supérieure em Paris, uma das escolas mais seletas e prestigiadas do mundo. Na filosofia, ela produziu alguns dos pensadores modernos mais renomados: Merleau-Ponty, Sartre, Aron, Althusser, figuras que influenciaram ou revolucionaram o campo. Segundo, sua aprovação num concurso para professor agregado na França lhe deu um prestígio indubitável. Por fim, devemos levar em conta que a carreira acadêmica de Hountondji no Benim, Alemanha Ocidental, França e RDC, assim como suas responsabilidades em instituições filosóficas internacionais, promoveram bastante a disseminação de suas ideias. Ainda assim, é justo dizer que o brilhantismo de seus textos, a solidez de seu raciocínio e a pertinência de seus argumentos provavelmente constituem os verdadeiros fatores do sucesso de sua crítica da etnofilosofia.

A posição de Hountondji pode ser descrita da seguinte maneira: por um lado, ele oferece duas razões principais para rejeitar a etnofilosofia; por outro, duas outras razões para criticar e aperfeiçoar a lição de Crahay. Examinemos o primeiro conjunto. (*a*) Na opinião de Hountondji, a etnofilosofia é uma interpretação imaginária e inebriante que nunca é baseada em nenhuma autoridade textual e depende completamente dos caprichos do intérprete. Ela afirma traduzir um texto cultural inexistente e ignora sua própria atividade criativa e, portanto, sua própria liberdade. Consequentemente, pode-se dizer que a imaginação etnofilosófica *a priori* impede-se de atingir qualquer verdade, já que a verdade pressupõe que a liberdade se baseia numa ordem não imaginária e tem consciência tanto da evidência de uma ordem positiva quanto de seu próprio espaço de criatividade. (*b*) Se a academia ocidental valorizou a etnofilosofia, isso se deve a um viés etnocêntrico. Quando, por exemplo, notáveis como G. Bachelard, A. Camus, L. Lavelle, J. Wahl, J. Howlett ou G. Marcel aplaudem prontamente *Filosofia banta* (cf. *Présence Africaine*, 1949, n. 7), isso significa que devido aos padrões internacionais atuais, eles aceitariam qualquer coisa (HOUNTONDJI, 1970) que oferecesse uma visão simpática dos africanos. Isso ocorre mesmo quando significa contradizer completamente as implicações teóricas de suas próprias práticas filosóficas.

Quanto à crítica dupla de Hountondji à aula de Crahay, ela se apoia na noção de "decolagem" conceitual e do destino do discurso filosófico. (*a*) Para Hountondji, a noção de uma decolagem conceitual não faz sentido como uma condição geral de existência de uma filosofia africana. Ele afirma que em todas as civilizações uma decolagem conceitual sempre já é realizada mesmo quando atores humanos utilizam ou integram sequências míticas em seu discurso. Devido a essa característica, pode-se comparar o discurso de Parmênides ao de Confúcio, Platão, Hegel, Nietzsche ou Kagame. (*b*) Hountondji acredita que Crahay ignorou completamente um ponto importante: a destinação do discurso. Ele corretamente insiste que, seja mítica ou ideológica, a linguagem evolui num ambiente social, desenvolvendo sua própria história e a possibilidade de sua própria filosofia (HOUNTONDJI, 1970, 1983).

A partir desse ponto de vista, Hountondji argumenta que Mulago, Kagame e a maioria dos etnofilósofos certamente são filósofos à medida que podem reconhecer que seus próprios textos são filosóficos, mas estão completamente errados quando afirmam que estão restaurando uma filosofia africana tradicional.

> Nós produzimos uma definição radicalmente nova de filosofia africana cujo critério é a origem geográfica dos autores em vez de uma suposta especificidade de conteúdo. O efeito disso é ampliar o horizonte estreito que até agora foi imposto à filosofia africana e tratá-la, como concebida hoje, como uma investigação metódica com os mesmos objetivos universais que os de qualquer outra filosofia no mundo (HOUNTONDJI, 1983: 66).

A crítica de Hountondji exibe a superioridade de uma concepção crítica da filosofia. Um discípulo de Canguilhem e Althusser, Hountondji analisa as práticas filosóficas africanas de um ponto de vista estritamente normativo. Mas sua filosofia parece implicar uma tese que é controversa para muitos: que, até agora, a África não fez filosofia e que em seu passado não há nada que possa corretamente ser chamado de filosófico (KOFFI, 1976; YAI, 1977; TSHIAMALENGA, 1977a; LALEYE, 1982). É importante notar que, para Hountondji, a filosofia deve ser compreendida como metafilosofia, ou seja, como "uma reflexão filosófica sobre o discurso que é [ele próprio] aberta e conscientemente filosófico".

Os textos de Hountondji iniciaram um debate animado por toda a África sobre a definição da filosofia africana. De modo geral estimulantes (RUCH, 1974; ODERA ORUKA, 1972; SUMNER, 1980), às vezes um pouco estridentes demais (YAI, 1977; KOFFI, 1977), as críticas às posições de Towa e Hountondji se concentram em três problemas principais. A primeira é a validade e o significado da pergunta: existe uma filosofia africana? Yai responde a isso com outra pergunta: "Qual é a fonte dessa interrogação? Quem, numa época como a nossa, arroga-se o direito de fazer uma questão que só pode ser inocente em aparência?" (1977: 6). O segundo problema envolve a redução que Hountondji faz da filosofia a um corpo de textos explicitamente autodefinidos como filosóficos por natureza. O último trata da relação necessária entre o surgimento de filósofos individuais e a existência da filosofia. Aparecem duas objeções fortes contra Towa e Hountondji, mas de modo especial contra este último: elitismo e dependência ocidental. É quase uma guerra contra todos os intelectuais africanos "admitidos pelo conclave do colégio sagrado de *agrégés* e doutores em filosofia" (KOFFI & ABDOU, 1980). De acordo com Yai, os defensores daquilo que ele qualifica como filosofia especulativa são "jovens turcos que têm vários pontos em comum com os jovens hegelianos castigados por Marx na *Ideologia alemã*" e que "consideram que todas as discussões anteriores às suas próprias são apenas mitologias" (1977: 4). Eles seriam uma "elite por definição" que se tornou "a elite da elite, um pedestal do qual eles tomam muito cuidado para não descer, especialmente por um propósito tão humilde como a pesquisa empírica entre as massas" (1977: 16). De qualquer forma, de acordo com Koffi e Abdou, essa elite representa o neocolonialismo (1980: 192).

Numa edição especial de *Recherches philosophiques africaines* (1977, 1) dedicada à filosofia africana, membros do departamento de filosofia da Faculdade de Teologia Católica em Kinshasa – Tshiamalenga, Smet e Elungu – alcançaram de maneira elegante uma conciliação provisória mas orgânica entre o legado de Tempels e as exigências críticas para a prática da filosofia africana. Tshiamalenga, por exemplo, concorda com Crahay e Hountondji quanto aos erros metodológicos da etnofilosofia, em particular o absurdo de falar de uma filosofia coletiva implícita. Por outro lado, ele observa que a natureza idealizadora da compreensão da filosofia de Crahay, Towa e Hountondji que, no modo em que é proposta, mesmo na experiência filosófica ocidental não corresponde a nenhuma prática historicamente comprovada (1977a). A partir dessas posições, Tshiamalenga distingue dois domínios na filosofia africana. Um é o da *filosofia tradicional africana negra* constituída por enunciados explícitos da tradição oral que tratam da natureza da sociedade humana, do sentido da vida, da morte e do além-vida (mitos cosmológicos e religiosos, provérbios didáticos, máximas, apotegmas etc.). O outro é o da filosofia africana contemporânea, ou seja, a totalidade de textos assinados sobre assuntos semelhantes que utilizam uma interpretação crítica da filosofia tradicional ou que surgem da reflexão sobre a condição contemporânea do africano (TSHIAMALENGA, 1977a: 46). Na mesma edição, Smet dissolve as oposições metodológicas e ideológicas entre os etnofilósofos e seus críticos em termos de uma complementaridade diacrônica de escolas (1977a; cf. tb. ELUNGU, 1978). Um ano depois, Elungu explicitou melhor a proposta de Smet ao especificar cuidadosamente três tendências históricas: as duas primeiras são uma filosofia ou etnofilosofia antropológica e uma filosofia ideológica ou política – duas correntes que, de maneira mítica ou nacionalista, contribuíram para a promoção da dignidade e independência política africana. Mais recentemente, surgiu uma tendência pós-independência: a crítica, que com Crahay, Hountondji e outros exige uma reflexão rigorosa sobre as condições da filosofia assim como sobre as condições dos indivíduos e sociedades existentes (ELUNGU, 1978).

Fundamentações

No outro extremo da etnofilosofia e seus críticos, encontramos textos que não têm nem a forma de exegeses antropológicas nem o vocabulário antietnofilosófico em voga. Eles não apenas se encaixam fielmente na ortodoxia da *philosophia perennis* mas às vezes de fato tratam de tópicos especificamente ocidentais. Muitos dos títulos avançados outorgados em universidades europeias a jovens pesquisadores africanos evidenciam essa tendência. Esses acadêmicos destacam a historicidade universal de um método. Podemos começar nos referindo à filosofia aplicada, como ilustrada pelo estudo de Aguolu sobre "A concepção democrática de John Dewey e sua implicação para os países em desenvolvimento" (AGUOLU, 1975) e mais recentemente pelo livro de Hallen e Sodipo sobre *Conhecimento, crença e bruxaria*

(1986). Também nos referiremos aos melhores artigos publicados anualmente pelo departamento de filosofia da Faculdade de Teologia Católica em Kinshasa. (Eles estão entre aqueles cujas principais referências coincidem acidentalmente com a ortodoxia franco-belga na filosofia.) E além disso nos referiremos à obra muito britânica de Wiredu, *A filosofia e uma cultura africana* (1980) que, entre outras coisas, nos "ensina" que "é um fato que a África está em atraso em relação ao Ocidente quanto ao cultivo da investigação racional" (1980: 43) e indica "que o modo ideal para se reformar costumes atrasados na África deve certamente ser o enfraquecimento de sua fundamentação na superstição ao promover nas pessoas [...] o espírito da investigação racional em todas as esferas de pensamento e crença" (1980: 45).

Nessa área especial existem empreitadas bastante ortodoxas e de aparência puramente especulativa, mas também algumas surpresas intelectuais. O ensaio de Bodunrin sobre "A alogicidade da imortalidade" (1975b) e "Lógica e ontologia" de Wiredu (1973) são exemplares. Em termos de contribuições volumosas, posso sugerir três modelos: o estudo sistemático de Elungu sobre o conceito de extensão no pensamento de Malebranche (1973b), o livro de Ugirashebuja sobre diálogo e poesia de acordo com Heidegger (1977) e a pesquisa de Ngindu sobre o problema filosófico do conhecimento religioso no pensamento de Laberthonnière (1978). Como se pode justificar essas escolhas de temas? É difícil ler as mentes dos autores. O contexto social e intelectual no qual esses filósofos se desenvolveram poderia explicar suas escolhas, assim como também para casos notórios do século XVIII como a carreira intelectual do africano A.G. Amo no que ainda não era a Alemanha e suas obras *Sobre a apatheia no espírito humano* (1734), *Tratado sobre a arte de filosofar com sobriedade e precisão* (1738) e o texto que se perdeu *Sobre os direitos dos mouros na Europa* (1729). Um outro caso, este escandaloso, foi o de Jacobus Capitein, um africano que escreveu e apresentou publicamente um estudo na Universidade de Leiden nos Países

Baixos sobre a oposição não existente entre a escravidão e a liberdade cristã: *De Servitude, Libertati Christianæ non Contraria* (1742). De qualquer forma, nossos estudiosos contemporâneos da *filosofia perennis* também podem ser perturbadores. É impossível não se assombrar quando, ao examinar essas análises muito clássicas, encontramos pressupostos sobre a alteridade africana na forma de dedução lógica. Por exemplo, é uma surpresa seguir Ugirashebuja, que descobre na escrita de Heidegger a linguagem baniaruanda como um signo do ser e sua nomeação e descobrir no texto do filósofo ruandês a voz de Heidegger convidando a todos nós – ocidentais, africanos, asiáticos – a ouvir o ser em nossas respectivas linguagens (cf. UGIRASHEBUJA, 1977: 227; DIRVEN, 1978: 101-106). Na mesma linha, Ngindu, numa introdução sofisticada à crise modernista do *fin de siècle* nos círculos de filosofia católicos romanos europeus, desenterra razões para comentar sobre o imperialismo cultural na África e sua força epistemológica de redução (NGINDU, 1978: 19).

Nessa prática filosófica, que é completamente estrangeira à cultura africana ou, no máximo, um espaço marginal mas poderoso onde se elaboram apenas modos de domesticar a experiência africana, a caneta às vezes escorrega e conseguimos escutar murmúrios que lembram os sonhos etnofilosóficos. Por outro lado, como a Escola de Kinshasa demonstrou, não é de modo algum certo que Hountondji e seus colegas antietnofilósofos sejam demônios neocolonialistas que impedem as pessoas de afirmar sua alteridade. Por mais estranho que possa parecer, suas respostas a críticas (HOUNTONDJI, 1980, 1981, 1982) refletem uma imaginação filosófica e nacionalista bem equilibrada: "como Gramsci costumava dizer corretamente, apenas a verdade é revolucionária" (1982: 67).

Tanto a tendência etnofilosófica quanto a escola crítica concordam em sua posição sobre a existência da filosofia como um exercício autocrítico e uma disciplina crítica na África. Vista em termos de sua expressão orgânica, essa prática pode ser descrita por pelo menos quatro ângulos diferentes: a herança etíope, a solidez de uma tradição empirista nos países de língua inglesa, o debate sobre a fundamentação epistemológica de um discurso africano nas ciências sociais e humanas, e o universalismo marxista.

Minha breve apresentação das edições de Sumner de textos etíopes (cf. o Apêndice) mostra a situação particular da tradição etíope, cujo cristianismo vem desde o século IV. Desde essa época, monges e acadêmicos vêm trabalhando em argumentos intelectuais, comentários teológicos e políticos e traduções. Com o passar das eras, formou-se uma filosofia. De acordo com Sumner, *O livro dos filósofos sábios* (cf. SUMNER, 1974) e *O tratado de Zär'a Yacob* (SUMNER, 1978) são bons exemplos. O primeiro "apresenta-se como a quintessência daquilo que vários filósofos disseram sobre um certo número de tópicos, em sua maioria éticos" (SUMNER, 1974: 100). Assim, a filosofia, *fälasfa*, é compreendida principalmente como uma sabedoria que inclui tanto um conhecimento do universo quanto do propósito da humanidade na vida. Máximas adaptadas do grego, egípcio e árabe assim como máximas da tradição etíope (como no caso de vários provérbios numéricos) guiam o ouvinte ou o leitor em tópicos como a matéria, a fisiologia e psicologia humanas, a dimensão social do ser humano e preocupações morais (SUMNER, 1974). *O tratado de Zär'a Yacob* também apresenta proposições sobre questões morais (SUMNER, 1983) e orientações sobre o conhecimento. Mas ele é um signo único e importante que sugere uma perspectiva crítica na cultura etíope do século XVII, a ponto de A. Baumstark tê-lo comparado "às *Confissões* de um colega africano, Santo Agostinho" (in: SUMNER, 1978: 5). O método de Zär'a Yacob é definitivamente novo: ele postula a luz da razão como um "critério para discriminar entre o que é de Deus e o que é do homem" e pode ser comparado à "ideia clara" de Descartes (1978: 70-71).

Um outro lado da fundamentação da prática filosófica africana é a viabilidade do método empirista nos países anglófonos. Suas universidades e departamentos de filosofia são, de modo geral, mais antigos. Van Parys, depois de uma visita a vinte países africanos com departamentos universitários de filosofia, notou em sua síntese avaliativa que nos países anglófonos eles eram mais bem organizados e pareciam mais sólidos em suas tradições já testadas (VAN PARYS, 1981: 386). Mais diretamente, a qualidade da revista bienal *Second Order* preserva claramente um sentido de herança acadêmica.

> Seu objetivo é publicar trabalhos filosóficos de primeira classe de todos os tipos, mas ela se preocupa especialmente em encorajar a filosofia com referência especial ao contexto africano. Apesar de seus fundadores pertencerem à tradição anglo-saxã de filosofia, eles consideram uma obrigação construir seu tema de modo bastante amplo: considerar as fronteiras interdisciplinares como feitas para o homem e não o homem feito para elas, e manter-se atentos a pontos em destaque em seu tema aplicados a novos problemas (Editorial: 2).

O livro elegante de K. Wiredu (1980) é um bom exemplo dessa ambição. Com efeito, o que determina a configuração dessa prática empirista é o relacionamento muito próximo que existe entre os filósofos anglo-saxões e seus colegas africanos. Por exemplo, o quadro de consultores de *Second Order* inclui D. Emmet (Cambridge), E. Gellner (Cambridge), D.W. Hamilyn (Londres), R. Harré (Oxford), R. Horton (Ife), D. Hudson (Exeter), S. Lukes (Oxford), J.J. MacIntosh (Calgary) e A. MacIntyre (Brandeis). Além disso, em países anglófonos o ensino e a pesquisa em filosofia são aceitos com naturalidade e os departamentos são bem separados de departamentos de religiões africanas ou sociologia.

Uma terceira orientação na prática da filosofia na África é a busca da fundamentação epistemológica de um discurso africano. Examinaremos alguns casos ilustrativos: o debate epistemológico sobre a teologia africana, a discussão sobre a importância das ciências sociais e a doutrina da desconstrução na filosofia.

Um debate importante sobre a teologia africana ocorreu em 1960 (TSHIBANGU & VANNESTE, 1960), surgido de uma discussão pública entre A. Vanneste, diretor da Escola de Teologia na Universidade Lovanium e um de seus alunos, T. Tshibangu, que posteriormente tornou-se o bispo auxiliar da arquidiocese católica de Kinshasa e reitor da universidade. Quando a universidade foi nacionalizada em 1971 pelo Governo Mobutu, o Bispo Tshibangu tornou-se presidente da Universidade Nacional do Zaire. O debate trata da possibilidade de uma teologia científica cristã africana. Tshibangu afirmou que nas condições do mundo atual faz sentido promover a viabilidade de uma teologia cristã de orientação africana que teria o mesmo estatuto epistemológico das teologias judaico-cristã, oriental e ocidental. O diretor Vanneste, apesar de acreditar no futuro da teologia cristã na África, insistia nas exigências da teologia compreendida em seu sentido estrito e a definia como uma disciplina universal (cf. NSOKI, 1973; MUDIMBE, 1981a; NGINDU, 1968, 1979; TSHIBANGU, 1974).

Em jogo está a legitimidade de uma investigação exploratória: é possível reconciliar uma fé universal (cristianismo) e uma cultura (africana) dentro de uma disciplina (teologia) que é marcada epistemológica e culturalmente? (TSHIBANGU & VANNESTE, 1960: 333-352). Numa grande confusão, acadêmicos europeus e africanos, notavelmente J. Daniélou, A.M. Henry, H. Maurier, V. Mulago, C. Nyamiti, A. Janon e G. Thils escolheram lados (cf. BIMWENYI, 1981a; MUDIMBE, 1981a). O debate também questionou indiretamente a forma e o significado da presença africana no campo da teologia cristã. Esse debate só poderia levar a uma avaliação da orientação estritamente científica da Escola de Teologia de Lovanium. A configuração intelectual da escola estava subordinada a vários princípios (rigor científico, tradição teológica e vigilância dogmática) à maneira das melhores instituições católicas europeias. Esse culto da qualidade científica é exemplificado por contribuições de teólogos congoleses como o trabalho de Tshibangu sobre a complementaridade entre a teologia "especulativa" e "positiva" na história da Igreja Ocidental (1965), a análise filológica de Atal do prólogo de João (1972), o estudo semântico de Monsengwo da Bíblia (1973) e os livros de Ntendika sobre a filosofia e teologia patrística (1966, 1971). Em que sentido esses estudos altamente sofisticados relacionam-se à condição concreta dos cristãos africanos, seus problemas humanos e esperança espiritual?

O problema se estende a todas as ciências sociais e humanas e foi ampliado tanto como questão epistemológica quanto como um problema político pelo segundo encontro de filósofos congoleses em Kinshasa em 1977 (cf. tb. ADOTEVI, 1972; BIMWENYI, 1981a; BUAKASA, 1978; SOW, 1977, 1978). Nós vimos que o discurso antropológico era um discurso ideológico. Na mesma linha, o discurso africano contemporâneo também é ideológico e, enquanto um discurso de poder político, depende muitas vezes do mesmo tipo de ideologias (HAUSER, 1982; ELUNGU, 1979). Gutkind pensa que "a intensificação efetiva do controle capitalista sobre os meios de produção na África reduz cada vez mais setores da população a um proletariado rural ou urbano sem terra para o qual as tradições ancestrais, por mais modificadas que sejam, não significam mais nada" (in: MacGAFFEY, 1981). Eu adicionaria que isso importa também por um outro motivo. Grandes seções do povo africano não têm nada a ver com as estruturas econômicas e políticas atuais em seus próprios países, nem com os projetos de intelectuais e universidades para ligar a experiência ocidental ao contexto africano.

É com base nessa situação que tanto os marxistas africanos quanto os "desconstrucionistas" – os últimos em harmonia com a corrente antietnofilosofia – estruturam seus argumentos. Para Towa, por exemplo, a empreitada crítica é uma vocação total. O espírito crítico deve se aplicar indiscriminadamente aos imperativos intelectuais europeus e às construções africanas, pois a única "verdade" aceitável é que não existe nada sagrado que a filosofia não possa interrogar (TOWA, 1971b: 30). Hountondji vai mais longe, ao afirmar que a filosofia é essencialmente história e não sistema, e portanto não há nenhuma doutrina que possa reivindicar a verdade de maneira absoluta. A melhor compreensão da verdade está no processo de procurá-la. "Então, de certo modo, a verdade é o próprio ato de procurar a verdade, de enunciar proposições e tentar justificá-las e fundamentá-las" ([1977] 1983: 73). Posições filosóficas semelhantes permitiram a T. Obenga (1980) reinventar as relações culturais que existiam entre o Egito e a África Negra. Nesse processo, ele criticou teses europeias e apontou as fraquezas metodológicas de Cheikh Anta Diop. E a história geral da África de J. Ki-Zerbo (1972) provocou um novo pensamento sobre a diversidade das funções das culturas africanas.

Todas as ciências sociais e humanas passaram por essa experiência radical entre 1950 e 1980. Fundamentalmente, o questionamento tem base no "direito à verdade", que implica uma nova análise de três paradigmas: determinação ideal filosófica *versus* contextual, autoridade científica *versus* poder sociopolítico e objetividade científica *versus* subjetividade cultural. Mas há sinais que, desde o final da Segunda Guerra Mundial, significaram a possibilidade de novas teorias no campo africano. Os teóricos europeus, à época, parecem inverter alguns valores das ciências coloniais e analisam a experiência africana a partir de uma perspectiva que institucionaliza gradualmente os temas da determinação contextual e da subjetividade cultural. Na década de 1950, J. Vansina e Y. Person visualizavam um novo arranjo do passado africano, interpretando lendas, fábulas e tradições orais como "textos" e "documentos" que, com a ajuda de dados arqueológicos, poderiam contribuir para a fundação de uma "etno-história", uma disciplina que uniria a história e a antropologia (VANSINA, 1961). No mesmo período, G. Balandier escreveu os primeiros livros sobre "sociologia africana". Além do mais, com sua *anthropologie dynamique* [antropologia dinâmica], ele reorganizou a disciplina e descreveu o "objeto" tradicional da antropologia, o "nativo", como o único "sujeito" possível para sua própria modernização. No campo psicológico, autores como A. Ombredane reexaminaram, em bases regionais, os pressupostos sobre a psicologia e a inteligência dos negros (1969). Frantz Crahay enfrentou a herança de Tempels, as generalizações de J. Jahn sobre a cultura africana e as limitações da filosofia de Nkrumah, e propôs condições para uma maturidade filosófica crítica na África (1965). Na década de 1970, G. Leclerc, com *Antropologia e colonialismo* (1972) e J.L. Calvet, com *Linguística e colonialismo* (1974), entre outros, reescreveram a história do condicionamento ideológico nas ciências sociais e humanas.

Essa tendência da erudição ocidental teve um impacto na prática africana. Ainda assim, ela não é nem um ancestral direto nem a principal referência para a corrente africana que examinamos. Apesar de ambas se preocuparem com o mesmo objeto e apresentarem essencialmente o mesmo objetivo fundamental, há pelo menos duas diferenças principais que as distinguem. A primeira diferença explica um paradoxo. Essas correntes têm a mesma origem na *episteme* ocidental, mas seus começos não coincidiram, e apesar de sua semelhança elas constituem duas orientações autônomas. Ambas se desenvolveram no contexto europeu como "amplificações" de teses que vieram de dois lugares. O primeiro deles é a "biblioteca" construída por acadêmicos como Frobenius, Delafosse, Théodore Monod, Robert Delavignette, Bronislaw Malinowski e Marcel Griaule; o segundo, a atmosfera intelectual das décadas de 1930 e 1940 e certamente a de 1950, onde a redescoberta de Marx, Freud e Heidegger produziu uma reavaliação crítica da importância dos elos entre a objetividade e a subjetividade, história e razão, essência e existência. Com base nessas questões, apareceram novas doutrinas: neomarxismo, existencialismo e também a negritude e a personalidade negra. Elas enfatizaram de maneiras diferentes a pertinência e a importância da subjetividade, do inconsciente, da existência, da relatividade da verdade, da diferença contextual e da alteridade.

Nessa atmosfera, o africanismo desenvolveu e assumiu um novo rosto. Nas décadas de 1950 e 1960, enquanto M. Herskovits e B. Davidson promoveram um novo interesse na cultura africana em países anglófonos, as escolas mais dinâmicas do africanismo europeu em países francófonos estavam dominadas pelo marxismo e fortemente influenciadas pelas noções de Lévi--Strauss de "alteridade" e "pensamento selvagem". É um africanismo de "grandes irmãos". Y. Bénot, C. Coquery-Vidrovitch, L. Heusch, C. Meillassoux, H. Moniot, J. Suret-Canale, B. Verhaegen e outros ligam o surgimento de novas abordagens científicas e metodológicas à tarefa paradoxal de ensinar os africanos a ler sua alteridade e ajudá-los a formular modalidades que exprimem seu próprio ser e seu lugar no mundo. Ao mesmo tempo, no mundo anglófono, acadêmicos como J. Coleman, P. Curtin, J. Goody, T. Ranger, P. Rigby, V. Turner e C. Young começaram a trazer à tona novas representações da história africana (CURTIN, 1964, 1965; RANGER, 1967) e análises sincrônicas de "profundezas" socioculturais (RIGBY, 1969; TURNER, 1964, 1975, 1981; YOUNG, 1965).

A "desconstrução" das ciências coloniais que essas tendências ocidentais representaram, entretanto, não coincide completamente com as pressuposições das tendências africanas críticas de Ki-Zerbo, T. Obenga ou Eboussi-Boulaga. O condicionamento epistemológico é evidentemente o mesmo e em alguns casos, na superfície, os programas, projetos e ações são orientados a propósitos idênticos. Esse é o caso de Terence Ranger e a Escola de Dar-es-Salaam, Peter Rigby e a equipe africanista em Makerere, e B. Verhaegen e a Escola Zairense de Ciência Política. Entretanto, existe uma diferença fundamental. Ela foi amplificada pela nova geração de acadêmicos europeus – J. Bazin, J.F. Bayart, J.P. Chrétien, B. Jewsiewicki, J.C. Willame, por exemplo – que são mais conscientes das limitações objetivas que sua própria subjetividade e determinações sócio-históricas regionais impõem em suas relações com questões africanas. M. Hausser, por exemplo, apresenta uma obra muito ampla como seu *Ensaio sobre a poética da negritude* (1982) com o reconhecimento de que as pressuposições que fundamentaram o projeto, os métodos de análise utilizados, determinam seu estudo num lugar subjetivo que é ele próprio marcado ideologicamente (1982: 27).

Por outro lado, desde a década de 1960 os teóricos e ideólogos africanos, em vez de confiarem e dependerem de "grandes irmãos", tendem a utilizar a análise crítica como um meio para estabelecer-se como "sujeitos" de seu próprio destino, assumindo a responsabilidade pela "invenção" de seu passado assim como pelas condições para modernizarem suas sociedades. Portanto, o diálogo com "grandes irmãos" tem sido ambíguo, marcado desde o começo por compreensão e rejeição mútuas, colaboração e desconfiança (cf. WAUTHIER, 1964). *Negritude e negrólogos* (1972) de Adotevi é uma boa ilustração dessa tendência. Apesar de epistemologicamente seu livro ser uma amplificação da crise ocidental da significação das ciências sociais e humanas, ele oferece uma exposição radical dos limites do africanismo e propõe sua negação absoluta como uma nova "explicação" para a integração africana à "história" e à "modernidade": "a revolução não se faz com mitos, mesmo os fracassados" (ADOTEVI, 1972: 81). O estudo de Mabika Kalanda em 1966 fundou o princípio de *remise en question* [questionamento] como um meio de liberação intelectual e política.

A segunda diferença é uma consequência da primeira. Em sua perspectiva, a tendência crítica africana exibe seu poder como o único "lugar-comum" para tanto um conhecimento positivo das tensões dinâmicas quanto dos discursos sobre a fundamentação e justificação das ciências sociais e humanas africanas. Portanto, ela tende a definir sua missão em termos de três paradigmas: o renascimento cultural das nações africanas, a nova vocação científica e aplicações para o desenvolvimento, aceitando quase relutantemente o fato de que não africanos possam oferecer contribuições a essa luta pelo poder e verdade.

A partir desse clima intelectual surgem as ideologias organizadoras que sustentam estratégias para novos relacionamentos entre o saber e o poder e oferecem esquemas originais para os estudos sociais e humanos na África. Hountondji representa a ideologia neomarxista e propõe três ações complementares (1981: 68): (*a*) a promoção de uma crítica filosófica e de esclarecimento ideológico para se opor a ilusões, mistificações e mentiras que continuam a existir na África e sobre a África; (*b*) estudos rigorosos, assimilação e compreensão verdadeira do melhor na filosofia internacional, incluindo o marxismo, que de acordo com o autor é a única teoria a oferecer conceitos e meios pertinentes para a análise da exploração da África; (*c*) e uma tarefa paradoxal – sair da filosofia para encontrar e dialogar com a realidade social.

A maioria dos teóricos, entretanto, prefere posições diferentes. Bimwenyi, Eboussi-Boulaga e Sow, por exemplo, oferecem uma crítica mais sistemática da antropologia filosófica ocidental como uma precondição para a construção de novas interpretações. No nível mais profundo, eles concordam com Hountondji quanto à necessidade de novas escolhas. Todavia, suas estratégias revelam a possibilidade de perturbar os arranjos epistemológicos que explicam o africanismo e também o marxismo. A pressuposição básica é relativista: as culturas, todas as culturas, são cegas em termos dos valores que encarnam e promovem (Eboussi-Boulaga). Ela também implica uma crítica do conceito de natureza humana. De acordo com Sow, a natureza humana é uma construção abstrata que não concerne de fato as ciências humanas e sociais:

> Não estamos persuadidos de que, quando examinado cuidadosamente, o objeto específico das ciências sociais seria o estudo de uma natureza humana universal dada *a priori*, porque não sabemos se tal natureza humana existe concretamente em algum lugar. Pode ser que a natureza humana (ou o ser humano em geral, o ser humano natural etc.) seja uma ficção teórica da filosofia geral ou talvez a generalização ativista de uma experiência concreta limitada (SOW, 1977: 256-258).

Sow pensa que a realidade da natureza humana só faz sentido quando misturada a representações de uma dada tradição ou perspectiva antropológica. Sua conclusão apresenta o seguinte desafio: contra a razão dialética e a antropologia, como podem os intelectuais na África pensar sobre a natureza humana, e para qual propósito?

Num nível mais concreto, podemos observar as alternativas oferecidas por outras tendências. Wiredu, por exemplo, encara as contradições sociais africanas empiricamente (1980). Outros teóricos indicam políticas práticas para a implementação de princípios estratégicos em fórmulas socioculturais. O paradigma do renascimento explica teorias que essencialmente afirmam a positividade de ser si mesmo. Como Chinweizu, Jemie e Madobuike demonstraram recentemente em seu agressivo livro *Para a decolonização da literatura africana* (1983), isso também significa o direito de duvidar de valores "perenes" e "universais". Nesse sentido, há uma correlação entre a ideologia dos debates sobre o relativismo cultural na literatura africana e políticas concretas que promovem linguagens africanas e celebram tradições "autênticas" como instituições significativas (P'BITEK, 1973). Estamos diante da questão difícil da "retradicionalização", como é chamada por A.A. Mazrui e M. Tidy.

> Um outro obstáculo para a liberação cultural é a confusão do conceito de modernização com ocidentalização. Com efeito, a retradicionalização da cultura pode assumir formas modernizantes, especialmente se ela se tornar um aspecto da decolonização. A retradicionalização não significa devolver a África ao que era antes da chegada dos europeus [...]. Mas uma mudança para um respeito renovado aos costumes locais e a derrota do autodesprezo cultural podem ser as condições mínimas para a decolonização cultural (MAZRUI & TIDY, 1984: 283).

Mas esse é apenas um lado de um processo complexo. Mabika Kalanda postulou um princípio estrito: para reapropriar sua própria consciência cultural e inventar novos paradigmas para seu "renascimento", é imperativo que o africano reavalie o contexto geral de sua tradição. Ele deve expurgá-la criticamente, já que algumas de suas características inerentes o predispuseram à escravidão e também explicam a tendência africana à dependência.

> O ambiente global banto pode ser caracterizado como desintegrador e deprimente para o indivíduo. Sua filosofia postula como lei sagrada a dependência, submissão, obliteração, a degeneração mental e portanto física do banto. Tal ambiente predispõe à escravidão [...]. A impotência mental individual ou grupal percebida intuitivamente ou até observada nas realidades objetivas leva as pessoas inconscientemente à agressividade contra estranhos que são mais avançados do que nós (KALANDA, 1967: 163).

Com base numa hipótese semelhante, Eboussi-Boulaga propôs posteriormente a forma de um *récit pour soi* [narrativa para si] como um meio crítico para compreender o passado e seus fracassos com o objetivo de ser capaz de agir diferente no futuro (EBOUSSI-BOULAGA, 1977: 123).

Os paradigmas da vocação científica e das aplicações desenvolvimentistas provavelmente são os mais fáceis de analisar. Nas décadas de 1950 e 1960, eles significavam a africanização das equipes nas universidades e centros de pesquisa. Em outras palavras, buscavam a transferência de liderança intelectual e autoridade administrativa para africanos (cf., p. ex., BERGH, 1973; VERHAEGEN, 1978; MAZRUI & TIDY, 1984: 299-315). Essa luta por responsabilidade científica levou rapidamente a mitos e teorias sobre a "africanização das ciências". Por vários anos a influência de, por exemplo, Cheikh Anta Diop permitiu a hipóstase de civilizações africanas. Ao mesmo tempo, centros de estudos africanos multiplicaram-se e disciplinas africanas foram introduzidas nos currículos universitários. O tema clássico "tudo que é europeu é civilizado; tudo que é africano é barbárie" foi substituído por "tudo que é africano é civilizado e belo". Esse nacionalismo intelectual dependia muito do nacionalismo político. Como Hodgkin observou corretamente, ele "se desenvolveu mais nos territórios onde o nacionalismo político [estava] estabelecido com mais firmeza [e teve] efeito tanto na prática quanto na atitude" (1957: 175-176).

A principal característica do período de 1970 até a década de 1980 é a autonomia relativa do lado intelectualista do nacionalismo africano. O fracasso dos sonhos de independência pode explicar a redistribuição de poder. Políticos e administradores criaram contradições agudas entre os processos de produção e as relações sociais de produção, a "economia" do poder e a retórica política (ILIFFE, 1983: 65-87). Os intelectuais geralmente definem sua missão em termos da desconstrução dos sistemas existentes de controle econômico, político e ideológico. Dentro do grupo intelectual há, como já vimos, duas tendências principais: a primeira, cada vez mais dominada pelo marxismo, enfatiza estratégias de libertação econômica e política; a segunda, a tendência liberal, concentra-se essencialmente nas implicações de uma filosofia da alteridade. Poderíamos pensar que o primeiro grupo fundamentalmente promove novas teorias para a ocidentalização da África. Por outro lado, o segundo grupo parece até agora preso em paradoxos criados pela junção de uma vontade de poder político e postulados de análise simbólica. Ainda assim, ambas essas orientações produziram perspectivas futuras significativas na erudição africana atual. A ortodoxia oficial herdada do período colonial já foi desafiada em muitos campos – antropologia, história, filosofia e teologia. Os acadêmicos africanos afirmam novas alternativas, compatibilidades regionais e, acima de tudo, a possibilidade de uma nova economia entre poder e saber.

Esse processo é mais visível, como dissemos, no domínio da teologia cristã, que também é de longe o campo mais bem organizado. Ele enfrentou questões fundamentais em seu desenvolvimento (MVENG, 1983). Antes de mais nada, seguindo os mitos da "africanização" do momento nacionalista na década de

1950, ele lidou com o desafio de uma crítica do cristianismo ocidental. O objetivo na época era buscar fontes de confusão entre o colonialismo e o cristianismo para alcançar uma compreensão melhor do cristianismo e trabalhar para a implementação de um cristianismo africano. A teoria do degrau [*stepping stone theory*], a abordagem da adaptação e a interpretação da encarnação são as soluções propostas mais bem conhecidas para a promoção de um cristianismo africano (BIMWENYI, 1981b: 263-281). Uma segunda pergunta apareceu quase imediatamente: qual fundamentação epistemológica poderia ser sugerida para a teologia africana? Três tipos de visões e estratégias foram oferecidas.

Não podemos entrar aqui nos detalhes de uma leitura africana da experiência ocidental devido à complexidade de seus propósitos. Não obstante, observemos dois pontos metodológicos principais: a escolha de uma análise clássica rigorosa do processo histórico ocidental de indigenizar o Evangelho e uma interpretação crítica desse processo com base na importância ideológica de seleções culturais estratégicas e regras subservientes, com o objetivo de explicar a constituição progressiva da doutrina da Igreja e o desenvolvimento de sua liturgia. A obra do Bispo Tshibangu sobre a história dos métodos teológicos no Ocidente (1965, 1980), os estudos cuidadosos de J. Ntendika (1966, 1971) sobre a teologia patrística e a síntese exegética de Kinyongo do significado de YHWH (1970) são bons exemplos da tendência. Na filosofia, a mesma disposição em buscar uma boa compreensão da prática ocidental da filosofia como um passo anterior útil à promoção da filosofia africana pode ser observada em vários casos. A orientação de *Second Order*, o estudo de Elungu sobre os conceitos de espaço e conhecimento na filosofia de Malebranche (1973b), a análise de Ugirashebuja sobre a relação entre poesia e pensamento na obra de Heidegger (1977) e a apresentação de Ngindu do conhecimento religioso de acordo com Laberthonnière (1978) são exemplos.

Essa leitura crítica da experiência ocidental é ao mesmo tempo um modo de "inventar" uma tradição estrangeira para dominar suas técnicas e uma estratégia ambígua de implementação da alteridade. Na teologia, por exemplo, aceita-se que "os teólogos africanos não ganham nada retirando-se a si mesmos. [Ao fazê-lo], eles se condenariam a permanecer teólogos de segunda classe" (TSHIBANGU & VANNESTE, 1960: 333-352). Em 1974, Tshibangu publicou *A proposta de uma teologia africana*, um breve manifesto que se concentra no relativismo linguístico e cultural e defende a evidência de compreensão e expressões étnicas do cristianismo, e também o fato de existirem vários sistemas de pensamento. A obra de Tshibangu se tornou clássica e teve influência tremenda. Já é possível estudar o resultado de sua tese. Há cada vez mais investigações antropológicas e linguísticas das tradições africanas que apontam regiões de compatibilidade e divergência entre o cristianismo e as religiões africanas. Exemplos disso são *Discurso teológico africano negro* de Bimwenyi (1981a), *Feitiçaria e oração de libertação* de Hebga (1982), *Eis o tempo dos herdeiros*, o livro publicado por Ela e Luneau (1981), e *Ouvir e saber* de M.A. Oduyoye (1986). Em vez de insistir sobre a economia das constelações culturais e religiosas e sua compatibilidade possível, essa tendência costuma enfatizar a pertinência da difração e seu valor relativo num sistema regional de revelação. Os *Cahiers des Religions Africaines* de Mulago têm sido o veículo mais visível para esse projeto desde 1965. Oduyoye resume a natureza dessa missão:

> Nós [...] estamos diante do seguinte fato: aqueles que por muito tempo se contentaram em serem consumidores de teologia começaram a ser produtores de teologia, e essa teologia é cristã. *Eles estão ampliando o panorama de símbolos, destacando a cor das questões* e exigindo comprometimento e ação (ODUYOYE, 1986: 76, ênfase minha).

Eu perguntei a Tshibangu como, nesse projeto de descontinuidade intelectual e reversão ideológica, ele poderia explicar a relação entre pensamento e ação. Ele respondeu especificando o quadro filosófico onde esse novo discurso evolui e o contexto antropológico de sua possibilidade.

Mudimbe: Quanto ao seu projeto, poderíamos nos perguntar se o pensamento pode preceder a ação. Isso certamente é muito escolástico. Mas as pessoas também dizem que a coisa mais importante é praticar a teologia; que a especificidade, o caráter africano do discurso, viria naturalmente.

Tshibangu: O senhor tem razão ao colocar o problema da relação entre pensamento e ação. Na realidade, o ser, e consequentemente a vida, e a ação que a efetiva precedem ontologicamente o pensamento. Mas o pensamento, por sua vez, está implicado na "forma" do ser que dá a ele o caráter lógico de ser cognoscível e aceitável. Com efeito, os dois são correlativos e condicionam-se mutuamente. Na vida espiritual e, em particular, numa comunidade da vida como a Igreja, a vida e a doutrina condicionam-se mutuamente e agem uma sobre a outra. Até o momento a *questão da teologia africana* é em grande parte uma questão de princípio. Problemas existencialmente concretos são percebidos e sentidos especificamente pelas comunidades cristãs africanas. A teologia africana se realizará efetivamente ao tentar responder de maneira radical os problemas colocados pelos princípios da cultura africana, pela evolução das sociedades africanas com várias questões sobre problemas espirituais e éticos que não nos faltam. [...] Hoje em dia, dado o nível de consciência das diferenças culturais, a especificidade das culturas não é trabalhada num longo período de tempo e de forma espontânea. Nós conhecemos as condições da especificidade. Essa especificidade, entretanto, baseia-se na unidade fundamental da natureza humana. A questão é como determinar o esquema para o desenvolvimento dessa especificidade de modo que ela possa enriquecer a realização total das potencialidades que a natureza concedeu a uma humanidade diversificada em sua existência histórica e espacial.

Mudimbe: O senhor é professor de teologia fundamental na Faculdade de Teologia Católica de Kinshasa. Por temperamento e por opção, o senhor diria que

> se preocupa com questões epistemológicas. Por qual motivo? O que exatamente o senhor procura?
>
> *Tshibangu*: Com isso quero dizer que sempre me preocupo com o problema da justificação. No campo da ação tudo deve ser fundamentado, e essa exigência impõe-se especialmente quando além disso aceitamos a lei da evolução das coisas, das instituições, das ideias, dos costumes. Para que não haja desvios, para que não cometamos erros ou atuemos por simples hábito ou condicionamento, é preciso refletir sobre a fundamentação dos juízos e atitudes. E eu pretendo proceder metodologicamente nessa busca de fundamentações para propor ações e atitudes que sejam fundamentadas e bem justificadas tanto intelectualmente quanto em relação aos objetivos que os seres humanos devem seguir (in: MUDIMBE, 1977: 18).

Uma última tendência na teologia trata de uma questão delicada: faz sentido ser cristão e africano? Como o padre jesuíta E. Mveng expressou de forma mais concreta, por que um africano deveria acreditar e promover um cristianismo que não apenas se tornou um produto de exportação da civilização ocidental mas também passou a ser utilizado como um meio de exploração racial e de classe?

> Infelizmente, o Ocidente é cada vez menos cristão; e o cristianismo, há muito tempo, tem sido um produto de exportação da civilização ocidental, em outras palavras, uma ferramenta perfeita de dominação, opressão e aniquilação de outras civilizações. O cristianismo pregado hoje não apenas na África do Sul, mas pelo Ocidente enquanto potência e civilização, está muito, muito distante do Evangelho. Coloca-se então a pergunta radical: qual pode ser o local dos povos do Terceiro Mundo nesse cristianismo? E essa pergunta, antes de mais nada, dirige-se às Igrejas oficiais (MVENG, 1983: 140).

Para enfrentar essa pergunta, outro jesuíta africano, Eboussi-Boulaga, publicou seu *Cristianismo sem fetiche: revelação e do-*

minação (1981). Ele é uma desconstrução do cristianismo. Deixando de lado dogmas, critérios tradicionais e teorias oficiais da Igreja, propõe uma interpretação direta da revelação como um sinal de libertação. Nessa perspectiva, a época e a dignidade do ser humano são vistas e definidas como o verdadeiro local do sonho de Deus da encarnação. Como consequência, de acordo com Eboussi-Boulaga, a questão mais importante para os seguidores de Jesus é a libertação de sua própria fé e sua conversão num meio prático para uma real transformação do mundo. Essa conclusão é o postulado de teologias da libertação na África do Sul (cf., p. ex., TUTU, 1984; BOESAK, 1977, 1984a, 1984b). Uma das ilustrações mais sólidas desse espírito do Êxodo está no livro de J.M. Ela, *O grito do homem africano: perguntas para os cristãos e as Igrejas da África* (1980). Ela pede "uma mudança radical para longe do Deus da teologia natural pregado pelos missionários" e uma invocação do Deus do Êxodo, interessado na história e nas condições socioeconômicas dos seres humanos. De modo estrito, esse é um discurso político em nome do profetismo cristão.

> Nós justificamos a escravidão, violência e guerra; nós santificamos o racismo e dividimos nossas igrejas com base na questão da preservação da supremacia branca. Nós discriminamos contra as mulheres e as mantivemos servis enquanto escondemos nosso medo delas por trás de afirmações de "masculinidade" e conversas carolas sobre Adão e Eva. Nós ficamos ricos, gordos e poderosos através da exploração dos pobres, que deploramos mas nunca realmente tentamos impedir. Tudo em nome de Jesus Cristo e seu Evangelho. Agora esse mesmo Evangelho nos conclama e não podemos mais escapar de suas exigências. Ele nos conclama ao amor, à justiça e à obediência. Nós gostaríamos de cumprir essa vocação, mas não queremos arriscar muito. A opção de Ruben [Gn 37,21-22]: tome uma posição, mas sempre se proteja (BOESAK, 1984b: 38).

Surgiu uma escola hermenêutica nesse contexto como o local de uma pesquisa mais orientada culturalmente na teologia africana. Eu acho que a tese de doutorado de Okere (1971) foi a primeira grande iniciativa. Entretanto, foram Tshiamalenga (1973, 1974, 1977b, 1980) e Nkombe (1979) que se tornaram os membros mais produtivos da escola. Okolo explicitou as escolhas filosóficas do método (1980) retirando novas proposições de um texto breve e estimulante de seu Professor Kinyongo (1979). Okere publicou em 1983 uma parte de sua tese de doutorado sobre as fundamentações do método. Encontra-se nessa obra orientações claras com base no princípio sólido de que embora "a linguagem pareça afetar a cultura e o pensamento em algum nível" não se segue que "seja possível falar do pensamento filosófico e metafísico como algo predeterminado linguisticamente de alguma forma" (OKERE, 1983: 9). Os estudos mais convincentes até agora, além da tese inédita de Okere, foram os de Tshiamalenga (ex., 1974, 1977b, 1980) e Nkombe em suas proposições metodológicas (ex., 1977, 1978b) e seu estudo da metáfora e da metonímia nos símbolos paremiológicos da linguagem tetela (1979). Em termos de classificação intelectual, é possível distinguir duas tendências principais. A primeira é de uma hermenêutica ontológica, que ao menos em Kinshasa coincide com a reconversão do legado de Tempels e Kagame às modalidades mais rigorosas de filosofar (cf., p. ex., TSHIAMALENGA, 1973, 1974, 1980). A segunda é de uma hermenêutica de orientação mais psicossocial que integra lições de métodos fenomenológicos (ex., LALEYE, 1981, 1982; NKOMBE, 1979).

A questão da importância dessas novas estratégias intelectuais de "conversão" ocorreu em outros domínios. Nas ciências sociais, T.K. Buakasa, por exemplo, analisou as determinações socioculturais da razão científica sob o título provocador de *Ciências ocidentais: para quê?* (1978; cf. tb. OKONJI, 1975). Inspirado por Foucault e especialmente pela obra de J. Ladrière sobre a filosofia das ciências, Buakasa reexamina a historicidade e arquitetura da razão científica para introduzir técnicas para a conversão da "mentalidade" africana em termos da razão científica. Outro filósofo, P.E. Elungu, aceita a realidade da autenticidade africana e a autonomia relativa de sua experiência sócio-histórica, mas embasa suas propostas para a libertação africana numa condição única: uma conversão ao pensamento filosófico e crítico. De acordo com ele, esse espírito parece ser a única maneira possível de modernização, à medida que ele significa, na tradição africana, a possibilidade de uma ruptura e de um surgimento subsequente de uma mentalidade científica. Esse é um novo ambiente cultural caracterizado por: (*a*) a capacidade do ser humano de romper com aquilo que é simplesmente dado na busca do que é essencial e específico para ele; (*b*) a tomada dessa especificidade essencial na liberdade do discurso; e (*c*) a percepção que essa liberdade do discurso não é a liberdade em si, que essa autonomia do discurso não é independência (ELUNGU, 1976; cf. tb. SODIPO, 1975, 1983).

Examinando essas novas regras do jogo, isso nos remete aos objetivos de Foucault para a libertação do discurso em *A ordem do discurso* (1982: Apêndice). Referências explícitas aos esquemas ocidentais também são perceptíveis no programa de Hountondji sobre a prática africana da ciência, que se baseia em Althusser, e na pesquisa de Nkombe sobre símbolos africanos inspirada por Ricœur e Lévi-Strauss. Mas essas filiações implicam sínteses metodológicas e ideológicas em vez da capitulação da alteridade (VILASCO, 1983). Hountondji apresenta o sonho ambíguo dos filósofos africanos atuais de modo provocador:

> O problema [...] em relação à nossa atitude diante de nossa herança coletiva é como responder ao desafio do imperialismo cultural sem nos aprisionarmos num diálogo imaginário com a Europa, como reavaliar nossas culturas sem nos escravizarmos a elas, como restaurar a dignidade de nosso passado sem dar espaço a uma atitude passadista. Em vez de condenar cegamente nossas tradições em nome da razão, ou de rejeitar esta última em nome das primeiras, ou de transformar a racionalidade interna dessas tradições num absoluto, parece-me mais razoável tentar conhecer nossas tradições como elas eram, além de qualquer mitologia e

distorção, não apenas para o propósito de autoidentificação ou justificação mas para nos ajudar a enfrentar os desafios e problemas de hoje (1983: 142-143).

Para resumir as regras dessa desconstrução, noto três objetivos principais: (*a*) compreender e definir a configuração da prática científica nas ciências sociais e humanas como um local ideológico determinado por três variáveis principais – tempo, espaço e a (in)consciência do cientista; (*b*) analisar e compreender as experiências africanas como formadas com base numa história particular e como afirmações de uma *Weltanschauung* regional; e (*c*) pensar e propor modalidades razoáveis para a integração das civilizações africanas à modernidade, de acordo com o pensamento crítico e a razão científica, com o propósito da libertação do ser humano.

Pode ser que todos esses temas tenham se tornado possíveis devido a algumas das consequências da ruptura epistemológica que, de acordo com Foucault (1973) apareceu no Ocidente ao final do século XVIII. A hipótese faz sentido se examinarmos a recessão progressiva, a partir do século XIX até a década de 1930, de teorias sobre "função", "conflito" e "significação" e o surgimento lento de uma nova compreensão das potencialidades dos paradigmas da "norma", "regra" e "sistema". Na teoria, essa reversão explica todas as ideologias da diferença (cf., p. ex., RICŒUR, 1984). Entretanto, não é certo que ela explique totalmente o arranjo funcional da "biblioteca colonial", sua história e eficácia disseminada nos séculos XIX e XX, nem as relações ambíguas entre os mitos do "pensamento selvagem" e as estratégias ideológicas africanas da alteridade.

Horizontes de conhecimento

A história do conhecimento na África e sobre a África aparece deformada e desconexa e a explicação está em sua própria origem e desenvolvimento. Como no caso de outras histórias, enfrentamos o que Veyne chamou de "a ilusão da reconstituição integral [que] vem do fato que os documentos que nos fornecem as respostas também nos ditam as perguntas" (1984: 13). Além disso, o próprio corpo de conhecimento, cujas raízes remontam até os períodos grego e romano, em sua constituição, organização e riqueza paradoxal, indica uma incompletude e perspectivas inerentemente enviesadas. O discurso que afirma o conhecimento da África tem sido há muito tempo ou geográfico ou antropológico, sempre um "discurso de competência" sobre sociedades desconhecidas sem seus próprios "textos". Essa situação só tem sido transformada recentemente pelo conceito de etno-história, que na década de 1950 postulou a conjunção de *topoi* antropológicos com os da história e outras ciências sociais e depois integrou a tradição oral e suas expressões (poesia, fórmulas fixas, antroponímia, toponímia). Ao fazê-lo, esse discurso começou a construir simulacros sobre as relações existentes entre organizações sociais africanas atuais e a história. Como um todo, o discurso sobre as realidades africanas oferece duas características principais: por um lado, é um discurso heterogêneo que emana das margens dos contextos africanos; e por outro lado, tanto seus eixos quanto sua linguagem foram limitados pela autoridade dessa exterioridade.

A atmosfera dos anos de 1950 significou uma nova valorização no discurso africanista, a saber, a promoção de um outro centro: a história e sua atividade ideológica. Essa valorização está bem representada na mudança que ocorreu progressivamente depois da década de 1930, passando da autoridade antropológica e sua negação da historicidade africana à respeitabilidade de um conhecimento histórico possível das chamadas sociedades tradicionais. Essa mudança é ilustrada por Herskovits (1962) e Vansina (1961). Durante o mesmo período, outras formas de linguagens estavam sendo derivadas dos mesmos pressupostos valorativos e libertando-se do espaço intelectual do antropólogo (cf., p. ex., WALLERSTEIN, 1961, 1967). O pensamento religioso começou a conceber uma história e uma sociologia a partir daquilo que Schmidt chamou de "revelação primitiva" (1931) e, como no caso de Os padres negros se questionam (1956), a buscar plataformas regionais para uma teologia cristã africana. Com Griaule e Tempels, a leitura e interpretação das culturas locais já desafiara a estreiteza da etnografia clássica e o evangelho de seus *topoi* e geravam perguntas sobre racionalidades locais e filosofia africana.

J. Copans propõe o advento da sociologia e do marxismo como eventos fundamentais que caracterizam essa evolução intelectual do africanismo (in: GUTKIND & WALLERSTEIN, 1976): "A sociologia não era apenas uma nova especialização – ela constituía uma ruptura completa em vários aspectos; empiricamente, por levar em consideração a história real dos povos africanos; em escala, por passar da aldeia ao grupo social nacional (de 'mini' para 'maxi'); teoricamente, quando uma explicação materialista e histórica tomou o lugar do idealismo griauleano que ignorava as realidades do colonialismo" (1976: 23). Essa nova abordagem marxista foi induzida no final dos anos de 1950 pelo que Copans chama de "colapso da unidade anticolonial". Isso precipitou o aparecimento de um novo campo teórico de análise marxista: o mercado econômico mundial, lutas por liberação política, o desenvolvimento das classes sociais, economias capitalistas e imperialismos etc. Assim, depois de 1956, "o pensamento marxista encontrou vida nova" à medida que, de um ponto de vista marxista, a África era "um campo teórico virgem". "A utilização de conceitos do sistema ou dos modos de produção imperialistas era facilitada por uma explicação em termos de arranjos instáveis e do dinamismo das contradições". Depois da década de 1960, "as características peculiares do neocolonialismo levaram a pesquisas sobre as raízes *econômicas* da exploração e as soluções *políticas* e *revolucionárias* para a derrubada da exploração, e assim para a adoção de uma perspectiva marxista" (1976: 25).

Em linhas gerais, eu concordo com o diagnóstico de Copans, que exige uma dialética das relações analógicas entre as construções históricas do Mesmo e as novas anuências com e sobre o Outro. Nessa perspectiva, o marxismo obtém uma abordagem radicalmente nova. Ele não ocidentaliza um terreno virgem e sim enfrenta a falta de atenção, as muralhas de apoio que a pressupõem e reúne sob o teto do análogo relações, contradições, imaginações. Com efeito, o método resulta num tipo original de visibilidade das diferenças em termos de traços teóricos de *tomar o lugar de* e *representar*. A alteridade – seja socioeconômica ou cultural – é, através de "modelos", promulgada novamente sob as modalidades de semelhanças técnicas de relações entre o Mesmo e o Outro. Ao mesmo tempo, essas categorias interpretativas podem ser classificadas em nome de seu contexto regional (p. ex., TERRAY, 1969; REY, 1973). A grande originalidade dos marxistas franceses e suas contrapartes africanas na década de 1960 está nisso. Começando com as proposições de G. Balandier sobre macroperspectivas no campo (1955a, 1955b), um novo discurso une o que havia sido mantido separado e abre o caminho para uma teoria geral da derivação histórica e econômica exemplificada nas obras de Osende Afana (1967), J. Suret-Canale (1958), C. Meillassoux (1964, 1974) e C. Coquery-Vidrovitch (1972).

A centralidade da história é então notável naquilo que o marxismo expõe nos estudos africanos. Com efeito, a invenção de uma história africana coincide com uma avaliação crítica da história do Mesmo. Também se observa que a possibilidade de uma história africana parece ligada numa relação necessária a um questionamento e redefinição europeus tanto do que a história não é quanto do que ela deveria ser. Por exemplo, nota-se que é durante a renovação metodológica da década de 1950 que Lévi-Strauss, para celebrar o "pensamento selvagem", relativiza o próprio conceito de história que, como ele disse, "é um conjunto descontínuo formado de domínios de história onde cada um é definido por uma frequência própria" (1962: 344). Desde então, ele foi seguido por L. Heusch e estudiosos que privilegiam as estruturas de mitos como locais pertinentes de identidade e diferenças (cf. HEUSCH, 1971, 1982).

O paradoxo fica mais claro. O conceito de "história africana" marcou uma transformação radical das narrativas antropológicas. Um novo tipo de discurso valoriza a dimensão diacrônica como parte do conhecimento sobre culturas africanas e encoraja novas representações do "nativo", que anteriormente era um mero objeto na historicidade europeia. Sua versão marxista oferece o caráter imediato da objetividade através de sistemas-signos de relações socioeconômicas que permitem tanto bons retratos de organizações locais de poder e produção quanto comparações interculturais. Através de uma articulação semelhante, os postulados estruturalistas, sem rejeitar a "nova entidade histórica" (cf., p. ex., HEUSCH, 1971), abrem áreas de investigação sincrônica, enfatizando a tensão e equilíbrio dialéticos entre criatividade regional e restrições universais do espírito humano (cf., p. ex., HEUSCH, 1985). Em suma, Tempels, Griaule e todos os apóstolos da alteridade africana foram subsumidos no projeto marxista de um discurso universal do Análogo, como afirmado pela ideologia claramente ambígua de *Présence Africaine* entre 1950 e 1960. Encontramos Sartre, Fanon, Garaudy e acadêmicos comunistas soviéticos falando e dialogando com Bachelard, Senghor, Césaire, Maydieu e Tempels. Posteriormente, de modo mais visível nos anos de 1970, a metodologia estruturalista, numa nova reflexão sobre culturas, renovou questões de métodos em relação a discursos interpretativos sobre sociedades não ocidentais. Ela desafiou assim uma etno-história que tende a esquecer que "a história é presa por mitos que impõem sua própria soberania a reis" (HEUSCH, 1982: 2). O estruturalismo propôs preceitos sincrônicos para tabular as formas dos mitos e culturas dentro de um quadro universal de relações de semelhanças e diferenças (HEUSCH, 1985).

Eu não posso aceitar completamente a análise de Copans da sucessão de paradigmas metodológicos de Griaule ao materialismo histórico aplicada ao contexto africano nas décadas de 1950 e 1960, nem em relação ao advento da sociologia no mesmo período como um evento epistemológico que teria transformado toda a economia dos estudos africanos e o significado de sua história. A análise de Copans é levemente enganosa porque a transformação crítica dos anos de 1950 está essencial e diretamente ligada a uma redefinição tanto do objeto quanto do objetivo da antropologia. Essa crise foi expressa nos estudos africanos de duas maneiras. A primeira, uma crítica e aperfeiçoamento do funcionalismo de Malinowski, que ao lado do estruturalismo tornou-se todo um esforço de incorporação para ler, comentar e comparar mitos e culturas independentemente de preconceitos primitivistas. Como consequência, *Conversas com Ogotemmêli* de Griaule e *Filosofia banta* de Tempels estão entre os fantasmas de Tylor, Spencer e Frazer de um lado e a longa conversa que une Malinowski, Lévi-Strauss e Heusch do outro. De modo estrito, o idealismo de Griaule ou Tempels não parece pertencer ao passado. Em vez disso, ele ainda marca as oscilações dos esquemas explicativos em programas para constituir ou descrever as formas africanas de conhecimento. A justificação do cristianismo parece ser um caso extremo. Ela não se refere a uma aberração histórica mas a um fato sociológico: a universalização de uma fé e uma ideologia religiosa aparecendo na dispersão tanto da imaginação científica quanto da religiosa (cf., p. ex., BIMWENYI, 1981a).

Talvez nada tenha sido mais significativo do que a conferência de 1978 sobre o cristianismo e as religiões africanas organizada pela Escola de Teologia Católica Romana em Kinshasa. O acadêmico belga B. Verhaegen, que é ao mesmo tempo marxista e católico, desenvolveu suas preocupações nos termos de um "desafio histórico":

> As religiões cristãs na África serão marcadas por essa influência tripla: o modo de produção *capitalista* que chegou a um *imperialismo* mundial e esteve ligado a um passado *colonial*. A questão que deve ser formulada é a seguinte: como primeiro a política colonial, e

depois as forças imperialistas e as estruturas orgânicas de estados independentes, influenciaram e manipularam a religião tanto em seu conteúdo quanto em suas formas e estruturas em termos de seus próprios interesses? (VERHAEGEN, 1979: 184).

Para enfrentar o efeito combinado desses fatores complementares, Verhaegen, seguindo a teologia da libertação de G. Gutiérrez, propôs três gêneros de discurso teológico: uma *teologia da modernidade* que ligará a busca de justiça social à promoção da "razão, ciência e progresso"; uma *teologia da caridade* que tratará da questão das desigualdades sociais e da pobreza para oferecer soluções morais radicalmente novas; e, por fim, uma *teologia do desenvolvimento* que redefinirá as modalidades de desenvolvimento em termos de interesses locais (1979: 188-189). Verhaegen concluiu que:

> três características marcarão a nova teologia africana: ela será *contextual*, em outras palavras, virá da vida e cultura dos povos africanos; ela será uma teologia da *libertação* porque a opressão não se encontra apenas na opressão cultural mas também nas estruturas políticas e econômicas; ela deverá reconhecer o lugar das *mulheres* como uma parte vital na luta pela libertação e na luta contra todas as formas de sexismo na sociedade e na Igreja (VERHAEGEN, 1979: 191).

No decorrer dos anos seguintes, os eventos e as pesquisas confirmaram a análise de Verhaegen. A filosofia do *Bulletin of African Theology* (uma revista ecumênica da Associação de Teólogos Africanos) encoraja posições semelhantes às expostas no texto de 1979 de Verhaegen. É importante observar uma preocupação coletiva com a alteridade em questões culturais e espirituais e a integração implícita da "razão marxista" numa perspectiva idealista sobre questões espirituais, econômicas e sociais. Assim, o idealismo de Griaule e Tempels ainda opera, ainda que de maneira diferente e discreta. Não obstante, ele está disseminado e é eficiente o bastante a ponto de podermos nos perguntar se, em países que têm uma alta porcentagem de cristãos como Camarões e a RDC, ele não seria uma corrente ideológica determinante, pelo menos a curto prazo (cf., p. ex., ELA, 1985).

Quanto ao segundo ponto de meu leve desacordo com a análise de Copans, ele tem a ver com a importância da sociologia na reconversão do africanismo nos anos de 1950. Comecemos com a observação de que a crise no campo não era nem original nem única. Ela significa um mal-estar mais amplo bem ilustrado no debate que opôs Sartre a Lévi-Strauss sobre a história como uma totalidade dialética, a universalidade das categorias da razão e a importância do sujeito (p. ex., LÉVI-STRAUSS, 1962). Os conceitos de *modelo* e *estrutura* invadiram progressivamente todo o campo das ciências sociais e humanas, postulando tanto uma descontinuidade epistemológica com práticas tradicionais quanto uma nova compreensão do objeto da investigação científica e também do que seu discurso revela. A teoria da produção científica de L. Althusser (1965) simboliza essa consciência. Ao comentar sobre a tensão existente entre a sociologia e a história, F. Braudel escreveu:

> O vocabulário é o mesmo, ou está se tornando o mesmo, porque a problemática cada vez mais é a mesma sob o cabeçalho conveniente das palavras hoje dominantes, *modelo* e *estrutura* [...]. Na verdade, a ciência social precisa construir um modelo a qualquer custo, uma explicação geral e particular da vida social, e substituir uma realidade empírica desconcertante por uma imagem mais clara e mais suscetível à aplicação científica (BRAUDEL, 1980: 73-74).

Assim, no próprio centro das ciências sociais e humanas está afirmado agora um desejo que interroga de modo radical o espaço do conhecimento e a fundamentação dos discursos que o exprimem. A crítica de Lévi-Strauss da sociologia e da história como duas dimensões da mesma figura, que tanto em seu modo de ser quanto em seu objetivo não é tão diferente do projeto antropológico sobre os "primitivos", afirma convincentemente a importância de novas determinações epistemológicas (cf., p. ex., LÉVI-STRAUSS, 1963: introdução; 1968: abertura). Seguindo a linha de raciocínio de Lévi-Strauss, podemos observar que a história e seus privilégios, enquanto história do Mesmo, é desafiada. P. Veyne foi mais longe, sujeitando o ser da história a uma avaliação e demonstrando que "a história não existe" (1984: 15-30). Por outro lado, ele não consagra a sociologia. Em nome das identidades individuais e coletivas em suas diferenças e semelhanças, Veyne questionou o domínio das representações sociológicas e a validade de seu discurso: "A sociologia [...] ainda está num estágio pré-Tucídides. Por ser da história, ela não pode ir mais longe do que o provável" (1984: 279). "A sociologia [de Comte] era uma ciência da história 'em bloco', uma ciência *da* história; ela deveria estabelecer as leis da história, daí a 'lei dos três estados' que é a descrição do movimento da história tomado em bloco. Mas essa ciência da história revelou-se impossível" (1984: 268). Como consequência, a sociologia não tem mais um objeto, particularmente quando afirma ser autônoma da história.

Em minha opinião, é sob esse signo paradoxal de uma história desafiada que novos horizontes se abriram para os estudos africanos e explicam as tensões reais ou potenciais de hoje. As iniciativas de M. Herskovits na antropologia, de G. Balandier na sociologia, de J. Vansina na história, a busca de J. Coleman de paradigmas gerais na ciência política, tudo isso é contemporâneo dessa consciência crítica que garante uma nova tese que nega globalmente a pertinência da figura invertida do Mesmo. De maneira concreta, elas impõem ao campo dos estudos africanos a rejeição de grades que levam a patologias de sociedades e, depois de Tempels e Griaule, as que postulam e classificam patologias de crenças. O projeto africano de sucessão também designa essa mesma configuração como seu local de criatividade. Com efeito, no início da década de 1960, o erudito africano sucedeu o antropólogo, o teólogo "nativo" substituiu o missionário e o político tomou o lugar do comissário colonial. Todos eles encontram razões para suas vocações na dialética do Mesmo e do Outro. É estranho e significativo que eles tendam a racionalizar suas missões em termos de um encontro entre uma relação narcisista com o Eu e a relação dupla com o Outro (cf., p. ex., NKRUMAH, 1957; SENGHOR, 1962). Assim, exegeses ou comentários sobre uma racionalidade local recém-descoberta aparecem como *Gestalteneinheit* [aproximadamente, "unidade de forma" – N.T.]; ou seja, uma linguagem autossuficiente, ao explicar sua economia do ser e definir-se como uma cultura histórica, torna-se um quadro de cooperação social que une as pessoas na tolerância, tornando os eventos inteligíveis e significativos e controlando o ritmo de sua própria mudança (cf., p. ex., ABRAHAM, 1966: 26-29).

Nesse aspecto, o novo conhecimento e seus símbolos não destroem completamente a relevância da biblioteca colonial nem o idealismo dos apóstolos da alteridade. Ele criou novos padrões de coletivização e democratização da razão histórica e reformulou questões residuais sobre o poder ideológico e a ortodoxia científica. Sua melhor, e provavelmente excessiva, ilustração é a africanização do difusionismo efetuada por Cheikh Anta Diop (p. ex., 1954, 1960a, 1981).

Três iniciativas principais combinaram-se para recapturar o conjunto da experiência africana e afirmar sua realidade. Elas são a integração de fontes e imaginários islâmicos à "biblioteca recém-expandida", a constituição de um corpo de textos tradicionais e uma renovação crítica da autoridade antropológica.

Toda a concepção da história africana teve que ser redefinida com base nas contribuições islâmicas (KI-ZERBO, 1972) que afetam a doutrina histórica clássica ao trazer novas testemunhas e documentos. As narrativas islâmicas entram na *episteme*. Alguns enigmas africanos hoje são examinados com a ajuda de comentários e descrições de Ibne Hawkal (século X), Al-Bakri (século XI), Al-Idrisi (século XII) e Ibne Batuta, Ibne Kaldum e Al-Macrizi (século XIV). O fenômeno sócio-histórico do "islã negro", como estudado por V. Monteil (1980), é um conceito primário para alguns períodos importantes da história e as *tarikhs*, ou crônicas, tornaram-se fontes valiosas. As fontes islâmicas sempre constituíram dimensões importantes para a busca e invenção de paradigmas africanos (cf., p. ex., BLYDEN, 1967). A cultura islâmica contribuiu vigorosamente para a paixão da alteridade, em particular na África Ocidental, onde ela ainda expõe esquemas e lições sobre harmonia social e sua filosofia (p. ex., BA, 1972; HAMA, 1969, 1972; KANE, 1961). Mas, de modo geral, o discurso islâmico foi até os anos de 1960 uma interferência ideológica dentro do *ktèma es aei*[14] incorporado pela biblioteca colonial como, por exemplo, representado *ad absurdum* pela vida e paixão de Tierno Bokar (BA & CARDAIRE, 1957; BRENNER, 1984).

A constituição de um corpo de textos tradicionais africanos é sem dúvida uma das realizações mais importantes no campo. A coleção mais impressionante ainda é a série de *Classiques Africains* criada por E. de Dampierre em Paris seguindo o modelo dos clássicos gregos e latinos de *La Collection Budé*. É bom notar que desde os primeiros anos do século XX folcloristas vêm publicando traduções de narrativas tradicionais sob o nome de "literatura oral" (cf. SCHEUB, 1971, 1977). Por anos, essas coleções serviram como pretensos monumentos de experiências marginais ou semicivilizadas. *Gênese africana* (1937) de Frobenius, por exemplo, contribuiu para uma curiosidade científica ao transferir narrativas de seu contexto e linguagem originais para uma linguagem e quadro conceitual europeus. Elas então se tornaram fórmulas para uma tese difusionista. De modo geral, até a década de 1950 a maioria das obras publicadas se baseava numa transferência semelhante. As narrativas eram sujeitadas a uma ordem teórica e em vez de explicar seu próprio ser e seu próprio significado, eram usadas principalmente como ferramentas para

---

14. Expressão de Tucídides que significa, aproximadamente, o que hoje chamaríamos de "cânone" [N.T.].

ilustrar grandes teorias sobre a evolução e transformações de gêneros literários. O projeto de Kagame de promover uma leitura indígena de narrativas tradicionais foi – apesar de suas fraquezas internas – uma das abordagens mais sérias e menos extrovertidas de gêneros africanos. Ao disponibilizar alguns textos básicos pertinentes à hipótese da ontologia banta, o erudito belga J.A. Theuws (1954, 1983) fez uma contribuição semelhante. As narrativas apresentadas na verdade de sua linguagem e autenticidade tornam-se textos de povos reais e não meramente resultados de manipulações teóricas.

Essa nova perspectiva já há alguns anos vem reorganizando o campo. A autoridade de ler e classificar gêneros, textos e literaturas a partir de algum tipo de posição divina que não exige um conhecimento de um contexto social, cultura e linguagem específicas está sendo substituída progressivamente por questões concretas sobre a autoridade contextual e a necessidade de ligar as narrativas às suas condições de possibilidade culturais e intelectuais. Como ilustração, naturalmente recorremos à coleção magnífica de *Classiques Africains* publicada primeiro pela editora Julliard e depois por A. Colin sob a direção de E. de Dampierre. Recentemente, K. Anyidoho fez um panorama da geografia do campo (1985), H. Scheub avaliou o "estado da arte" (1985) e S. Arnold descreveu aspectos em transformação dos estudos literários africanos (1985). Ao examinar esses artigos, encontramos uma mensagem nova e decidida: os estudos de literatura africana estão interessados em conhecimento e todo texto é digno de ser considerado literatura.

Esse compromisso é, em si mesmo, um problema, na medida em que afirma aplicar-se a todas as narrativas, sejam em linguagens africanas ou europeias. Textos diversos produzidos para propósitos distintos e em áreas econômicas diferentes são todos reunidos como material para uma disciplina. À mercê de paradigmas e grades científicas, eles se tornam memórias quase idênticas, refletindo da mesma maneira relações sociais de produção, sinais ideológicos e geografias culturais africanas. As histórias intelectuais misturam-se a etnografias, obras imaginativas em inglês ou francês com "narrativas orais". A dicotomia uniformizadora do moderno contra o tradicional organiza os valores e méritos em competição dos textos. O que esse tipo de crítica literária faz com a experiência efetiva e o significado que o texto expressou em seu contexto cultural original não parecem preocupar a maioria dos estudiosos da literatura africana.

De uma antropologia que se redefine vêm novas possibilidades e perguntas. L. Heusch trouxe o estruturalismo aos estudos africanos, redescobriu os *mitemas* universais de Frazer e enfrentou a questão do ser do Análogo.

> Frazer [...] curiosamente deixou de mencionar que o drama da Paixão, reencenado nos altares cristãos, é um tema universal. A grandeza do cristianismo está em saber como apresentar o assassinato político perpetrado na Judeia pelo colonizador romano como o sacrifício definitivo e em tentar construir sobre esse esquema – às custas de uma ilusão metafísica – uma sociedade de paz e fraternidade. Essa mensagem jamais poderá ser esquecida novamente. Mas a voz suave de um cego, que não teria sido ouvida fora da terra dos dogons se Griaule não tivesse prestado tanta atenção, também merece ser considerada uma profissão de fé sacrificial, com base na esperança de um mundo mais humano e equilibrado [...]. O sacrifício circula "uma palavra", destinada a todos, diz o velho Ogotemmêli (HEUSCH, 1985: 206).

Discípulos de Ricœur e Gadamer também propõem modos de conciliar uma consciência crítica com a autoridade de textos culturais regionais, como no caso do estudo de Bellman sobre símbolo e metáforas no ritual *Poro* (1984) ou a filosofia do pecado na tradição luba de Tshiamalenga (1974), assim como sua análise linguística e antropológica da visão *ntu* do ser humano (1973). A semiologia, como uma ferramenta intelectual para examinar signos sociais, e a hermenêutica, como meio e método para ler e interpretar esses signos sociais, podem indicar uma direção futura para os estudos africanos. Elas tratam de uma questão aparentemente simples: como se pode desvelar e descrever a experiência africana? Seria isso apenas uma questão da associação metodológica de conceitos que quando bem aplicados revelarão uma realidade empírica, ou seria um problema dos princípios explicativos de modelos científicos e filosóficos?

O principal problema quanto ao ser do discurso africano ainda é o da transferência de métodos e sua integração cultural na África. Entretanto, há uma outra questão para além dessa: como se pode reconciliar as exigências de uma identidade e a credibilidade de uma reivindicação de conhecimento com o processo de refundamentar e reassumir uma historicidade interrompida dentro das representações? Além do mais, não poderíamos formular a hipótese que, apesar da engenhosidade dos discursos e da competência dos autores, eles não revelam necessariamente *la chose du texte* [a coisa do texto], aquilo que está lá fora nas tradições africanas, insistente e discreto, que determina as tradições mas é independente delas? O colonialismo e seus adornos, em particular a antropologia aplicada e o cristianismo, tentaram silenciar isso. Hoje, os discursos africanos, através da própria distância epistemológica que os faz possíveis, explícitos e dignos de crédito como enunciados científicos ou filosóficos, podem estar apenas comentando sobre *la chose du texte* em vez de revelá-la. Essa noção, que pertence à hermenêutica e que de acordo com a proposição de Ricœur requer uma *obediência* ao texto para desenrolar seu significado, pode ser uma chave para a compreensão da *gnose* africana. Como uma responsabilidade africana, essa gnose surgiu na preeminência gradual e progressiva da história e marcou todos os discursos para a sucessão intelectual.

Na história, a ambição dessa gnose está incorporada, desde a década de 1960, nas obras de estudiosos como Ajayi, Ki-Zerbo, Obenga e outros. Eles trouxeram para um diálogo a autoridade dos métodos históricos e formas de vida e sociedades que até os anos de 1950 eram em sua maioria consideradas historicamente mudas. Contra as mitologias da antropologia, de modo certo ou errado, a crítica histórica enfrentou as ideologias da alteridade e combinou-se com elas em sínteses que afirmavam representar o estímulo e a circulação diacrônica de uma história africana dinâmica. Com efeito, o projeto parece original, mas através da noção de alteridade, que é seu lema, se ele desafia corretamente as bibliotecas coloniais, onde está a obediência ao texto? Além do mais, a qual texto ele obedece? Será que seus pressupostos e técnicas metodológicas não determinam tanto sua origem epistemológica quanto seus limites internos enquanto discurso histórico? Essas são perguntas clássicas que se referem à hoje controversa distinção entre os métodos da história e da sociologia/antropologia. Por outro lado, elas permitem que a culpa seja colocada nas proposições mais férteis apenas quando elas são utilizadas para algo que parece ir contra a tradição estabelecida. Wagner recentemente nos deu uma lição útil ao observar que a "muito celebrada 'história ocidental' é na verdade uma *invenção* colocada 'fora da consciência'". Ele também observa que "o futuro da antropologia está em sua capacidade de exorcizar a 'diferença' e torná-la consciente e explícita tanto em relação a seu assunto quanto para si mesma" (1981: 158). Na mesma linha, Paul Ricœur afirmou que "a história dos seres humanos será cada vez mais uma vasta explicação onde cada civilização desenvolverá sua percepção do mundo no enfrentamento com todas as outras" (1965: 283).

O que a história e filosofia africana vêm fazendo desde seu começo é tornar a diferença explícita, nem sempre calculadamente nem por utilidade mas, paradoxalmente (se levarmos em conta a proposta de Wagner), como o lado dinâmico da antropologia. Este lado afirma a diferença explícita de uma configuração histórica ininterrupta na qual, como Ajayi disse uma vez, a experiência colonial significa um breve parênteses.

Desenvolvimentos que na década de 1950 geraram as contribuições da antropologia cultural americana, antropologia social britânica e antropologia marxista francesa estão enraizados na história da disciplina e também relacionados às mudanças que ocorreram nas sociedades africanas e ocidentais desde os anos de 1920. Entre as mais importantes, como vimos, estão o impacto dos movimentos anticolonialistas e a crítica africana da antropologia. Surgiu um novo discurso que era não apenas crítico do colonialismo mas de toda a cultura colonial dominante. Mas citemos dois problemas. Apesar do fato de os movimentos de libertação oporem-se à antropologia como um fator estrutural da colonização, algumas políticas africanas pré e pós-independência parecem predicadas nos resultados da antropologia aplicada. Muitos líderes africanos, para legitimar um processo político e estabelecer o direito de se diferenciarem dos colonizadores, aceitaram conceitos antropológicos coloniais como "tribo", "particularismo cultural" etc. Por outro lado, enquanto novas tendências politicamente liberais desenvolviam-se rapidamente na antropologia, outros líderes africanos referiam-se a hipóteses antigas e controversas. O caso mais esclarecedor é o sistema de Senghor (1962), onde as especulações de antropólogos são, *inter alia*, combinadas com o marxismo. Além disso, a ideologia personalista africana gerou a filosofia social ambígua de Nkrumah (1970). Na mesma linha, a negritude celebrava antropólogos que permitiam que os africanos exaltassem a originalidade de sua cultura e algumas das tendências filosóficas atuais ainda estão firmemente baseadas nas premissas da antropologia (N'DAW, 1983). Mesmo no mundo árabe, a defesa de uma perspectiva cultural dinâmica baseia-se vigorosamente numa crítica preliminar de um orientalismo ocidental já dado (cf., p. ex., LAROUI, 1967).

Esses paradoxos revelam que estamos lidando com ideologia. O pensamento africano moderno parece de algum modo ser basicamente um produto do Ocidente. E mais, como a maioria dos líderes e pensadores africanos recebeu uma educação ocidental, seu pensamento está na encruzilhada entre a filiação epistemológica ocidental e o etnocentrismo africano. Além disso, muitos conceitos e categorias que sustentam esse etnocentrismo são invenções do Ocidente. Quando líderes importantes como Senghor e Nyerere propõem uma síntese do liberalismo e do socialismo, do idealismo e do materialismo, eles sabem que estão transplantando o maniqueísmo intelectual ocidental.

O esquema conceitual do pensamento africano tem sido tanto um espelho quanto uma consequência da experiência da hegemonia europeia; ou seja, nos termos de Gramsci, "a dominância de um bloco social sobre outro, não simplesmente através da força ou da riqueza mas por uma autoridade social cuja sanção e expressão definitivas são uma supremacia cultural profunda". Esses sinais de uma contradição fundamental estão manifestos na lacuna crescente entre as classes sociais e, dentro de cada classe, no conflito entre aqueles que são africanos culturalmente ocidentalizados e os outros. Para compreender os fatores estruturais que explicam a contradição, pode ser útil analisar os efeitos dos níveis econômicos assim como a arqueologia das ideologias culturais.

De qualquer forma, no que concerne à gnose africana parece que enquanto Tempels, Griaule, Kagame, Mulago, Lufuluabo e outros pensadores estavam aprendendo lições da herança de Schmidt e pensando em implementar na teologia e também na filosofia e na história novas políticas para explorar a cultura africana, o legado de Malinowski foi questionado *in toto*. Foi apenas nos anos de 1970 que o legado de Schmidt foi interrogado de um ponto de vista estritamente filosófico através da crítica a Tempels e Kagame. A partir desse ponto, apareceram dois métodos: um ligado a uma prática crítica das ciências sociais e humanas; o outro, ao inverter a *Einfühlung* num método de investigação de si próprio, preocupa-se com técnicas rigorosas para converter as contribuições de Schmidt, Griaule, Tempels e Kagame em práticas estritamente hermenêuticas ou antropológicas como definidas por pensadores como Gadamer, Ricœur e Lévi-Strauss.

Hoje em dia, as revistas e departamentos universitários de filosofia e sociologia tornaram-se os locais não apenas de exercícios acadêmicos, mas também de questionamento do significado do poder político e de interrogação de todos os sistemas de poder-saber. No ano letivo de 1968-1969, o humanista Senghor fechou a Universidade de Dacar para silenciar esse questionamento. No Zaire, em 1971 Mobutu transferiu o Departamento de Filosofia e a Faculdade de Letras para dois mil quilômetros de distância de sua capital. Ahidjo em Camarões e Houphouët-Boigny na Costa do Marfim consideravam-se magnânimos por permitir a existência de departamentos de filosofia, história e sociologia aos quais se opunham. Kenyatta no Quênia achava o mesmo, mas seu sucessor fechou a Universidade do Quênia na primeira perturbação social que desafiou seu poder político. Esses exemplos provocam uma pergunta: onde colocamos a filosofia e as ciências sociais na África se, enquanto corpo de conhecimento e prática de disciplinas essencialmente críticas, elas parecem ser marginais na estrutura do poder?

A gnose é por definição um tipo de conhecimento secreto. As mudanças de motivos, a sucessão de teses sobre a fundamentação e as diferenças de escala nas interpretações que tentei trazer à tona sobre a gnose africana afirmam o vigor de um conhecimento que é às vezes africano em virtude de seus autores e defensores, mas que se estende a um território epistemológico ocidental. A tarefa realizada até agora certamente impressiona. Por outro lado, podemos nos perguntar se os discursos sobre a gnose africana não obscurecem uma realidade fundamental, sua própria *chose du texte*, o discurso africano primordial em sua variedade e multiplicidade. Essa realidade não seria distorcida pela expressão de modalidades africanas em linguagens não africanas? Ela não é invertida, modificada por categorias filosóficas e antropológicas utilizadas por especialistas de discursos dominantes? Será que a questão de como se relacionar de modo mais fiel com *la chose du texte* implica necessariamente em outra mudança epistemológica? É possível examinar essa mudança fora do próprio campo epistemológico que faz a minha pergunta ser possível e pensável?

A única resposta que pode nos trazer de volta à realidade examinaria a condição de existência da gnose africana e de seu melhor signo, a antropologia, como ao mesmo tempo um desafio e uma promessa. Talvez essa gnose faça mais sentido se vista como resultado de dois processos: primeiro, uma reavaliação permanente dos limites da antropologia como conhecimento para transformá-la num *anthropou-logos* mais digno de crédito, ou seja, um discurso sobre um ser humano; e, segundo, um exame de sua própria historicidade. O que essa gnose afirma então, além de sua vontade de poder e seu aparato conceitual, é uma pergunta dramática mas ordinária sobre seu próprio ser: o que é ela e como ela pode continuar a ser um ponto de interrogação pertinente?

Conclusão
A geografia de um discurso

> *Quanto aos historiadores, é preciso distinguir entre eles devido ao fato de que muitos compuseram obras sobre o Egito e a Etiópia, entre os quais alguns acreditaram em relatos falsos e outros inventaram muitas histórias de suas próprias mentes para deleite de seus leitores, e assim podemos desconfiar deles com justiça.*
> Diodoro da Sicília

A *gnose* africana, ou seja, tanto o discurso científico quanto ideológico sobre a África, apresenta duas questões principais. A primeira trata do problema das racionalidades regionais que em suas melhores expressões, a antropologia marxista e o estruturalismo, postula *de facto* a tese de uma lógica original ou pensamento trans-histórico. Essa racionalidade primária deve ser compreendida tanto como condição da história quanto como permanência trans-histórica já que não pode ser concebida como parte da história. Nesse ponto, Godelier pensa que Lévi-Strauss e Marx concordariam:

> Para Lévi-Strauss: "toda vida social, mesmo elementar, pressupõe uma atividade intelectual no ser humano cujas propriedades formais, consequentemente, não podem ser o reflexo da organização concreta da sociedade". Para Marx: "como o próprio processo do pensamento surge das condições, é ele próprio um *processo natural*, o pensamento que realmente compreende deve sempre ser o mesmo e só pode variar

gradualmente de acordo com a maturidade do desenvolvimento, incluindo a do órgão onde o pensamento acontece. Todo o resto é bobagem" (GODELIER, 1977: 215).

A segunda pergunta trata do conceito de história, que numa primeira definição aproximada poderia ser descrito como um esforço intelectual para ordenar cronologicamente as atividades humanas e eventos sociais. As investigações especializadas de fato geraram questões importantes. Eu relatarei apenas duas que confrontam diretamente os discursos da gnose africana. Uma é a postulação que a história reflete ou deve traduzir a dinâmica das necessidades humanas no decorrer do tempo. Assim, uma história particular poderia ser vista como um paradigma retórico que dá expressão à realidade de uma conjunção de variáveis como o pensamento, espaço e tipo de ser humano. A partir dessa postulação, uma conclusão, que na verdade é simplesmente uma hipótese, poderia ser aquela exposta por José Ortega y Gasset: "cada lugar geográfico, enquanto espaço para uma história possível, é [...] função de muitas variáveis" (ORTEGA Y GASSET, 1973: 271). Muitos teóricos concordariam com Ortega y Gasset quando ele afirma que "a história da razão [...] é a história dos estágios pelos quais passou a domesticação de nosso imaginar desaforado. Não há outra maneira de entender como se produziu esse refinamento da mente humana" (1973: 272). Mas o bom-senso indica um paradoxo – o próprio conceito de história não é transparente. Contra as certezas dogmáticas de historiadores tradicionais, aceitaríamos então repensar o conceito de história e enfrentar o desafio apresentado pela *École des Annales* francesa. F. Braudel colocou claramente as exigências básicas do problema:

> A história existe em níveis diferentes, eu chegaria até a falar em três níveis, mas isso seria apenas um modo de dizer que simplifica demais as coisas. Há dez, cem níveis a examinar, dez, cem períodos diferentes de tempo. Na superfície, a história dos eventos resolve-se a curto prazo: é uma espécie de micro-história. Na

metade do caminho, uma história de conjunturas segue um ritmo mais amplo e lento [...]. E acima e além do "narrativo" da conjuntura, a história estrutural, ou a história da *longue durée*, investiga séculos inteiros de uma só vez. Ela funciona na fronteira entre o móvel e o imóvel, e por causa da estabilidade duradoura de seus valores ela parece imutável em comparação com todas as histórias que fluem e se resolvem mais rapidamente e que em última análise gravitam ao redor dela (BRAUDEL, 1980: 74).

O problema de uma história que pode ser pensada como um ponto de interrogação, ou, de modo mais otimista, como um projeto, está então diretamente ligado tanto ao sujeito quanto ao objeto da história. A história é ao mesmo tempo um discurso de conhecimento e um discurso de poder. Para utilizar a linguagem de Foucault, a história, assim como toda a ciência humana, tem "o projeto de trazer a consciência do ser humano a suas condições reais, de restituí-la aos conteúdos e às formas que a fizeram nascer e que se esquivam nela" (1973: 364).

Façamos uma pausa para esclarecer as dificuldades criadas por essas duas perguntas principais da gnose africana. Primeiro, temos a tese de um pensamento trans-histórico que constitui um desafio de todas as determinações externas, incluindo a histórica. Com efeito, nas posições de Marx e Lévi-Strauss o pensamento não tem história e só poderia ter uma enquanto parte da história da matéria. Segundo, a tese da história como uma dinâmica de variáveis (Ortega y Gasset) ou como um modelo teórico que combina um ritmo diacrônico de múltiplos níveis (Braudel) postula explícita ou implicitamente o pensamento como um fator fundamental na evolução das culturas, compreendido como caracteres diferentes. Para perceber a importância silenciosamente suposta das iniciativas do pensamento crítico, é preciso apenas nos referirmos aos três critérios que de acordo com Braudel (1980: 202-205) devem ser seguidos para "uma boa definição" de uma civilização. Eles são: uma área ou local cultural com suas características e coerência particular, o empréstimo de bens culturais como sinal de trocas positivas ou um tráfico que nunca acaba e, por fim, recusas, o contrário da difusão, onde "cada civilização faz sua escolha decisiva através da qual ela se afirma e revela" (BRAUDEL, 1980: 203).

Apesar de as duas teses não serem necessariamente contraditórias (Braudel afirma estar "ombro a ombro com Claude Lévi-Strauss" [1980: 205]), sua presença na gnose africana divide a geografia desse discurso em dois espaços opostos. Por um lado, discursos de orientação sincrônica, geralmente antropológicos, afirmam revelar a organização de uma economia cultural e sua racionalidade regional; por outro, discursos de motivação diacrônica, como a história marxista e as ideologias políticas, apresentam grades para a interpretação de descontinuidades dialéticas dos sistemas sociais e também para ação sobre elas. Essa distinção faz justiça a uma dicotomia controversa mas aceita universal e dogmaticamente que distingue a tradição e a modernidade na gnose africana. O que essa separação significa em termos de pertinência e validade científica pode ser avaliado com base numa simples ilustração. Suponha que um cientista social decida interpretar a cultura francesa atual ao formular e determinar os signos de uma tradição utilizando uma única fonte. Ele escolhe a análise de J. Favret-Saada de casos de bruxaria e possessão numa subcultura rural (FAVRET-SAADA, 1977) e a opõe aos signos de um sistema de modernidade como aqueles estudados por M. Duverger na ciência política e M. Crozier na sociologia. Ninguém levaria essa fábula a sério. Com efeito, há questões fundamentais em jogo: como esses espaços devem ser dissociados e com base em quais critérios? Em qual sentido o arranjo supostamente tradicional define-se como um campo autônomo fora da modernidade e vice-versa? Em que modo de ser os conceitos de tradição e modernidade são exprimidos e formulados dentro de uma área cultural?

Seria possível argumentar que na gnose africana a antropologia, e assim a noção de uma tradição "nativa", precedeu o corpo de discursos de orientação diacrônica que tratam das relações sociais de produção, da organização do poder e das ideologias. Consequentemente, não deveríamos esquecer os procedimentos que fundamentaram esses discursos nem o fato de que eles articularam uma cultura que estudiosos contemporâneos podem interrogar do ponto de vista de sua modernidade. Mas esse raciocínio não me convence. Em minha opinião, ele não justifica a oposição binária estática entre tradição e modernidade, pois a tradição [*traditio*] significa descontinuidades através de uma continuação dinâmica e conversão possível de *tradita* [legados]. Enquanto tal, ela faz parte de uma história sendo feita. As narrativas de G. Romano e G. Gavazzi, por exemplo, não oferecem uma totalidade fechada do Congo do século XVII, pois apresentam sistemas de costumes locais, signos socioculturais que eles acreditavam poder ser transformados para melhor pelo cristianismo.

Foi a *episteme* do século XIX e início do XX que inventou o conceito de uma tradição estática e pré-histórica. Os relatos de viajantes localizam as culturas africanas como "seres-em-si-mesmos" inerentemente incapazes de viverem como "seres-para-si-mesmos". Teóricos como Spencer e Lévy-Bruhl interpretaram e classificaram essas monstruosidades como existentes no começo da história e da consciência. O funcionalismo, através de análises da alteridade primitiva, ofereceu credibilidade científica ao conceito de desvio histórico entre as civilizações pré-históricas e o paradigma ocidental da história.

Deixem-me esclarecer duas proposições epistemológicas fundamentais. Primeiro, no próprio coração da ambição europeia oitocentista de interpretar e classificar as culturas humanas de acordo com uma escala, encontramos a história como uma vocação teórica e abstrata que se refere a várias realizações. Para utilizar os conceitos de F. Saussure, ela é estritamente um tipo de *langue* cujo significado e poder são dados e efetivados em *paroles* como as características biológicas dos seres, a evolução e organização da linguagem, as estruturas econômicas da formação social, a estruturação das crenças e práticas religiosas. Essas *paroles* estão ligadas numa relação de necessidade às mentes das pessoas que as propuseram e, por extensão, à sua cultura como um todo. A história não é um conceito neutro aqui. Ela é uma *langue* normativa, um ser que socializa o *cogito* e todas as suas duplicações metafóricas. Ela subsume todas as *paroles* culturais. Enquanto tal, ela se identifica com seu local ou cultura, se reflete e expressa-se como um *em-si-mesma* e *para-si-mesma* normativos. Ela visualiza apropriadamente o sonho hegeliano. Nesse sentido, e apenas nesse sentido, os colonizadores belgas e franceses não se enganavam quando, seguindo a famosa dicotomia de Lévy-Bruhl, costumavam postular uma distinção clara entre pré-logismo e cartesianismo, primitividade e civilização. Mas eles eram acríticos e ingênuos ao não verem que tal separação era simplesmente uma transposição pobre de uma recusa de encarar e pensar o implícito, o impensado, o *An sich*, negado em sua própria experiência cultural pela soberania de uma história que era uma socialização mistificadora do *cogito*. Foucault está perfeitamente correto quando observa que "[o *cogito*] não leva todo o ser das coisas ao pensamento sem ramificar o ser do pensamento até a nervura inerte daquilo que não pensa" (1973: 324). Em suma, a descoberta da primitividade foi uma invenção ambígua de uma história incapaz de encarar seu próprio duplo.

Minha segunda proposição epistemológica vem de assumir o risco de estudar e avaliar a proposição de Foucault de que a história inteira das ciências humanas a partir do século XIX pode ser retraçada com base em três pares conceituais: *função* e *norma*, *conflito* e *regra*, *significação* e *sistema*.

> Esses modelos constituintes são emprestados dos três domínios da biologia, da economia e do estudo da linguagem. É na superfície de projeção da biologia que o ser humano aparece como um ser que tem *funções* – recebendo estímulos (fisiológicos, mas também sociais, inter-humanos, culturais), respondendo a eles, adap-

tando-se, evoluindo, submetendo-se às exigências do meio, conformando-se às modificações que este lhe impõe, buscando apagar os desequilíbrios, agindo segundo regularidades, em suma tendo as condições de existência e a possibilidade de encontrar *normas* médias de ajuste que lhe permitem exercer suas funções. Sobre a superfície de projeção da economia, o ser humano aparece como tendo necessidades e desejos, buscando satisfazê-los e tendo assim interesses, buscando lucros, opondo-se a outras pessoas; em resumo, aparece numa situação irredutível de *conflito*; ele se esquiva desses conflitos, foge deles, ou consegue dominá-los, encontrar uma solução que apazigue, a menos em certo nível e por um tempo, sua contradição; ele instaura um conjunto de *regras* que são ao mesmo tempo limitação e renascimento do conflito. Por fim, sobre a superfície de projeção da linguagem, as condutas do ser humano aparecem como querendo dizer alguma coisa; seus menores gestos, até em seus mecanismos involuntários e até em seus fracassos, têm um *sentido*; e tudo que ele organiza ao redor de si como objetos, ritos, hábitos, discursos, todos os traços que deixa atrás de si constituem um conjunto coerente e um *sistema* de signos. Assim, esses três pares da *função* e da *norma*, do *conflito* e da *regra*, da *significação* e do *sistema* cobrem completamente o domínio do conhecimento do ser humano (FOUCAULT, 1973: 357).

Imaginemos agora uma visão panorâmica da gnose africana como uma configuração espacial. Da esquerda para a direita podemos seguir uma ordem cronológica e assim ir sucessivamente dos discursos sobre a primitividade aos comentários modernistas sobre a organização da produção e aqueles no poder. O corpo de textos do lado esquerdo supostamente revela uma tradição; o do lado direito deve testemunhar rupturas, transformações e desafios causados pela eficácia do colonialismo. Entre eles, notamos uma área intermediária confusa. Para alguns teóricos, ela é um puro espaço em branco que simboliza uma descontinuidade tanto geológica quanto arqueológica entre a tradição e a modernidade. Para outros, esse espaço do meio é o local de expressões aberrantes de aculturação. De qualquer forma, observamos que o conteúdo dos discursos sobre a tradição, ou seja, a alteridade tanto como monstruosidade quanto como *corpus mirabilis*, não mudou qualitativamente desde os primeiros relatos dos séculos XVI e XVII. Contrariamente às afirmações de livros-texto antropológicos, ainda podemos integrar dados e categorias da maioria dos estudos atuais na grade proposta por Varenius em sua *Geographia Generalis* de 1650. Ela propõe uma classificação com base em observações da

> (1) estatura dos nativos, e também sua forma, cor, comprimento de vida, origem, carne e bebidas etc., (2) seus tráficos e artes nas quais os habitantes são empregados, (3) suas virtudes, vícios, erudição, astúcia etc., (4) seus costumes de casamento, batismo e enterros etc., (5) sua fala e linguagem, (6) seu governo-Estado, (7) sua religião e governo-Igreja, (8) suas cidades e locais mais renomados, (9) suas histórias memoráveis, e (10) seus homens, artífices e invenções famosas dos nativos de todos os lugares (in: HODGEN, 1971: 168).

O que torna pertinentes os discursos dos séculos XIX e XX sobre a tradição não é sua sofisticação nem sua suposta capacidade de distinguir características culturais e organizar taxonomias, mas sim a importância epistemológica de seus modelos e o sistema de valores que esses modelos implicam e manifestam. Tempels (1945) e Griaule (1948) não descobriram uma racionalidade africana, mas redescrevem claramente com novas metáforas aquilo que era um desvio patológico de acordo com Tylor, Durkheim e Lévy-Bruhl. A mudança de modelos não faz a nova "invenção" ser necessariamente mais digna de crédito que a primeira. Ela basicamente postula um sistema de valores diferente ao enfatizar a alteridade e qualificá-la a partir de suas *normas* localizadas, *regras* regionais e *coerência*. Assim, ela explica o que a tornou possível, uma pluralização das ciências sociais e humanas ocidentais.

Esse processo e suas contradições provavelmente estão mais claros nos discursos sobre a modernidade, que implícita ou explicitamente operam com base numa filosofia da história e estudam as organizações africanas através de metáforas como o hibridismo político, esquizofrenia cultural, dualismo econômico etc., onde todas se referem ao conceito de aculturação. O debate sobre essa questão foi exemplificado por *Muntu* de J. Jahn (1961). Nesse livro, Jahn embasa seu argumento no enunciado de Friedell que diz que "a lenda não é uma das formas, mas sim a única forma na qual podemos considerar e reviver a história imaginativamente. Toda história é saga e mito, e enquanto tal o produto do estado de nossos poderes intelectuais num momento particular: de nossa capacidade de compreensão, do vigor de nossa imaginação, de nossa sensação da realidade". Jahn escreve:

> A África apresentada pelo etnólogo é uma lenda na qual costumávamos acreditar. A tradição africana como aparece sob a luz da cultura neoafricana pode também ser uma lenda – mas é a lenda na qual a inteligência africana acredita. E ela tem perfeitamente o direito de declarar como autênticos, corretos e verdadeiros os componentes de seu passado nos quais acredita (JAHN, 1961: 17).

Deixemos de lado temporariamente a plausibilidade dessa tese. O argumento retoma as razões para organizar uma lenda como expostas por Friedell, para o qual "toda era tem um retrato definido de todos os eventos passados acessíveis a ela, um retrato peculiar para si mesma" (JAHN, 1961: 17). Isso parece esboçar uma espécie de história da conveniência. Entretanto, isso não postula inclinações *a priori* como a única fundamentação e explicação de análises históricas, nem rejeita métodos para verificar e validar reconstruções históricas. Em vez disso, desafia o princípio de valorização aceito silenciosa mas ordinariamente que transmuta os gêneros históricos em história humana e afirma explicar, a partir da verdade do espaço enunciativo ocidental de modelos, a articulação da história como uma ordem absoluta tanto do poder quanto do saber universal. Uma ilustração apropriada é a indignação de Weber sobre alguns livros-texto recentes: "A ideia de uma espécie de igualdade político-social na história, que gostaria – enfim! Enfim! – de dar às tribos negras e peles-vermelhas, tão ultrajantemente desprezadas até agora, um lugar ao menos tão importante que o dos atenienses é simplesmente ingênua" (in: VEYNE, 1984: 52). Paradoxalmente, contra o suposto ideal científico da atividade histórica que a fundamenta, a posição de Weber enfatiza a pertinência do pronunciamento de Jahn: a história é uma relação a valores e estabelece-se em mecanismos de valorização intelectual. Como Veyne bem disse, "não se prefere os atenienses aos índios em nome de certos valores constituídos; é o fato de os preferirmos que faz deles valores; um gesto trágico de seleção injustificável embasaria toda visão possível da história" (1984: 51).

Está claro que enquanto posição polêmica a tese de Jahn é sólida. Em sua ambição mais geral, ela postula dois tipos de dúvida: o primeiro, sobre a universalização das modalidades para decifrar e interpretar as transformações diacrônicas ocidentais; o segundo, sobre o princípio de transferir categorias de um campo cultural da experiência humana para outro. Mais especificamente, a primeira se aplica à teoria da história de Jaspers, para a qual as virtudes de duas revoluções – a era do pensamento reflexivo entre 900 e 800 a.C. e a era mais recente da ciência e da tecnologia – dotam a civilização ocidental de uma capacidade única de desenvolvimento e extensão que não tem como não destruir todas as culturas não ocidentais. Jahn nota que Jaspers "não prevê para elas nenhum ajuste, apenas sua extinção ou o destino de tornar-se mera matéria-prima a ser processada pela civilização tecnológica" (1961: 13). A segunda dúvida trata da teoria funcional da mudança cultural de Malinowski, para a qual as culturas africanas mudam pelo fato de as pressões europeias, incapazes de superar os efeitos divisores de sua própria transformação, produzirem monstruosidades culturais. Contra a avaliação de Jaspers de que as culturas africanas estão destinadas a se despedaçar e a formulação de Malinowski de aberrações econômicas e culturais, Jahn propõe uma alternativa: uma "neocultura" que combine o melhor da experiência europeia e africana.

> O presente e o futuro [...] serão determinados pela concepção que a inteligência *africana* forma do passado africano. A cultura neoafricana aparece como uma extensão contínua, como a herdeira legítima da tradição. O ser humano só tem a força para um começo quando se sente herdeiro e sucessor do passado (JAHN, 1961: 18).

Agora é possível deixar mais explícita a tensão que o argumento de Jahn representa. Por um lado, temos o corpo de lendas constituído pela biblioteca colonial e exemplificado pela antropologia primitivista. Ele é uma constelação onde as diferenças são explicadas com teorias que utilizam paradigmas funcionais e causas externas. Eles retratam desvios da normatividade de uma história ou de uma racionalidade. Por outro lado, há o novo corpo aceito pela *intelligentsia* africana, como A. Césaire, J.B. Danquah, M. Deren, Cheikh A. Diop, A. Kagame, E. Mphahlele, J.H. Nketia, L. Senghor etc. Apesar de incompleto e de provavelmente também ser uma lenda, o novo corpo deve refletir a autoridade de sistemas locais de regras, significação e ordem. Não podemos compreender essa sucessão cronológica, em particular quando prestamos atenção à sua complexidade (de Durkheim a Cheikh Anta Diop, de Lévy-Bruhl a Tempels e Griaule, de Frobenius a Nkrumah e Senghor), como uma simples modificação nas estratégias de manipulação de conceitos e metáforas? Na verdade, as ordens e grades de interpretação não mudam e não podem mudar a realidade que afirmam traduzir. Mas isso não é importante, já que não trata da principal questão explicitada na tese de Jahn – a de inventar essas estratégias. As perguntas de Foucault sobre o reagrupamento de discursos na Europa do século XIX são pertinentes aqui:

> Seria a necessidade que os encadeia, torna-os inevitáveis, chama-os exatamente a seu lugar uns após os

> outros, e com efeito como as soluções sucessivas para um único e mesmo problema? Ou seriam encontros aleatórios entre ideias de origem diversa, influências, descobertas, climas especulativos, modelos teóricos que a paciência ou a genialidade dos indivíduos dispõem em conjuntos mais ou menos bem constituídos? A menos que não seja possível encontrar entre eles uma regularidade e que não sejamos capazes de definir o sistema comum de sua formação (FOUCAULT, 1982: 64).

A coesão de novas estratégias apareceu num período bem definido entre os anos de 1920 e 1950. Uma reconversão de modelos garantiu gradualmente novas metáforas que questionam as supostas patologias funcionais da sociedade africana, seus conflitos estruturais aberrantes e a propalada pobreza de sua história e realizações.

Como uma ilustração, eis os três tipos principais de teorias que analisei. (*a*) A escrita africana, na literatura e na política, propõe novos horizontes que enfatizam a alteridade do sujeito e a importância do local arqueológico. A negritude, a personalidade negra e os movimentos pan-africanistas são as estratégias mais bem conhecidas que postulam uma postura antropológica fundamental: ninguém está no centro da experiência humana e não há nenhum ser humano que possa ser definido como o centro da criação. (*b*) A ortodoxia do funcionalismo é estilhaçada progressivamente. Uma chave está nas contribuições da antropologia alemã, em particular da escola difusionista vienense de Schmidt que idealiza o conceito de *philosophia perennis*. Isso dá ímpeto à formulação de Tempels da hipótese de uma ontologia banta. Ao mesmo tempo, ela pode ser ligada à revelação de Griaule: a cosmologia dogom justifica e explica seus próprios procedimentos internos de interpretação do universo, de organização e explicação do mundo e seu passado. Nasce uma "etnofilosofia". Posteriormente, depois da década de 1960, ela se tornará uma questão filosófica rigorosa (HOUNTONDJI, 1983), um desafio hermenêutico (TSHIAMALENGA, 1980), ou uma proposta para um repensar radical tanto do conceito de revelação primitiva quanto da fundamentação da teologia cristã (BIMWENYI, 1981a; EBOUSSI-BOULAGA, 1981; NOTHOMB, 1965). (c) É um lugar-comum dizer que a antropologia, através de sua atividade prática de descrever "organizações primitivas" e de seus programas ambíguos de controlá-las em nome do colonialismo, produziu a necessidade de uma compreensão aprofundada de dinâmicas sincrônicas que não tinham como deixar de levar ao conceito de história africana. A teoria de J. Vansina da tradição oral como discurso histórico (1961) é apenas um momento, exemplar mas apenas um estágio, no processo de *reinvenção* do passado africano, uma necessidade desde os anos de 1920. Todos sabem que quando a tradição oral foi promovida à respeitabilidade ambígua de um documento histórico, uma leitura crítica dos modelos europeus sobre o passado africano levou Cheikh Anta Diop e Ajayi a fazerem perguntas desconfortáveis sobre como uma história verdadeiramente africana é a história da África (DIOP, 1954, 1960a; AJAYI, 1969).

A coesão dessas várias estratégias reside na maneira como elas estabelecem um diálogo entre o passado e o presente. O que as distingue da literatura do século XIX são seus novos modelos de produção do conhecimento. As estratégias primitivistas, como ilustradas pelas sagas de viagem e a biblioteca colonial, anulam a possibilidade de uma racionalidade e história plurais; as teorias mais recentes a impõem, e chegam até ao ponto de se estender à compreensão das experiências marginalizadas na própria cultura ocidental. Por exemplo, em que base poderia uma vontade de saber definir a divisão entre razão e loucura, sexualidade normal e anormal, consciência correta e defeituosa? (cf., p. ex., FOUCAULT, 1961, 1975, 1976). Para simplificar, as estratégias primitivistas operam através de oposições binárias no centro de uma história paradigmática, enquanto as teorias mais recentes supõem em seus métodos uma incapacidade absoluta para definir, *vis-à-vis* paradigmas funcionais, coisas como margens culturais, consciência mórbida, mentalidades primitivas, lendas insignificantes e assim por diante.

Torna-se claro que, com exceção da violência romântica de sua tese, Jahn está basicamente correto. A história é uma lenda, uma invenção do presente. Ela é ao mesmo tempo uma memória e um reflexo de nosso presente. M. Bloch e F. Braudel dizem exatamente a mesma coisa quando apresentam a história como uma *tentativa* de estabelecer uma relação entre um esquema conceitual, um modelo e os ritmos de múltiplos níveis do passado. O projeto da história de ir além da arbitrariedade fundamental do modelo de significante e significado para descrever uma relação de necessidade entre nossa compreensão e o passado depende de três sistemas. Eles são: (*a*) a subjetividade do autor, que é tão evidente que P. Ricœur propôs compreender a objetividade na história como uma utilização boa e crítica de nossa subjetividade; (*b*) a coleção de ferramentas, técnicas, grades teóricas e "bibliotecas" de eventos e sua interpretação; (*c*) e especialmente importante, as condições epistemológicas que fazem do projeto tanto pensável quanto factível.

As teorias do hibridismo e esquizofrenia culturais e outras doenças metafóricas (cf., p. ex., LEVINE, 1986: 159-173) parecem, então, ser efeitos secundários de uma concepção normativa da história. Elas observam e comentam positividades a partir da arrogância de uma dialética hegeliana e portanto não conseguem afirmar figuras temporais e localizadas concretas. Sabemos hoje, graças a M. Mauss, G. Dumézil e Lévi-Strauss, que todas as figuras culturais determinam sua própria especificidade em rupturas e continuidades aparentemente regionais através das quais a alteridade de seu ser aparece como evento dinâmico e portanto como história. Todos os passados temporais expõem uma alteridade da mesma qualidade ontológica que a alteridade revelada pelos antropólogos, primitivistas ou não. Isso implica desafios metodológicos. O primeiro, como proposto por Lévi-Strauss, é reconceituar a complementaridade entre a história e a sociologia/ antropologia (LÉVI-STRAUSS, 1963: introdução). O segundo desafio, como enunciado por Veyne (1984: 285), está em superar a restrição das unidades de tempo e de espaço, visualizando uma mudança da história contínua ou regional para uma história comparativa ou geral. Isso certamente ainda é um sonho. Mas já temos evidências o bastante para compreender que a aculturação não é uma doença africana e sim o próprio caráter de todas as histórias. Nas sequências, mutações e transformações que podemos ler, todas as histórias empregam de fato a dispersão da violência do Mesmo que, a partir da base sólida no presente, inventa, restaura ou concede significado ao Outro num passado ou em culturas sincrônicas geograficamente remotas.

Será que posso afirmar que a análise marxista não alcança uma inter-relação positiva entre formações regionais e história geral a ponto de conceitos como desvio histórico, esquizofrenia cultural ou aberração econômica tornarem-se pertinentes? Antes de mais nada, observemos que a metodologia marxista opera a partir da pertinência universal de suas pressuposições. O marxismo, e aqui estou travestindo o pensamento de A. Koyré, é uma ciência fundamental e absoluta em seu próprio direito intelectual. A variabilidade de todas as regionalidades arqueológicas é subsumida na lógica do materialismo histórico e dialético e pode ser localizada graças às regras dessa grade. Os discursos africanistas marxistas são testemunhas disso. Vejamos dois exemplos: o primeiro teórico, sobre a questão dos modos de produção e seu conceito subsequente de articulação; o segundo, mais concreto, sobre como o discurso intelectual deve descrever as contradições sociais e aliar-se ao destino do socialismo.

Os esquemas e observações de Marx sobre os modos de produção pré-capitalistas promoveram várias categorias relacionadas à relação de produção dominante: escravocrata, alemão, feudal, asiático etc. Nas exegeses marxistas, os modos de produção rapidamente se tornam estágios estruturais que refletem a sucessão histórica de tipos de combinações de forças e relações de produção. Depois do debate criado pelos volumes do Centro de Estudos e Pesquisas Marxistas (CERM, na sigla em francês) sobre os modos de produção asiáticos (1969, 1973), a análise marxista retrabalhou o tempo histórico numa grade perfeitamente evolucionista e funcional como uma sucessão quase mecânica de modos de produção determinada por forças produtivas e luta de classes. Paradoxalmente, essa concepção anda ao lado de uma reivindicação teórica sobre a pluralidade das experiências históricas. Ela ao mesmo tempo postula uma crítica do conceito de uma história paradigmática e promove o princípio de especificidade histórica (JEWSIEWICKI & LETOURNEAU, 1985: 4-5). Os modos de produção pré-coloniais são, de qualquer forma, posicionados no começo do cânone histórico e o argumento geral toma o caminho de sistemas de linhagem aos modos de produção capitalista. Dispostos numa tabela (COQUERY-VIDROVITCH, 1985: 13-16), vemos de um lado os modos pré-capitalistas. Eles são definidos por dois fatores principais: primeiro, num espaço onde a propriedade privada não existe, comprar ou vender terra é uma impossibilidade e, segundo, as relações de produção dependem de um sistema de relacionamentos de linhagem. No outro lado vemos o modo capitalista, a força exterior dominante. Entre os lados encontramos modos dependentes ou pré-capitalistas, geralmente conhecidos como capitalismos periféricos. O processo de transformação social é isomórfico à capacidade da sociedade de inovar e ajustar-se ao capitalismo. A classificação de Jewsiewicki de modelos dominantes que enfrentam o desafio representado por esse processo e sua significação, a saber, tipos de modo de produção (ex., REY, 1966; JEWSIEWICKI & LETOURNEAU, 1985), em particular aqueles da sociedade dependente (ex., AMIN, 1964, 1965, 1967, 1969) e marginal (ex., MEILLASSOUX, 1975), devolve-nos à articulação problemática de oposições binárias: primitividade *versus* civilização, tradição *versus* modernidade, modo de linhagem *versus* modo de produção capitalista, subdesenvolvimento *versus* desenvolvimento.

Pode-se argumentar que mesmo os modelos materialistas tendem a reduzir a alteridade. O que não é familiar é subsumido em metáforas, procedimentos regulares deduzem padrões e seu significado em relação aos paradigmas marxistas. A magnífica "lição socialista" de John Saul (1977) sobre *Uma história da Tanzânia* de I. Kimambo e A. Temu pode servir de exemplo. A partir do "foco direto demais [do livro] 'no africano em si'", ele deduz quatro perigos principais. Eles são: (*a*) a minimização do "esquema imperialista geral dentro do qual iniciativas africanas são formuladas", que (*b*) "podem encorajar uma confusão de distinções e diferenciações relevantes dentro da própria comunidade africana" (*c*) "com o resultado de que o *significado* e a *importância* completa das iniciativas africanas são perdidos" e, além do mais, (*d*) "as realizações dos africanos [...] são, portanto, supervalorizadas às custas de uma discussão franca sobre os próprios desafios que permanecem (a efetivação do socialismo e da autonomia, e alcançar o potencial produtivo do país)". Em suma, nas palavras do próprio Saul:

> Afirmo [...]que as questões subjacentes ao volume de Kimambo e Temu são de modo demasiadamente exclusivo aquelas relevantes a uma perspectiva nacionalista sobre a história da Tanzânia, num momento onde uma perspectiva socialista e um conjunto de questões socialistas são cada vez mais imperativas (SAUL, 1977: 138).

A linguagem de Saul é a da ortodoxia universal e normativa. Ela não rejeita a necessidade de uma obediência aos eventos e fatos mas insiste explicitamente sobre o valor fundamental dos imperativos socialistas. Ela não questiona a pertinência da história da Tanzânia enquanto especificidade, mas indica que as narrativas sobre ela só podem ser situadas numa perspectiva socialista em relação a condições bem determinadas. O que o discurso de Saul afirma é a soberania silenciosa mas poderosa do Mesmo.

O discurso da ortodoxia revisou suas categorias desde a política de *mise en valeur* [valorização] dos territórios coloniais na década de 1920. Entretanto, ele ainda segura as chaves das normas e regras, explicando assim os sistemas africanos e as modalidades de seu ajuste à modernidade como representadas ou pelo paradigma capitalista ou pelo socialista. Assim, a posição de Saul faz parte de um processo epistemológico mais geral. Ela pertence a um conjunto de modelos que afirma refletir e explicar a dinâmica histórica e estabelecer a validade de um método. Eis um outro exemplo que também é uma generalização. O discurso da economia política africana, com seus conceitos e modelos de desvios estruturais diacrônicos e sincrônicos, dualismo econômico, mecanismos de subdesenvolvimento, transferência de tecnologia etc., comenta sobre dogmas hipotéticos da transição da tradição para a modernidade, utilizando termos semelhantes à oposição durkheimiana (1947) entre, por um lado, o específico e o anormal e, pelo outro, o geral e o normal.

A antropologia estruturalista, um discurso um tanto enigmático, parece transcender as representações contraditórias sobre a interação entre tradição e modernidade. Enraizada no mesmo solo epistemológico que permitiu a reconversão da gnose africana, ela se ergue acima dos modelos tipológicos das transformações históricas e define-se tanto como reflexo quanto comentário sobre a trans-historicidade. De modo mais concreto, ela introduz uma evidência óbvia, a saber, que há mais a se dizer sobre ser um ser humano do que as tautologias mecanizadas oferecem sobre uma história do Mesmo. Em nome de explicar a realidade do destino humano, o discurso sobre o Mesmo repete incessantemente suas próprias fantasias e as incoerências que o definem como normativo.

> [...] a consistência do eu, principal preocupação de toda filosofia ocidental, não resiste à sua aplicação contínua ao mesmo objeto que a invade completamente e a impregna do sentimento vivido de sua irrealidade. Pois o pouco de realidade à qual ela ainda ousa reivindicar é a de uma singularidade, no sentido que os astrônomos dão a esse termo: local de um espaço e

momento de um tempo relativos um ao outro, onde se passaram, se passam e se passarão eventos cuja densidade [...] permite aproximadamente circunscrevê-la, ainda que esse elo de eventos esgotados, efetivos ou prováveis não exista enquanto substrato, mas em si próprio apenas no sentido de que lá ocorrem coisas [...] (LÉVI-STRAUSS, 1981: 625-626).

Também podemos nos referir à forte crítica de Veyne a uma história do Mesmo que, na realidade, não existe apesar de suas ambições (VEYNE, 1984: 15-30). O que é mais importante ao menos na gnose africana são as implicações dessa nova perspectiva: (*a*) uma interrogação sobre o sujeito do discurso; (*b*) uma reavaliação do conceito de racionalidade do ponto de vista das propriedades intrínsecas de categorias que operam em textos, mitos e interpretações regionais; (*c*) uma reconceituação do método científico e das relações que o "conhecimento científico" pode ter com outras formas ou tipos de conhecimento; e (*d*) uma redefinição da liberdade humana. Essas não são questões pequenas e devido ao seu alcance o estruturalismo, para usar uma expressão infeliz de M.P. Edmond, é percebido como um processo de "desocidentalização" do conhecimento científico (EDMOND, 1965: 43-44).

Permitam-me a franqueza: vinte anos de estudo cuidadoso do estruturalismo me convenceram de que apesar de existir um conjunto impressionante de análises boas e abrangentes do estruturalismo onde podemos encontrar críticas estimulantes e altamente técnicas (p. ex., BEIDELMAN, 1966; TURNER, 1969) e desafios filosóficos (p. ex., RICŒUR, 1969), um grande número das críticas a Lévi-Strauss são consciente ou inconscientemente ideológicas e até, eu diria, de motivação racial. Elas muitas vezes podem ser reduzidas aos dois enunciados seguintes: o estruturalismo não seria uma empreitada judaica contra as realizações do Ocidente cristão? E, como disse um de meus alunos europeus, esquecendo-se de minha origem: "Lévi-Strauss os honra demais".

Quanto à metodologia para descrever a dinâmica cultural africana, os debates difíceis que existem hoje em dia entre J. Vansina e L. Heusch, T. Obenga e seus adversários, P. Hountondji e seus críticos são um sinal da riqueza orgânica dos discursos que enfocam a individualidade das normas, regras e sistemas. Esses discursos mostram o caminho perigoso do futuro. Por outro lado, eles apontam a validade delicada de traduções e interpretações pacientes de economias culturais regionais, como as obras de Lienhardt (1961), Buakasa (1973), Jackson (1982) e Izard (1985). Essa orientação se revela de modo mais explícito na coleção de estudos especializados de Bird e Karp, *Explorações nos sistemas de pensamento africanos* (1980) e no estudo de Beidelman sobre os modos de pensamento kaguru (1986). O domínio de uma linguagem [*langage*] universal ou megarracionalidade foi substituído pelo critério da autoridade experiencial "inventando-se" como tradução e exegese de linguagens [*langues*] institucionais e bem delineadas fundamentadas por *performances* [*paroles*] concretas. Chegamos assim a uma crítica decisiva dos métodos tradicionais de correlacionar o Mesmo ao Outro. Nas palavras de B. Barnes, essas empreitadas internas indicam que "fazer uma demarcação nos próprios termos dos atores é útil para propósitos explicativos. Essa demarcação faz parte da percepção da situação dos atores; e a ação só é inteligível enquanto uma resposta a essa percepção [...]. Fazer uma demarcação a partir de padrões externos, por outro lado, é inútil para propósitos explicativos [...]" (1974: 100). É óbvio que um tal método deve se definir como um sistema crítico de fazer enunciados que só pode revelar parcialmente os arquivos sociais e culturais de uma sociedade.

O que devemos fazer então com o problema do pensamento trans-histórico? Das margens retóricas da história, ele se abre num paradoxo: algo como o reflexo puro da consciência numa linguagem pura. Ele aumenta e universaliza arquivos regionais e coloca-os em contato com a mente do analista, inventando assim de maneira dinâmica tanto a compreensão quanto a história. É útil então "que a história se distancie de nós através da duração, ou que nós nos distanciemos dela através do pensamento, para que ela deixe de ser interiorizável e perca sua inteligibilidade, ilusão que está ligada a uma interioridade provisória" (LÉVI-STRAUSS, 1966: 225). Isso não constitui a negação da verdade das formas históricas expressa e gerada pela dialética entre *Leben* (viver e compartilhar com outros) e *Gemeinsamkeit* (uma comunidade que permeia). Pelo contrário, uma recapitulação permanente dessa dialética deve permanecer como uma tarefa infinita de ler e comentar sobre a produção permanente de lendas culturais e de "*une parole pour-soi*" ["um discurso para-si"].

Foucault disse uma vez que destituía "a soberania do sujeito do direito exclusivo e instantâneo ao discurso". Essa é uma boa notícia. Eu acredito que a geografia da gnose africana também aponta a paixão de um sujeito-objeto que se recusa a desaparecer. Ele ou ela passou da situação onde era percebido ou percebida como um simples objeto funcional para a liberdade de pensar a si próprio ou própria como o ponto de partida de um discurso absoluto. Também se tornou evidente, mesmo para esse sujeito, que o espaço interrogado pela série de explorações sobre os sistemas de pensamento indígenas africanos não é um vazio.

APÊNDICE
Fontes etíopes de conhecimento

"Se a Abissínia tivesse sido uma colônia, por exemplo, nem o crente mais ardente na preservação da cultura nativa teria defendido a recriação da religião pré-cristã" escreveu L.P. Mair (MALINOWSKI et al., 1938: 4). Na Etiópia marxista de hoje em dia, um acadêmico canadense, C. Sumner, produziu uma contribuição fundamental à busca de uma nova perspectiva sobre a "filosofia africana". Ele pensa que "há uma necessidade urgente de que a filosofia, ensinada na Etiópia em nível universitário, não seja completamente estrangeira e integre valores encontrados em casa, no fértil solo nativo" (SUMNER, 1974: 3). Até o momento, ele disponibilizou as seguintes fontes fundamentais.

1) *O livro dos filósofos sábios* é conhecido desde 1875 graças a C.H. Cornill (*Das Buch der Weisen Philosophen nach dem Aethiopischen untersucht*, Leipzig) e A. Dillman (*Chrestomathia Aethiopica*, Berlim, 1950). Ele é uma antologia de ditos, a maioria atribuída a filósofos como Sócrates, Platão, Aristóteles e Galeno. "A maioria dos ditos eram exortações e conselhos, muitas vezes pronunciados por um sábio a um discípulo ou seu filho" (SUMNER, 1974: 4). O texto utilizado é uma tradução gueza de um original árabe compilado entre 1510 e 1522 por Abá Mikael, um egípcio que falava árabe. Ele é profundamente marcado por influências gregas e cristãs, como mostram referências à vida de Sócrates e à filosofia platônica, e por citações de antigos Padres da Igreja como Gregório e Basílio.

2) *O tratado de Zär'a Yacob e de Walda Heywat*. O conteúdo desses textos do século XVII foi estabelecido pela primeira vez

em 1904 por E. Littmann (Philosophia Abessini. *Corpus Scriptorum Christianorum Orientalium* 18, (1): Paris). A edição de Sumner (1976, 1978) é a primeira versão completa em inglês (1976: 3-59). A obra abrange duas *hatätas*, meditações autobiográficas. O *Zär'a Yacob* (semente de Jacó) é dividido em 25 capítulos que discorrem sobre a vida do autor, a eternidade de Deus, a divisão entre os crentes, o significado da fé e da oração, a lei de Deus e a lei do homem, a lei de Moisés e a meditação de Maomé, o trabalho físico e espiritual, o casamento e a natureza do conhecimento. Composto por 35 capítulos breves, o *Tratado de Walda Heywat* [filho da vida] examina tópicos como a criação, conhecimento, fé, natureza da alma, lei e julgamento, vida social, uso do amor, virtudes e fraquezas humanas, educação, tempo e cultura.

Em sua edição de 1904, Littmann observou o poder e originalidade intelectual dessas obras.

> Apesar de a maior parte da literatura etíope ser traduzida de línguas estrangeiras, esses dois livros escritos por abissínios estão imbuídos de seu próprio caráter nativo [...]. Entretanto, devo dizer que essas flores não poderiam nascer apenas devido ao solo etíope a não ser que fossem regadas por águas externas (in: SUMNER, 1976: 63).

Em 1916, Carlo Conti Rossini formulou a hipótese de que os tratados eram de origem europeia e sugeriu que o autor poderia ter sido Giusto D'Urbino, um missionário italiano. As duas *hatätas* acabaram sendo consideradas obras italianas do século XIX. Sumner trabalha para demonstrar o contrário e reestabelecer a origem etíope dos textos (SUMNER, 1976: 250-275). Entretanto, em sua análise extensa, Sumner compara Zär'a Yacob a Mani, Lutero, Herbert de Cherbury, René Descartes e Jean-Jacques Rousseau (1978: 65-73). Ele acha que "muitas das ideias desenvolvidas na *Hatäta* são semelhantes ao *Tractatus de Veritate* e ao *Discurso do método* – e em algumas instâncias, idênticas a eles. Mas a convergência não se aplica para além do nível lógico de uma abordagem racionalista comum e de investigações epistemológicas" (1978: 61).

3) *A vida e máximas de Skandes* é uma versão etíope do conhecido texto de Secundus, cujas raízes remetem aos primeiros

séculos do Império Romano. Ele sobreviveu em duas linhagens: ocidental (grego e latim) e oriental (sírio, árabe e etíope). Sumner reproduz a edição estabelecida por Bachmann: *Das Leben und die Sentenzen des Philosophen Secundus das Schweigsame* (1887, Halle). Essa versão gueza pertence ao período literário de 1434-1468 e é uma tradução de um texto árabe anterior. O tema do livro é uma pergunta: qual é a relação entre a vontade de uma mulher e suas tendências instintivas? Ele também é um comentário sobre a máxima chocante de que todas as mulheres são prostitutas. De acordo com Sumner, a versão etíope é, de um ponto de vista literário, original. "O tradutor muitas vezes diverge do original árabe. Ele subtrai e adiciona" (1981: 437).

Sumner está preparando dois outros volumes para publicação: *O Fisalgwos* e *Textos filosóficos etíopes básicos*[15]. Saudando a publicação de *O livro dos filósofos sábios*, L. Nusco, da então Universidade Haile Selassie I, observou que o livro "não é uma obra de filosofia no sentido técnico da palavra", adicionando que "tal classificação causaria indignação em todos os filósofos profissionais" (SUMNER, 1974). Em sua avaliação do Seminário de Filosofia Africana de Adis Abeba em 1976, Van Parys perguntou se esses tratados seriam realmente etíopes, já que pelo menos o primeiro e o terceiro são traduções. Sua resposta é prudente: eles são original e criativamente etíopes, mas com exceção do segundo, não são realmente críticos. "Encontra-se a originalidade etíope nas comparações entre árabe e grego de um lado e etíope do outro. Entretanto, nenhuma dessas obras demonstra o espírito crítico que caracteriza o pensamento moderno" (VAN PARYS, 1978: 65).

É possível que isso seja uma questão de opinião. O corpo dos textos etíopes antigos não oculta suas fontes. Ainda assim, não se pode ignorar que alguns deles, como os livros de Zär'a Yacob e Walda Heywat, afirmam uma inspiração regional. De qualquer modo, todos esses textos são de alguma maneira "sujeitos" comentando sobre si mesmos e suas inquietudes. O fato é que, como no caso

---

15. Este último acabou sendo publicado sob o título *Filosofia etíope clássica* [N.T.].

da maioria das contribuições intelectuais, há um mistério de dois lados: a reciprocidade genealógica existente entre as versões etíopes e suas referências históricas e os privilégios de sua própria textualidade. Num artigo que se concentra nos aspectos éticos dessa literatura, Sumner enfatizou a complementaridade desses dois lados:

> Se analisarmos em conjunto as duas expressões da filosofia etíope: tradução, adaptação e reflexão pessoal; sabedoria tradicional/popular e racionalismo [...] chegamos a algumas conclusões que podem ser resumidas sob quatro tópicos: centralidade, abrangência, riqueza, base teológica (SUMNER, 1983: 99).

Para Sumner, a noção de centralidade está ligada à de importância ou prevalência moral que "caracteriza todos os tipos de pensamento etíope". A de abrangência implica que "todos os aspectos, objetivos e subjetivos, imediatos e distantes, são levados em consideração na avaliação das normas da moralidade". O conceito de riqueza é uma imagem teórica que expressa conotações e implicações vindas da "palavra-chave 'coração', a polaridade radiante da 'consciência'" nos textos. Por fim, há a base teológica, que é radicalmente antropocêntrica. Sobre o *Livro dos filósofos sábios* do século XVI e os tratados filosóficos do século XVII de Zär'a Yacob e seu discípulo Walda Heywat, Sumner propõe hipóteses que claramente os separam da tradição que os produziu:

> Ambos se opõem a qualquer tipo de revelação religiosa e portanto não são cristãos de maneira alguma; nesse sentido, eles são explicitamente anticristãos. E mesmo assim seu racionalismo os levou a um teísmo claro, puro e abstrato. Pois a luz natural da razão, por mais oposta que seja a qualquer luz positiva revelada, ainda assim é uma penetração do divino nas criaturas (SUMNER, 1983: 100).

Portanto, pode-se provisoriamente notar que os desvios textuais significam aquilo que negam silenciosa ou explicitamente: o local intelectual de sua possibilidade. Ao mesmo tempo, e mais importante, por sua própria presença eles também indicam uma instância notável de uma autoridade culturalmente regional em termos de criatividade.

Referências

ABANDA NDEGUE, M.J. (1970). *De la négritude au négrisme*. Yaoundé: Clé.

ABLEGMAGNON, F.M. (1962). Totalités et systèmes dans les sociétés d'Afrique noire. *Présence Africaine*, n. 41, p. 13-22.

_____ (1960). L'Afrique noire: la métaphysique, l'éthique, l'évolution actuelle. *Comprendre*, n. 21-22, p. 74-82.

_____ (1958). "Personne, tradition et culture". In: *Aspects de la culture noire*. Paris: Fayard.

_____ (1957). Du "temps" dans la culture Ewe. *Présence Africaine*, n. 14-15, p. 222-232.

ABRAHAM, W.E. (1966). *The Mind of Africa*. Chicago: University of Chicago Press.

ADELE JINADU, L. (1976). The Moral Dimensions of the Political Thought of Frantz Fanon. *Second Order* 5 (1).

ADOTEVI, S. (1972). *Négritude et négrologues*. Paris: Plon.

ADOUKOUNOU, B. (1981). *Jalons pour une théologie africaine*. 2 vols. Paris: Lethielleux.

AFANA, O. ([1967] 1976). *L'Economie de l'ouest africain*. Paris: Maspero.

AGASSI, J. (1963). *Towards an Historiography of Science*. Haia: North Holland.

AGOSSOU, J.M. (1977). Pour un christianisme africain. *Cahiers des Religions Africaines* 11, 21-22, 1.

_____ (1972). *Gbet'o et Gbedo'to*. Paris: Beauchesne.

AGUOLU, C. (1975). John Dewey's Democratic Conception and its Implication for Developing Nations. *Second Order* 4 (2).

AHIDJO, A. (1969). *Nation et développement dans l'unité.* Paris: Présence Africaine.

_____ (1964). *Contribution à la construction nationale.* Paris: Présence Africaine.

AJAYI, J.F.A. (1969). "Colonialism: an Episode in African History". In: GANN, L.H. & DUIGNAN, P. (orgs.). *Colonialism in Africa 1870-1960.* Cambridge: Cambridge University Press [The History and Politics of Colonialism, 1].

AJAYI, J.F.A. & CROWDER, M. (1972). *History of West Africa.* Londres: Longmans.

AJISAFE, A.K. (1924). *The Laws and Customs of the Yoruba People* [s.n.t.].

AKE, C. (1979) *Social Science as Imperialism*: The Theory of Political Development. Lagos: University of Ibadan Press.

ALLIER, R. (1925). *La psychologie de la conversion chez les peoples non-civilisés.* Paris: Payot.

ALMOND, A.G. & COLEMAN, J.S. (orgs.) (1960). *The Politics of Developing Areas.* Princeton: Princeton University Press.

ALTHUSSER, L. (1965). *Pour Marx.* Paris: Maspero.

AMIN, S. (1979) *Classe et nation dans l'histoire et la crise contemporaine.* Paris: de Minuit.

_____ (1974). *L'Accumulation à l'échelle mondiale.* Paris: Anthropos.

_____ (1973). *Le développement inégal* – Essai sur les formations sociales du capitalisme périphérique. Paris: de Minuit.

_____ (1969). *Le monde d'affaires sénégalaises.* Paris: de Minuit.

_____ (1967). *Le développement du capitalisme en Côte d'Ivoire.* Paris: de Minuit.

_____ (1965). *Trois expériences africaines de développement*: le Mali, la Guinée et le Ghana. Paris: PUF.

_____ (1964). *Neo-Colonialism in West Africa.* Harmondsworth: Penguin.

AMIN, S. & COQUERY-VIDROVITCH, C. (1969). *Histoire économique du Congo, 1880-1968.* Paris: Anthropos.

AMSELLE, J.L. (1979). *Le sauvage à la mode.* Paris: Le Sycomore.

ANYIDOHO, K. (1985). "The Present State of African Oral Literature Studies". In: ARNOLD, S. (org.). *African Literature Studies* – The Present State/L'Etat présent. Washington: Three Continents Press.

APOLLINAIRE, G. (1913). *Les Peintres cubistes.* Paris: E. Figuière.

APPIAH-KUBI, K. & TORRES, S. (orgs.) (1977). *African Theology en Route.* Nova York: Orbis.

ARENDT, H. (1968). *Imperialism*: Part Two of the Origins of Totalitarianism. Nova York: Harcourt Brace Jovanovich.

ARINZE, F.A. (1970). *Sacrifice in Ibo Religion.* Ibadan.

ARNOLD, S. (1985). "African Literary Studies: The Emergence of a New Discipline". In: ARNOLD, S. (org.). *African Literature Studies* – The Present State/L'Etat présent. Washington: Three Continents Press.

ARRIGHI, R. (1979). *Libération ou adaptation* – La théologie africaine s'interroge – Le Colloque d'Accra. Paris: L'Harmattan.

ASAD, T. (org.) (1973). *Anthropology and the Colonial Encounter.* Nova York: Humanities.

ASHBY, E. (1966). *Universities: British, Indian, African* – A Study in the Ecology of Higher Education. Londres: Weidenfeld & Nicolson.

ASTIER-LOUFTI, M. (1971). *Littérature et colonialisme*: L'Expansion coloniale vue dans la littérature française. Paris: Mouton.

ATAL, D. (1972). *Structures et signification des cinq premiers versets de l'hymne johannique au logos.* Louvaina/Paris: Béatrice/Nauwelaerts.

ATANGANA, N. (1971). *Travail et développement.* Yaoundé: Clé.

AUGÉ, M. (1979). *Symbole, fonction, histoire* – Les Interrogations de l'anthropologie. Paris: Hachette.

AWOLOWO, O. (1968). *The People's Republic.* Ibadan: Oxford University Press.

_____ (1947). *Path to Nigerian Freedom.* Londres: Faber and Faber.

AYANDELE, E. (1966). *The Missionary Impact in Modern Nigeria, 1842-1914.* Londres: Longman.

AZIKIWE, N. (1961). *Zik*: A Selection from the Speeches. Cambridge: Cambridge University Press.

_____ (1937). *Renascent Africa.* Londres: Cass [nova edição 1969].

AZOMBO-MENDA, S.M. & ANOBO, K. (1978). *Les Philosophes africains par les textes.* Paris: Nathan.

BA, A.H. (1976). *Jésus vu par un musulman.* Dakar-Abidjan: Nouvelles Editions Africaines.

_____ (1972). *Aspects de la civilisation africaine.* Paris: Présence Africaine.

BA, A.H. & CARDAIRE, M. (1957). *Tierno Bokar, le sage de Bandiagara.* Paris: Présence Africaine.

BA, A.H. & DIETERLEN, G. (1961). *Koumen* – Texte initiatique des pasteurs Peul. Paris: Mouton.

BADIAN, S. (1964). *Les Dirigéants africains face à leur peuple.* Paris: Maspero.

BAETA, C.G. (org.) (1968). *Christianity in Tropical Africa.* Oxford: Oxford University Press.

BAHOKEN, J.C. (1967). *Clarières métaphysiques africaines* – Essai sur la philosophie et la religion chez les Bantu du Sud-Cameroun. Paris: Présence Africaine.

BAIROCH, P. (1971). *Le tiers monde dans l'impasse.* Paris: Gallimard.

BAL, W. (1963). *Le royaume du Congo aux XVe et XVIe siècles* – Documents d'histoire. Léopoldville (Kinshasa): Institut National d'Etudes Politiques.

BALANDIER, G. (1957). *Afrique ambiguë.* Paris: Plon.

_____ (1967). *Anthropologie politique.* Paris: PUF.

_____ (1955a). *Sociologie des Brazzavilles noirs.* Paris: A. Colin.

_____ (1955b). *Sociologie actuelle de l'Afrique noire.* Paris: PUF.

BAMUINIKILE, S. (1971). *La mort et l'au-delà chez les Baluba du Kasai.* Lubumbashi: Cepsi.

BANCO MUNDIAL. (1984). *Toward Sustained Development in Sub-Saharan Africa.* Washington: The World Bank.

BARAN, P. (1957). *The Political Economy of Growth*: Nova York: Modern Reader.

BARLEY, N. (1984). *Adventures in a Mud Hut.* Nova York: Vanguard.

BARNES, B. (1974). *Scientific Knowledge and Sociological Theory.* Londres: Routledge & Kegan Paul.

BARRETT, D.B. (org.) (1974). *African Initiative in Religion.* Nairobi: East African Publishing House.

_____ (1970). A.D. 2000 – 350 Million Christians in Africa. *International Review of Missions,* 59 (233), p. 39-54.

_____ (1968). *Schism and Renewal in Africa.* Nairobi: Oxford University Press.

BARTHES, R. (1979). *The Eiffel Tower and Other Mythologies.* Nova York: Hill and Wang.

BASSE, E.C. (1977). Itinéraire de Présence Africaine: Problème de l'église en Afrique. *Cahiers des Religions Africaines,* 11, 21-22, 1.

BASTIDE, R. (1967). Color, Racism, and Christianity. *Daedalus* 96 (2), p. 312-327.

_____ (1961). Variations sur la négritude. *Présence Africaine* n. 36.

BATTLE, V.M. & LYONS, C.H. (orgs.) (1970). *Essays in the History of African Education.* Nova York: Teachers College Press.

BAUDRILLARD, J. (1977). *Le miroir de la production*: ou l'illusion critique du matérialisme historique. Tournai: Casterman [em inglês: *The Mirror of Production.* St. Louis: Telos, 1975].

_____ (1972). *Pour une critique de l'économie politique du signe.* Paris: Gallimard.

BAYART, J.F. (1983). La Revanche des sociétés africaines. *Politique Africaine* 1, p. 95-127.

_____ (1979). *L'Etat au Cameroun*. Paris: Presse de la Fondation Nationale des Sciences Politiques.

BEATTIE, J. (1973). Understanding Traditional African Religion: A Comment on Horton. *Second Order* 2 (2).

BEIDELMAN, T.O. (1986). *Moral Imagination in Kaguru Modes of Thought*. Bloomington: Indiana University Press.

_____ (1966). Swazi Royal Ritual. *Africa* 34 (4), p. 373-405.

BEIER, U. (org.) (1966). *The Origin of Life and Death*. Londres: Heinemann.

BELLMAN, B.L. (1984). *The Language of Secrecy*: Symbols and Metaphors in Poro Ritual. New Brunswick: Rutgers University Press.

BERGH, P. VAN DEN. (1973). *Power and Privilege at an African University*. Londres: Routledge & Kegan Paul.

BETTS, R.F. (1975). *The False Dawn*: European Imperialism in the 19th Century. Mineápolis: University of Minnesota Press.

BIGO, P. (1974). *L'Eglise et la révolution du tiers monde*. Paris: PUF.

BIMWENYI, O. (1981a). *Discours théologique négro-africain* – Problèmes de fondements. Paris: Présence Africaine.

_____ (1981b). L'Inculturation en Afrique et attitude des agents de l'évangélisation. *Aspects du catholicisme au Zaïre*. Kinshasa: Faculté de Théologie Catholique.

_____ (1968). Le Muntu à la lumière de ses croyances en l'au-delà. *Cahiers des Religions Africaines*, 8, p. 137-151 [e 9 (1971), p. 59-112].

BINSBERGEN, W.M.J. VAN (1981). *Religious Change in Zambia*: Exploratory Studies. Londres: Routledge & Kegan Paul.

BIRD, C.S. & KARP, I. (orgs.) (1980). *Explorations in African Systems of Thought*. Bloomington: Indiana University Press.

BJORNSON, R. & MOWOE, I.J. (orgs.) (1986). *Africa and the West*. Nova York: Greenwood.

BLACK, M. (1962). *Models and Metaphors*. Nova York: Cornell University Press.

BLAIR, D. (1976). *African Literature in French*. Cambridge: Cambridge University Press.

BLOCH, M. (1961). *Feudal Society*. Chicago: University of Chicago Press.

BLYDEN, E.W. (1978). *Selected Letters of Edward Wilmot Blyden* (*LET*). Nova York: KTO Press [org.: Hollis R. Lynch].

_____ (1903). *Africa and Africans* (*AA*). Londres.

_____ (1888). *Christianity, Islam and the Negro Race* (*CINR*). Londres [nova edição: Edinburgh University Press, 1967].

_____ (1869a). *Liberia: Past, Present and Future* (*LPPF*). Washington.

_____ (1869b). *The Negro in Ancient History* (*NAH*). Washington.

_____ (1862). *Liberia's Offering* (*LO*). Nova York. Contém os seguintes textos: 1) "Hope for Africa", p. 5-28. 2) "A Vindication of the African Race" (Liberia, 1857), p. 31-64. 3) "The Call of Providence to the Descendants of Africa in America", p. 67-91. 4) "Inaugural Address at the Inauguration of Liberia College", p. 95-123. 5) "Eulogy on Rev. John Day", p. 127-149. 6) "A Chapter in the History of the African Slave Trade", p. 153-167. 7) "A Note to Benjamin Coates on 'The Colonization and Abolition Movements'", p. 169-181.

BODUNRIN, P.O. (1978). Witchcraft, Magic and E.S.P. *Second Order* 7 (1 e 2).

_____ (1975a). Values and Objectivity in the Social Sciences. *Thought and Practice* 2, (1).

_____ (1975b). The Alogicality of Immortality. *Second Order* 4 (2).

BOELAERT, E. (1946). La Philosophie bantoue selon le R.P. Placide Tempels. *Aequatoria* 9, p. 81-90.

BOESAK, A.A. (1984a). *Black and Reformed*: Apartheid, Liberation and the Calvinist Tradition. Nova York: Orbis.

_____ (1984b). *Walking on Thorns*: The Call to Christian Obedience. Grand Rapids: W.B. Eerdmans.

_____ (1977). *Farewell to Innocence*: A Socio-Ethical Study on Black Theology and Black Power. Nova York: Orbis.

BOHANNAN, P. ([1953] 1980). "Concepts of Time among the Tiv of Nigeria". In: MIDDLETON, J. (org). *Myth and Cosmos*. Austin: University of Texas Press.

BONTE, P. (1976). Marxisme et anthropologie: Les Malheurs d'un empiriste. *L'Homme* 16 (4), p. 129-136.

BONTINCK, F. (1980). "Mfumu Paul Panda Farnana (1888-1930) Premier (?) nationaliste congolais". In: MUDIMBE, V.Y. (org.). *Africa's Dependence and the Remedies*. Paris: Berger-Levrault.

BOOTH, N.S. (org.) (1977). *African Religions*: A Symposium. Nova York: Nok.

BOURDIEU, P. (1973). The Three Forms of Theoretical Knowledge. *Social Science Information* 14 (6), p. 19-47.

BOURGEOIS, A. (1971). *La Grèce antique devant la négritude*. Paris: Présence Africaine.

BRAUDEL, F. (1980). *On History*. Chicago: The University of Chicago Press.

BRELSFORD, V. (1938). The Philosophy of the Savage. *Nada*, 15.

_____ (1935). *Primitive Philosophy*. Londres: J. Bale.

BRENNER, L. (1984). *West African Sufi*: The Religious Heritage and Spiritual Search of Cerno Bokar Saalif Taal. Berkeley: University of California Press.

BROWN, R. (org.) (1973). *Knowledge, Education and Cultural Change*. Londres: Tavistock.

BRUNSCHWIG, H. (1963). *L'Avènement de l'Afrique noire du XIXe siècle à nos jours*. Paris: A. Colin.

BUAKASA, T.K.M. (1978). "Les Sciences de l'occident: pour quoi faire?" In: *Philosophie et libération*. Kinshasa: Faculté de Théologie Catholique.

_____ (1973). *L'Impensé du discours. Kindoki et nkisi en pays Kongo du Zaire*. Kinshasa: Presses Universitaires du Zaire.

BÜHLMANN, W. (1982). *The Chosen Peoples*. Nova York: Orbis.

_____ (1980). *All Have the Same God*. Nova York: Orbis.

_____ (1979). *The Missions on Trial*. Nova York: Orbis.

_____ (1978). *The Coming of the Third Church*. Nova York: Orbis.

BUJO, B. (1975). *Morale africaine et foi chrétienne*. Kinshasa. Faculté de Théologie Catholique.

BUREAU, R. (1962). Les Missions en question – La conversion des cultures. *Christus* n. 9, p. 34.

BUSIA, K.H. (1962). *The Challenge of Africa*. Londres: Pall Mall.

_____ (1951). *The Position of the Chief in the Modern Political System of Ashanti*. Londres.

CALVET, J.L. (1972). *Linguistique et colonialisme*. Paris.

CASTERAN, C. & LANGELLIER, J.P. (1978) *L'Afrique déboussolée*. Paris: Plon.

CENDRARS, B. (1921). *Anthologie nègre* [nova edição: Paris: Buchet-Chastel, 1972].

CERM. (1973). *Sur les sociétés précapitalistes* – Textes choisis de Marx, Engels, Lénine. Paris: Editions Sociales.

_____ (1969). *Sur le mode de production asiatique*. Paris: Editions Sociales.

CERTEAU, M. DE. (1984). *The Practice of Everyday Life*. Los Angeles: University of California Press.

_____ (1969). *L'Etranger ou l'union dans la difference*. Paris: Desclée de Brouwer.

CÉSAIRE, A. (1959-1960). La Pensée politique de Sekou Touré. *Présence Africaine* n. 29.

_____ (1956). *Lettre à Maurice Thorez*. Paris: Présence Africaine.

_____ (1950). *Discours sur le colonialisme*. Paris: Présence Africaine [em inglês: *Discourse on Colonialism*. Nova York: Monthly Review, 1972].

CHENU, B. (1977). *Dieu est noir*. Paris: Le Centurion.

CHILCOTE, R.H. (1981). *Dependency and Marxism*. Boulder: Westview.

CHINWEIZU; JEMIE, O. & MADUBUIKE, I. (1983). *Toward the Decolonization of African Literature*. Washington: Howard University Press.

CHIPENDA, J.B. (1977). "Theological Options in Africa Today". In: APPIAH-KUBI, K. & TORRES, S. (orgs.). *African Theology en Route*. Nova York: Orbis.

CHRISTOPHER, A.J. (1984). *Colonial Africa*. Totowa: Barnes and Noble.

CLARENCE-SMITH, W.G. (1985). *The Third Portuguese Empire 1825-1975*: A Study in Economic Imperialism. Manchester: Manchester University Press.

_____ (1977). For Braudel: A Note on the École des Annales and the Historiography of Africa. *History in Africa* 4, p. 275-281.

CLARK, G. (1936). *The Balance Sheets of Imperialism*. Nova York: Columbia University Press.

CLIFFORD, J. (1983). On Ethnographic Authority. *Representations* 1 (2).

COHEN, R. (1977). Oedipus Rex and Regina: The Queen Mother in Africa. *Africa* 47 (1).

COLEMAN, J.S. (1965). *Nigeria: Background to Nationalism*. Berkeley: University of California Press.

_____ (1956). *Togoland*. Nova York: Carnegie Endowment for International Peace.

COLEMAN, J.S. & ALMOND, G.A. (orgs.) (1960). *The Politics of the Developing Areas*. Princeton: Princeton University Press.

COLEMAN, J.S. & HALISI, C.R.D. (1983). American Political Science and Tropical Africa: Universalism vs. Relativism. *African Studies Review* 26 (3/4), p. 25-62.

COLEMAN, J.S. & ROSBERG, C.G. Jr. (orgs.) (1964). *Political Parties and National Integration in Tropical Africa*. Berkeley: University of California Press.

COLLINGWOOD, R.G. (1946). *The Idea of History*. Londres: Oxford University Press.

COPANS, J. (1974). *Anthropologie et impérialisme*. Paris: Maspero.

_____ (1971a). Pour une histoire et une sociologie des études africaines. *Cahiers d'Études Africaines*, 11, 43 [republicado como:

"African Studies: A Periodization". In: GUTKIND, P. & WATERMAN, P. (orgs.). *African Social Studies*: A Radical Reader. Nova York: Monthly Review, 1978].

_____ (1971b). *Critiques et politiques de l'anthropologie*. Paris: Maspero.

COQUERY-VIDROVITCH, C. (1984). "Réflexions d'historienne". In: JEWSIEWICKI, B. & LÉTOURNEAU, J. (orgs). *Mode of Production*: The Challenge of Africa. Ste-Foy: Safi.

_____ (1980). Analyse historique et concept de mode de production dans les sociétés capitalistes. *L'Homme et la société* 55-58, p. 104-144.

_____ (1972). *Le Congo au temps des grandes compagnies concessionnaires*. Paris: Mouton.

_____ (1969a). Anthropologie politique et histoire de l'Afrique. *Annales* 24 (1), p. 142-163.

_____ (1969b). Recherches sur un mode de production africaine. *La Pensée*, n. 144, p. 61-78.

COQUERY-VIDROVITCH, C. & MONIOT, H. (1974). *L'Afrique noire de 1800 à nos jours*. Paris: PUF.

CORDELL, D.D. (1985). *Dar al-Kuti and the Last Years of the Trans-Saharan Slave Trade*. Madison: University of Wisconsin Press.

CORREIA, J.A. (1925). Vocables philosophiques et religieux des peuples Ibo. *Bibliotheca Ethnologica Linguistica Africana* 1.

COSMAO, V. (1979). *Changer le monde*. Paris: Cerf.

COUNT, E.W. (org.) (1950). *This Is Race*: An Anthology Selected from the International Literature on the Races of Man. Nova York: Schuman.

CRAHAY, F. (1965). Le Décollage conceptuel: conditions d'une philosophie bantoue. *Diogène*, 52, p. 61-84.

CURTIN, P.D. (1965). *The Image of Africa*: British Thought and Action 1780-1850. Madison: University of Wisconsin Press.

_____ (1964). *Africa Remembered*: Narratives by West Africans from the Era of the Slave Trade. Madison: University of Wisconsin Press.

_____ (1961). "The White Man's Grave": Image and Reality, 1780-1850. *Journal of British Studies*, 1, p. 94-110.

DAMANN, E. (1964). *Les Religions d'Afrique noire*. Paris: Payot.

DAMAS, L.G. (1979). The Last Public Statement of L.G. Damas. *Hommage posthume à L.G. Damas*. Paris: Présence Africaine.

DANQUAH, J.B. (1968). *The Akan Doctrine of God*. Londres: Cass.

_____ (1928). *Akan Laws and Customs*.

DAVIDSON, B. (1970). *The African Genius*. Boston: Little, Brown.

_____ (1959). *The Lost Cities of Africa*. Boston: Little, Brown.

DECRAEMER, W. (1977). *The Jamaa and the Church*. Oxford: Clarendon.

DeGRAFT-JOHNSON, J.C. (1954). *African Glory*: The Story of Vanished Negro Civilizations. Nova York: Praeger.

DELAFOSSE, M. (1927). *Les Nègres*. Paris: Rieder.

_____ (1922). *L'Ame nègre*. Paris: Payot.

DELANGE, J. (1967). *Arts et peuples d'Afrique noire*. Paris: Gallimard.

DELAVIGNETTE, R. (1962). *L'Afrique noire et son destin*. Paris: Gallimard.

DELEUZE, G. & GUATTARI, F. (1972). *L'Anti-Oedipe*. Paris: de Minuit.

DELHAISE, C. (1909). Les Idées religieuses et philosophiques des Waregas. *Mouvement Géographique* 29.

DELOBSON, D. (1934). *Les Secrets des sorciers noirs*. Paris.

_____ (1932). *L'Empire du Mogho-Naba*. Paris: Domat Montchrétien.

DENG, F.M. (1972). *The Dinka of the Sudan*. Nova York: Holt, Rinehart and Winston.

DEPESTRE, R. (1980). *Bonjour et adieu à la négritude*. Paris: Laffont.

DESCHAMPS, H. (1954). *Les Religions de l'Afrique noire*. Paris: PUF.

_____ (1971). *Histoire du traité des noirs de l'antiquité à nos jours.* Paris: Fayard.

DESMOND CLARK, J. & BRANDT, S.A. (orgs.) (1984). *From Hunters to Farmers.* Berkeley: University of California Press.

DHOQUOIS, G. (1966). Le Mode de production asiatique. *Cahiers Internationaux de Sociologie,* 41, p. 83-92.

DIA, M. (1977-1981). *Essais sur l'Islam.* 3 vols. Dakar: NEA.

_____ (1975). *Islam, sociétés africaines et culture industrielle.* Dakar: NEA.

_____ (1960). *Nations africaines et solidarité mondiale.* Paris: PUF.

_____ (1957). *L'Economie africaine.* Paris: PUF.

DIAGNE, M. (1976). Paulin J. Hountondji ou la psychanalyse de la conscience ethno-philosophique. *Psychopathologie africaine* 3, XII.

DIAGNE, P. (1972). *Pour l'unité ouest-africaine* – Micro-Etats et intégration économique. Paris: Anthropos.

_____ (1967). *Pouvoir politique traditionnel en Afrique occidentale* – Essai sur les institutions précoloniales. Paris: Présence Africaine.

DIAKHATE, L. (1965). Le Processus d'acculturation en Afrique noire et ses rapports avec la négritude. *Présence Africaine,* n. 56.

DIAMOND, S. (1974). *In Search of the Primitive*: A Critique of Civilization. New Brunswick.

DICKSON, K.A. (1984). *Theology in Africa.* Nova York: Orbis.

DIENG, A.L. (1983). *Contribution à l'étude des problèmes philosophiques en Afrique noire.* Paris: Nubia.

_____ (1979). *Hegel, Marx, Engels et les problèmes de l'Afrique noire.* Dakar: Sankoré.

DIETERLEN, G. (1971). Les Cérémonies soixantenaires du Sigui chez les Dogons. *Africa* 41 (1).

_____ (1941). *Les Ames des Dogons.* Paris: Institut d'Ethnologie.

DIKE, K.O. (1956). *Trade and Politics in the Niger Delta, 1830-1885.* Oxford: Clarendon.

DIODORO DA SICÍLIA. (1935). *Books.* Vol. II. Cambridge: Harvard University Press [trad. ingl. por C.H. Oldfather].

DIOP, A. (1965). "Niam M'Paya". In: TEMPELS, P. *La Philosophie bantoue.* Paris: Présence Africaine.

DIOP, C.A. (1981). *Civilisation ou barbarie.* Paris: Présence Africaine.

_____ (1978). *Parenté génétique de l'égyptien pharaonique et les langues négro-africaines.* Dakar: NEA.

_____ (1967). *Antériorité des civilisations nègres.* Paris: Présence Africaine.

_____ (1960a). *L'Afrique noire précoloniale.* Paris: Présence Africaine.

_____ (1960b). *Les Fondements culturels, techniques et industriels d'une future etat fédéral d'Afrique noire.* Paris: Présence Africaine.

_____ (1960c). *L'Unité culturelle de l'Afrique noire.* Paris: Présence Africaine.

_____ (1954). *Nations nègres et culture.* Paris: Présence Africaine.

DIOP, M. (1972). *Histoire des classes sociales dans l'Afrique de l'Ouest.* Paris: Maspero.

_____ (1958). *Contribution à l'étude des problèmes politiques en Afrique noire.* Paris: Présence Africaine.

DIRVEN, E. (1978). Philosopher en africain. *Mélanges de philosophie africaine.* Kinshasa: Faculté de Théologie Catholique.

DOGBE, E. (1980). *Négritude, culture et civilisation* – Essai sur la finalité des faits sociaux. Mée-sur-Seine: Akpagnon.

DONDERS, J.G. (1985). *Non-Bourgeois Theology.* Nova York: Orbis.

DOUGLAS, M. (1970). *Natural Symbols.* Londres: Barrie Jenkins.

_____ (1963). *The Lele of the Kasai.* Londres: Oxford University Press.

DUCHET, M. (1971). *Anthropologie et histoire au siècle des lumières.* Paris: Maspero.

DUGGAN, W.R. & CIVILE, J.R. (1976). *Tanzania and Nyerere.* Nova York: Orbis.

DURKHEIM, É. (1912). *Les Formes élémentaires de la vie religieuse*. Paris: Alcan.

EBOUSSI-BOULAGA, F. (1981). *Christianisme sans fétiche* – Révélation et domination. Paris: Présence Africaine.

_____ (1978). Pour une catholicité africaine. *Civilisation noire et église catholique*. Paris: Présence Africaine.

_____ (1977). *La crise du Muntu*: authenticité africaine et philosophie. Paris: Présence Africaine.

_____ (1968). Le Bantou problématique. *Présence Africaine* n. 66, p. 4-40.

EDMOND, M.P. (1965). L'Anthropologie structuraliste et l'histoire. *La Pensée* n. 123.

ELA, J.-M. (1985). *Ma foi d'africain*. Paris: Karthala.

_____ (1980). *Le cri de l'homme africain*. Paris: L'Harmattan.

ELA, J.-M. & LUNEAU, R. (1981). *Voici le temps des héritiers* – Eglises d'Afrique et voies nouvelles. Paris: Karthala.

ELUNGU, P.E. (1980). La Philosophie africaine hier et aujourd'hui. *Mélanges de philosophie africaine* n. 3, p. 9-32. (Kinshasa: Faculté de Théologie Catholique).

_____ (1979). *Du Culte de la vie à la vie de la raison* – De la crise de la conscience africaine. Tese de doutorado. Paris: Université de Paris.

_____ (1978). La Libération africaine et le problème de la philosophie. *Philosophie et libération*. Kinshasa: Faculté de Théologie Catholique.

_____ (1977). La Philosophie, condition du développement en Afrique aujourd'hui. *Présence Africaine*, n. 103, p. 3-18.

_____ (1976). "La Philosophie, condition du développement en Afrique aujourd'hui". In: *La Place de la philosophie dans le développement humain et culturel du Zaire et de l'Afrique*. Lubumbashi: Département de Philosophie.

_____ (1973a). "Authenticité" et culture. *Revue Zaïroise de Psychologie et de Pédagogie* 2, 1, p. 71-74.

_____ (1973b). *Etendue et connaissance dans la philosophie de Malebranche.* Paris: Vrin.

EMMANUEL, A. (1969). *L'Echange inégal.* Paris: Maspero.

EMMET, D. (1972). Haunted Universes. *Second Order* 1 (1).

EVANS-PRITCHARD, E.E. (1980). *Theories of Primitive Religion.* Oxford: Clarendon.

_____ (1962). *Social Anthropology and Other Essays.* Nova York: The Free Press.

_____ (1956). *Nuer Religion.* Londres: Oxford University Press.

_____ (1946). Applied Anthropology. *Africa.*

_____ (1937). *Witchcraft, Oracles and Magic among the Azande.* Londres: Oxford University Press.

EWANDE, D. (1968). *Vive le président* – La fête africaine. Paris: A. Michel.

FABIAN, J. (1969). An African Gnosis. *History of Religion* 9.

FACELINA, R. & RWEGERA, D. (1978). *African Theology – Théologie africaine.* Estrasburgo: Cerdic.

FANON, F. (1969). *Pour la révolution africaine.* Paris: Maspero.

_____ (1961). *Les Damnés de la terre.* Paris: Maspero.

_____ (1952). *Peau noire, masques blancs.* Paris: Seuil.

FANOUDH-SIEFFER, L. (1968). *Le mythe du nègre et de l'Afrique noire dans la littérature française (de 1800 à la Seconde Guerre Mondiale).* Paris: Klincksieck.

FAVRET-SAADA, J. (1977). *Les Mots, la mort, les sorts.* Paris: Gallimard.

FERNANDEZ, J.W. (1982). *Bwiti*: An Ethnography of the Religious Imagination in Africa. Princeton: Princeton University Press.

_____ (1979). Africanization, Europeanization, Christianization. *History of Religions* 18 (3).

FIELDHOUSE, D.K. (1981). *Colonialism 1870-1945*: An Introduction. Londres: Weidenfeld and Nicolson.

FIELDS, K. (1985). *Revival and Rebellion in Colonial Central Africa*. Princeton: Princeton University Press.

FINNIGAN, R. (1970). *Oral Literature in Africa*. Oxford: Oxford University Press.

FLEISCHMAN, E. (1970). *Le christianisme "mis à nu"*. Paris: Plon.

FORDE, D. (org.) ([1954] 1976). *African Worlds*. Londres: Oxford University Press.

FORTES, M. (1959). *Oedipus and Job in West African Religion*. Cambridge: Cambridge University Press.

FORTES, M. & DIETERLEN, G. (orgs.) (1965). *African Systems of Thought*. Londres: Oxford University Press.

FOUCAULT, M. (1980). *Power/Knowledge*: Selected Interviews and Other Writings 1972-1977. Nova York: Pantheon.

_____ (1976). *La volonté de savoir*. Vol. I. Paris: Gallimard [em inglês: *The History of Sexuality*. Vol. I. Nova York: Pantheon, 1978].

_____ (1975). *Surveiller et punir*. Paris: Gallimard [em inglês: *Discipline and Punish*. Nova York: Pantheon, 1977].

_____ (1969). *L'Archéologie du savior*. Paris: Gallimard [em inglês: *The Archaeology of Knowledge*. Nova York: Pantheon, 1982].

_____ (1966). *Les Mots et les choses*. Paris: Gallimard [em inglês: *The Order of Things*. Nova York: Pantheon, 1973].

_____ (1961). *L'Histoire de la folie*. Paris: Gallimard [em inglês: *Madness and Civilization*. Nova York: Random House, 1965].

FOUDA, B.J. (1967). *La philosophie africaine de l'existence*. Tese de doutorado. Lille: Faculté des Lettres.

FOURCHE, J.A.T. & MORLIGHEM, H. (1973). *Une bible noire*. Bruxelas: Max Arnold.

FRAZER, J. (1922). *The Golden Bough*. Londres: Macmillan.

FROBENIUS, H. (1940). *Le destin des civilisations*. Paris: Gallimard.

_____ (1937). *African Genesis*. Nova York: Stackpole Sons.

_____ (1936). *Histoire de la civilisation africaine*. Paris: Gallimard.

_____ (1899). *The Origin of African Civilization*. Washington: Government Printing Office [Annual Report of the Board of Regents of the Smithsonian Institution].

_____ (1893). *Die Heiden-Neger des "ägyptischen Sudan"*. Berlim Nitschke und Loechner.

FROELICH, J.C. (1969). *Nouveaux dieux d'Afrique noire*. Paris: Orante.

_____ (1964). *Animismes, les religions païennes de l'Afrique de l'ouest*. Paris: Orante.

FRY, R. (1940). *Vision and Design*. Nova York: Penguin.

FU-KIAU, A. (1969). *Le Mukongo et le monde qui l'entourait*. Kinshasa: Office National de la Recherche Scientifique.

FULCHIRON, B. & SCHLUMBERGER, C. (1980). *Poètes et romanciers noirs*. Paris: Nathan.

GEERTZ, C. (1973). *The Interpretation of Cultures*. Nova York: Basic Books.

GERARD, A. (1964). Origines historiques et destin littéraire de la négritude. *Diogène* 48.

GILBERT, F. & GRAUBARD, S.R. (orgs.) (1972). *Historical Studies Today*. Nova York: Random House.

GLELE, M. (1981). *Religion, culture et politique en Afrique noire*. Paris: Présence Africaine.

GODELIER, M. (1977). *Perspectives in Marxist Anthropology*. Cambridge: Cambridge University Press.

_____ (1973). *Horizons, trajets marxistes en anthropologie*. Paris: Maspero.

_____ (1970). *Sur les sociétés précapitalistes*. Paris: Editions Sociales.

GOODY, J. (1977). *The Domestication of the Savage Mind*. Cambridge: Cambridge University Press.

_____ (1968). *Literacy in Traditional Societies*. Cambridge: Cambridge University Press.

GOROG, V. & CHICHE, M. (1981). *Littérature orale d'Afrique noire* – Bibliographie analytique. Paris: Maisonneuve et Larose.

GRAFT-JOHNSON, J.W. (1928). *Towards Nationhood in West Africa* [nova edição: Londres: Cass, 1971].

GRAVRAND, H. (1962). *Visage africain de l'église* – Une expérience au Sénégal. Paris: Orante.

GREGOIRE, H.B. (1808). *De la littérature des nègres*. Paris: Maradan.

GRIAULE, M. (1952). Le Savoir des Dogons. *Journal de la société des africanistes* 22, p. 27-42.

_____ (1950). Philosophie et religion des noirs. *Présence Africaine* 8-9, p. 307-312.

_____ (1948). *Dieu d'eau* – Entretiens avec Ogotemmêli. Paris: Chêne [em inglês: *Conversations with Ogotemmêli*. Oxford: Oxford University Press, 1965].

GRIAULE, M. & DIETERLEN, G. (1976). "The Dogon of the French Sudan". In: FORDE, D. (org.). *African Worlds*. Londres: Oxford University Press.

_____ (1965). *Le renard pâle*. Paris: Institut d'Ethnologie.

GRIMAL, H. (1965). *La décolonisation 1919-1963*. Paris: A. Colin.

GUERNIER, E. (1952). *L'Apport de l'Afrique à la pensée humaine*. Paris: Payot.

GUISSE, Y.M. (1979). *Philosophie, culture et devenir social en Afrique noire*. Dakar: NEA.

GUNDER-FRANK, A. (1969). *Capitalism and Underdevelopment in Latin America*. Nova York: Monthly Review Press.

GUTKIND, P.C.W. & WALLERSTEIN, I. (orgs.) (1976). *The Political Economy of Contemporary Africa*. Beverly Hills: Sage.

GYEKYE, K. (1975). Philosophical Relevance of Akan Proverbs. *Second Order* 4 (2).

_____ (1973). Al-Ghazali on Causation. *Second Order* 2 (1).

HAEFFNER, G. (1978). Philosophie Afrika. *Stimmen der Zeit* 103.

HAILEY, M. (1970). "Colonial Government through Indirect Rule: The British Model". In: CARTEY, W. & KILSON, M. (orgs.). *The African Reader*: Colonial Africa. Nova York: Vintage.

HALLEN, B. (1976). Phenomenology and the Exposition of African Traditional Thought. *Second Order* 5 (2).

HALLEN, B. & SODIPO, J.O. (1986). *Knowledge, Belief and Witchcraft*: Analytical Experiments in African Philosophy. Londres: Ethnographica.

HALLER, J.H. (1971). *Outcasts from Evolution*: Scientific Attitudes of Racial Inferiority. Urbana: University of Illinois Press.

HAMA, B. (1972a). *Le retard de l'Afrique* – Essai philosophique. Paris: Présence Africaine.

_____ (1972b). *Cet 'autre' de l'homme*. Paris: Présence Africaine.

_____ (1969). *Kotia-Nima*. 3 vols. Paris: Présence Africaine.

_____ (1968). *Essai d'analyse de l'éducation africaine*. Paris: Présence Africaine.

HAMMOND, D. & JABLOW, A. (1977). *The Myth of Africa*. Nova York: The Library of Social Science.

HANNA, S. (1963). *Who Are the Copts?* Cairo: Costa Tsouma.

HARIK, E.M. & SCHILLING, D.G. (1984). *The Politics of Education in Colonial Algeria and Kenya*. Athens: University Center for International Studies.

HASTINGS, A. (1979). *A History of African Christianity 1950-1975*. Cambridge: Cambridge University Press.

HAUSSER, M. (1982). *Essai sur la poétique de la négritude*. Lille: Université de Lille III.

HAZOUMÉ, G.L. (1972). *Idéologies tribalistes et nation en Afrique*: le cas dahoméen. Paris: Présence Africaine.

HAZOUMÉ, P. (1938). *Doguicimi*. Paris: Larose.

_____ (1937). *Le pacte du sang au Dahomey*. Paris: Travaux et Mémoires de l'Institut d'Ethnologie.

HEADRICK, D. (1981). *The Tools of Empire*. Oxford: Oxford University Press.

HEBGA, M. (1982). Eloge de l'ethnophilosophie. *Présence Africaine*, n. 123.

_____ (1979). *Sorcellerie, chimère dangereuse?* Abidjan: Inades.

_____ (1976). *Emancipation d'églises sous-tutelle* – Essai sur l'ère post-missionnaire. Paris: Présence Africaine.

_____ (1958). Plaidoyer pour les logiques de l'Afrique noire. *Aspects de la culture noire* 104-116 (Paris).

HEBGA, M. (org.) (1963). *Personnalité africaine et catholicisme*. Paris: Présence Africaine.

HERDECK, E.D. (org.) (1973). *African Authors*: A Companion to Black African Writing 1300-1973. Washington: Black Orpheus Press.

HERÓDOTO. (1921). *Books III and IV.* Londres: Heinemann [trad. de A.D. Godley].

HERSKOVITS, M.J. (1962). *The Human Factor in Changing Africa*. Nova York: Knopf.

HERSKOVITS, M.J. & HERSKOVITS, F. (1958). *Dahomean Narrative*. Evanston: Northwestern University Press.

HERTEFELT, M.D. (1962). *Les Anciens royaumes de la zone interlacustre méridionale*. Tervuren: Musée Royal de l'Afrique Centrale.

HESSE, M. (1963). *Models and Analogies in Science.* Londres: Sheed & Ward.

HEUSCH, L. DE. (1985). *Sacrifice in Africa*. Bloomington: Indiana University Press.

_____ (1982). *Rois nés d'un cœur de vache*. Paris: Gallimard.

_____ (1973). "Le Sorcier, le père Temples et les jumeaux mal venus". In: *La Notion de personne en Afrique noire*. Paris: Editions du Centre National de la Recherche Scientifique.

_____ (1972). *Le roi ivre*. Paris: Gallimard [em inglês: *The Drunken King*. Bloomington: Indiana University Press, 1982].

_____ (1971). *Pourquoi l'épouser et autres essais*. Paris: Gallimard [em inglês: *Why Marry Her?* Cambridge: Cambridge University Press, 1981].

_____ (1958). *Le symbolisme de l'inceste royal en Afrique.* Bruxelas: Université Libre de Bruxelles.

HOBSON, J.A. ([1902] 1972). *Imperialism*: A Study. Ann Arbor: University of Michigan Press.

HODGEN, M.T. (1971). *Early Anthropology in the Sixteenth and Seventeenth Centuries.* Filadélfia: University of Pennsylvania Press.

HODGKIN, T. (1957). *Nationalism in Colonial Africa.* Nova York: New York University Press.

HOFFMANN, L.-F. (1973). *La negre romantique* – Personnage littéraire et obsession collective. Paris: Payot.

HOLAS, P. (1968a). *Les Dieux de l'Afrique.* Paris: Geuthner.

_____ (1968b). *L'Image du monde bete.* Paris: PUF.

_____ (1965). *Le séparatisme religieux en Afrique noire.* Paris: PUF.

_____ (1954). *Le culte de Zié.* Dakar: Ifan.

HOLDEN, E. (1967). *Blyden of Liberia.* Nova York: Vantage.

HOLLIS, M. (1981). "The Limits of Irrationality". In: WILSON, B.R. (org.). *Rationality.* Oxford: Basil Blackwell.

HORTON, R. (1981). "African Traditional Thought and Western Science". In: WILSON, B.R. (org.). *Rationality.* Oxford: Basil Blackwell.

_____ (1976). Traditional Thought and the Emerging African Philosophy Department: A Comment on the Current Debate. *Second Order* 6 (1).

_____ (1972). Spiritual Beings and Elementary Particles. *Second Order* 1 (1).

_____ (1961). Destiny and the Unconscious in West Africa. *Africa* 31 (2), p. 110-116.

HOUNTONDJI, P. (1983). "Reason and Tradition". In: ODERA ORUKA, H. (org.). *Philosophy and Cultures.* Nairobi: Bookwise.

_____ (1982). Occidentalisme, élitisme: réponse à deux critiques. *Recherche, pédagogie et culture* 9, 56.

_____ (1981). Que peut la philosophie? *Présence Africaine* n. 119, p. 47-71.

_____ (1980). Distances. *Recherche, pédagogie et culture* 48, p. 27-33.

_____ (1977). *Sur la philosophie africaine*. Paris: Maspero [em inglês: *African Philosophy*: Myth and Reality. Bloomington: Indiana University Press, 1983].

_____ (1970). Remarques sur la philosophie africaine contemporaine. *Diogène* n. 71.

HOWLETT, J. (1974). La Philosophie africaine en question. *Présence Africaine* 91, p. 14-25.

IDONIBOYE, D.E. (1973). The Concept of "Spirit" in African Metaphysics. *Second Order* 2 (1).

IDOWU, E.B. (1975). *African Traditional Religion*: A Definition. Nova York: Orbis.

_____ (1965). *Towards an Indigenous Church*. Oxford: Oxford University Press.

_____ (1962). *Olodumare*: God in Yoruba Belief. Londres: Longmans.

ILIFFE, J. (1983). *The Emergence of African Capitalism*. Mineápolis: University of Minnesota Press.

ISICHEI, P.A.C. (1975). Two Perspectives to the Path: History and Myth. *Second Order* 4 (2).

IYEKI, J.F. (1956). *Essai de psychologie du primitif*. Léopoldville: Editions de la Voix du Congolais.

IZARD, M. (1985). *Gens du pouvoir. Gens de la terre*. Cambridge: Cambridge University Press.

JACKSON, M. (1982). *Allegories of the Wilderness*: Ethics and Ambiguity in Kuranko Narratives. Bloomington: Indiana University Press.

JAHN, J. (1968). *A History of Neo-African Literature*. Londres: Faber and Faber.

_____ (1965). *Die Neoafrikanische Literatur* – Gesamtbibliographie von den Anfängen bis zur Gegenwart. Dusseldorf: Eugen Diederichs.

_____ (1961). *Muntu*: An Outline of the New African Culture. Nova York: Grove.

JEANSON, F. (1949). Sartre et le monde noir. *Présence Africaine* n. 7.

JEWSIEWICKI, B. (1985). *Marx, Afrique et occident*. Toronto: McGill University Center for Developing Area Studies.

_____ (1981). "Lineage Mode of Production: Social Inequalities in Equatorial Central Africa". In: GRUMMEY, D. & STEWART, C.C. (orgs.). *Modes of Production in Africa*. Beverly Hills: Sage.

_____ (1980). "L'Histoire en Afrique ou le commerce des idées usagées". In: SCHWARZ, A. (org.). *Les Faux Prophètes de l'Afrique*. Quebec: Presses de l'Université de Laval.

JEWSIEWICKI, B. & LETOURNEAU, J. (orgs.) (1985). Mode of Production: The Challenge of Africa. *Canadian Journal of African Studies* 19 (1) [ed. especial].

JEWSIEWICKI, B. & NEWBURY, D. (orgs.) (1985). *African Historiographies*. Beverly Hills: Sage.

JORDAN, W.D. (1968). *White over Black*: American Attitudes towards the Negro, 1550-1812. Chapel Hill.

JULES-ROSETTE, B. (1984). *The Message of Tourist Art*. Nova York: Plenum.

_____ (1975). *African Apostles*: Ritual and Conversion in the Church of John Maranke. Ithaca: Cornell University Press.

JULY, R. (1964). Nineteenth Century Negritude: Edward W. Blyden. *Journal of African History*, 5 (1).

KABA, L. (1974). *The Wahhabiyya*: Islamic Reform and Politics in French West Africa. Evanston: Northwestern University Press.

KACHAMA-NKOY, J. (1963). "De Karl Marx à Pierre Teilhard de Chardin dans la pensée de L.S. Senghor et Mamadou Dia". In: *Voies africaines du socialisme*. Léopoldville (Kinshasa): Bibliothèque de l'Etoile.

KAGAME, A. (1976). *La philosophie bantu comparée*. Paris: Présence Africaine.

_____ (1972). *Un abrégé de l'ethno-histoire du Rwanda.* Butare: Editions Universitaires du Rwanda.

_____ (1971). "L'Ethno-Philosophie des Bantu". In: KLIBANSKY, R. (org.). *La Philosophie contemporaine.* Florença: La Nuova Italia.

_____ (1970). *Introduction aux grands genres lyriques de l'ancien Rwanda.* Butare: Editions Universitaires du Rwanda.

_____ (1968). La Place de Dieu et de l'homme dans la religion des Bantu. *Cahiers des Religions Africaines,* 4, p. 213-222 e 1969, 5, p. 5-11.

_____ (1956). *La philosophie bantu-rwandaise de l'être.* Bruxelas: Académie Royale des Sciences Coloniales.

_____ (1952-1953). *Umuliribya wa Byiliibiremwa.* Astrida: Butare.

_____ (1952). *La Divine Pastorale.* Bruxelas: Editions du Marais.

_____ (1950). *Bref apercu sur la poésie dynastique du Rwanda.* Bruxelas: Editions Universitaires.

_____ (1949-1951). *Isoko y'ámajyambere* [Fontes de progresso]. Kabgayi: Morales.

_____ (1943). *Inganji Karinga* [Os tambores vitoriosos]. Kabgayi: Morales.

KALANDA, M.A. (1967). *La remise en question* – Base de la décolonisation mentale. Bruxelas: Remarques Africaines.

KALILOMBE, P.A. (1977). "Self-Reliance of the African Church: A Catholic Perspective". In: APPIAH-KUBI, K. & TORRES, S. (orgs.). *African Theology en Route.* Nova York: Orbis.

KALU, O.U. (1977). "Church Presence in Africa: A Historical Analysis of the Evangelization Process". In: APPIAH-KUBI, K. & TORRES, S. (orgs.). *African Theology en Route.* Nova York: Orbis.

KANE, C.H. (1961). *L'Aventure ambiguë.* Paris: Julliard.

KANE, M. (1982). *Roman africain et tradition.* Dakar: NEA.

KANGAFU, K. (1973). *Discours sur l'authenticité.* Kinshasa: Presses Africaines.

KANZA, T. (1959a). *Le Congo à la veille de son indépendance.* Bruxelas: Les Amis de Présence Africaine.

_____ (1959b). *Propos d'un Congolais naïf*. Bruxelas: Les Amis de Présence Africaine.

KAOZE, S. (1907-1911). *La psychologie des Bantus et quelques lettres*. Kinshasa: Faculté de Théologie Catholique [reprodução anastática de A.J. Smet (1979)].

KASHAMURA, A. (1973). *Famille, sexualité et culture*. Paris: Payot.

KAUMBA, L. (1986). *Dimensions de l'identité* – Approche phénoménologique de l'univers romanesque de Mudimbe. Tese de doutorado inédita: Louvain-La-Neuve.

KAUNDA, K.D. (1966). *A Humanist in Africa*: Letters to Colin M. Morris. Londres: Longmans.

KELLER, A.S.; LISSITZYN, O. & MANN, J.F. (1938). *Creation of Rights of Sovereignty through Symbolic Acts 1400-1800*. Nova York: Columbia University Press.

KENYATTA, J. (1938). *Facing Mount Kenya*. Londres: Secker and Warburg. Nova edição 1962. Nova York: Vintage.

KESTELOOT, L. (1968). *Négritude et situation coloniale*. Yaoundé: Clé.

_____ (1965). *Les Ecrivains noirs de langue française*: Naissance d'une littérature. Bruxelas: Institut de Sociologie.

KILLINGRAY, D. (1973). *A Plague of Europeans*. Harmondsworth: Penguin.

KIMONI, I. (1975). *Destin de la littérature négro-africaine ou problématique d'une culture*. Kinshasa: Presses Universitaires du Zaire.

KINANGA, M. (1981). "l'Archéologie foucaldienne – Une méthode d'analyse du discours". In: *Langage et philosophie*. Kinshasa: Faculté de Théologie Catholique.

KINGSLEY, M.H. (1965). *Travels in West Africa*. Londres: Cass [versão abreviada da edição de 1900].

KINYONGO, J. (1982). La Philosophie africaine et son histoire. *Les Etudes Philosophiques* 4, p. 407-418.

_____ (1979). Essai sur la fondation épistémologique d'une philosophie herméneutique en Afrique: le cas de la discursivité. *Présence Africaine* n. 109, p. 12-26.

_____ (1973). *L'Etre manifesté* – Méditation philosophique sur l'affirmation de soi, la participation et l'authenticité au Zaïre. Lubumbashi: Synthèse.

_____ (1970). *Origine et signification du nom divin Yahvé.* Bonn: Bonner Biblische Beiträge.

KI-ZERBO, J. (1972). *Histoire de l'Afrique d'hier à demain.* Paris: Hatier.

_____ (1980). "De l'Afrique ustensile à l'Afrique partenaire". In: MUDIMBE, V.Y. (org.). *Africa's Dependence and the Remedies.* Paris: Berger-Levrault.

KOFFI, N. (1977). Les Modes d'existence matérielle de la philosophie et la question de la philosophie africaine. *Koré, Revue Ivoirienne de Philosophie et de Culture,* n. 5, 6, 7, 8.

_____ (1976). *L'Impensé de Towa et de Hountondji* [artigo apresentado no Seminário Internacional de Filosofia Africana, Adis Abeba, dez. 1976].

KOFFI, N. & ABDOU, T. (1980). "Controverses sur l'existence d'une philosophie africaine". In: SUMNER, C. (org.). *African Philosophy.* Addis Abeba: Chamber Printing House.

KOM, A. (org.) (1983). *Dictionnaire des œuvres littéraires négro-africaines de langue française des origines à 1978.* Sherbrooke: Naaman.

KOYRÉ, A. (1968). *Metaphysics and Measurement.* Londres: Chapman & Hall.

KRADER, L. (1973). The Works of Marx and Engels in Ethnology Compared. *International Review of Social History* 18 (2).

KUNST, H.J. (1967). *L'Africain dans l'art européen.* Colônia: Dumont Presse.

LADRIÈRE, J. (1979). "Préface". In: NKOMBE, O. *Métaphore et métonymie dans les symboles parémiologiques.* Kinshasa: Faculté de Théologie Catholique.

LALEYE, I. (1982). La Philosophie, l'Afrique et les philosophes africains – Triple malentendu ou possibilité d'une collaboration féconde. *Présence Africaine* n. 123, p. 42-62.

_____ (1981). Philosophie et réalités africaines. *Langage et philosophie*. Kinshasa: Faculté de Théologie Catholique.

_____ (1975). *La philosophie? Pourquoi en Afrique?* Une phénoménologie de la question. Berna: Lang.

_____ (1970). *La conception de la personne dans la pensée traditionnelle Yoruba*. Berna: Lang.

LANGER, W.L. (1951). *The Diplomacy of Imperialism 1890-1902*. Nova York.

LAROUI, A. (1967). *L'Idéologie arabe contemporaine*. Paris: Maspero.

LATOUCHE, S. (1982). L'Impérialisme précède le développement du capitalisme. *Les Temps Moderns* n. 434, p. 515-538.

LAUDE, J. (1979). *L'Art d'Afrique noire*. Paris: Chêne.

LAURENTIN, R. (1977). Données statistiques sur les chrétiens en Afrique. *Concilium* 126.

LEACH, E.R. (1980). "Genesis as Myth". In: MIDDLETON, J. (org.). *Myth and Cosmos*. Austin: University of Texas Press.

_____ (1965). Frazer and Malinowski. *Encounter* n. 25, p. 24-26.

LECLERC, G. (1972). *Anthropologie et colonialisme*. Paris: Fayard.

LEGUN, C. (1958). *Bandoeng, Cairo, Accra*. Londres: The African Bureau.

LEIRIS, M. (1934). *L'Afrique fantôme*. Paris: Gallimard.

LEUSSE, H. DE. (1971). *Afrique et occident* – Heurs et malheurs d'une rencontre, les romanciers du pays noir. Paris: Orante.

LEUZINGER, E. (1962). *Afrique. L'Art des peuples noirs*. Paris: A. Michel.

LEVINE, V.T. (1986). "Political Cultural Schizophrenia in Francophone Africa". In: BJORNSON, R. & MOWOE, I.J. (orgs.). *Africa and the West*. Nova York: Greenwood.

LÉVI-STRAUSS, C. (1973). *Anthropologie structurale II*. Paris: Plon.

_____ (1971). *L'Homme nu* – Mythologiques IV. Paris: Plon [em inglês: *The Naked Man*. Nova York: Harper and Row, 1981].

_____ (1968). *L'Origine des manières de table* – Mythologiques III. Paris: Plon [em inglês: *The Origin of Table Manners*. Nova York: Harper and Row, 1979].

_____ (1966). *Du miel au cendres* – Mythologiques II. Paris: Plon [em inglês: *From Honey to Ashes*. Londres: J. Cape, 1973].

_____ (1964). *Le cru et le cuit* – Mythologiques I. Paris: Plon [em inglês: *The Raw and the Cooked*. Nova York: Harper and Row, 1968].

_____ (1962). *La pensée sauvage*. Paris: Plon [em inglês: *The Savage Mind*. Chicago: University of Chicago Press, 1966].

_____ (1958). *Anthropologie structurale*. Paris: Plon [em inglês: *Structural Anthropology*. Nova York: Basic Books, 1963].

_____ (1955). *Tristes tropiques*. Paris: Plon [em inglês: Nova York: Washington Square Press, 1977].

LÉVY-BRUHL, L. (1963). *L'Ame primitive*. Paris: PUF.

_____ (1949). *Les Carnets de Lucien Lévy-Bruhl*. Paris: PUF.

LIENHARDT, G. (1961). *Divinity and Experience*: The Religion of the Dinka. Oxford: Oxford University Press.

LISSOUBA, P. (1975). *Conscience du développement et démocratie*. Dakar: NEA.

LOFCHIE, M.F. (1968). Political Theory and African Politics. *Journal of Modern African Studies* 6.

LOKADI, L. (1979). *Différence entre la généralité II du matérialisme dialectique et la généralité II du matérialisme historique* – Contribution à la critique de l'épistémologie althussérienne. Tese de doutorado. Lubumbashi: Faculté des Lettres.

LONDON, I.D. (1977). Convergent and Divergent Amplification and its Meaning for Social Science. *Psychological Reports* n. 41, p. 111-123.

LUFULUABO, F.M. (1965). *Perspective théologique bantoue et théologie scholastique*. Malines.

_____ (1964a). *Orientation préchrétienne de la conception bantoue de l'être*. Léopoldville: Centre d'Etudes Pastorales.

_____ (1964b). *La notion luba-bantoue de l'être.* Tournai: Casterman.

_____ (1962). *Vers une théodicée bantoue.* Paris-Tournai.

LUGARD, F. (1965). *The Dual Mandate in British Tropical Africa.* Londres: Cass.

_____ (1905). *A Tropical Dependancy.* Londres: J. Nisbet.

LUMUMBA, P. (1963). *Le Congo, terre d'avenir, est-il menacé?* Bruxelas: Office de Publicité.

LY, A. (1956). *Les Masses africaines et l'actuelle condition humaine.* Paris: Présence Africaine.

LYNCH, H.R. (org.) (1978). *Selected Letters of Edward Wilmot Blyden.* Nova York: KTO.

_____ (1967). *Edward Wilmot Blyden*: Pan-Negro Patriot 1832-1912. Londres: Oxford University Press.

LYONS, R.H. (1975). *To Wash an Aethiop White.* Nova York: Teachers College Press.

MacGAFFEY, W. (1981). African Ideology and Belief: A Survey. *African Studies Review* 24 (2/3).

MAFEJE, A. (1976). The Problem of Anthropology in Historical Perspective: An Inquiry into the Growth of the Social Sciences. *Canadian Journal of African Studies* 10 (2).

MAGUBANE, B. (1968). Crisis in African Sociology. *East African Journal* 5 (12).

MAIR, L. (1975). *Primitive Government.* Gloucester: Peter Smith.

MAKARAKIZA, A. (1959). *La dialectique des Barundi.* Bruxelas: Académie Royale des Sciences Coloniales.

MALANDA, D. (1977a). *La mentalité africaine et l'avenir de la science.* Kisangani: du Base.

_____ (1977b). *Science et psychologie.* Kisangani: du Base.

MALINOWSKI, B. et al. (1938). *Methods of Study of Culture Contact in Africa.* Oxford: Oxford University Press.

MALLOWS, W. (1984). *The Mystery of the Great Zimbabwe.* Nova York: Norton.

MALULA, J.A. (1977). Inaugural Address. *Cahiers des Religions Africaines*, 11, 21-22, 1.

_____ (1976). *L'Église de Dieu qui est à Kinshasa vous parle.* Kinshasa: Saint Paul.

MARTINS VAZ, J. (1970). *Filosofia tradicional dos Cabindas*, 2 vols. Lisboa: Agência Geral do Ultramar.

MARX, K. (1975). *Pre-Capitalist Economic Formations.* Nova York: International Publishers.

MASSAMBA MA MPOLO. (1975). *La libération des envoûtés.* Yaoundé: Clé.

MATACZYNSKI, D.A. (1984). *A Re-examination of the Jamaa*: "Thick Description". Tese de religião. Haverford College.

MAURIER, H. (1976). *Philosophie de l'Afrique noire.* Bonn: Verlag des Anthropos-Instituts.

_____ (1974). Méthodologie de la philosophie africaine. *Cultures et développement* 6.

MAZRUI, A.A. (1974). *World Culture and the Black Experience.* Seattle: University of Washington Press.

MAZRUI, A.A. & TIDY, M. (1984). *Nationalism and New States in Africa.* Londres: Heinemann.

MBITI, J.S. (1971). *New Testament Eschatology in an African Background.* Oxford: Oxford University Press.

_____ (1970). *African Religions and Philosophy.* Nova York: Anchor.

MBUZE, L. (1977). *Aux sources d'une révolution.* Kinshasa: Presses Universitaires.

_____ (1974). *Révolution et humanisme.* Kinshasa: Presses Universitaires.

McVEIGH, M.J. (1980). La Notion de la religion dans les théologies chrétiennes. *Concilium* 156.

_____ (1974). *God in Africa.* Boston: Stark.

MEEK, R.L. (1976). *Social Science and the Ignoble Savage.* Cambridge: Cambridge University Press.

MEESTER DE RAVENSTEIN, P. DE (1980a). *Oú va l'eglise d'Afrique?* Paris: Cerf.

───── (1980b). *L'Eglise d'Afrique.* Lubumbashi: Saint Paul.

MEILLASSOUX, C. (1975). *Maidens, Meal and Money.* Cambridge: Cambridge University Press.

───── (1974). *L'Esclavage dans l'Afrique pré-coloniale.* Paris: Maspero.

───── (1964). *Anthropologie économique des Gouro de la Côte d'Ivoire.* Paris: Mouton.

MELONE, T. (1962). *De la négritude dans la littérature négro-africaine.* Paris: Présence Africaine.

MEMEL-FOTE, H. (1965). De la paix perpétuelle dans la philosophie pratique des Africains. *Présence Africaine* n. 55, p. 15-31.

───── (1962). Rapport sur la civilisation animiste. *Colloque sur les Religions* 31-58.

MEMMI, A. (1966). *Portrait du colonisateur précédé du portrait du colonisé.* Paris: Pauvert.

MICHELET, R. (1945). *African Empires and Civilisations.* Londres.

MIDDLETON, J. (org.) ([1963] 1980). *Myth and Cosmos.* Austin: University of Texas Press.

───── (1960). *Lugbara Religion*: Ritual and Authority among an East African People. Londres: Oxford University Press.

MILLER, C.L. (1985). *Black Darkness*: Africanist Discourse in French. Chicago: University of Chicago Press.

MOMMSEN, W.J. (1983). *Theories of Imperialism.* Londres: Weidenfeld and Nicolson.

MONSENGWO PASINYA, L. (1973). *La notion de nomos dans le pentateuque grec.* Roma: Biblical Institute Press.

MONTEIL, V. (1980). *L'Islam noir.* Paris: Seuil.

MOORE, B. (1958). *Political Power and Social Theory.* Cambridge: Harvard University Press.

MOSELY, A. (1978). The Metaphysics of Magic. *Second Order* 7 (1 e 2).

MOURALIS, B. (1984a). V.Y. Mudimbe et l'odeur du pouvoir. *Politique africaine* n. 13.

_____ (1984b). *Littérature et développement.* Paris: Silex-ACCT.

_____ (1981). Mudimbe et le savoir ethnologique. *L'Afrique littéraire et artistique* 58, 1, p. 112-125.

MPONGO, L. (1968). *Pour une anthropologie chrétienne du mariage au Congo.* Kinshasa: Centre d'Etudes Pastorales.

MPOYI-BWATU, T. (1983). V.Y. Mudimbe ou le rêve du promontoir et le blocage dans l'ascenseur. *L'Ecart – Peuples noirs/peuples africains* 33.

MUBENGAYI, C.L. (1966). *Initiation africaine et initiation chrétienne.* Kinshasa: Centre d'Etudes Pastorales.

MUDIMBE, V.Y. (1983a). An African Criticism of Christianity. *Geneva-Africa* 21 (2).

_____ (1983b). African Philosophy as an Ideological Practice: The Case of French-Speaking Africa. *African Studies Review* 26, 3-4.

_____ (1982a). La Pensée africaine contemporaine 1954-1980. Répertoire chronologique des ouvrages de langue française. *Recherche, pédagogie et culture* 56, IX: 68-73.

_____ (1982b). *L'Odeur du père –* Essai sur les limites de la science et de la vie en Afrique noire. Paris: Présence Africaine.

_____ (1982c). In Memoriam: Alexis Kagame (1912-1981). *Recherche, pédagogie et culture,* 56.

_____ (1981a). *Visage de la philosophie et de la théologie contemporaines au Zaire.* Bruxelas: Cedaf.

_____ (1981b). Signes thérapeutiques et prose de la vie en Afrique noire. *Social Sciences and Medicine,* 15B.

_____ (1979). "Le Chant d'un africain sous les Antonins: Lecture du 'Pervigilium Veneris'". In: *Africa et Roma –* Acta Omium Gentium ac Nationum Conventus Latinis Litteris Linguaeque Fovendis. Roma. 'l'Erma' di Bretschneider.

_____ (1977). Entretien avec Monseigneur Tshibangu Tshishiku. *Recherches, pédagogie et culture* VI, 32, p. 16-19.

_____ (1973). *L'Autre face du royaume* – Une introduction à la critique des langages in Folie. Lausanne: L'Age d'Homme.

MUDIMBE, V.Y. (org.) (1980). *Africa's Dependence and the Remedies.* Paris: Berger-Levrault.

MUDIMBE-BOYI, M. (1977). *Testi e immagini* – La missione del "Congo" nelle relazioni dei missionari cappuccini italiani 1645-1700. Dissertação. Lubumbashi.

MUJYNYA, E.N.C. (1972). *L'Homme dans l'univers des Bantu.* Lubumbashi: Presses Universitaires du Zaire.

MULAGO, V. (1981). *Evangélisation et authenticité* – Aspects du catholicisme au Zaire. Kinshasa: Faculté de Théologie Catholique.

_____ (1973). *La religion traditionnelle des Bantu et leur vision du monde.* Kinshasa: Presses Universitaires du Zaire.

_____ (1965). *Un visage africain du christianisme.* Paris: Présence Africaine.

_____ (1959). La Théologie et ses responsabilités. *Présence Africaine* n. 27-28.

_____ (1955). *L'Union vitale bantu chez les Bashi, les Banyarwanda, et les Barundi face à l'unité vitale ecclésiale.* Dissertação. Roma: Propaganda.

MURDOCK, G.P. (1959). *Africa*: Its Peoples and Their Culture History. Nova York: McGraw-Hill.

MUZOREWA, G.H. (1985). *The Origins and Development of African Theology.* Nova York: Orbis.

MUZUNGU, B. (1974). *Le Dieu de nos pères.* Bujumbura: Presses Lavigerie.

MVENG, E. (1983). Récents développements de la théologie africaine. *Bulletin of African Theology* 5, 9.

_____ (1978). De la sous-mission à la succession. *Civilisation noire et église catholique* (Paris: Présence Africaine).

_____ (1972). *Les Sources grecques de l'histoire négro-africaine.* Paris: Présence Africaine.

_____ (1965). *L'Art d'Afrique noire* – Liturgie et langage religieux. Paris: Mame.

N'DAW, A. (1983). *La pensée africaine* – Recherches sur les fondements de la pensée négro-africaine. Dakar: NEA.

_____ (1966). Peut-on parler d'une pensée africaine? *Présence Africaine* n. 58, p. 32-46.

NDUKA, O. (1974). African Traditional Systems of Thought and Their Implications for Nigeria's Education. *Second Order* 3 (1).

NGIMBI-NSEKA, H. (1979). Théologie et anthropologie transcendantale. *Revue Africaine de Théologie*, 3, 5.

NGINDU, A. (org.) (1985). *The Mission of the Church Today*. Kinshasa: Saint Paul.

_____ (1979). La Théologie africaine – De la polémique à l'irénisme critique. *Bulletin of African Theology*, 1 (1).

_____ (1978). *Le problème de la connaissance religieuse d'après Lucien Laberthonnière*. Kinshasa: Faculté de Théologie Catholique.

_____ (1968). La Quatrième Semaine Théologique de Kinshasa et la problématique d'une théologie africaine. *La Revue du Clergé Africain*, 2, 4.

NGOMA, B. (1978). La Récusation de la philosophie par la société africaine. *Mélanges de philosophie africaine* 3, p. 85-100 (Kinshasa: Faculté de Théologie Catholique).

_____ (1975). Pour une orientation authentique de la philosophie en Afrique: l'herméneutique. *Zaïre-Afrique* n. 113.

NGOUABI, M. (1975). *Vers la construction d'une société socialiste en Afrique*. Paris: Présence Africaine.

NGUVULU, A. (1971). *L'Humanisme négro-africain face au développement*. Kinshasa: Okapi.

NJOH-MOUELLE, N. (1975). *Jalons II – L'Africanisme aujourd'hui*. Yaoundé: Clé.

_____ (1970a). *De la médiocrité à l'excellence*. Yaoundé: Clé.

_____ (1970b). *Jalons. Recherche d'une mentalité neuve*. Yaoundé: Clé.

NKOMBE, O. (1979). *Métaphore et métonymie dans les symboles parémiologiques* – L'intersubjectivité dans les proverbes tetela. Kinshasa: Faculté de Théologie Catholique.

_____ (1978a). Essai de sémiotique formelle: les rapports différentiels. *Mélanges de philosophie africaine* 3, p. 131-148 (Kinshasa: Faculté de Théologie Catholique).

_____ (1978b). "Sagesse africaine et libération". In: *Philosophie et Libération*. Kinshasa: Faculté de Théologie Catholique.

_____ (1977). Méthode et point de départ en philosophie africaine: authenticité et libération. *La Philosophie africaine* 69-87 (Kinshasa: Faculté de Théologie Catholique).

NKOMBE, O. & SMET, A.J. (1978). Panorama de la philosophie africaine contemporaine. *Mélanges de philosophie africaine* 3, p. 263-282 (Kinshasa: Faculté de Théologie Catholique).

NKRUMAH, K. (1970). *Consciencism*. Londres: Panaf.

_____ (1965). *Neo-Colonialism*: The Last Stage of Imperialism. Londres: Heinemann.

_____ (1963). *Africa Must Unite*. Londres: Heinemann.

_____ (1962). *Towards Colonial Freedom*. Londres: Heinemann.

_____ (1961). *I Speak of Freedom*. Londres: Heinemann.

_____ (1957). *Ghana* – The Autobiography of Kwame Nkrumah. Londres: Thomas Nelson.

NORDMANN-SEILER, A. (1976). *La litterature néo-africaine*. Paris: PUF.

NOTHOMB, D. (1965). *Un humanisme africain*. Bruxelas: Lumen Vitae.

NSOKI, K. (1973). *Problématique de la théologie africaine* – Dix ans de débats 1960-1970. Tese inédita. Universidade Louvain.

NTENDIKA, J. (1977-1979). La Théologie africaine. Bibliographie sélective. *Revue Africaine de Théologie*, 2, 3, 4, 6.

_____ (1977). Les Responsabilités du département de philosophie et religions africaines de la Faculté de Théologie. *La Philosophie africaine* n. 1, p. 9-20 (Kinshasa: Faculté de Théologie Catholique).

_____ (1971). *L'Evocation de l'au-delà dans la prière des morts* – Etude de patristique et de liturgie latines. Lovaina: Béatrice Nauwelaerts.

_____ (1966). *L'Evolution de la doctrine du purgatoire chez St. Augustin.* Paris: Etudes Augustiniennes.

NTEZIMANA, E.; HABERLAND, E. et al. (1984). Dossier: Alexis Kagame. *Dialoguè* (Kigali), n. 102, p. 19-81.

NYAMITI, C. (1978). New Theological Approach and New Vision of the Church in Africa. *Revue Africaine de Théologie*, 2, (3).

NYEME, T. (1975). *Munga* – Ethique en milieu africain. Gentilisme et christianisme. Ingenbohl: Imprimerie du P. Théodose.

NYERERE, J. (1973). *Freedom and Development.* Oxford: Oxford University Press.

_____ (1968a). *Ujamaa. Essays on Socialism.* Oxford: Oxford University Press.

_____ (1968b). *Freedom and Socialism.* Oxford: Oxford University Press.

_____ (1967). *Freedom and Unity.* Oxford: Oxford University Press.

NZEGE, A. (1980). *Intelligence et guerre* – Essai sur la philosophie politique de H. Bergson. Tese de doutorado. Lubumbashi: Faculté des Lettres.

N'ZEMBELE, L. (1983). L'Avenir d'une dérision: l'ordre du discours africain. *Peuples noirs/peuples africains*, n. 31.

OBBO, C. (1980). *African Women*: Their Struggle for Economic Independence. Londres: Zed.

OBENGA, T. (1980). *Pour une nouvelle histoire.* Paris: Présence Africaine.

_____ (1973). *L'Afrique dans l'antiquité.* Paris: Présence Africaine.

ODERA ORUKA, H. (org.) (1983). *Philosophy and Cultures.* Nairobi: Bookwise.

_____ (1972). Mythologies as African Philosophy. *East African Journal* 9, 10.

ODUYOYE, M.A. (1986). *Hearing and Knowing*: Theological Reflections on Christianity in Africa. Nova York: Orbis.

OFORI, P.E. (1977). *Black African Traditional Religions and Philosophy*: A Select Survey of the Sources from the Earliest Times to 1974. Nendeln: KTO Press.

OGILBY, J. (1670). *Africa*: Being an Accurate Description of the Regions of Aegypt, Barbary, Libya, and Billedulgerid, the Land of the Negroes, Guinée, Aethiopia and the Abyssines. Londres: Thomas Johnson.

OGOT, B.A. (1967). *History of the Southern Luo.* Nairobi: East African Publishing House.

OKERE, T. (1983). *African Philosophy.* Washington: University Press of America.

_____ (1978). The Assumptions of African Values as Christian Values. *Civilisation noire et église catholique.* Présence Africaine.

_____ (1971). *Can There Be an African Philosophy?* A Hermeneutical Investigation with Special Reference to Igbo Culture. Tese. Universidade de Lovaina.

OKOLO, O. (1980). Tradition et destin: horizons d'une herméneutique philosophique africaine. *Présence Africaine*, n. 114.

_____ (1979). *Tradition et destin* – Essai sur la philosophie herméneutique de P. Ricœur, M. Heidegger et H.G. Gadamer. Tese de doutorado. Lubumbashi: Faculté des Lettres.

OKONJI, M.O. (1975). The Decolonization of the Social Sciences in Africa and Traditional African Psychology. *Thought and Practice* 2 (2).

O'LAUGHLIN, B. (1975). Marxist Approaches in Anthropology. *Annual Review of Anthropology* 4, p. 341-370.

OLIVER, R. (1956). *How Christian is Africa?* Londres: Highway.

OLUMIDE, L.J. (1948). *The Religion of the Yorubas.* Lagos.

OMBREDANE, A. (1969). *L'Exploration de la mentalité des noirs.* Paris: PUF.

O'MEARA, P. & CARTER, G.M. (orgs.) (1986). *African Independence*: The First Twenty-Five Years. Bloomington: Indiana University Press.

OMOYAJOWO, A. (1984). *Diversity and Unity*: The Development and Expansion of the Cherubim and Seraphim Church in Nigeria. Nova York: University Press of America.

ONYANWU, K.C. (1975). African Religion as an Experienced Reality. *Thought and Practice* 2 (2).

ONYEWUENI, I.C. (1982). A Philosophical Reappraisal of African Belief in Reincarnation. *Présence Africaine*, n. 123.

ORTEGA Y GASSET, J. (1973). *An Interpretation of Universal History*. Nova York: Norton.

ORTIGUES, M.C. & ORTIGUES, E. (1973). *Oedipe africain*. Paris: UGE.

OWUSU, M. (1978). The Ethnography of Africa: The Usefulness of the Useless. *American Anthropologist* 80 (2), p. 310-334.

_____ (1970). *Uses and Abuses of Political Power*. Chicago: University of Chicago Press.

PADMORE, G. (1971). *Pan-Africanism or Communism*. Nova York: Doubleday.

PARRINDER, G. (1958). *Witchcraft*. Londres: Penguin.

_____ (1954). *African Traditional Religion*. Londres: Hutchinson.

P'BITEK, O. (1973). *Africa's Cultural Revolution*. Nairobi: Macmillan.

_____ (1971). *Religion in Central Luo*. Nairobi.

_____ (1970). *African Religions in Western Scholarship*. Nairobi: East African Literature Bureau.

PERSON, Y. (1968-1975). *Samori*. 3 vols. Dakar: Institut Fondamental d'Afrique Noire.

PIROTTE, J. (1973). *Périodiques missionnaires belges d'expression française* – Reflets de cinquante années d'évolution d'une mentalité. Lovaina: Publications Universitaires.

PLÍNIO (1942). *Natural History*. Cambridge: Harvard University Press [trad. de H. Rackham].

POMONTI, J.C. (1979). *L'Afrique trahie*. Paris: Hachette.

POPPER, K. (1949). *The Poverty of Historicism.* Londres: Routledge and Kegan Paul.

PORTERES, R. (1962). Berceaux agricoles primaires sur le continent africain. *Journal of African History*, 3, p. 195-210.

_____ (1950). Vieilles agricultures de l'Afrique intertropicale. *Agronomie tropicale* 5, p. 489-507.

POUILLON, F. (1976). *L'Anthropologie économique*: courants et problèmes. Paris: Maspero.

POWELL, E. (1984). *Private Secretary (Female)/Gold Coast.* Nova York: St. Martin's Press.

PRATT, V. (1972). Science and Traditional African Religion. *Second Order* 1 (1).

Prêtres noirs s'interrogent (Des) (1957). Paris: Cerf.

RABEMANANJARA, J. (s.d.). "Alioune Diop, le cénobite de la culture noire". In: *Hommage à Alioune Diop fondateur de Présence Africaine.* Roma: Editions des Amis de Présence Africaine.

RADIN, P. (1927). *Primitive Man as Philosopher.* Nova York: Appleton.

RALIBERA, R. (1959). Théologien-Prêtre africain et le développement de la culture africaine. *Présence Africaine*, n. 27-28.

RANDALL-MACIVER, D. (1906). *Medieval Rhodesia.* Londres: Macmillan.

RANGER, T. (1985). *Religious Movements and Politics in Sub-Saharan Africa* [ensaio panorâmico para o Comitê Conjunto SSRC/ACLS sobre Estudos Africanos, Encontro Nacional da ASA, Nova Orleans].

_____ (1969). *The African Churches of Tanzania.* Nairobi: East African Publishing House.

_____ (1967). *Revolt in Southern Rhodesia 1896-1897*: A Study in African Resistance. Londres: Heinemann.

RANGER, T. & KIMAMBO, I. (orgs.) (1972). *The Historical Study of African Religion.* Londres: Heinemann.

REED, C.A. (org.) (1977). *Origins of Agriculture.* Haia: Mouton.

RENCONTRES INTERNATIONALES DE BOUAKÉ. (1965). *Les Religions africaines traditionnelles*. Paris: Seuil.

_____ (1965). *Tradition et modernisme en Afrique noire*. Paris: Seuil.

REY, P.P. (1973). *Les Alliances de classes*. Paris: Maspero.

_____ (1971). *Colonialisme, néo-colonialisme et transition au capitalisme* – Exemple de la "comilog" au Congo-Brazzaville. Paris: Maspero.

_____ (1966). The Lineage Mode of Production. *Critique of Anthropology* 3, p. 27-79.

RICŒUR, P. (1984). *The Reality of the Historical Past*. Milwaukee: Marquette University Press.

_____ (1969). *Le conflit des interprétations* – Essais d'herméneutique. Paris: Seuil [em inglês: *The Conflict of Interpretations*. Evanston: Northwestern University Press].

_____ (1955). *Histoire et vérité*. Paris: Seuil [em inglês: *History and Truth*. Evanston: Northwestern University Press, 1965].

RIESMAN, P. (1985). *The Person and the Life Cycle*: African Social Life and Thought [ensaio panorâmico para o Comitê Conjunto SSRC/ACLS sobre Estudos Africanos, Encontro Nacional da ASA, Nova Orleans].

RIGBY, P. (1985). *Persistent Pastoralists*: Nomadic Societies in Transition. Londres: Zed.

_____ (1969). *Cattle and Kinship among the Gogo*. Ithaca: Cornell University Press.

ROBINSON, R.; GALLAGHER, J. & DENNY, A. (1961). *Africa and the Victorians*: The Climax of Imperialism in the Dark Continent. Nova York: St. Martin's Press.

RODEGEM, F.M. (1973). *Anthologie rundi*. Paris: A. Colin.

_____ (1961). *Sagesse Kirundi*. Tervuren: Musée Royale de l'Afrique Centrale.

RODNEY, W. (1981). *How Europe Underdeveloped Africa*. Washington: Howard University Press.

ROMANO, G.F. (1648). *Breve relazione del successo della missione de frati minori cappuccini del Serafico P.S. Francesco al Regno del Congo.* Roma: Sacra Congregatione de Propaganda Fide.

ROMBAUT, M. (1976). *La parole noire.* Paris: Saint-Germain-des-Prés.

_____ (1976). *Nouvelle poésie négro-africaine.* Paris: Saint-Germain--des-Prés.

ROTBERG, R.I. (1970). *Africa and its Explorers*: Motives, Method and Impact. Cambridge: Harvard University Press.

RUCH, E.A. (1974). Is There an African Philosophy? *Second Order* 3 (2).

SACHS, I. (1971). *La découverte du tiers monde.* Paris: Flammarion.

SAGAN, C. (1983). *Broca's Brain*: Reflections on the Romance of Science. Nova York: Ballantine Books.

SAHLINS, M. (1976). *Culture and Practical Reason.* Chicago: University of Chicago Press.

SAID, E. (1978). *Orientalism.* Nova York: Pantheon.

SANDERS, E.R. (1969). The Hamitic Hypothesis: Its Origins and Functions in Time Perspective. *Journal of African History* 10 (4).

SANNEH, L. (1983). *West African Christianity*: The Religious Impact. Nova York: Orbis.

SARRAUT, A. (1923). *La mise en valeur des colonies françaises.* Paris: Payot.

SARTRE, J.-P. (1976). *Black Orpheus.* Paris: Présence Africaine.

_____ (1960). *Critique de la raison dialectique.* Paris: Gallimard.

_____ (1956). *Situations V.* Paris: Gallimard.

_____ (1953). *Qu'est-ce que la littérature?* Paris: Gallimard.

_____ (1943). *L'Etre et le néant.* Paris: Gallimard [em inglês: *Being and Nothingness.* Nova York: Simon and Schuster, 1956].

SAUL, J. (1977). "Nationalism, Socialism and Tanzanian History". In: GUTKIND, P. & WATERMAN, P. (orgs.). *African Social Studies*: A Radical Reader. Nova York: Monthly Review Press.

SCHEBESTA, P. (1963). *Le sens religieux des primitifs.* Paris: Mame.

SCHEUB, H. (1985). A Review of African Oral Traditions and Literature. *African Studies Review* 26 (2-3), p. 1-72.

_____ (1977). *African Oral Narratives, Proverbs, Riddles, Poetry and Song.* Boston: Hall.

_____ (1971-1972). *Bibliography of African Oral Narratives.* Madison: University of Wisconsin Press.

SCHILLING, R. (org.) (1944). *La veillée de Vénus* – Peruigilium Veneris. Paris: Collection Budé.

SCHIPPER DE LEEUW, M. (1973). *Le blanc vu d'Afrique.* Yaoundé: Clé.

SCHMIDT, W. (1933-1949). *Der Ursprung der Gottesidee.* Münster: Aschendorff.

_____ (1931). *The Origin and Growth of Religion.* Londres: Methuen.

SCHOLTE, B. (1983). "Cultural Anthropology and the Paradigm Concept: A Brief History of their Recent Convergence". In: GRAHAM, L.; LEPENIES, W. & WEINGART, P. (orgs.). *Functions and Uses of Disciplinary Histories.* Dordrecht: Reidel.

SCHUMPETER, J.A. (1951). *Imperialism and Social Classes.* Nova York: A.M. Kelley.

SCHWARZ, A. (org.) (1980). *Les Faux Prophètes de l'Afrique ou l'afr(eu)canisme.* Quebec: Presses de l'Université Laval.

_____ (1979). *Colonialistes, africanistes et africains.* Montreal: Nouvelle Optique.

SEBAG, L. (1964). *Marxisme et structuralisme.* Paris: Payot.

SEIDMAN, A. (1985). *The Roots of Crisis in Southern Africa.* Trenton: Africa World Press.

SENE, A. (1966). *Sur le chemin de la négritude.* Cairo: Imprimerie Catholique de Beyrouth.

SENGHOR, L.S. (1983). *Liberté IV*: socialisme et planification. Paris: Seuil.

_____ (1977). *Liberté III*: négritude et civilisation de l'universel. Paris: Seuil.

_____ (1976a). *Pour une relecture africaine de Marx et d'Engels.* Dakar: NEA.

_____ (1976b). Authenticité et négritude. *Zaïre-Afrique* n. 102, p. 81-86.

_____ (1972). Pourquoi une idéologie négro-africaine? *Présence Africaine* n. 82, p. 11-38.

_____ (1971). *Liberté II*: nation et voie africaine du socialisme. Paris: Seuil.

_____ (1967a). *Négritude, arabisme et francité.* Beirut: Dar Al-Kitab Allubnani.

_____ (1967b). *Les Fondements de l'africanité ou négritude et arabité.* Paris: Présence Africaine.

_____ (1964). *Liberté I*: Négritude et humanisme. Paris: Seuil.

_____ (1962). *Pierre Teilhard de Chardin et la politique africaine.* Paris: Seuil.

_____ (1961). *Nation et voie africaine du socialisme.* Paris: Présence Africaine.

SETILOANE, G.M. (1977). "Where Are We in African Theology?" In: APPIAH-KUBI, K. & TORRES, S. (orgs.). *African Theology en Route.* Nova York: Orbis.

_____ (1976). *Image of God among the Sotho-Tswana.* Roterdã: Balkema.

SHAW, T.M. (1985). *Towards a Political Economy for Africa*: The Dialectics of Dependence. Nova York: St. Martin's Press.

SHELTON, A.J. (1968). Causality in African Thought: Igbo and Other. *Practical Anthropology*, 15.

_____ (1963). Le Principe cyclique de la personnalité africaine. *Présence Africaine* n. 45-46.

SHEPPERSON, G. (1960). Notes on Negro-American Influences on the Emergence of African Nationalism. *Journal of African History*, 1, 2.

SHIVJI, I. (1976). *Class Struggles in Tanzania.* Londres: Heinemann.

SHORTER, A. (1977). *African Christian Theology.* Nova York: Orbis.

SMET, A.J. (1980). *Histoire de la philosophie africaine contemporaine*. Kinshasa: Faculté de Théologie Catholique.

_____ (1978a). Le Concept fondamental de l'ontologie bantu. *Mélanges de philosophie africaine* 3, p. 149-180 (Kinshasa: Faculté de Théologie Catholique) [texto inédito de Placide Tempels].

_____ (1978b). Bibliographie sélective de la philosophie africaine. Répertoire chronologique. *Mélanges de philosophie africaine* 3, p. 181-262 (Kinshasa: Faculté de Théologie Catholique).

_____ (1977a). Histoire de la philosophie africaine, problèmes et méthodes. *La Philosophie africaine*, 47-68, 262 (Kinshasa: Faculté de Théologie Catholique).

_____ (1977b). Le Père Placide Tempels et son œuvre publiée. *Revue Africaine de Théologie*, 1, 1.

_____ (1977c). La Jamaa dans l'œuvre du Père Placide Tempels. *Cahiers des Religions Africaines*, 11, 21-22, 1.

_____ (1975a). Bibliographie sélective des religions traditionnelles de l'Afrique noire. *Cahiers des Religions Africaines*, 17-18.

_____ (1975b). *Philosophie africaine* – Textes choisis et bibliographie sélective. 2 vols. Kinshasa: Presses Universitaires du Zaïre.

_____ (1970b). "La Lance d'une jeune fille". In: POUILLON, J. & MARANDA, P. (orgs.). *Echanges et communications* – Mélanges offerts à Claude Lévi-Strauss. Paris: La Haye.

SMITH, P. (1970a). La Forge de l'intelligence. *L'Homme* 10,2.

_____ (1975). *Le récit populaire au Rwanda*. Paris: Classiques Africains.

SNOWDEN, F.M. (1970). *Blacks in Antiquity*: Ethiopians in the Greco-Roman Experience. Cambridge: Harvard University Press.

SODIPO, J.O. (1983). "Philosophy, Science, Technology and Traditional African Thought". In: ODERA ORUKA, H. (org.). *Philosophy and Cultures*. Nairobi: Bookwise.

_____ (1975). Philosophy in Africa Today. *Thought and Practice* 2 (2).

_____ (1973). Notes on the Concept of Cause and Chance in Yoruba Traditional Thought. *Second Order* 2 (2).

SOUSBERGHE, L. DE. (1951). A Propos de "La Philosophie bantoue". *Zaire* 5, p. 821-828.

SOUTHALL, A. (1983). The Contribution of Anthropology to African Studies. *African Studies Review* 26 (3/4).

_____ (1976). Orientations in Political Anthropology. *Canadian Journal of African Studies* 10 (2).

SOUZA, G. DE. (1975). *La conception de "vie" chez les Fons*. Cotonou: Editions du Bénin.

SOW, I.E.B. (1978). *Les Structures anthropologiques de la folie en Afrique noire*. Paris: Payot.

_____ (1977). *Psychiatrie dynamique africaine*. Paris: Payot.

SOYINKA, W. (1976). *Myth, Literature and the African World*. Cambridge: Cambridge University Press.

STAVENHAGEN, R. (1971). Decolonizing Applied Social Sciences. *Human Organization* 30 (4).

SUMNER, C. (1983). "An Ethical Study of Ethiopian Philosophy". In: ODERA ORUKA, H. (org.). *Philosophy and Cultures*. Nairobi: Bookwise.

_____ (1980). *African Philosophie* – Philosophie Africaine. Addis Abeba: Chamber Printing House.

_____ (org.) (1974-1981). *Ethiopian Philosophy*. 4 vols. Addis Abeba: Central Printing Press [vol. 1: The Book of the Wise Philosophers, 1974; vol. 2: The Treatise of Zär'a Yacob and of Walda Haywat, 1974; vol. 3: The Treatise of Zär'a Yacob and of Walda Haywat, 1978; vol. 4: The Life and Maxims of Skandas, 1981].

SUNDKLER, B. (1976). *Zulu Zion*. Oxford: Oxford University Press.

_____ (1964). *Bantu Prophets in South Africa*. Londres: Oxford University Press.

SURET-CANALE, J. (1958). *Afrique noire occidentale et centrale*. Paris: Editions Sociales.

TAYLOR, J.V. (1963). *The Primal Vision*. Londres: SCM Press.

TCHIDIMBO, E.M. (1963). *L'Homme noir dans l'église*. Paris: Présence Africaine.

TEMPELS, P. (1979). *Philosophie bantu*. Kinshasa: Faculté de Théologie Catholique.

_____ (1962). *Notre rencontre I*. Léopoldville (Kinshasa): Centre d'Etudes Pastorales.

_____ (1959). *Bantu Philosophy*. Paris: Présence Africaine.

_____ (1945). *La philosophie bantoue*. Elisabethville: Lovania [reed.: Paris: Présence Africaine, 1949].

TERRAY, E. (1969). *Le marxisme devant les sociétés primitives*. Paris: Maspero.

THEUWS, J.A.T. (1983). *Word and World*: Luba thought and Literature. St. Augustin: Verlag des Anthropos-Instituts.

_____ (1954). Textes luba. *Bulletin trimestriel du Centre d'Etudes des problèmes sociales indigènes* 27, p. 1-153.

_____ (1951). Philosophie bantoue et philosophie occidentale. *Civilisations*, 1.

THOMAS, L.V. (1982). *La mort africaine* – Idéologie funéraire en Afrique noire. Paris: Payot.

_____ (1960). Un système philosophique sénégalais: la cosmologie Diola. *Présence Africaine* n. 32-33.

_____ (1958). Positivisme et métaphysique – Réflexions à propos de la culture noire. *Aspects de la culture noire*. Paris: Fayard.

THOMAS, L.V.; LUNEAU, R. & DONEUX, J.L. (1969). *Les Religions d'Afrique noire*. Paris: Fayard/Denoël.

THORNTON, A.P. (1959). *The Imperial Idea and Its Enemies*. Londres: Macmillan.

THORNTON, R. (1983). Narrative Ethnography in Africa 1850-1920: The Creation and Capture of an Appropriate Domain for Anthropology. *Man* 18 (3).

TOBNER, O. (1982). Cheikh Anta Diop, l'hérétique. *Peuples noirs/peuples africains*, 30, p. 85-91.

TORT, P. & DESALMAND, P. (1979). *Sciences humaines et philosophie en Afrique* – La différence culturelle. Paris: Hatier.

TOURÉ, S. (1959a). *Expérience guinéenne et unité africaine.* Paris: Présence Africaine.

_____ (1959b). *Guinée* – Prélude à l'indépendance. Paris: Présence Africaine.

_____ (1959c). *République de Guinée.* Conakry: Imprimerie Patrice Lumumba.

TOWA, M. (1979). *L'Idée d'une philosophie africaine.* Yaoundé: Clé.

_____ (1971a). *Léopold Sédar Senghor*: négritude ou servitude. Yaoundé: Clé.

_____ (1971b). *Essai sur la problématique philosophique dans l'Afrique actuelle.* Yaoundé: Clé.

TRILLES, R.P. (1931). *Les Pygmées de la forêt équatoriale.* Paris: Bloud et Gay.

TSHIAMALENGA, N. (1981). La Philosophie dans la situation actuelle de l'Afrique. *Combats pour un christianisme africain.* Kinshasa: Faculté de Théologie Catholique.

_____ (1980). *Denken und Sprechen* – Ein Beitrag zum Relativitäts Prinzip am Beispiel einer Bantusprache (Ciluba). Dissertação. Frankfurt.

_____ (1977a). Qu'est-ce que la "philosophie africaine". *La Philosophie africaine*, 33-46 (Kinshasa: Faculté de Théologie Catholique).

_____ (1977b). Langues bantus et philosophie – Le cas du ciluba. *La Philosophie africaine*, p. 147-158 (Kinshasa: Faculté de Théologie Catholique).

_____ (1974). La Philosophie de la faute dans la tradition luba. *Cahiers des Religions Africaines*, 8, p. 167-186.

_____ (1973). La Vision ntu de l'homme – Essai de philosophie linguistique et anthropologique. *Cahiers des Religions Africaines*, 7, p. 176-199.

TSHIBANGU, T. (1980). *Théologie comme science au XXe siècle.* Kinshasa: Presses Universitaires du Zaïre.

_____ (1977). L'Afrique noire et le christianisme. *Cahiers des Religions Africaines*, 11, 21-22, 1.

_____ (1974). *Le propos d'une théologie africaine.* Kinshasa: Presses Universitaires du Zaïre.

_____ (1965). *Théologie positive et théologie spéculative* – Position traditionnelle et nouvelle problématique. Louvaina: Béatrice Nauwelaerts.

TSHIBANGU, T. & VANNESTE, A. (1960). Débat sur la théologie africaine. *Revue du Clergé Africain*, 15.

TSHIBANGU, W.M. (1972). *Science et superstition chez A. Comte.* Tese de doutorado. Dijon: Faculté des Lettres.

TURGOT, A.R.J. (1913-1923). *Œuvres de Turgot et documents le concernant, avec une bibliographie et notes.* 5 vols. Paris [org.: G. Schelle].

TURNBULL, C.M. (1962). *The Lonely African.* Nova York: Simon and Schuster.

TURNER, V.W. (1981). *The Dreams of Affliction*: A Study of Religious Processes among the Ndembu of Zambia. Ithaca: Cornell University Press.

_____ (1975). *Revelation and Divination in Ndembu Ritual.* Ithaca: Cornell University Press.

_____ (1969). *The Ritual Process.* Chicago: Aldine.

_____ (1964). *Schism and Continuity in an African Society.* Manchester: Manchester University Press.

_____ (1952). *The Lozi Peoples of North-Western Rhodesia.* Londres: International African Institute.

TUTU, D. (1984). *Hope and Suffering.* Grand Rapids: W.B. Eerdmans.

UGIRASHEBUJA, O. (1977). *Dialogue entre la poésie et la pensée dans l'œuvre de Heidegger.* Bruxelas: Lumen Vitae.

VAN CAENEGHAM, R. (1956). *La notion de Dieu chez les Balubas du Kasaï.* Bruxelas: Académie Royale des Sciences Coloniales.

VAN LIERDE, J. (1963). *La pensée politique de Patrice Lumumba.* Paris: Présence Africaine.

VAN OBERBERGH, C. (1913). *Les Nègres de l'Afrique.* Bruxelas: A. de Wit.

VAN PARYS, J.M. (1981). Etat actuel de l'activité philosophique en Afrique. *Langage et société* (Kinshasa: Faculté de Théologie Catholique).

_____ (1978). Philosophie en Afrique. Analyse du séminaire sur la philosophie africaine d'Addis-Abeba. 1-3 Decembre 1976. *Mélanges de philosophie africaine.* Kinshasa: Faculté de Théologie Catholique.

VANSINA, J. (1983). Is Elegance a Proof? Structuralism and African History. *History in Africa* 10, p. 307-348.

_____ (1978). *The Children of Woot*: A History of the Kuba Peoples. Madison: University of Wisconsin Press.

_____ (1972a). *La légende du passé*: traditions orales du Burundi. Bruxelas: Musée Royal de l'Afrique Centrale.

_____ (1972b). "Once upon a Time: Oral Traditions as History in Africa". In: GILBERT, F. & GRAUBARD, S.R. (orgs.). *Historical Studies Today.* Nova York: Random House.

_____ (1965). *Les Anciens Royaumes de la savane.* Kinshasa: Institut de Recherches Economiques et Sociales.

_____ (1961). *De la tradition orale* – Essai de méthode historique. Tervuren: Musée Royal de l'Afrique Centrale.

VAN WING, J. (1949). Humanisme chrétien africain. *Lumen Vitae* 4 (1).

VAUGHAN, A.T. (1982). From White Man to Redskin: Changing Anglo-American Perception of the American Indian. *The American History Review* 87.

VERGER, P. (1968). *Flux et reflux de la traite des nègres entre le Golf du Bénin et Bahia de Todos os Santos du XVe au XIXe siècle.* Paris: Mouton.

VERHAEGEN, B. (1979). Religion et politique en Afrique noire. *Religions africaines et christianisme* 1, p. 179-194 (Kinshasa: Faculté de Théologie Catholique).

_____ (1978). *L'Enseignement universitaire au Zaïre.* Paris: L'Harmattan.

_____ (1974). *Introduction à l'histoire immédiate.* Gembloux: Duculot.

VETO, M. (1962). Unité et dualité de la conception du mal chez les Bantu orientaux. *Cahiers d'Etudes Africaines* 8.

VEYNE, P. (1984). *Writing History*. Middletown: Wesleyan University Press.

VILASCO, G. (1983). "Philosophie, anthropologie et culture". In: ODERA ORUKA, H. (org.). *Philosophy and Cultures*. Nairobi: Bookwise.

VINCKE, J.L. (1973). *Le prix du péché* – Essai de psychanalyse existentielle des traditions européenne et africaine. Kinshasa: Mont Noir.

WAGNER, J. (1962). *Les Poètes noirs des Etats-Unis*. Paris: Istra.

WAGNER, R. (1981). *The Invention of Culture*. Chicago: University of Chicago Press.

WALLERSTEIN, I. (1983). The Evolving Role of the Africa Scholar in African Studies. *African Studies Review* 26 (3-4), p. 155-161.

_____ (1979). *The Capitalist World Economy*. Cambridge: Cambridge University Press.

_____ (1967). *Africa*: The Politics of Unity. Nova York: Random House.

_____ (1961). *Africa*: The Politics of Independence. Nova York: Random House.

WAMBA-DIA-WAMBA, E. (1980). "La Philosophie en Afrique ou les défis de l'africain philosophe". In: SCHWARZ, A. (org.). *Les Faux Prophètes de l'Afrique*. Quebec: Presses de l'Université de Laval.

WASSING, R.S. (1969). *L'Art de l'Afrique noire*. Friburgo: Office du Livre.

WAUTHIER, C. (1964). *L'Afrique des africains* – Inventaire de la négritude. Paris: Seuil.

WEBER, M. (1978). *Economy and Society*. Berkeley: University of California Press.

WHITE, H. (1979). "Michel Foucault". In: STURROCK, J. (org.). *Structuralism and Since*. Oxford: Oxford University Press.

WILLAME, J.C. (1976). L'Autre face du royaume ou le meurtre du père. *Genève-Afrique* 15 (1).

_____ (1971). Recherches sur les modes de production cynégétique et lignager. *L'Homme et la Société* 19, p. 101-120.

WILLIAMS, G. (1967). *The Expansion of Europe in the XVIII*[th] *Century* – Overseas Rivalry: Discovery and Exploitation. Nova York: Walker & Company.

WILSON, B.R. (org.) (1970). *Rationality.* Oxford: Basil Blackwell.

WIREDU, J.E. (1980). *Philosophy and African Culture.* Cambridge: Cambridge University Press.

_____ (1977). "How Not to Compare African Thought with Western Thought". In: WRIGHT, R. (org.). *African Philosophy*: An Introduction. Washington: University Press of America.

_____ (1973). Logic and Ontology. *Second Order* 2 (1-2).

WITTE, C.M. DE. (1958). Les Bulles pontificales et l'expansion portugaise au XVe siècle. *Revue d'Histoire Ecclésiastique*, 53.

WOLPE, H. (org.) (1980). *The Articulation of Modes of Production.* Londres: Routledge & Kegan Paul.

WRIGHT, R. (org.) (1980). *African Philosophy*: An Introduction. Washington: University Press of America.

YAI, O. (1977). Theory and Practice in African Philosophy: The Poverty of Speculative Philosophy. *Second Order* 6 (2) [em francês: *Présence Africaine* (1978), n. 108].

YOUNG, M.C. (1982). *Ideology and Development in Africa.* New Haven: Yale University Press.

_____ (1965). *Politics in the Congo.* Princeton: Princeton University Press.

ZAHAN, D. (1979). *The Religion, Spirituality, and Thought of Traditional Africa.* Chicago: University of Chicago Press.

_____ (1963). *La dialectique du verbe chez les Bambara.* Paris: Mouton.

_____ (1959). *Sociétés d'initiation bambara.* Paris: Mouton.

ZOA, I. (1957). *Pour un nationalisme chrétien au Cameroun.* Yaoundé: Saint Paul.

ZUURE, B. (1932). *L'Ame du Murundi.* Paris: Beauchesne.

ÍNDICE ANALÍTICO

A África e os africanos (Blyden) 170-173
Abdou, T. 266
Abraham, W.E. 76-79, 130
A caverna de Bongo (filme) 38
Aculturação 46, 122, 316s.
Adaptação
  teologias da 105
"A 'decolagem' conceitual: condições de uma filosofia banta" (Crahay) 258s.
Adotevi, S. 72, 74, 277
Afana, Osende 166
A filosofia banta comparada (Kagame) 243
A filosofia banta-ruandesa do ser (Kagame) 105s., 243
África (Schulter) 34
África ambígua (Balandier) 75
África renascente (Azikiwe) 156
Africanidade 73, 139
Africanismo 30, 274-278, 290, 295s.
  atitude de Blyden para 210
Africanos negros
  retratos em pinturas europeias 26-30, 34s.
Aguolo, C. 267
Ahidjo, A. 306
Ajayi, J.F.A. 321
Alcorão
  Blyden sobre 212
Alegoria africana (Ripa) 35
Alexandre VI (papa) 86

"Alogicidade da imortalidade, A" (Bodunrin) 268
Alteridade 139s., 293, 295, 303, 316
  e história 313, 322
  filosofias românticas da 222
  ideologias para 150-160
  na filosofia africana 251-254, 261
  no discurso 127, 141s.
  no pensamento contemporâneo 269, 275s., 281, 283
  missionários sobre 85, 109
  ordenamento da, na arte europeia 30, 34
  cf. tb. O Outro
Althusser, L. 263, 265, 296
A mentalidade primitiva (Lévy-Bruhl) 133, 227
A mente da África (Abraham) 138
Americanos negros 156, 199, 219
  Blyden sobre 169, 179-184, 189, 219, 223
  Nkrumah influenciado por 153
Amin, S. 23
Amo, A.G. 268
Amor
  papel na ética banta 250
Anobo, M.
  sobre Senghor 163
Antologia de nova poesia negra e malgaxe (Senghor) 146
Antropologia 41-50, 73s., 119-123, 132-138, 303s.
  Blyden comparado aos fundadores da 201
  compromisso com valores africanos 109s., 153
  conceito de filosofia primitiva 227
  crítica africana da 74
  cultural 303
  diferenciação de Tempels da 230
  e cristianismo 103-107
  e filologia 43
  e filosofia 253, 262, 278
  e marginalidade 24
  estruturalista 326
  e etnocentrismo 45
  e sociologia africana 274s.
  Foucault sobre 41, 61
  impacto sobre *intelligentsia* negra 153

influência da negritude 148-151
informações de missionários como 116-120
Lévi-Strauss sobre 59-61
relação com história 290, 293
sobre distância do Mesmo ao Outro 143
sobre filosofias primitivas 239-241
Antropologia social e outros ensaios (Evans-Pritchard) 120s.
Anyidoho, K. 300
A origem da ideia de Deus (Schmidt) 135
A origem da linguagem (Rousseau) 128
"A problemática banta" (Eboussi-Boulaga) 261
A proposta de uma teologia africana (Tshibangu) 283
Arendt, H.
  sobre racismo 185
Aristotelismo 244-246
Arnold, S. 300
Arte
  africana 30-34
  europeia: representação de africanos 25-30, 34
  turística 33s.
Arusha, Declaração de 164
As palavras, a morte, os sortilégios (Favret-Saada) 227
Astronomia 36s., 39
Autenticidade 254, 279, 288
Autores romanos
  sobre a África 123-127
  sobre negros 188, 204
Aventuras numa cabana de lama (Barley) 48s.
A vida e máximas de Skandes (Sumner, org.) 332
Awolowo, O. 165
Azikiwe, N. 156, 165, 170, 220s.
Azombo-Menda, S.M.
  sobre Senghor 163

Ba, A.H. 166
Bachelard, G. 230
Baeta, C.G. 102

Bahoken, J.C.
  sobre o cristianismo 103
Baker, Sir Samuel 200
Balancete do imperialismo (Clark) 20
Balandier, G. 141, 154s., 274, 292
  África ambígua 75
Banto (povo) 95, 100, 231-234, 280
Barley, N. 48-50
Barthes, R. 218
Baumstark, A. 270
Bellman, B.L. 301
Bento XV (papa) 99
Bíblia 208, 216
  e problema das diferenças culturais 29
  cf. tb. Evangelho
Bigo, P.
  sobre marginalidade 23s.
Bilinguismo de missionários e antropólogos 118-120
Bimwenyi, O. 11, 76-78, 278
Bird, C.S.
  Explorações nos sistemas africanos de pensamento 328
Bloch, M.
  sobre a história 322
Blyden, E.W. 141s., 169-225
  A África e os africanos 170, 173
  Cristianismo, Islã e a raça negra 170-218, 223
  crítica da tradição europeia 190-194
  Libéria: passado, presente e futuro 170
  Oferta da Libéria 170, 178, 182, 206
  O negro na história antiga 170, 172, 187
  sobre americanos negros 169, 179-184, 189, 219, 223
  sobre colonização 171-183
  sobre educação 171-173, 176s.
  teoria política 195-200, 210, 216s., 223
  Vindicação da raça negra 170, 185
Boas, F. 44
Bodunrin, P.O. 268
Boesak, A.A. 286

Bom selvagem
  mitos do 188, 218
Boulle, P.
  Planeta dos macacos 17, 24, 53, 59, 70, 85, 115, 145, 242, 255
Bourgeois, A. 124
Braudel, F. 296, 311s., 322
Bricolagem 63
Brunschwig, H. 75
Buakasa, T.K. 287
Buffon 127, 202
Bulletin of African Theology 295
Burgkmair, H.
  Tribo exótica 25s., 28s.
Buthalezi
  sobre indigenização 114

Cahiers des Religions Africaines (Mulago) 283
Cam
  maldição de 89, 185
Camba (povo) 254
Caminho para a liberdade nigeriana (Awolowo) 165
Canibalismo como característica pagã 93
Capitalismo 19-21, 273, 324
Capitein, Jacobus 268
Caribenhos negros
  Blyden sobre 180, 199, 219
Cartas escolhidas de Edward Wilmot Blyden (Lynch, org.) 169
Certeau, M. de 95
Césaire, A. 18, 72, 146, 236, 262
  Discurso sobre o colonialismo 156s., 255
Chaillet-Bert, J. 47
Christopher, A.J. 90
Ciência 41, 116, 208, 274
  do abstrato 63-65
  do concreto 63-65
  papel na modernização 279s., 288s.
  relação com magia 63s.
Ciências humanas; cf. Ciências sociais e humanas

Ciências ocidentais: para quê? (Buakasa) 287
Ciências sociais e humanas 43s., 72s., 111, 139s., 290, 296s.
   filosofia africana contemporânea sobre 271-281, 287-289
   Foucault sobre 56s.
   Lévi-Strauss sobre 59s.
   pluralização das 316
Civilização
   igualada ao cristianismo 47, 93, 96, 99
Civilização universal
   Senghor sobre 162
Clark, G. 20
Classes sociais
   lacuna entre 305
Clássicos
   estudo dos 208
Clássicos africanos (Dampierre) 299s.
Classificação 24, 29s., 35
   na filosofia banta 231-234, 243-245, 248s.
Clifford, J. 118
Clima
   como barreira à colonização 180, 183
Coerência, Teoria da 120
Cogito 246, 314
Collingwood, R.G. 141
Colonialismo 17-24, 40, 134, 160s., 282, 315
   definição do 17s.
   negritude como resistência a 146, 153
   papel missionário no 85-91
   retrato de Tempels do 230, 236
   Sartre sobre 148
   teoria marxista do 20s.
Colonização 17s., 21s., 89, 106s., 113, 116
   benefícios da 41s., 120
   Blyden sobre 171-183, 197, 219
   Chaillet-Bert sobre 47
   definição da 17s.
Comunalismo (*ujamaa*) 159, 164
Comunidade
   como definida entre os bantos 250
   islâmica 195

Concílio Vaticano I
  sobre a maldição de Cam 89
Conflito (na epistemologia) 56s., 144, 314s.
Conformidade 97-99
Congresso Internacional de Escritores e Artistas Negros
  1956 157
  1959 107
Congressos Pan-africanos 156s.
Conhecimento
  fontes etíopes de 331-334
  história do 289-307
  Lévi-Strauss sobre 61-65
  na filosofia banta 250
  relação com poder 277
  relação com verdade 79
  cf. tb. Epistemologia
Conquista
  ideologia da 123
Consciência 42, 56, 261
  africana 70, 136s., 196
  europeia 47-49
  histórica 68
  negra 136s., 205
Consciência negra
  Blyden sobre 205
Conscientismo 224
Conscientismo (Nkrumah) 139, 158, 165
Conversas com Ogotemmêli (Griaule) 237-239, 294
Conversão 86, 90-98, 109
  Blyden sobre 190, 205
Copans, J. 50, 122, 291, 293s., 296
Corrente do ser 30, 35, 57
Cosmologia 36-40
  na filosofia banta 244, 248s.
Crahay, F. 256, 258-261, 263s., 275
  "decolagem conceitual" 258
Criação
  na filosofia banta 233
  no pensamento dogom 237

Crise do muntu: a autenticidade africana e filosofia
  (Eboussi-Boulaga) 255
Cristianismo 47, 253, 282, 285
  e antropologia 104-107
  Blyden sobre 190, 198, 210-216, 219
  como formação de intelectuais africanos 77s.
  etíope 100
  resposta africana ao 95s., 100-115
  tentativas de justificar 294
  cf. tb. Igrejas protestantes; Igreja Católica Romana; Teologia
Cristianismo, Islã e a raça negra (Blyden) 170-225
Cristianismo sem fetiche: revelação e dominação
  (Eboussi-Boulaga) 285s.
Criteriologia na filosofia banta 245, 252
Crowther, S.A. 91-95
Cuius regio, illius religio 87

Damas, L.G. 146, 156
Dampierre, E. 299s.
Danquah, J.B. 138
Darwin, C. 44
Davidson, B. 141, 154s., 276
Decolagem 260
DeGraft-Johnson, J.C. 156
Delafosse, M. 229, 275
Demonstração
  no discurso missionário 95, 97, 99
Dependência
  Blyden sobre 189, 207
  tendência africana à 280
Depestre, R. 152
Descartes, R. 79
Desconstrução
  do cristianismo 286
  no pensamento africano contemporâneo 271-276, 281, 287-289
De Servitude, Libertati Christianæ non Contraria (Capitein) 269
Desprezo no discurso missionário 99s.
Determinismo 63, 129

Deus
 na filosofia banta 232s., 246-251
Deus d'água (Griaule) 120
Dia, M. 159, 166
Diacronia 65, 311s., 318
Diagne, B. 157
Dialética hegeliana 160
Diante do Monte Quênia (Kenyatta) 137
Diário de uma expedição subindo os rios Tshadda (Crowther) 93
Diário de uma missão (Park) 47
Dickson, K. 107
Dieterlen, G. 36, 38s.
Difusionismo 44, 298
Diodoro da Sicília 124s., 127, 309
Diop, A. 149s.
 sobre *Filosofia banta* 230, 236, 255
Diop, C.A. 137s., 274, 280, 298
 Nações negras e cultura 90, 166
 sobre verdade da história africana 321
Diop, M.
 sobre marxismo 165s.
Discurso sobre a origem da desigualdade (Rousseau) 128
Discurso sobre o colonialismo (Césaire) 156s., 255
Djaît, H. 76s.
Dogom (povo) 237
 astronomia e cosmologia 36s., 39
 mitologia 240
Doguicimi (Hazoumé) 136
Donders, J.G. 102
Dowayo (povo) 48s.
Du Bois, W.E.B. 156, 221
Dum Diversas (Nicolau V) 86
Durkheim, É. 58, 122s., 144
Dyongu Seru 38

Eboussi-Boulaga, F. 76s., 80-82, 109, 261s., 276, 280
 avaliação do cristianismo 95
 Crise do muntu 255

Cristianismo sem fetiches 285s.
  crítica da antropologia 278
  sobre *Filosofia banta* 236
Economia 54-56, 281
  e colonialismo 18-22, 174-176
Educação
  Blyden sobre 171, 176, 204-211
Edward Wilmot Blyden: patriota pan-negro (Lynch) 220
Einfühlung 229, 242, 305
Ela, J.M. 286
Elitismo 266
Elungu, P.E. 76-78, 82, 266s., 288
  estudo de Malebranche 268, 282
Empirismo 271-279
Engenharia 63, 66
Ensaio sobre a poética da negritude (Hausser) 277
Ensaio sobre os costumes (Voltaire) 202
Epistemologia 53s., 56, 59, 142, 296, 303, 314
  e antropologia 44-46, 122
  campo 33, 45, 69s.
  das ciências sociais 44, 296
  etnocentrismo 39
  filiação 45, 304
  influenciada por Sartre 150
  na filosofia africana contemporânea 271-289
  cf. tb. Conhecimento
Escatologia do Novo Testamento numa perspectiva africana (Mbiti) 253
Escolástica, grade
  utilizada na análise da filosofia banta 244-250
Escravidão 29, 107, 185, 280
  Blyden sobre 173, 177, 180, 202, 223
  sob o islã 194-196
Escravizados
  tráfico de 31s., 173, 195s., 202
Escultura africana 32
Essência
  na filosofia banta 246, 248
Estruturalismo 45, 70, 293, 296, 309, 327

Estudos africanos 30, 71, 86, 280, 302
Ética
  e fé 97
  na filosofia banta 244, 249
Etiópia (Abissínia) 188, 270, 309, 331-334
Etnocentrismo 45s., 75, 97, 129, 133, 304
  africano como vítima do 188, 200
  foco de Blyden no 200-202, 224
  na epistemologia 39
  no juízo da etnofilosofia 263s.
Etnofilosofia 239, 242-255, 269, 320
  crítica da 256-267
Etnografia e etnologia; cf. Antropologia
Etno-história 290-293
Eu
  récit pour soi como caminho para 280
  relação com o Outro 298
Eu falo de liberdade (Nkrumah) 165
Evangelho 215, 282
  cf. tb. Bíblia
Evans-Pritchard, E.E. 117s., 120-122, 228
  Antropologia social e outros ensaios 120s.
  hipótese "se eu fosse um cavalo" 130
  Teorias da religião primitiva 130
Ewande, D. 159
Existencialismo 275
Exploração
  economia 89, 107s.
  sagas de 35, 40, 47, 123, 177
Explorações nos sistemas africanos de pensamento (Bird e Karp) 328
Explorador 40
  papel do 88s.

Fanon, F. 149, 160s.
Favret-Saada, J. 227, 312
Fé
  relação com verdade 96
Fieldhouse, D.K. 19

Filologia 44, 54-56
Filosofia africana 9s., 75, 80-83, 131, 253
  aspectos contemporâneos da 255-307
  oral 132
  cf. tb. Filosofia banta
Filosofia antropológica; cf. Etnofilosofia
Filosofia banta 106
  Kagame sobre 242-254
  palestra de Crahay sobre 256, 258s.
  Tempels sobre 229-237, 241, 251-253
Filosofia banta (Tempels) 94s., 120, 229-237, 241, 248, 294
Filosofia e uma cultura africana (Wiredu) 268
Filosofia ocidental 79-83, 256, 266s., 278
  comparada à filosofia primitiva 227s., 231s., 235, 250
  definição de Crahay da 259
  métodos utilizados no estudo da filosofia africana 242-245, 253
Filosofia primitiva 227-242
Filosofia silenciosa 253
Folclore 231, 299
Força
  na filosofia banta 232s., 236, 245s., 248-250
Foucault, M. 10, 41, 51, 71, 73, 247
  Ordem do discurso 68, 288
  sobre história 57-61, 67, 311
  sobre Mesmo e Outro 65, 68-70, 82s., 129
  sobre o discurso 319, 329
  sobre pinturas europeias de negros 25, 28
  sobre saber 53-59, 79, 314s.
Frazer, J. 58, 301
Freud, S. 275
Friedell
  sobre lenda 317
Frobenius, L. 41, 44, 46, 142
  Gênese africana 299
  Origem das culturas africanas 51
Fry, R.
  sobre escultura negra 32
Função 56s., 143s., 314s.

Funcionalismo 45, 129, 134, 144, 294, 313, 320
Fyfe, C. 182, 223

Geertz, C. 67
Gênese africana
  hipóteses da 41, 51
Gênese africana (Frobenius) 299
Geographia Generalis (Varenius) 30, 316
Gestalteneinheit 298
Gnose
  africana 9-11, 13, 51, 302, 305-307, 309, 311, 315, 326, 329
  definição de 9, 306
Godelier, M. 62, 309
Goody, J. 62, 64s.
Graft-Johnson, J.W. 156
Gramática geral como sistema de conhecimento 53-55
Gravrand, H. 103
Grego
  escritores sobre a África 123-127
  sobre negros 188, 203
Griaule, M. 120-122, 291, 293-295
  Conversas com Ogotemmêli 237-239, 294
  Deus d'água 120
  sobre os dogons 36-39, 237-241, 320
Grito do homem africano (Ela) 286
Gutkind, P.C.W. 273
Gyekye, K. 140

Haiti
  Blyden sobre 197
Hallen, B. 267
Hama, B. 166
Hammond, D. 93
Hantu 245, 251
Harrison, F. 193
Hastings, A. 102, 109
Hausser, M. 151s., 276

Hayford, C. 220s.
Hazoumé, P., *Doguicimi* 136
Hebga, M. 107, 255
Hegel, G.W.F. 42, 82s.
Hegemonia 305
Heidegger, M. 275, 282
Hemptinne, J.-F. de 230
Hermenêutica 260, 286s., 302
  ontológica 287
Heródoto 124-127, 188, 204
Herskovitz, M. 141s., 145, 276, 290
Heusch, L. 238-241, 292, 301
Hipótese "se eu fosse um cavalo" 130
História 290-293, 296s., 303, 309-314, 320-323
  Blyden sobre 192s., 208
  como saga e mito 150, 317-319, 322
  durante o Iluminismo 42
  ênfase no africanismo 109s.
  Foucault sobre 57-61
  identificada com cristianismo 95s.
  Lévi-Strauss sobre 59-61, 65-68
História natural (Buffon) 202
História natural como sistema de conhecimento 53-55
Historicidade 47, 60s., 69, 74, 267, 293
  africana 290
  do Mesmo 144
  e antropologia 60s., 74
Hobson, J.A. 19
Hodgen, M.T. 29-31
Hodgkin, T. 281
Hollis, M. 119
Homero
  sobre povos negros 188, 204
Horton, R. 140
Hountondji, P.J. 75-78, 82, 262-265, 288
  neomarxismo 278
  Sobre a filosofia africana 263
  sobre etnofilosofia 262-265, 269

sobre mitos da africanidade 73
   sobre tarefas filosóficas 74, 261, 274
Houphouët-Boigny, F. 306

Identidade 29, 107, 112, 221
Idowu, E.B. 106, 138s.
Igreja anglicana 102
Igreja Católica Romana 77, 230s., 269
   Blyden sobre 214s.
   membros na África 100s.
   missionários 86-89, 91
   perspectiva sobre religiões tradicionais 106-108, 111s.
Igreja copta
   membros na África 100
Igrejas protestantes 87, 100s., 214
Igrejas sincréticas 100
Iluminismo 35, 42, 127
Imana 246
Imperialismo 19-21, 42, 150
Imperialismo: um estudo (Hobson) 19
Impérios e civilizações africanas (Michelet) 153
Inconsciente 67-69, 73s.
Inteligência
   na filosofia banta 251
Islã 100, 298
   Blyden sobre 194-199, 211-216, 219
   "negro" 298

Jablow, A.
   sobre pagãos 93
Jacoby, F. 124
Jahn, J. 12, 275, 317-319, 322
Jamaa
   família (comunidade cristã) 236
Jaspers, K. 128, 318
Jewsiewicki, B. 324
Jules-Rosette, B. 33s.

Kagame, A. 242-246, 248-253, 256s., 300
  Filosofia banta comparada 243
  Filosofia banta-ruandesa do ser 105, 243
Kalanda, M. 277, 279
Kaoze, S. 132, 228
Karp, I. 328
Kenyatta, J. 137, 306
Kesteloot, L. 146, 153, 156
Kimambo, I. 325
Kingsley, M.H. 31, 194, 213, 221
Kintu 245, 249
Kinyongo, J. 282
Ki-Zerbo, J. 274, 276
Koffi, N. 266
Kunst, H.J. 26-28
Kuntu 246

Laberthonnière, L. 268, 282
Ladrière, J. 287
Langue 313, 328
Las Meninas (Velásquez) 25
Leach, E.R.
  sobre mito 240
Lei da participação mística 228
Leopoldo (rei)
  Blyden sobre 173s., 177
Lévi-Strauss, C. 70s., 73, 81-83, 239, 292, 296
  Mitológicas 69
  Origem dos modos à mesa 70
  sobre história 59-61, 65-70, 296, 322
  sobre o pensamento 309-312
  sobre o pensamento selvagem 51, 61-63
  Tristes trópicos 65, 70
Lévy-Bruhl, L. 46, 122, 133s., 227, 313
  Cadernos de Lucien Lévy-Bruhl 257
  Evans-Pritchard sobre 129s.
  influência em Tempels 229
  Mentalidade primitiva 133, 227

   sobre a mentalidade primitiva 227-229
   sobre o pré-logismo 58, 128, 144
Libéria 178s., 186s., 197s., 206s., 219
Libéria: passado, presente e futuro (Blyden) 170
Língua árabe
   Blyden sobre 208, 212
Língua baniaruanda (povo) 269
Linguagem 54-56, 63, 117-120, 259
   cf. tb. Linguística
Linguagens africanas 110, 208s., 279
   conhecimento de missionários e antropólogos de 117-119
Língua inglesa
   uso na educação africana 176s.
Línguas bantas 243
Linguística 44, 53-56, 283
   utilização na pesquisa sobre filosofia banta 242-245, 251
   cf. tb. Linguagem
Literatura, africana 72, 157s., 279
   oral 299
Littmann, E. 332
Livro dos filósofos sábios (Sumner, org.) 270, 331, 333s.
Lógica
   das classes 141
   papel na filosofia banta 244s., 251s.
"Lógica e ontologia" (Wiredu) 268
Lok, J. 127
London, I.D. 71
Luba catanga (povo) 94
Lufuluabo, F.M. 106, 248
Lugard, F. 47, 175
Lugbara, mito 239
Lumumba, P. 158
Ly, A.
   sobre o marxismo 157
Lynch, H.R.
   sobre Blyden 169-171, 201s., 215, 220
Lyons, C.H. 217s.

MacGaffey, W. 116, 133
Magia
 relação com ciência 63s.
Makarakiza, A. 106
Malebranche, N. 268, 282
Malinowski, B. 46, 128, 143-145, 294, 305, 318
Malula, J.-A. (cardeal) 111s.
Marginalidade 22-24, 324
Marx, K. 61, 275
Marxismo 157s., 261, 291-295, 324
 africanização do 159-167
 antropologia 303, 309
 defesa de Hountondji do 278
 influência na negritude 146, 148-151
 influência no pensamento africano 153, 156-158, 273, 281
 Senghor sobre 161s.
 sobre colonialismo 20-22
 sobre o pensamento 309-313
Materialismo
 dialético 323
 histórico 62, 293s., 323
Maximum Illud (Bento XV) 99
Mazrui, A.A. 279
Mbiti, J.S. 103, 139, 234, 253
McVeigh, M.J. 112
Meek, R.L. 42
Meester de Ravenstein, P. de 101s.
Memória coletiva
 mito como 240
Mesmidade 128, 145
Metadinâmica 248
Metafilosofia 265
Metafísica 238, 245, 248, 262
Método fenomenológico
 uso do 287
Michelet, R. 153-155
Mill, J.S. 174
Miller, C.L. 123

Missionários 86, 88-91, 109, 116-120, 143, 214-216
  discursos de 85, 89-99
Mito 37s., 62-64, 67s., 73
  relação com filosofia primitiva 238-242
Mitologia tive 240
Mitológicas (Lévi-Strauss) 69
Mobutu Sese Seko 306
Modelo 296, 314-316
Modernidade 23, 96, 155, 312, 317
  teologia da 295
  vs. tradição 324, 326
Modernismo 269
Modernização 78, 279, 288s.
Monoteísmo 106
Monteil, V. 298
Movimento literário
  negritude como 146, 149-152
Muçulmanos
  opinião sobre pagãos 204
  cf. tb. Islã
Mujynya, E.N.C. 245, 248s.
Mulago, V. 103, 107, 264
  Cahiers des religions africaines 283
  sobre filosofia banta 246-249
Mulatos
  Blyden sobre 202
Mulheres
  nova teologia africana sobre 295
Muntu 245, 262
Muntu (Jahn) 317
Murdock, G.P. 36
Mveng, E. 71, 73, 75-78, 106, 124, 285
  sobre ciências sociais e humanas 72, 74

Nação africana
  conceito de 196
Nacionalismo africano 137, 281
  Blyden como fundador do 170, 199s.

Blyden sobre 199s., 208, 217
negritude como elemento de 152, 155, 157
Nacionalismo europeu 196, 222
Nações negras e cultura (Diop) 155, 166
Nada
  oposto ao ser 235
Nduka, O. 140
Negritude 75, 146, 149-153, 222-224, 304
  Blyden como precursor da 169s., 220s.
  como estratégia 320
  ênfase na, no cristianismo 106, 109
  Horton sobre 141
  influência na filosofia africana 253s., 262
  literatura da 72, 146, 149, 15s.
  na visão banta do mundo 139
  no pensamento contemporâneo 275s.
  papel de Sartre na 146-152
  Senghor sobre 159-162
Negritude e negrólogos (Adotevi) 277
Negro
  Blyden sobre 189, 194, 199s.
  cf. tb. Africanos negros; Americanos negros; Caribenhos negros
Neocolonialismo 291
Neomarxismo 275, 278
Ngindu, A. 76-78, 83, 268, 282
Ngouabi, M. 159, 166
Nicolau V (papa)
  Dum Diversas 86
Nietzsche, F. 79s.
Nkombe, O. 141, 287s.
Nkrumah, K. 153, 157-159, 304
  comparado com Blyden 170, 224
  Conscientismo 139, 158, 165
  Eu falo de liberdade
Norma 56s., 83, 314-316
Ntedinka, J. 273, 282
Ntu 246-249
Nudez
  como característica pagã 93

Nusco, L. 333
Nyamuzinda 246s.
Nyerere, J. 159s., 163s., 305

O advento da África Negra (Brunschwig) 75
Obenga, T. 76-78, 274, 276
Oduyoye, M.A. 107s., 283
Oferta da Libéria (Blyden) 170, 178, 182, 206s.
O Fisalgwos (Sumner, org.) 333
O homem primitivo enquanto um filósofo (Radin) 257
Okere, T. 76s., 77, 113, 287
Olumide, L.J. 138
Ombredane, A. 275
O Mesmo 47, 49, 292, 326
　história do 59, 67-70, 292, 297
　identidade do, na arte europeia 34
　e o Outro 143s., 166, 298, 328
　e violência 82, 323
O negro na história antiga (Blyden) 170, 172, 186s.
Ontologia 259
　filosofia africana como 252
　na filosofia banta 232-237, 243-248
　na teologia cristã 285, 287
　no pensamento dogom 237
　cf. tb. Ser
O Outro 13, 49, 69s., 292, 323
　antropólogo como 65
　direito de ser 113
　e o Mesmo 141-144, 166, 298
　na consciência europeia 47
　na filosofia de Senghor 163
　cf. tb. Alteridade
Ordem do discurso (Foucault) 68, 288
O rei bêbado (Heusch) 241
Orfeu negro (Sartre) 146-149, 157, 160, 223
Origem das culturas africanas (Frobenius) 51
Origem dos modos à mesa (Lévi-Strauss) 70
Ortega y Gasset, J. 310

Os amaldiçoados da terra (Fanon) 149, 160
Os cadernos de Lucien Lévy-Bruhl (Lévy-Bruhl) 257
O ser e o nada (Sartre) 148
Os fragmentos dos historiadores gregos (Jacoby) 124
O sobrenatural e a natureza na mentalidade primitiva (Lévy-Bruhl) 227
O tratado de Zär'a Yacob e de Walda Heywat (Sumner, org.) 270, 331-334
O Ugirashebuja 82, 268, 282
Ouvir e saber (Oduyoye) 283
Ovo do mundo 240

Padmore, G. 165
Padres negros se questionam 104, 291
Paganismo 47, 93s., 106, 113
  Blyden sobre 204, 210-212, 215
Pagãos 91-94, 190, 204
Pan-africanismo 153, 220s., 224, 320
  Blyden sobre 194s., 199s., 220, 224
Pan-africanismo ou comunismo (Padmore) 165
Para a decolonização da literatura africana (Chinweizu, Jemie e Madobuike) 279
Para a ideia de nação na África Ocidental (Graft-Johnson) 156
Para a revolução africana (Fanon) 160
Park, M. 47, 204
Parole 313, 328
P'Bitek, O. 234
Pele negra, máscaras brancas (Fanon) 149
Pensamento primitivo (selvagem)
  Lévi-Strauss sobre 61-63
  Lévy-Bruhl sobre 227-229
Pensamento trans-histórico 309, 311, 328
Person, Y. 274
Personalidade africana 75
  Blyden como precursor de 169, 220
  cf. tb. Personalidade negra
Personalidade negra 152, 169, 200-210, 220-223, 275
  como estratégia 320

ênfase na, no cristianismo 106, 108
retórica da 72
Pierre Teilhard de Chardin e a política africana (Senghor) 220
Pigafetta, F. 28
Planeta dos macacos (Boulle) 17, 24, 53, 59, 70, 85, 115, 145, 242, 255
Plantas
domesticação africana 36
Plínio 124s.
Poder 28, 96
Politeísmo 107
Política
filosofia 267
poder 40, 71, 158, 273, 281, 306
Pré-logismo 128, 144, 228, 257
Présence Africaine (editora) 150, 261, 293
"Pretidão" [*Blackness*]
sentido restritivo de Blyden 179, 222
Primitividade
Blyden sobre 187
como invenção histórica 314
contra civilização 324
e paganismo 47
Primitivismo 113, 128, 133, 144, 184, 315
e filosofia africana 250
estratégias 321
Princípio da ordem 53-55
Produção
modos de 323s.
processos de 22, 281
relações de 110, 281, 313, 323
Profetismo 198, 286
Psicologia 56, 129, 249, 275

Quacres
no Quênia 102

Raça
  Blyden sobre 187s., 193-204, 214s., 217-223
  visões europeias da 183-185
Racismo 148
  nas teorias de Blyden 178-183, 201, 217-220
Radin, P. 257
Razão 96, 228
  dialética 68, 150
Recherches philosophiques africaines 266
Récit pour soi [narrativa para si]
  proposta por Eboussi-Boulaga 80s., 280
Redução 95s., 118, 122
Reforma protestante 87
Refutação 96s., 99
Regra 56, 83, 314-316
Relatione del Reame di Congo (Pigafetta) 28
Relativismo 150, 221, 283
  nas teorias de Blyden 192-194, 224
  no pensamento de Lévi-Strauss 65, 67
Relatos de viajantes 123-125, 127, 313
Religião
  Blyden sobre 203s., 210-216
  cf. tb. Cristianismo; Islã; Religiões africanas
Religiões africanas 104s., 110-113, 134, 153
  Blyden sobre 210-212
  e teologia cristã 283
  teorias etnocêntricas da 129-131
Rembrandt
  representação de negros 29s.
Responsabilidade negra
  Blyden sobre 186s.
Revelação 106, 236, 285
Revista dos marxistas africanos 166
Ricœur, P. 46-48, 69, 302s., 322
Rigaud, H.
  representação de negros 29s.
Ripa, C.
  Alegoria africana 35
Ritual 38s., 241

Ritual Sigui
  e cosmologia dogom 38s.
Romano, G.F. 91s., 95, 97, 99
Rossini, C.C. 332
Rousseau, J.-J. 17, 45, 128, 201
Rubens, P.P.
  representação de negros 29s.

Saber; cf. Conhecimento
Sachs, I. 21
Sagala
  na cosmologia dogom 37, 39
Sagan, C.
  sobre astronomia dogom 36-40
Salkin, P. 134
Sartre, J.-P. 145-152, 157s.
  Lévi-Strauss sobre 68, 70
  Orfeu negro 146-149, 157-160, 223
Saul, J. 325
Saussure, F. de 313
Scheub, H. 299s.
Schlüter, A
  África 34
Schmidt, W. 106, 291, 305, 320
  conceito de *Urmonotheismus* 135, 142
  Origem da ideia de Deus, A 135
Schuchardt, H. 44
Schumpeter, J.A. 19
Second Order (revista) 271, 282
Selvagens 27, 81, 91, 132s., 177
  Crowther sobre 93
  discurso de exploradores sobre 35, 40
  visões iluministas sobre 40s., 127
Semiologia 301
Senghor, L.S. 82, 146, 148s., 304
  comparado com Blyden 208, 222
  e negritude 146, 148s., 153, 159-163
  sobre Blyden 169-171, 220

Ser 59, 269
  na filosofia banta 231-236, 245s.
  na filosofia ocidental 235
  cf. tb. Ontologia
Shorter, A. 130s.
Significação 56-58, 73, 80, 143s., 313, 319, 322
Sincronia 64, 293, 312, 321
Sirius e Sirius B (estrelas) 37-39
Sistema 56s., 83, 314s.
Smet, A.J. 131, 229, 236, 266s.
Snowden, F.M. 123s.
Sobre a filosofia africana (Hountondji) 263
Socialismo 158-165
Sociedade Americana de Colonização 177, 179
Sociologia 129s., 274, 291, 294-297, 303
Sodipo, J.O. 77s., 267
Soldado
  papel do 89
Sow, I.E.B. 77s.
Spencer, H. 313
Springer, B. 25s., 28
Sumner, C.
  edições de tratados etíopes 270, 331-334

Tabu
  leis na comunidade banta 250s.
Taylor, J.V. 100
Teilhard de Chardin, P. 162
Tempels, P.F. 91, 94s., 98-100, 229-237, 293-295
  Filosofia banta 94, 120, 229-237, 241
  filósofos contemporâneos sobre 255-264
  Kagame sobre 242-244
  sobre colonização 120-122
Temu, A. 325
Teodiceia
  na filosofia banta 244, 248
Teologia
  da Encarnação 107s., 112
  da Libertação 286, 295

da Riqueza 54s.
da Salvação 97-100, 118
debate epistemológico sobre 271-273
do Desenvolvimento 295
posições africanas contemporâneas 107-114, 282-287, 293-295
Teoria da Tensão [*strain theory*]
ideologia de Blyden como 221-223
Teologia não burguesa (Donders) 102
Teorias da religião primitiva (Evans-Pritchard) 129
Terra nullius 87s.
Textos filosóficos etíopes básicos (Sumner, org.) 333
Theuws, J.A. 300
Thornton, R. 40
Tidy, M. 279
Touré, A.S. 158s.
Towa, M. 77s., 82, 261s., 266, 274
Tradição 22, 135, 279, 312s., 316s.
 oral 266, 290
 papel na etnofilosofia 256
 vs. Modernidade 324, 326
Tratado de metafísica (Voltaire) 202
Tribo exótica (Burgkmair) 25
Tristes trópicos (Lévi-Strauss) 65, 70
Tshiamalenga, N. 235, 249, 265-267, 287, 301
Tshibangu, T. 272, 282-285
Turgot, A.R.J. 24

Ujamaa (comunalismo) 159, 164
Uma história da Tanzânia (Kimambo e Temu) 324
Uma vindicação da raça negra (Blyden) 170, 185
Universalismo
 na filosofia de Kagame 251
Untu 139
Urmonotheismus 135, 142

Van der Kerken, G. 131-133
Vanneste, A. 272

Van Overbergh, C. 131
Van Parys, J.M. 271, 333
Vansina, J. 76, 141s., 145, 274, 290, 321
Varenius 30, 316
Vaughan, A.T. 218
Velásquez, D.
  representação de negros 25, 29
Verdade 79, 90, 96, 273
  vontade de 39, 57, 80, 114
Verhaegen, B. 276, 294s.
Veyne, P. 43, 51, 145, 297, 327
  sobre história 318, 323, 327
Voltaire 127, 201
Von Däniken, E. 39
Vontade de verdade 39, 57, 80

Wagner, R. 57, 119, 303
Wakefield, E.G. 174
Weber, M. 43, 318
Weltanschauungen 12, 65, 131-133, 228, 289
  descrita por antropólogos 253
  dos bantos 249, 259s.
  e filosofia africana 257
White, H. 67
Williams, G. 41, 88
Wiredu, K. 77s., 268, 271, 279

Yai, O. 265

Zoungrana, P. (cardeal) 112

COLEÇÃO **ÁFRICA E OS AFRICANOS**

ACESSE A COLEÇÃO COMPLETA PELO SITE

LIVRARIAVOZES.COM.BR/COLECOES/AFRICA-E-AFRICANOS

Conecte-se conosco:

f facebook.com/editoravozes

[O] @editoravozes

X @editora_vozes

▶ youtube.com/editoravozes

© +55 24 2233-9033

www.vozes.com.br

Conheça nossas lojas:

www.livrariavozes.com.br

Belo Horizonte – Brasília – Campinas – Cuiabá – Curitiba
Fortaleza – Juiz de Fora – Petrópolis – Recife – São Paulo

  Vozes de Bolso

EDITORA VOZES LTDA.
Rua Frei Luís, 100 – Centro – Cep 25689-900 – Petrópolis, RJ
Tel.: (24) 2233-9000 – E-mail: vendas@vozes.com.br